健康中国2030·专科护理健康教育系列丛书

产科护理健康教育

主　编　谢婉花　周燕莉

副主编　欧有良　殷彩欣　王一丁　黄伟嫦

编　者　（按姓氏汉语拼音排序）

陈健飞　陈淑芳　邓惠醒　符白玲

黄宝珍　黄柳红　黄淑婷　黄伟嫦

林文华　刘玉玲　卢建兰　欧有良

沈　健　孙　珂　王晓云　王一丁

萧慧娟　谢婉花　徐　敏　徐　琼

殷彩欣　于艳彬　周燕莉　左　莉

科学出版社

北　京

内 容 简 介

全书共三十五章，内容根据孕产妇的生理特征从备孕、妊娠、分娩开始，按生理产科到病理产科顺序排列。详细讲解了妊娠并发症、异常分娩、分娩期并发症、产褥期并发症、产前出血性疾病、羊水量异常、多胎妊娠、巨大儿、妊娠期高血压疾病、妊娠期肝内胆汁淤积症、胎盘及附属物异常妊娠合并内外科疾病的基本概念、发病病因、临床表现、相关检查、治疗原则、护理要点、预防保健等。

对于围生期孕产妇的性、营养、饮食、睡眠、母乳喂养、正常新生儿的护理等热点问题及围生期母婴监测、围生期用药指导、妊娠期多器官功能障碍综合征、新生儿异常，产科镇痛，产科手术等难点问题亦做了详细的讲解，是产科护士日常工作的指导书籍。

图书在版编目（CIP）数据

产科护理健康教育 / 谢婉花，周燕莉主编. —北京：科学出版社，2018.1
（健康中国 2030・专科护理健康教育系列丛书）
ISBN 978-7-03-055638-7
Ⅰ. ①产… Ⅱ. ①谢… ②周… Ⅲ. ①产科学–护理学–健康教育 Ⅳ. ①R473.71
中国版本图书馆 CIP 数据核字（2017）第 290706 号

责任编辑：王锞韫　胡治国/ 责任校对：郭瑞芝
责任印制：徐晓晨 / 封面设计：陈　敬

科学出版社 出版
北京东黄城根北街 16 号
邮政编码：100717
http://www.sciencep.com
北京凌奇印刷有限责任公司 印刷
科学出版社发行　各地新华书店经销
*
2018 年 1 月第　一　版　　开本：789×1092　1/16
2023 年11月第四次印刷　　印张：13 1/2
字数：407 000
定价：98.00 元
（如有印装质量问题，我社负责调换）

丛书编委会

丛书前言

随着社会的进步，生活水平和文化生活的不断提高，人们对疾病护理和健康知识的需求越来越高，给护理工作提出了新的要求。同时，随着医学模式由生物学向生物-心理-社会医学的转变，护理模式也由单纯的疾病护理向以患者为中心的整体护理转变。健康教育则是整体护理中的一个重要环节，护士在健康服务体系中不仅仅是一个照护者、治疗者，而且是健康的维护者、教育者。它要求护士不仅为患者提供适当的治疗和护理，还要针对不同的患者、不同的人群开展相关疾病的健康教育，以提高患者的自控行为能力，减轻或消除患者的心理负担，促进疾病的治疗和康复。不仅有利于提高患者对医护人员的信任感，同时有利于增强患者的自我保健意识，防止疾病的复发，而且对患者在住院期间的不同阶段也会产生不同的促进作用。

目前我国护理队伍普遍存在学历偏低、年轻化、经验不足、资源分配不均等特点，如何帮助这支年轻的护理队伍在短时间内掌握疾病的基础知识及新技术的护理要点，使临床护理人员更加专业、全面地给患者或家属提供专业个性的指导成为当务之急。正是在这样的背景下，科学出版社及时组织临床护理专家出版了“健康中国 2030·专科护理健康教育系列丛书”，该系列丛书的出版对于推进我国当前护理工作的开展具有现实意义。第一辑共有20个分册，各分册间相互独立又彼此关联，涵盖了内科、外科、妇科、产科、儿科等多个学科。归纳起来，本系列丛书具有以下特色。

1. 内容丰富、涵盖面广。

2. 注重讲解各专科疾病的基本概念、发病病因、临床表现、相关检查、治疗原则、护理要点、预防保健等，对于各专科患者关心的运动、心理、社会、日常保健、调养、康复等相关的健康教育，以及大众所关心的热点问题、难点问题、常见的认识误区、容易混淆的概念做了明确的解答。

3. 全书采用问答形式，便于查阅。

4. 编写队伍由活跃在临床一线的经验丰富的护理业务骨干组成，具有较高水准，对于实际工作的指导性很强。

我们真诚地希望护理同仁们通过阅读本丛书，能提高自己的专业知识和自身素质，在实践中为患者提供优质、安全、贴心的护理。

本系列丛书的编写，我们力求准确全面，但由于水平有限，不足之处在所难免，我们真诚地希望广大读者和护理同仁批评指正，以便我们今后不断修正。

周宏珍

2017年6月

序

护理模式已从以疾病为中心的阶段，到以患者为中心，再发展到以人的健康为中心的护理阶段。护理健康教育成效直接影响护理的质量和患者的康复，结合目前国家的二孩政策，怎么进行产科护理健康教育显得尤为重要，强化产科护理健康教育的学习和提高非常有必要。

2010 年国家卫生部要求医院推广优质服务以来，对护理人员的工作也提出了越来越高的要求。

正是在这样的背景下，我们组织广东省各大知名医院，及时出版了《产科护理健康教育》。该书的出版对于推进我国当前产科的护理工作很有现实意义。该书特色如下：

1. 科学性、新颖性、实用性相结合，内容丰富，涵盖面广。

2. 采用问答的形式，运用多学科知识，使读者容易理解和掌握。

3. 编写人员由经验丰富的临床一线的专家和骨干组成，对临床实际工作的指导性很强。

4. 我们的健康教育是要做到把患者想知道的主动告诉她们；针对患者在就诊不同环节所需要的健康教育不同，我们进行健康教育的侧重点不同。

我们真诚地希望护理同胞们在阅读此书的同时，更好地发挥我们护理的专业特长，用护理专业的最新理念主动提供健康教育，提供优质的护理，让患者满意、政府满意、社会满意。

成守珍
2017 年 6 月

前　言

结合目前国家的二孩政策，为了进一步提高产科专科护理水平，适应产科护理不断发展的需要，本书以产科护理健康教育指引为重点，旨在给产科临床一线护理人员健康教育提供参考，帮助产科临床护理人员专业、全面地给患者或家属提供护理指导。

本书坚持科学性、新颖性、实用性和启发性相结合的原则，分三十五章进行介绍，为读者提供系统的产科健康教育指引。本书内容根据孕产妇的生理特征，从备孕、妊娠、分娩开始，按生理产科到病理产科顺序排列，详细讲解了妊娠并发症、异常分娩、分娩期并发症、产褥期并发症、产前出血性疾病、羊水量异常、多胎妊娠、巨大儿、妊娠期高血压疾病、 妊娠期肝内胆汁淤积症、胎盘及附属物异常、妊娠合并内外科疾病的基本概念、发病病因、临床表现、相关检查、治疗原则、护理要点、预防保健等。对于围生期孕产妇的性、营养、饮食、睡眠及母乳喂养、正常新生儿的护理等热点问题，以及围生期母婴监测、 围生期用药指导、妊娠期多器官功能障碍综合征、新生儿异常，产科镇痛、产科手术等难点问题亦做了详细的讲解。

本书由广东省知名医院的二十几位妇产科护理专家共同完成。专家们将丰富的临床经验和理论知识相结合，采用问答形式，对产科临床护理中大家关注的问题进行指引。无论对即将走入妇产科临床的护理人员，还是已在临床工作的护士，本书都具有极强的启发和指导作用。本书能迅速解决产科相关疾病护理的关键点，高效掌握并解决临床护理实践中遇到的具体问题；面对产科护理特色群体能及时鉴别其生理与病理的区别；能对病因采取相应的治疗护理措施进行有效的预防和对患者进行健康教育；添加了产科特殊疾病的护理及用药指导和本研究领域涉及的前沿问题如产程新标准、产程图新标准等，与国际产科护理接轨。

本书在编写过程中，得到了科学出版社领导及全体编辑的大力支持，同时得到了各参编单位各级领导和同事、专家教授的协助、指导，在此谨表谢意。内容和编排不妥之处，敬请指正！

广州市妇女儿童医疗中心　谢婉花
南方医科大学南方医院　周燕莉
2017年6月

目　　录

第一章　关于备孕，你知多少？

一、最佳受孕的年龄是什么时候？妊娠前应注意哪些问题？

女性的最佳生育年龄为 30 岁以前，最晚也不应该超过 35 岁。在最佳生育年龄生育，对母体、孩子都有好处，而女性在 35 岁之后生育就算作高龄产妇了，生育就进入了危险阶段。而由于男性的发育和健康等原因，他们的最佳生育年龄比女性要晚些，结婚年龄上出现一些差距是科学的，但是男性承担的工作压力大，30 岁以后更是如此，应酬中的酒精、混乱的生活等都会破坏或损耗精子，所以如果能够提前在压力相对小的时候结婚生子，往往能够保证是处于最佳生育期间，且精子质量有保证。

1. 妊娠期准备工作很重要　首先夫妻双方应该先确定要不要孩子。如果夫妻双方还没有做好妊娠的思想准备，或者暂时不具备养育孩子的经济条件就妊娠，以及一些孕妈妈在不知道妊娠的情况下服药或做过 X 线等检查，这些情况可能给孕妈妈造成不小的压力，使其产生焦虑情绪，对胎儿的健康也可能产生不良的影响。有的家庭中有家族遗传史，如遗传性精神、智力低下、先天性疾病或者妻子患有慢性病，如糖尿病、高血压、心脏病、肝炎、肾炎等，这些情况都需要向遗传或内科等专科医生咨询，讨论妊娠风险和备孕时机，夫妻慎重考虑后再决定是否妊娠。

2. 选择合适的妊娠时机

（1）选择最佳生育年龄。

（2）最佳的受孕季节：一般而言，春末秋初是最好的受孕时节，气候温和适宜，睡眠、食欲不受影响。而且这一时节妊娠可以避开早期妊娠阶段传染病的流行，使胎儿在最初阶段有一个安定的发育环境。

（3）最佳的受孕时间：女性排卵期当天及前 5 天是受孕最佳时间，此时受孕概率比较高。丈夫通常要在妻子排卵期前节欲 3～5 天，以保证有足够数量的高质量精子进行受精。

（4）合理安排工作：尽量避开年终或者工作较忙的阶段受孕，要提前安排好自己的工作，避免怀妊娠期间过度劳累。

3. 做好妊娠前检查　准妈妈的妊娠前检查包括肝肾功能、甲状腺激素水平、血常规、尿常规、优生筛查（风疹病毒、弓形虫、巨细胞病毒、单纯疱疹病毒、滴虫、支原体、衣原体、淋菌等病原体感染）等。

准爸爸除了和准妈妈一起做好备孕计划外，还要戒烟戒酒、规律安排生活、合理补充营养等。此外，也要做一些相应的妊娠前检查，如血常规、尿常规、肝肾功能和精液检查等。另外，还要排除是否有传染性疾病。

4. 夫妻双方同时调整身体至最佳状态

二、高龄产妇妊娠前要做哪些准备？

1. 积极补叶酸　从妊娠前 3 个月开始到妊娠 3 个月，每个妇女都应该补充小剂量叶酸，以预防胎儿神经管畸形，对于“大龄妈妈”更是如此，因为他们的宝宝发生神经管畸形的可能性更高。

2. 远离小宠物　养有宠物的家庭，应该把宠物寄养在别人家一段时间，因为猫、狗、禽等动物身上可能寄生有弓形虫，而弓形虫的感染可造成流产、死胎、死产，造成胎儿脑积水、视力下降等畸形，造成新生儿肺炎、肝脾大、黄疸及意识障碍等。

3. 远离香烟、二手烟　香烟中的有害物质可使胎儿发生先天畸形、宫内发育迟缓，接触香烟、二手烟的孕妇引起流产、早产的风险要比其他胎儿大 2～3 倍，而她们的宝宝出生后的体格、智力发育也会受到影响，所以，应该尽量在妊娠前远离香烟并减少被动吸烟。

4. 减少使用电脑的时间 应该尽量减少电脑前的工作，即使不能完全脱离也要尽可能避免电脑的侧面和背面朝向自己，因为电脑的背侧面辐射最强。在不需要的时候应尽量关闭电脑，或每小时左右到室外活动一会儿，都会减少电脑的危害。

5. 不化妆、不涂指甲油 在妊娠前准备阶段直至哺乳期都尽量减少化妆，避免染发，不涂指甲油。因为化妆品中的铅可以经皮肤、黏膜吸收，产前接触铅过量可损伤胎儿脑组织，以致影响儿童期的体格和智力发育。

三、高龄女性计划孕育二孩的风险有哪些?

1. 高龄产妇生育二孩存在着3大风险

(1)论身体素质，已经生育过一次，无论是受孕概率还是产后康复的速度，都大不如前。

(2)女性随着年龄的增长，子宫的收缩力和阴道的伸张力也较差，容易发生大出血和难产，产科临床统计资料表明，高龄产妇的产程明显延长，滞产率增高。

(3)高龄生育时异位妊娠、自然流产、妊娠期并发症、胎儿出生缺陷等的概率也会增加，胎膜早破、妊娠期高血压疾病和早产这三项指标也比对照组高。

2. 高龄经产妇产时的危险因素 随着年龄的增长，前置胎盘的发生危险增加，年龄每增加1岁发生前置胎盘的危险增加12%。随着妇女年龄的增加，越来越多的胶原蛋白代替了子宫肌层动脉壁的正常肌肉成分。这些血管壁的损害限制了动脉管腔的扩张，继而影响胎盘的血运。这些情况被推测有可能在高龄孕妇前置胎盘的发生过程中起重要作用。高龄妇女再次生育时往往有多次人工流产、分娩史、子宫手术史，由于多次清宫，子宫内膜受损引起子宫内膜炎或萎缩性改变，胎盘血供不足，为摄取足够的供养，胎盘面积增大，延伸至子宫下段，使得前置胎盘和胎盘形态异常发生率增加。

有文献报道，高龄经产妇产后出血的发生率是年轻经产妇的6.3倍。其原因为高龄经产妇精神高度紧张、产程中体力消耗大，孕产次多、子宫肌纤维损伤严重，影响子宫收缩和缩复功能而引起产后出血。此外，高龄经产妇生殖道感染多，纤维结缔组织增生，组织弹性差，加上高龄经产妇胎儿体重普遍增大，增加产道负担，宫颈阴道裂伤常常发生，增加产后出血的发生率。

3. 高龄经产妇产后危险因素 高龄经产妇妊娠期往往处于高凝状态，静脉回流障碍、分娩或者剖宫产时血管内皮受损，加之产妇活动减少、卧床增多、体型肥胖等均为静脉血栓形成的危险因素。产褥期长期卧床也增加了血栓形成的风险。而妊娠期高血压更是加重了这一变化，由于血管痉挛及血管内皮损伤，血管通透性增加，血浆胶体渗透压下降，血容量相对不足，血液处于高凝状态；40%的重度子痫前期患者存在血栓形成的倾向。因此，做好充分准备，配合规范的妊娠前、妊娠期检查，是可以将高龄生育二孩的风险降到最低的。

四、有二孩计划的剖宫产史的妇女妊娠前的注意事项有哪些?

1. 避免催生或引产 各项大型的研究结果建议，部宫产后阴道分娩(vaginal birth after cesarean section，VBAC)需要谨慎地选择产妇，而且不要试着去催生，让产痛的过程自然发生，如果过了预产期还没有生产的征兆，即使产妇试着想要生产，也不建议催生或引产，以免增加生产的风险。

2. 子宫破裂的危险 子宫破裂就是子宫的组织裂开，裂开的程度不一，完全子宫裂开时子宫与腹腔相通，隔着子宫或子宫韧带的是不完全裂开。胎儿可能会从子宫破裂处伸出手脚，或是完全进入腹腔。子宫裂开的严重程度不一，可能在生产过程或是产后出血，严重者可能会导致大量出血、休克、死亡。胎儿的胎心音会有不规则的变化，即使补充点滴、给予氧气、产妇采取左侧卧位都无法改善胎儿的胎心音。部分产妇，包括胎儿太大、孕妇骨盆腔狭窄、曾经有产程迟滞等孕妇应该避免VBAC。如果前一胎是因为胎位不正、胎儿过大、前置胎盘而进行剖宫生产，那么这一胎的胎儿只要胎位正确、体重适中、没有胎盘前置，就可以与医生商量，是否改为采取经阴道的自然生产。

第二章 妊 娠

一、胎儿各个时期的特点是什么？

自妊娠 11 周起称为胎儿，是生长、成熟的时期。

12 周末：胎儿身长约 9cm，顶臀长 6～7cm。外生殖器已可初辨性别。胎儿四肢可活动。

16 周末：胎儿身长约 16cm，顶臀长 12cm，体重约 110g。从外生殖器可确认胎儿性别。头皮已长出毛发，胎儿已开始出现呼吸运动。皮肤菲薄呈深红色，无皮下脂肪。

20 周末：胎儿身长约 25cm，顶臀长 16cm，体重约 320g。皮肤暗红，出现胎脂，全身覆盖毳毛，并可见少许头发。开始出现吞咽、排尿功能。自该孕周起胎儿体重呈线性增长。胎儿运动明显增加，10%～30%时间胎动活跃。

24 周末：胎儿身长约 30cm，顶臀长 21cm，体重约 630g。各脏器均已发育，皮下脂肪开始沉积，因量不多皮肤呈皱缩状，出现眉毛和睫毛。细小支气管和肺泡已经发育。出生后可有呼吸，但生存力极差。

28 周末：胎儿身长约 35cm，顶臀长 25cm，体重约 1000g。皮下脂肪不多。皮肤粉红，表面覆盖胎脂。瞳孔膜消失，眼睛半张开。四肢活动好，有呼吸运动。出生后可存活，但易患特发性呼吸窘迫综合征。

32 周末：胎儿身长约 40cm，顶臀长 28cm，体重约 1700g。皮肤深红仍呈皱缩状。生活力尚可，出生后注意护理可能存活。

36 周末：胎儿身长约 45cm，顶臀长 32cm，体重约 2500g。皮下脂肪较多，身体圆润，面部皱褶消失。指（趾）甲已达指（趾）端。出生后能啼哭及吸吮，生活力良好，基本能存活。

40 周末：胎儿身长约 50cm，顶臀长 36cm，体重约 3400g。胎儿发育成熟，皮肤粉红色，皮下脂肪多，外观体型丰满。足底皮肤有纹理。男性睾丸已降至阴囊内，女性大小阴唇发育良好。出生后哭声响亮，吸吮能力强，能很好存活。

二、胎儿血循环的特点有哪些？

胎儿循环与胎盘相连，营养供给和代谢产物排出均需经过胎盘由母体来完成，含氧量较高的血液自胎盘经一条脐静脉进入胎儿体内，分为 3 支：来自胎盘的一支直接入肝脏，一支与门静脉汇合入肝脏，此两支血液经肝静脉入下腔静脉；另一支经静脉导管直接入下腔静脉。

1. 下腔静脉血是混合血，有来自脐静脉含氧量较高的血液，也有来自胎儿身体下半身含氧量较低的血液。

2. 卵圆孔进入左右心房之间，其开口处正对下腔静脉入口，下腔静脉进入右心房的血液绝大部分经卵圆孔进入左心房。上腔静脉进入右心房的血液流向右心室，随后进入肺动脉。

3. 肺循环阻力较大，肺动脉血液绝大部分经动脉导管流入主动脉，仅 1/3 的血液经肺静脉进入左心房。左心房血液进入左心室，继而进入主动脉直至全身后，经腹下动脉再经脐动脉进入胎盘，与母血进行气体及物质交换。

由于以上的特点使得胎儿体内无纯动脉血，而是动、静脉混合血，进入肝、心、头部及上肢的血液含氧量较高且营养较丰富，进入肺及身体下半部的血液含氧量及营养较少。

三、胎儿出生后血液循环的变化有哪些？

胎儿出生后，胎盘脐带循环中断，肺开始呼吸，肺循环阻力降低，新生儿血液循环逐渐发生改变。①脐静脉出生后闭锁为肝圆韧带，脐静脉的末支静脉导管出生后闭锁为静脉韧带。②脐动脉出生后闭锁，与相连的闭锁的腹下动脉成为腹下韧带。③动脉导管位于肺动脉与主动脉弓之间，出生后 2～3 个月完全闭锁为动脉韧带。④卵圆孔于生后因左心房压力增高开始关闭，多在出生后 6 个月完全关闭。

四、妊娠期妇女怎么补铁？

胎儿在发育过程中，需要吸收大量的铁元素和血红蛋白。妊娠早期表现不明显，到妊娠中期开始随着血容量和血红蛋白的增加，孕妇成为缺铁性贫血的高危人群。在孕妇至妊娠 28～32 周，其血浆容积增加量为 50%，1. 3～1.5L；至分娩期达最大值；妊娠期还需为胎儿储备铁以满足产后 1～4 月龄婴儿对铁的需要。因此，妊娠中期、晚期应关注改善铁的营养状况。这时，首先要考虑通过饮食来补铁，《中国居民膳食指南》（2010）建议孕妈妈铁元素每天适宜摄入量：妊娠早期为 15mg、妊娠中期为 25mg、妊娠晚期为 35mg，含铁丰富的食物包括动物血、肝脏、瘦肉等动物性食物，黑木耳等植物性食物，动物性食物中铁的吸收利用率要高于植物性食物，因此应多吃含铁丰富的动物性食物。孕妇血红蛋白低于 100g/L 时，应在医生指导下补充小剂量的铁剂（每天 10～20mg），同时注意多摄入富含维生素 C 的蔬菜、水果，或在补充铁剂时补充维生素 C，以促进铁的吸收和利用。

五、妊娠期妇女怎么补钙？

妊娠早期：胎儿处于组织和器官的分化阶段，对钙的需求量并不多；妊娠 20 周后，胎儿骨骼生长加快，开始对钙的需求量增多；妊娠 28 周后，胎儿骨骼开始钙化，对钙的需求量更多。《中国居民膳食指南》（2010）建议孕妈妈每天钙的适宜摄入量在妊娠早期为 800mg、妊娠中期为 1000mg、妊娠晚期为 1200mg。奶或奶制品富含蛋白质，对妊娠期蛋白质的补充具有重要意义，同时也是钙的良好来源，由于中国传统膳食不含或少含奶制品，每日膳食钙的摄入量仅为 400mg 左右，远低于建议钙的适宜摄入量。从妊娠中期开始，每日至少要摄入 250ml 的牛奶或相当量的奶制品及补充 300 mg 的钙，或喝 400～500ml 的低脂牛奶，以满足钙的需要，同时也要兼顾到维生素 D 的补充，因为维生素 D 可以促进钙的吸收。

富含钙的食物：豆类、牛奶、奶酪、杏仁、酸奶、豆腐、豆奶、西兰花等；富含维生素 D 的食物：维生素 D 强化牛奶、酸奶、鱼肝油、三文鱼、金枪鱼罐头、沙丁鱼罐头、鸡蛋等。

六、什么是产前检查？

产前检查是指从妊娠开始到分娩的整个时期，对孕妇及胎儿进行健康检查及对孕妇进行心理上的指导，包括早期妊娠诊断、首次产前检查和随后的产前检查及胎儿出生缺陷的筛查与诊断。

七、产前检查的时间分别是什么时候？

从确诊妊娠早期开始，首次检查时间应在 6～13^{+6} 周，之后分别为 14～19^{+6} 周、20～24 周、24～28 周、30～32 周、33～36 周、37～41 周。有高危因素者，酌情增加次数。

八、首次产检内容有哪些？

1. 常规检查及保健

（1）建立妊娠期保健手册。

（2）仔细询问月经情况，确定孕周，推算预产期。

（3）评估妊娠期高危因素。孕产史，特别是不良孕产史如流产、早产、死胎、死产史、生殖道手术史、有无胎儿的畸形或幼儿智力低下、妊娠前准备情况、本人及配偶既住家族史和遗传病史。注意有无妊娠合并症，如慢性高血压、心脏病、糖尿病、肝肾疾病、血液病等，及时请相关学科会诊，不宜继续妊娠者应告知并及时终止妊娠；高危妊娠继续妊娠者，评估是否转诊。本次妊娠有无阴道出血，有无可能致畸的因素。

（4）测量血压、体重及身高，计算体重指数，胎心率测定，行常规妇科检查。

2. 必查项目 ①血常规；②尿常规；③血型（ABO 及 Rh）；④肝功能；⑤肾功能；⑥空腹血糖；⑦HBsAg；⑧梅毒螺旋体；⑨HIV 筛查。

3. 备查项目 ①HCV 筛查。②珠蛋白生成障碍性贫血（地中海贫血）和甲状腺功能筛查。③抗 D 滴度检查（Rh 阴性者）。④75g OGTT（高危孕妇或有症状者）。⑤血清铁蛋白（血红蛋白＜105g/L 者）。⑥结核菌素（PPD）试验（高危孕妇）。⑦宫颈细胞学检查。⑧宫颈分泌物检测淋球菌和沙眼衣原体（高危孕妇或有症状者）。⑨细菌性阴道病（BV）检测（早产史者）。⑩胎儿染色体非整倍体异常的妊娠早期母体血清学筛查（妊娠 10～13 周）。⑪超声检查。在妊娠早期行超声检查：确定宫内妊娠及孕周，胎儿是否存活，胎儿数目或双胎绒毛膜性质，子宫附件情况。在妊娠 11～13 周超声检查胎儿颈后透明层厚度（NT）；核定孕周。⑫绒毛活检（妊娠 10～12 周，主要针对高危孕妇）。⑬心电图检查。

4. 健康教育及指导 ①流产的认识及预防。②营养和生活方式的指导（卫生、性生活、运动锻炼、工作、旅行）。③继续补充叶酸至妊娠 3 个月，有条件者可继续服用含叶酸的复合维生素。④避免接触有毒有害物质（如放射线、高温、铅、汞、苯、农药等）。⑤慎用药物，避免使用可能影响胎儿正常发育的药物。⑥必要时，妊娠期可接种破伤风或流感疫苗。⑦改变不良的生活习惯（如抽烟、酗酒、吸毒等）及生活方式，避免高强度工作、高噪声环境和家庭暴力。⑧心理健康，解除精神压力，预防妊娠期及产后心理问题的发生。

九、如何评估胎儿的健康状况?

高危孕妇应于妊娠 32～34 周开始评估胎儿的健康状况，严重并发症孕妇应于妊娠 26～28 周开始监测。监测胎儿宫内状态、检查胎盘功能及胎儿成熟度。

1. 胎儿宫内状态的监护

（1）首先要确定是否为高危儿：如有以下情况，则为高危儿，包括孕龄＜37 周或≥42 周；出生体重＜2500g 或≥4000g；出生后 1min Apgar 评分≤4 分；产时感染；高危孕产妇的胎儿；手术产儿；新生儿的兄姐有新生期死亡；双胎或多胎儿。

（2）根据不同的阶段给予不同的监护：

1）妊娠早期：确定子宫大小与孕周是否相符；6 周时通过 B 型超声检查是否可见到胚芽及原始心管搏动，$11\sim13^{+6}$ 周时检查颈项透明层及胎儿发育情况。

2）妊娠中期：通过测量子宫长度及腹围，判断胎儿大小是否与孕周相符；监测胎心率；应用 B 型超声检测胎头发育、结构异常的筛查与诊断、胎儿染色体异常的筛查与诊断。

3）妊娠晚期：①定期产前检查，了解胎儿大小、胎产式、胎方位和胎心率。②通过孕妇自我监测或 B 型超声下监测胎动计数。③胎儿影像学监测及血流动力学监测：可以观察胎儿大小、胎动、羊水情况、胎儿畸形情况，监测胎儿脐动脉和大脑中动脉血流等。④电子胎儿监护：能够连续观察和记录胎心率的动态变化，了解胎心与胎动及与宫缩之间的关系，从而评估胎儿在宫内的安危情况。

2. 胎盘功能检查 可以间接了解胎儿在宫内的情况，包括胎动计数、孕妇尿雌三醇及血清人胎盘生乳素测定。

3. 胎儿成熟度检查 除通过计算胎龄，测量子宫长度、腹围外，还可通过经腹壁羊膜腔穿刺抽取羊水检查卵磷脂/鞘磷脂值、羊水泡沫试验或振荡试验。

4. 胎儿先天畸形及其遗传性疾病的产前诊断

十、什么是早期妊娠?

临床上将第 13 周末之前称为早期妊娠，也称早期妊娠，是胚胎形成、胎儿器官分化的重要时期。

十一、怎么推算预产期?

按末次月经第 1 天算起，月份减 3 或加 9，日数加 7。如孕妇只知阴历日期，应先换算成阳历再推算预产期。实际分娩日期与推算的预产期有可能相差 1～2 周。若孕妇记不清末次月经日期或哺乳期尚未月经来潮而受孕者，可根据早期妊娠开始出现时间、胎动开始时间、子宫底高度和 B 型超声检查的胎囊大小（CS）、头臀长度（CRL）、胎头双顶径（BPD）及股骨长度（FL）值推算预产期。

十二、早期妊娠反应有哪些?一般持续时间是多久?如何缓解?

早期妊娠反应一般在停经 6 周左右出现畏寒、头晕、流涎、乏力、嗜睡、缺乏食欲、喜食酸物、厌恶油腻、恶心、晨起呕吐等症状。一般多在停经 12 周左右自行消失。

缓解早期妊娠反应首先要保持轻松愉快的心情，孕吐只不过是机体自我保护的一种本能反应，如果处理得当，一般不会对胎儿产生不利影响；合理调配饮食，少食多餐，以富含营养、清淡可口、容易消化的食物为宜，酒类应绝对禁止；适当的运动也可以减少孕吐，不要整日瘫软在床。

十三、早期妊娠需进行哪些检查？

1. 仔细询问月经情况，确定孕周，推算预产期。

2. 测量血压、体重及身高，计算体重指数，胎心率测定，常规妇科检查。

3. 血常规；尿常规；血型（ABO 及 Rh）；肝功能；肾功能；空腹血糖；HBsAg；梅毒螺旋体；HIV 筛查；地中海贫血；早期唐氏筛查。

4. 超声检查（在妊娠早期行超声检查）。确定宫内妊娠及孕周，胎儿是否存活，胎儿数目或双胎绒毛膜性质，子宫附件情况。在妊娠 11～13 周超声检查胎儿颈后透明层厚度。

十四、目前国际上推荐孕妇在妊娠期至少需要接受几次超声检查？分别是什么时候？

孕妇在妊娠期至少接受 5 次超声检查，分别为 7～8 周确定宫内妊娠活胎，11～13^{+6}周行颈项透明层检查，20～24 周行胎儿系统筛查，28～32 周行胎儿生长发育评估，妊娠足月及以后（生产前）确定胎儿的胎位、评估胎儿各项生长发育指标及给胎儿估重。

十五、胎儿颈项透明层监测的目的及时机是什么？

胎儿颈项透明层监测主要目的是早期排除胎儿严重畸形、评估唐氏儿及其他染色体风险，确定孕周、胎儿数量及胎儿是否存活。颈后透明层厚度检查应该在妊娠 11～13^{+6}周做，头臀长为 45～84mm。

十六、什么是中期妊娠？

妊娠第 14～27 周末称为中期妊娠。

十七、中期妊娠有哪些表现？

逐渐感到腹部增大；用多普勒胎心听诊仪能够探测到胎心音；妊娠 20 周后自觉胎动；妊娠 20 周后经腹壁能触到子宫内的胎体，妊娠 24 周后触诊能区分胎头、胎背、胎臀和胎儿肢体。

十八、什么是胎心音？如何监测？

胎心音即是胎心的心跳声，听到胎心音能够确诊为妊娠且活胎，于妊娠 12 周用多普勒听诊仪能够探测到胎心音；妊娠 18～20 周用一般听诊器经孕妇腹壁能够听到胎心音。胎心音呈双音，似钟表“滴答”声，速度较快，正常时为 110～160 次/分，每次听取胎心必须在 1min 以上，以便监测胎儿的健康状况。

十九、什么是胎动？如何监测？

胎动是指胎儿的躯体活动，是胎儿宫内安危的重要指标。胎动可分为转动、翻转、滚动、跳动及高频率活动。正常孕妇于妊娠 20 周开始自觉胎动，随孕周增加，胎动也逐渐增多，妊娠 32～34 周达高峰，妊娠 38 周后胎动逐渐减少。

孕妇每日早、中、晚各一次，安静数胎动 1h，次数不少于 6 次为正常，如有异常及时就诊。

二十、中期妊娠需进行哪些辅助检查？

1. 唐氏筛查。

2. 胎儿系统超声筛查（妊娠 18～24 周），筛查胎儿的严重畸形。

3. 血常规、尿常规。

4. 妊娠期糖尿病（gestational diabetes mellitus，GDM）筛查先行 50g 葡萄糖筛查（glucose challenge test，GCT），如血糖为 7.2～11.1mmol/L，则进行 75g 口服葡萄糖耐量试验（oral glucose tolerance test，OGTT）；若＞11. 1mmol/L，则测定空腹血糖。国际最近推荐的方法是可不必先行 50g GCT，有条件者可直接行 75g OGTT。

二十一、中期妊娠 B 型超声检查的目的是什么？

筛查胎儿结构是否异常，排查胎儿是否有先天畸形和缺陷。

二十二、什么是胎儿脐血流？

胎儿脐血流是一种监测胎盘循环的无创性检查，这是一种无创监测胎儿脐带血流声图谱，可得到胎盘、胎儿及母体生理变化的血流动力学指标，具有独特的临床诊断价值。

二十三、什么是葡萄糖耐量试验？

1. 葡萄糖耐量试验（OGTT） 是一种葡萄糖负荷试验，用以了解胰岛 β 细胞功能和机体对血糖的调节能力，是诊断糖尿病的确诊试验。在妊娠 24～28 周及以后，对所有尚未被诊断为糖尿病的孕妇进行 OGTT。

2. 方法 OGTT 前 1 日晚餐后禁食至少 8h 至次日晨（最迟不超过上午 9 时），OGTT 试验前连续 3 日正常体力活动、正常饮食，即每日进食碳水化合物不少于 150g，检查期间静坐、禁烟。检查时，5min 内口服含 75 g 葡萄糖的液体 300ml，分别抽取服糖前、服糖后 1h、2h 的静脉血（从开始饮用葡萄糖水计算时间），放入含有氟化钠的试管中采用葡萄糖氧化酶法测定血浆葡萄糖水平。

3. 诊断标准 空腹及服糖后 1h、2h 的血糖值分别为 5. 1mmol/L、10.0mmol/L、8.5mmol/L。任何一点血糖值达到或超过上述标准即诊断为妊娠期糖尿病。

二十四、什么是地贫筛查？

地贫筛查是指地中海贫血病筛查，是我国南方各省（区）最常见、危害最大的遗传病，主要分 α 和 β 两种，以 α 地贫较常见。地贫筛查是指通过血常规、血红蛋白电泳等方法对贫血进行筛查，若结果提示为地贫可疑，则必须进一步进行地贫基因检测，以确诊是否为地贫基因携带者，以及确定是哪一类的地贫。

二十五、什么是唐氏筛查？什么是妊娠期 B 族链球菌检测？其目的是什么？

唐氏筛查是唐氏综合征产前筛选检查的简称，是在妊娠早、中期抽取孕妇的外周血，通过测定相应的生化标志物，如甲胎蛋白（AFP）、人类绒毛膜促性腺激素（β-HCG）及游离雌三醇（E_3），综合孕周、孕妇年龄、体重等各项信息，经过专业的筛查软件，计算出胎儿有染色体异常的风险。

妊娠期 B 族链球菌检测是指妊娠期用拭子采集阴道及直肠内分泌物后用合适的方法（检测方法有细菌培养、抗原检测、PCR 等）检测是否有 B 族链球菌感染。孕妇生殖道 B 族链球菌感染对母婴有着重要的影响，可使胎膜早破、胎儿窘迫、剖宫产的发生率增高，在分娩过程中，新生儿在通过时可被感染，可诱发如败血症、肺炎及脑膜炎等疾病。B 族链球菌检测为胎膜早破、早产、晚期先兆流产治疗提供了诊断、治疗监控依据。

二十六、什么是 Rh 阴性血？对母儿的危害有哪些？

Rh 血型抗原定位于第 1 号染色体上的 3 对紧密连锁的等位基因。其共有 5 种抗原，即 C 与 c、D 与 d、E 与 e。D 抗原最早被发现且抗原性最强，故具有 DD/Dd 为 Rh 阳性，dd 为 Rh 阴性。

Rh 血型不合时，带有 RhD（+）抗原的胎儿的红细胞经胎盘进入 RhD（-）母亲的血液，产生相应的血型抗体，此抗体又经胎盘入胎儿循环，作用于红细胞而导致溶血。Rh 血型不合引起的同种免疫溶血的机制（以抗 D 为例）：①母亲为 Rh 阴性；②胎儿为 Rh 阳性；③胎儿红细胞经胎盘入母体血液循环；④母体被胎儿红细胞的 D 抗原致敏，使母体产生 IgM 抗体，这种初发免疫反应发展缓慢，常历时 2 个月以上甚至 6 个月；⑤再次妊娠又有少量细胞进入母体；⑥发生迟发免疫反应，迅速产生大量的抗 D IgG 抗体；⑦抗 D IgG 抗体进入胎儿血液循环；⑧IgG 抗体使胎儿的红细胞被致敏；⑨致敏的胎儿红细胞被破坏。胎儿红细胞破坏发生溶血，可致贫血、黄疸，严重者出现心力衰竭、胎儿水肿甚至死胎。

二十七、什么是晚期妊娠？

妊娠 28 周及以后称为晚期妊娠。

二十八、晚期妊娠需进行哪些辅助检查？

1. 血常规、尿常规。

2. 超声检查胎儿生长发育情况、羊水量、胎位、胎盘位置。

3. 胎心监护、脐血流检查。

二十九、晚期妊娠监护胎儿健康状况的方法有哪些？

1. 测量宫底高度及腹围。

2. 监测胎动计数、胎心音。

3. B 型超声检查。

4. 脐血流检查。

5. 电子胎儿监护。

6. 胎儿生物物理监测。

7. 羊膜镜检查。

8. 胎盘功能检查。

三十、如何对孕妇宣教自我监测胎动的方法？

1. 解释监测胎动的意义 胎动是反映胎儿宫内安危的一个重要指标，通过监测胎动可以帮助发现可能存在宫内缺氧的胎儿，并通过进一步的检查来确认是否真的存在宫内缺氧。

2. 监测胎动的时间 推荐在 28 周以后开始。

3. 指导正确的监测方法。

4. 注意事项 有些胎儿动起来时间会比较长，但不管动多久，只能算一次胎动。当胎儿停下来数分钟之后再动才能算另外一次的胎动。

三十一、什么是胎产式？

胎体纵轴与母体纵轴的关系，分为纵产式及横产式。

三十二、什么是胎先露？

最先进入骨盆入口的胎儿部分。

三十三、什么是胎方位？

胎先露部的指示与母体骨盆的关系。

三十四、常见的胎位有哪些？

头位：枕先露（LOA、LOT、LOP、ROA、ROT、ROP）。

臀位：臀先露（LSA、LST、LSP、RSA、RST、RSP）。

横位：肩先露（LSCA、LSCP、RSCA、RSCP）。

三十五、什么是四步触诊？

四步触诊是检查子宫大小、胎产式、胎先露、胎方位及胎先露是否衔接的方法。在做前三步手法时，检查者面向孕妇脸部，做第四步手法时，检查者面向孕妇足端。

第一步：检查者两手置于宫部，手测宫底高度，根据其高度估计胎儿大小与妊娠周期是否相符。然后以两手指腹相对交替轻推，判断在宫底部的胎儿部分，若为胎头则硬而圆且有浮球感，若为胎臀则柔软而宽且形态不规则。

第二步：确定胎产式后，检查者两手掌分别置于腹部左右侧，轻轻深按进行检查。触到平坦饱满部分为胎背，并确定胎背向前、向侧方或向后。触到可变形的高低不平部分为胎儿肢体，有时能感到胎儿肢体在活动。

第三步：检查者右手拇指与其他4指分开，置于耻骨联合上方握住胎先露部，进一步查清是胎头或胎臀，左右推动以确定是否衔接。若胎先露部仍可以左右移动，表示尚未衔接入盆；若不能被推动，则已衔接。

第四步：检查者左右手分开置于胎先露部的两侧，沿骨盆入口向下深按，进一步核实胎先露部的诊断是否正确，并确定胎先露入盆程度。先露为胎头时，一手能顺利进入骨盆入口，另一手则被胎头隆起部阻挡，该隆起部称胎头隆突。枕先露时，胎头隆突为额骨，与胎儿肢体同侧；面先露时，胎头隆突为枕骨，与胎背同侧。

三十六、孕妇适当的运动有什么意义？

1. 促进血液循环，增加肌肉的力量和体力。

2. 促进胃肠蠕动，减少便秘，维持良好的食欲。

3. 控制妊娠期体重的合理增长。

4. 提高胰岛素的敏感性。

5. 锻炼心肺功能，提高对分娩过程的耐受性。

6. 改善情绪，促进睡眠。

7. 减少某些并发症的发生，如妊娠期糖尿病。

三十七、妊娠期运动的类型、时间、频率分别是什么？

1. 类型 中等强度的有氧运动，如散步、游泳、骑车、有氧操、瑜伽、伸展运动、爬楼；在健身房训练的，可选择椭圆机、登山机等；避免选择球类（乒乓球、羽毛球等很可能单脚着地失去平衡）、骑马、轮滑、滑雪、潜水等项目。

2. 时间及频率 每周4～5天，每次从15min开始，逐渐增加到30～40min。建议在训练前进行10min热身，训练后再进行10min拉伸。而对于妊娠前从来没有运动的孕妇，可以做一些轻微到中等强度的运动，慢慢增加到30min。

三十八、妊娠期如何进行性生活？

妇女妊娠期的性健康也是生殖健康的重要部分，整个妊娠期可以进行性生活，但性生活的频度和强度要有所节制，且要注意性生活的环境，性生活前要认真进行局部的清洁卫生，避免因性生活而诱发宫腔感染，危害母胎健康。体位宜取女下男上位，以免压着胎儿。性生活中动作应避免剧烈而宜轻柔缓慢。如有流产史、早产史、前置胎盘、心脏病及身体健康状况较差的高龄孕妇，为了确保孩子的安全孕育，应避免性生活。

三十九、妊娠期用药需注意哪些方面？

1. 必须有明确指征，避免不必要的用药。

2. 必须在医生指导下用药，避免联合用药。

3. 能用一种药物，避免联合用药。

4. 能用疗效较肯定的药物，避免用尚难确定对胎儿有无不良影响的新药。

5. 能用小剂量药物，避免用大剂量药物。

6. 严格掌握药物剂量和用药持续时间，注意及时停药。

7. 妊娠早期若病情允许，尽量推迟到妊娠中、晚期再用药。

8. 若病情所需，在妊娠早期应用对胚胎、胎儿有害的致畸药物，应先终止妊娠，随后再用药。

9. 根据药物对胎儿的致畸情况，将药物对胎儿的危害性等级分为A、B、C、D、X 5个级别。在妊娠前12周，不宜用C、D、X级药物。

四十、妊娠期体重增加的正常范围？

妊娠期的体重增加应根据每个孕妇妊娠前的体重指数（BMI）而异，如表2-1。

表 2-1 体重指数（BMI）

妊娠前 BMI	＜18.5	18.5～23.9	24.0～27.9	＞28.0
类型	低体重	正常	超重	肥胖
妊娠期增重推荐值（kg）	12.5～18.0	11.5～16.0.0	7.0～11.5	6.0～9.0

四十一、如何计算妊娠期体重指数？

根据孕妇妊娠前的体重及身高计算 BMI=体重（kg）/身高（m）^{2}，然后根据计算出来的值来判断整个妊娠期适合增重多少。

四十二、什么是均衡营养膳食？

均衡营养膳食是指膳食中所含的营养素种类齐全，数量充足，比例恰当；膳食中所供给的营养素与机体的需要保持平衡，它在强调摄入平衡的同时，更强调体内营养素的平衡。

四十三、妊娠期不同阶段的营养需求有哪些区别？如何对孕妇进行膳食指导？

1. 妊娠早期 此阶段胎儿生长发育速度相对缓慢，但早期的妊娠反应使得消化功能发生改变，多数孕妇可出现恶心、呕吐、食欲下降等症状。妊娠的前四周也是胎儿神经管分化形成的重要时期，因此，应指导孕妇妊娠早期的膳食应富含营养、少油腻、易消化和适口，保证摄入足量富含碳水化合物的食物及多摄入富含叶酸的食物并补充叶酸，戒烟、禁酒。

2. 妊娠中期及晚期 此阶段开始胎儿进入快速生长发育期，与胎儿的生长相适应，母体的子宫、乳腺等生殖器官逐渐发育，并且母体还需要为产后泌乳开始储备能量及营养素，因此妊娠中期、晚期均需要相应增加食物量，应指导孕妇适当增加鱼、禽、蛋、瘦肉、海产品的摄入量。建议妊娠中、晚期孕妇每日增加 50～100g 的鱼、禽、蛋、瘦肉的摄入量。适当增加奶类的摄入量，每日至少摄入 250ml 的牛奶或相当量的奶制品及补充 300mg 钙，或喝 400～500ml 的低脂牛奶。常吃含铁丰富的食物，如动物血、肝脏、瘦肉等。同时注意多摄入富含维生素 C 的蔬菜和水果，以促进铁的吸收和利用。另外，要戒烟、禁酒，少吃刺激性食物。

四十四、妊娠期不宜食用的食物有哪些？

1. 高糖、高脂肪食物 如汽水、糖、薯片，使孕妇体重增加过多，从而增加妊娠期糖尿病、妊娠期高血压疾病等的发生，也减少了自然分娩的机会。

2. 酒精、咖啡因的饮品 孕妇饮酒，酒精可以通过胎盘进入血液，造成胎儿宫内发育不良、中枢神经系统发育异常、智力低下等。

3. 刺激性食物 如辣椒、花椒、咖啡、芥末、咖啡等刺激性食物，容易引起胃部不适，应尽量少吃。

4. 腌制、含有添加剂的食物 添加剂存在有各种隐患，孕妇应尽量避免食用。

5. 易过敏的食物 由于孕激素影响，孕妇容易过敏，因此要避免易致过敏的食物。

6. 冷饮 会刺激胃肠毛细血管收缩，影响消化。

四十五、乳房的自我护理知识有哪些？

1. 穿戴合适的胸罩以支撑乳房 选择合适的胸罩，随着不同阶段的变化及时更换调整。选择和乳房紧密贴合、透气较好棉质的文胸，以乳房没有压迫感为宜。

2. 保持乳房的清洁 每日用温水清洗乳房，清洗时应轻柔，禁用肥皂或酒精清洗，因为肥皂或酒精可抑制乳头周围的皮脂腺分泌，使乳头干燥并发生乳头皲裂。

3. 平坦或内陷乳头的矫正 ①将左、右两手的食指置于乳头两侧水平对称位置，轻柔地将乳头往处推，依顺时针方向对完整个乳房做一圈。②以一手拇指和食指捏住乳头转动并向外拉，另一手撑开乳晕。

4. 有过流产史、早产史症状的孕妇 要尽量避免刺激乳头，刺激乳头容易引起宫缩而再次发生流产。

第三章　分　　娩

一、分娩中母体的适应性变化有哪些？

分娩过程中产妇的骨产道几乎无变化，而软产道（子宫下段、宫颈、阴道及盆底软组织）会发生适应性改变。

1. 子宫下段形成　子宫峡部于妊娠后期形成子宫下段，临床后的规律宫缩使子宫下段进一步拉长达 7～10cm，肌壁变薄成为软产道的一部分。

2. 宫颈的变化　包括宫颈管消失及宫口扩张，当宫口开全（10cm）时，妊娠足月胎头方能通过。

3. 骨盆底组织、阴道及会阴的变化　分娩时阴道黏膜皱襞展平，肛提肌向下及向两侧扩展，肌束分开，肌纤维拉长，使 5cm 厚的会阴体变为 2～4mm；阴道及骨盆底的结缔组织和肌纤维于妊娠期增生肥大，血管变粗，血运丰富，组织变软，具有更好的伸展性。

二、分娩中胎儿的适应性变化有哪些？

1. 胎头颅骨　分娩过程中，颅骨可轻度移位重叠使头颅变形，缩小体积，有利于胎头娩出。

2. 胎头径线　胎儿通过衔接、下降、俯屈、内旋转、仰伸、复位及外旋转、胎肩娩出等一连串适应性转动，以其最小径线通过产道。

三、影响分娩的因素有哪些？

影响分娩的因素包括产力、产道、胎儿及待产妇的精神心理因素。

1. 产力　包括子宫收缩力、腹肌及膈肌收缩力和肛提肌收缩力。其中宫缩是主要产力，具有节律性、对称性和极性、缩复作用的特点。

2. 产道　分为骨产道和软产道两部分。骨产道可分为三个平面：骨盆入口平面、中骨盆平面及骨盆出口平面。软产道是由子宫下段、宫颈、阴道及骨盆底软组织组成的弯曲管道。

3. 胎儿　胎儿大小是决定分娩的重要因素之一。其中胎头是胎体的最大部分，也是胎儿通过产道最困难的部分。

4. 精神心理状态　分娩既可产生生理上的应激，也可产生精神心理上的应激。精神上的鼓励、心理上的安慰、体力上的支持可使产妇顺利度过分娩全过程。

四、什么是顺产？

顺产，即自然分娩，是分娩方式的一种，指妊娠满 28 周及以上的胎儿及其附属物，从临产发动至从母体阴道自然娩出的过程。

五、什么是难产？

难产，也称为异常分娩，指在分娩过程中出现某些情况，如胎儿本身的问题，或母亲骨盆狭窄、子宫或阴道结构异常、子宫收缩无力或异常等，造成胎儿分娩困难，需要助产或剖宫产结束分娩的情况。

六、催产素在分娩中的作用是什么？

1. 刺激富含受体的平滑肌收缩。

2. 刺激蜕膜前列腺素释放，进一步增加收缩。

3. 对平滑肌敏感性部分与雌、孕激素水平有关。

4. 对平滑肌催产素受体水平有调节功能。

七、什么是宫缩？

宫缩，即子宫收缩力，是临产后的主要产力，贯穿于整个分娩过程。宫缩能使宫颈管变短直至消失、宫口扩张、胎先露部下降和胎盘、胎膜娩出。具有以下三个特点：节律性、对称性和极性、缩复作用。

八、什么是规律宫缩？

产程开始时，出现伴有疼痛的子宫收缩，也称“阵痛”。开始时持续时间较短（约 30s）且弱，间歇期较长（5～6min），随产程进展间隔期逐渐缩短为 2～3min，持续时间为 50～60s。伴随宫口逐渐开大，胎头下降，这种宫缩称为规律宫缩。

九、什么是产力？

产力指将胎儿及其附属物从子宫内逼出的力量，包括子宫收缩力、腹肌及膈肌收缩力、肛提肌收缩力。

十、什么是产道？

产道是胎儿娩出的通道，分为骨产道和软产道两部分。

十一、骨盆平面及其径线有哪些？

骨盆平面包括骨盆入口平面、中骨盆平面、骨盆出口平面。

1. 骨盆入口平面径线 入口前后径、入口横径、入口左斜径、入口右斜径。

2. 中骨盆平面径线 中骨盆前后径、中骨盆横径。

3. 骨盆出口平面径线 出口前后径、出口横径、出口前矢状径、出口后矢状径。

十二、什么是软产道？

软产道是由子宫下段、宫颈、阴道及骨盆底软组织组成的弯曲管道。

十三、为什么要在分娩期保持良好的心境？

待产妇的精神心理因素是影响分娩的因素之一。分娩对产妇而言是一种持久而强烈的应激原。临产后待产妇精神紧张，常常处于焦虑、不安和恐惧的心理状态。这些情绪会使机体发生一系列变化，如心率加快、呼吸急促、肺内气体交换不足，致使子宫缺氧收缩乏力、宫口扩张缓慢；胎先露下降受阻，产程延长，导致产妇体力消耗过多，促使产妇神经内分泌发生变化，交感神经兴奋，释放儿茶酚胺，血压升高，导致胎儿缺血缺氧，出现胎儿宫内窘迫等。

十四、枕先露的分娩机制是什么？

枕先露的分娩机制指胎先露部为适应骨盆各个平面的不同形态，被动地进行一系列适应性转动，以其最小径线通过产道的过程。胎儿通过衔接、下降、俯屈、内旋转、仰伸、复位及外旋转、肩娩出等一系列适应性转动，以其最小径线通过产道。

十五、什么是先兆临产？

先兆临产指分娩发动前，出现预示孕妇不久即将临产的症状，包括假临产、胎儿下降感、见红。

1. 假临产 特点为宫缩持续时间短且不恒定，间歇时间长而不规则；宫缩强度不加强，不伴随宫颈管消失和宫颈口扩张，常在夜间出现，白天消失，给予镇痛剂可以抑制假临产。

2. 胎儿下降感 随着胎先露下降入骨盆，宫底随之下降，多数孕妇会感觉上腹部较前舒适，进食量也增加，呼吸轻快。由于胎先露入盆压迫了膀胱，孕妇常出现尿频症状。

3. 见红 在分娩发动前 24～48h，因宫颈内口附近的胎膜与该处的子宫壁分离，毛细血管破裂经阴道排出少量血液，与宫颈管内的黏液相混排出的症状。

十六、什么是临产？

临产开始的标志为规律且逐渐增强的子宫收缩，持续 30s 或以上，间歇 5～6min，同时伴随进行性子宫颈管消失、宫颈口扩张和胎先露下降。

十七、什么是产程（新标准）？

产程（新标准）如表 3-1。

表 3-1　产程（新标准）

类别	诊断标准及处理
第一产程 潜伏期	潜伏期延长（初产妇＞20h，经产妇＞14h）不作为剖宫产指征，破膜后且至少给予催产素静脉滴注 12～18h，方可诊断引产失败。在除外头盆不称及可疑胎儿窘迫的前提下，缓慢但仍然有进展（包括宫口扩张及先露下降的评估）的第一产程不作为剖宫产指征
活跃期	以宫口扩张 6cm 作为活跃期的标志 活跃期停滞的诊断标准：当破膜且宫口扩张≥6cm 后，如宫缩正常，而宫口停止扩张≥4h 可诊断活跃期停滞；如宫缩欠佳，宫口停止扩张≥6h 可诊断活跃期停滞。活跃期停滞可作为剖宫产的指征
第二产程	第二产程延长的诊断标准： （1）对于初产妇，如行硬脊膜外阻滞，第二产程超过 4h，产程无进展（包括胎头下降、旋转）可诊断第二产程延长；如无硬脊膜外阻滞，第二产程超过 3h，产程无进展可诊断 （2）对于经产妇，如行硬脊膜外阻滞，第二产程超过 3h，产程无进展（包括胎头下降、旋转）可诊断第二产程延长；如无硬脊膜外阻滞，第二产程超过 2h，产程无进展则可以诊断 由经验丰富的医师和助产士进行的阴道助产是安全的，鼓励对阴道助产技术进行培训 当胎头下降异常时，在考虑阴道助产或剖宫产之前，应对胎方位进行评估，必要时进行手转胎头到合适的胎方位

十八、第一产程的临床经过与处理有哪些?

第一产程临床表现为规律宫缩、宫口扩张、胎头下降、胎膜破裂及疼痛。

1. 表现　产程开始时，宫缩持续时间较短（约 30s）且弱，间歇期较长（5～6min）。随着产程进展，宫缩的持续时间渐长，宫缩的持续时间渐长（50～60s）且强度增加，间歇期渐短（2～3min）。当宫口近开全时，宫缩持续时间可长达 1min 或以上，间歇期仅 1～2min。当宫缩渐频且增强时，宫颈管逐渐缩短直至展平，宫口逐渐扩张。当宫口开全时，宫颈口边缘消失，子宫下段及阴道形成宽阔的管腔。然后胎先露部逐渐下降。第一产程结束时，可降至坐骨棘平面下 2～3cm，并完成了衔接、下降、俯屈、内旋转的过程。胎头下降的程度是决定能否经阴道分娩的重要指标。

2. 处理　多采用产程图进行观察，横坐标为临产时间（h），纵坐标左侧为宫口扩张程度（cm），纵坐标右侧为先露下降程度（cm），画出空口扩张曲线与胎头下降曲线，使产程进展一目了然。

（1）观察子宫收缩情况：最简单的方法是助产人员将手掌放于产妇腹壁上，宫缩时宫体部隆起变硬，间歇期松弛变软。用胎儿监护仪描记宫缩曲线，可以看出每次宫缩持续时间、强度和频率，是全面反映宫缩的客观指标。

（2）观察产程的进展：适时进行肛门检查肛和阴道检查，使用胎心监测仪监测胎儿在宫内的情况。一旦胎膜破裂，应立即听胎心，观察羊水颜色、性状和流出量，并记录破膜时间。鼓励产妇每 2～4h 排尿一次，以免膀胱充盈影响宫缩及胎头下降。

（3）采取有效的措施来缓解疼痛，如指导产妇深呼吸，宫缩间歇期指导产妇放松休息，以恢复体力，也可通过音乐、谈话等方法转移产妇的注意力，减轻其疼痛的感觉。必要时遵医嘱配合使用镇静剂。

十九、第一产程如何进行健康教育?

1. 协助住院办理，介绍待产室及产房环境，减轻产妇对环境陌生的紧张感。

2. 讲解分娩知识，使产妇了解分娩是正常的生理过程，能及时提供产程过程中发生的相关信息，帮助其采取相应的应对措施，使产妇在产程过程中密切配合助产人员。

3. 根据产妇对宫缩所致的疼痛的感受和心理准备指导减轻宫缩疼痛的措施，并充分发挥家庭的支持系统作用。

二十、第二产程的临床经过与处理有哪些？

1. 子宫收缩增强和胎儿下降及娩出 宫口开全后，胎膜多已破裂，宫缩持续约 1min 或以上，间歇期仅 1～2min。当胎头降至骨盆出口压迫骨盆底组织时，产妇有排便感，不自主地向下屏气。胎头于宫缩时露出于阴道口，露出部分不断增大。在宫缩间歇期，胎头又缩回阴道内称为胎头拨露。当胎头双顶径越过骨盆出口，宫缩间歇时胎头不再回缩，称为胎头着冠。此时，会阴极度扩张，胎头枕骨到达耻骨弓下方，继而仰伸娩出、复位及外旋转，前肩和后肩及胎体相继娩出。

2. 处理 观察产程进展，检测胎心变化，应勤听胎心，用胎儿监护仪监测胎心率及其基线变异，判断胎儿有无宫内缺氧情况，若发现胎心减慢，应立即做阴道检查，尽快结束分娩。指导产妇屏气，正确运用腹压。做好接产准备，在接产的过程中注意保护会阴，必要时行会阴切开术。

二十一、第二产程如何进行健康教育？

1. 根据产妇妊娠期检查及相关情况，对妊娠期接受健康教育、分娩知识的了解程度，以及对疼痛的感知，指导产妇第二产程的配合如屏气用力等以促进胎儿娩出。

2. 给予心理支持，助产士陪伴在产妇身边，及时提供产程进展的信息，给予安慰、支持与鼓励，缓解其紧张和恐惧。

3. 指导并协助产妇在宫缩间歇期饮水、进食以保存体力。

二十二、第三产程的临床经过与处理有哪些？

1. 表现为子宫收缩、胎盘娩出及阴道流血。胎儿娩出后，宫底降至平脐，产妇感到轻松，宫缩暂停数分钟后再现。随着子宫继续收缩，胎盘逐渐剥离娩出。

2. 处理：协助胎盘娩出并检查是否完整，检查产妇软产道有无裂伤。若有裂伤应立即缝合。

3. 产妇需在产房观察 2h，观察子宫收缩情况、宫底高度、阴道出血量及膀胱充盈情况。评估新生儿的健康状况，对新生儿进行 Apgar 评分。清理新生儿呼吸道，以免发生吸入性肺炎。用 75% 乙醇消毒结扎脐带，擦净新生儿胎脂，系上标明母亲姓名、床号、住院号及新生儿性别、体重、出生时间的手腕带。将新生儿抱给母亲进行母乳喂养使其早吸吮。

二十三、第三产程如何进行健康教育？

1. 根据产妇孕产史、妊娠期接受的健康教育、对分娩知识的了解程度告知其第三产程过程的配合，协助其胎盘娩出。

2. 及时告知产妇新生儿的相关信息，并协助进行新生儿早接触、早吸吮。

3. 心理支持：根据产妇的情绪状态，对新生儿的满意态度进行心理疏导，协助产妇进入母亲角色。

二十四、什么是破膜？

1. 破膜分人工破膜及自然破膜。

2. 人工破膜是用人工的方法使胎膜破裂，是诱发或促进宫缩、加速分娩的催产方法。

3. 自然破膜分临产后的胎膜破裂及胎膜早破，胎膜早破是指临产前发生的胎膜破裂。

二十五、破膜的检查方法有哪些？

1. 检查方法 孕妇取平卧位，两腿屈膝分开，用阴道窥阴器检查见阴道后穹隆有羊水积聚或有羊水自宫口流出。

2. 辅助检查方法

（1）予 pH 试纸测试阴道流液，pH 试纸变位绿色为阳性（当阴道内有血液、尿液、宫颈黏液、精液及细菌污染可出现假阳性）。

（2）取阴道后穹隆积液置于玻片上，干燥后镜检见羊齿植物叶状结晶即可为、确定为羊水。

二十六、什么是产程图（新标准）？

产程图是用来描记和反映宫口扩张和胎先露下降情况并指导产程的处理的曲线图形，同时记录瞬时胎心率、宫缩间隔及持续时间、产妇血压及处理记录。确定临产时间后，即在产程图上开始记录描绘产程图。产程曲线的描绘是在产程观察中，把每次肛查或阴道检查所得宫颈扩张及胎头高低的情况记录在坐标图上，用红圈表示宫颈扩展程度，用蓝圆点表示下降程度（水平），每次检查后用红线连接红圈，用蓝线连接蓝圆点，汇成两条曲线。横坐标表示时间，以小时为单位；纵坐标为宫口扩张程度，右侧为先露下降程度。

二十七、警戒线与警戒虚线的意义是什么？

1. 产程图上当宫颈扩张超过 3cm 时代表分娩过程已经进入到活跃期，在患者宫颈扩张 10cm 处要画 1 条警戒线，为接斜线。在距离警戒线 4h 处还需要做 1 条处理线，该线条与警戒线平行，这两条直线之间的区域即为警戒区。

2. 当患者的产程曲线进入了警戒区时要高度注意，产程曲线超过了警戒线说明患者可能会发生难产，要立即排查造成难产的因素并及时处理。当处理过后产程曲线依旧超越处理线说明难产无法纠正，需要立刻采取补救措施，必要时结束分娩。

（1）正常产程图是警戒线前结束分娩。

（2）产程图进入警戒区视为异常产程图，自然分娩减少若处理及时恰当，有可能经阴道分娩。

（3）产程超过处理线，难产明显存在，大多为手术结束分娩。

二十八、怎样观察宫缩？

宫缩观察的方法有两种。

1. 手感　是将手掌放于产妇的腹壁上，宫缩时可感到宫体隆起变硬、间歇期松弛变软。定时连续观察宫缩持续时间、强度、规律性及间歇时间，并及时记录。

2. 仪器检测

（1）外监测：将电子检测仪的宫缩压力探头固定在宫体部腹壁，连续描记 40min。

（2）内检测：将充水塑料导管通过宫口置入胎先露部上方的羊膜腔内，外端连接压力感受器，描记宫缩间歇期及宫缩时的压力，其所得的结果较准确，但有引起宫内感染的缺点。

二十九、宫缩对子宫和胎儿血流有什么影响？

1. 宫缩对子宫的影响　每次宫缩子宫横径缩小而长径增大。子宫形状的这种改变有利于子宫下段的形成、宫颈管消失、宫口扩张和胎先露下降。

2. 宫缩对胎儿血流的影响　宫缩时，子宫动脉变直，子宫血流量为 500～700ml/min，其中 80%～85%供应给胎盘，宫缩时子宫血流量明显减少，胎儿血流也随之减少。

三十、胎方位如何检查？

胎方位检查的方法：

1. 孕妇腹部四步触诊法　检查胎儿背部、头部及四肢所在的位置来确定胎方位。

2. 肛门或阴道检查　通过肛门或阴道检查胎先露以确定胎方位。

3. B 型超声检查　根据胎头眼眶及枕部的位置，能准确探清胎头位置。

三十一、怎么进行肛查？

肛查方法：产妇取仰卧位，两腿屈曲分开，检查者站于产妇右侧，检查前用消毒纸遮盖阴道口，避免粪便污染阴道；右手应戴手套，用涂有润滑剂的示指轻轻深入直肠，拇指伸直，其余各指屈曲。

三十二、怎么进行阴道检查？

阴道检查方法：产妇取膀胱截石位卧于床上，检查前常规外阴消毒，戴无菌手套，食指及中指涂消毒润滑剂后，以示指及中指掌面向骶骨方向下压直肠并轻轻伸入阴道内。

三十三、什么是宫颈扩张?

临产后由于宫缩的牵拉、胎先露部支撑前羊水囊呈楔形下压，使宫颈内口先扩张，宫颈管呈漏斗状，随后宫颈管逐渐短至消失、成为子宫下段的一部分。初产妇多是宫颈先消失、宫颈口后扩张，经产妇多是宫颈管消失与宫口扩张同时进行。

三十四、什么是胎先露下降?

胎先露下降（胎头下降）程度是决定胎儿能否经阴道分娩的重要观察指标。临床通过定时进行肛门检查或阴道检查，能够明确胎头颅骨最低点的位置，并协助判断胎位。

三十五、什么是胎心率基线?

胎心率基线是指在无胎动和无子宫收缩影响时，10min 以上的胎心率平均值。

三十六、什么是胎心率基线变异?

胎心率基线变异是指胎心率有小的周期波动。胎心率基线摆动包括胎心率的摆动幅度和摆动频率。摆动幅度是指胎心率上下波动的高度，振幅变动范围正常为 6～25 次/分。摆动频率是指 1min 内波动的次数，正常为≥6 次。基线波动活跃则频率增高，基线平直则频率降低或消失，极限摆动表示胎儿有一定的储备能力，是胎儿健康的表现。胎心率基线变平或变异消失提示胎儿储备能力丧失。

三十七、胎心率基线变异有哪些?

1. 加速　指宫缩时胎心率见暂时增加 15 次/分以上，持续时间＞15s，是胎儿良好的表现，原因可能是胎儿躯干局部或者脐静脉暂时受压。

2. 减速　①早期减速：胎心率曲线减速几乎与宫缩同时开始，胎心率曲线最低点与宫缩曲线最高峰相一致，下降幅度＜50 次/分，持续时间短，恢复快，宫缩后迅速恢复正常。一般发生在第一产程后期，为宫缩时抬头受压引起，不受孕妇体位或吸氧改变。②变异减速：特点是胎心率减速与宫缩无固定关系，下降迅速且下降幅度大（＞70 次/分），持续时间长短不一，但恢复迅速，一般认为宫缩时脐带压迫兴奋迷走神经引起。③晚期减速：特点是胎心率减速多在宫缩高峰后出现，时间在 30～60s，下降幅度＜50 次/分，胎心率恢复水平所需时间较长，一般认为是胎盘肝功能不良、胎儿缺氧的表现。

三十八、怎么样分析胎心监护图形?

胎心监护图形分析分两种情况：

1. 无应激试验（non-stress test，NST）　具体分析及处理如表 3-2。

表 3-2　无应激试验

参数	反应型 NST	可疑型 NST	无反应型
基线	110～160 次/分	100～110 次/分 ＞160 次/分，＜30min，基线上升	胎心过缓，＜100 次/分 胎心过速，＞160 次/分，＞30min 基线不确定
变异	6～25 次/分（中等变异）	≤5 次/分（无变异及最小变异）	≤5 次/分 ≥25 次/分，＞10min 正弦形
减速	无减速或偶发，变异减速持续时间短于 30s	变异减速持续 30～60 秒	变异减速持续时间超过 60s，晚期减速
加速（足月儿）	20min 内≥2 次，加速超过 15 次/分，持续 15s	20min 内＜2 次，加速超过 15 次/分，持续 15s	20min 内＜1 次，加速超过 15 次/分，持续 15s

2. 催产素激惹试验

（1）Ⅰ类，满足以下条件：①胎心率基线 110～160 次/分。②基线变异为中度变异。③没有晚期减速或变异减速。④存在或缺乏早期减速、加速。

提示观察时胎儿酸碱平衡正常，可常规监护，不需要采取特殊措施。

（2）Ⅱ类：除了第Ⅰ类和第Ⅲ类胎心监护的其他情况均划为第Ⅱ类。尚不能说明存在胎儿酸碱平衡紊乱，但是应该综合考虑临床情况，持续胎儿监护、采取其他评估方法来判定胎儿有无缺氧，可能需要宫内复苏来改善胎儿状况。

（3）Ⅲ类：两种情况。

1）胎心率基线无变异且存在以下之一：①复发性晚期减速；②复发性变异减速；③胎心过缓（胎心率基线<110 次/分）。

2）正弦波型：提示在观察时胎儿存在酸碱平衡失调即胎儿缺氧，应立即采取相应措施纠正胎儿缺氧，包括改变孕妇体位、给孕妇吸氧、停止催产素使用、抑制宫缩、纠正孕妇低血压等措施，如果这些措施均不奏效，应该紧急终止妊娠。

三十九、什么是胎儿心电图？

胎儿心电图是一种非侵入性检查手段，对孕妇和胎儿均无害，用心电图机，通过电极经孕妇腹壁体表可记录胎儿心脏每一心动周期活动发生的电位变化及其在心脏的传导过程，描绘成图谱。

四十、怎么监测胎儿酸血症？

可取胎儿头皮学进行血气分析，pH<7.2（正常值 7.25～7.35），PaO_2<10mmHg（正常值 15～30mmHg）及 $PaCO_2$>60mmHg（正常值 35～55mmHg）可诊断为胎儿酸中毒。

四十一、分娩的体位有哪些？

仰卧膀胱截石位分娩在国内外应用广泛，另外还有直立体位、卧位、蹲式体位、手膝体位、蹲位自由体位。

四十二、接生过程分几步？

1. 保护会阴，协助胎头俯屈。

2. 协助胎头仰伸。

3. 协助前肩娩出。

4. 协助后肩娩出。

四十三、怎样清理新生儿呼吸道？

胎头娩出时应立即挤出口鼻腔内的羊水及黏液。胎儿娩出后，用吸痰管清理口鼻腔内残余的羊水和黏液，以免发生吸入性肺炎。吸痰管插入深度一般不超过牙龈部以下 5cm，吸引时间<10s。

四十四、怎样处理新生儿脐带？

胎儿娩出后，用两把血管钳在距离脐根部 15～20cm 处钳夹脐带，两钳相隔 2～3cm，在其中间剪短。用 75%乙醇消毒脐带根部及其周围，在距脐根 0.5cm 处用无菌粗线结扎第一道，再在结扎线外 0.5cm 处结扎第二道，在第二道结扎线外 0.5cm 处剪短脐带，挤出残余血液，用 5%聚维酮碘溶液或碘酊消毒脐带断面，待断面干后，以无菌纱布覆盖，再用脐带布包扎。需要注意的是必须扎紧脐带防止出血，又要避免用力过猛造成脐带断裂；消毒液不可接触新生儿皮肤，以免皮肤灼伤；处理脐带时注意新生儿保暖。目前常用气门芯、脐带夹、血管钳等方法取代双重结扎脐带法，均有脐带早脱落和感染发生率低的效果。

四十五、怎么处理胎盘？

1. 协助胎盘娩出 确认胎盘剥离后，于宫缩时一手握住宫底并按压，同时另一手轻拉脐带，协助胎盘娩出。当胎盘娩出至阴道口时，用双手捧住胎盘，向一个方向旋转并缓慢向外牵拉，协助胎盘、胎膜完全排出。若发现胎膜部分断裂，用血管钳夹住断裂上端的胎膜，再继续向原方向旋转，直至胎膜完全排出。

2. 检查胎盘、胎膜是否完整 将胎盘铺平，用无菌纱布清楚胎盘母面上的血液凝块，检查母面的形状、色泽、质地、有无胎盘缺损及钙化、梗死等。然后将胎盘提起，检查胎膜是否完整。

四十六、会阴部的护理要点有哪些?

接产时，需注意保护会阴：当胎头拨露使阴唇后联合紧张时，开始保护会阴，方法是用一块消毒巾置于会阴部，助产士右肘部支撑在产床上，右手拇指与其余四指分开，利用大鱼际肌顶住会阴部。每当宫缩时应向上内方按压，左手轻压胎头协助胎头俯曲和使胎头缓慢下降。宫缩间歇期，保护会阴的手可稍放松，以免压迫时间过长导致会阴水肿；注意胎头着冠前勿过早按压会阴；着冠后，若宫缩过强，应嘱产妇张口哈气，让产妇于宫缩间歇期稍向下屏气用力，使胎头缓慢娩出。胎头娩出后，右手仍需注意保护会阴直至胎肩娩出后，保护会阴的右手才可放松。

四十七、什么是急产?

宫口扩张速度≥5cm/h（初产妇）或 10cm/h（经产妇），产道无阻力，分娩在短时间内结束，总产程＜3h 结束分娩，称为急产，以经产妇多见。

四十八、急产对产妇的影响有哪些?

1. 急产可因宫缩过强、过频导致初产妇宫颈、阴道及会阴撕裂伤。

2. 若胎先露下降受阻，可发生子宫破裂。

3. 宫缩过强使宫腔内压力增高，增加羊水栓塞（amniotic fluid embolism，AFE）的风险。

4. 接产时来不及消毒可导致产褥期感染。

5. 胎儿娩出后子宫肌纤维缩复不良，易发生胎盘滞留或产后出血。

四十九、急产对胎儿和新生儿的影响有哪些?

1. 可因宫缩过强、过频影响胎盘血液循环，易发生胎儿宫内窘迫、新生儿窒息甚至死亡。

2. 胎儿娩出过快，胎头在产道内受到的压力突然解除，可导致新生儿颅内出血。

3. 无准备的分娩，来不及接产，新生儿易发生感染，若坠地可导致骨折、外伤。

五十、有急产史的孕妇需注意哪些?

1. 有急产史的孕妇，应提前入院待产，并嘱勿远离病房。

2. 经常巡视，临产后慎用宫缩药物及其他促进宫缩的处理方法如灌肠、人工破膜等。

3. 提前做好接生及抢救新生儿的准备。

4. 待产妇主诉有便意时，须先判断宫口大小及胎先露下降情况。

五十一、急产时助产士应该如何做好接生准备?

1. 有急产史的产妇或产程进展迅速，应提前做好接生及抢救新生儿的准备。

2. 密切观察产妇宫缩的频密程度，予持续胎心监护，发现宫缩过强等异常及时通知医生处理。

3. 心理支持，宫缩时鼓励产妇深呼吸，嘱其勿向下屏气以减慢分娩过程，教会产妇分娩时的配合。

4. 分娩时尽可能行会阴侧切术，以防止会阴撕裂。

五十二、分娩过程孕妇应该怎样进行配合?

分娩时孕妇的配合：一般让产妇取仰卧位，双膝屈曲外展，双足蹬在产床上，双手握住产床把手。每次宫缩时，孕妇先深吸气屏住，然后紧闭双唇和声门，如排大便样向下用力，时间尽可能长，也可中间短暂换气后再屏气，每次宫缩屏气两次较好。宫缩间歇期，孕妇全身肌肉放松，安静休息。下次宫缩再次做屏气动作，以加速产程进展。胎头着冠后，为避免胎头娩出过快造成会阴裂伤，孕妇应在宫缩时张口哈气，在宫缩间歇期屏气用力，使胎头和胎肩缓慢娩出。

五十三、分娩期应该怎样进行合理的膳食营养?

临产后产妇胃肠道功能减弱，加上宫缩引起的不适，产妇多不愿进食，可能有产妇还出现恶心、呕吐等情况，临产过程中长时间的运动呼吸和流汗，产妇体力消耗较大、口唇干燥；为保证分娩过程顺利，应鼓励产妇在宫缩间歇期少量多次进食高热量、易消化、清淡的食物并注意摄入足够的水分，必要时可静脉补液支持，以保证产妇精力和体力充沛。

五十四、自然分娩需注意哪些问题?

1. 密切监测胎心率。

2. 注意观察产程进展。

3. 注意做好产妇的心理护理。

4. 及时排空膀胱。

5. 做好接产的准备。

6. 注意保护会阴。

7. 按分娩机制协助胎儿娩出。

8. 操作过程遵循无菌原则。

五十五、陪产需注意哪些问题?

陪产也称陪伴分娩，陪伴者可以是有生育经验的妇女、医务人员或经过培训的产妇家属。陪产时应注意:

1. 密切观察产程进展及母婴状况。

2. 鼓励产妇说出心中感受，随时告知产妇家属产程进展情况，促进家属对产妇的支持。

3. 产妇家属陪伴时，协助更换入室隔离衣及鞋子，告知进行分娩室陪伴相关的守则及活动范围。

4. 产妇家属陪伴时，教会其鼓励及支持产妇的方法。

5. 严格按照诊疗常规及操作指引进行接生。

五十六、待产室的管理有哪些?

1. 待产室每日 24h 应有人值班，不得擅自离开。

2. 待产室应设有产程中所必需的用品、药品和急救设备，做到专人保管，定期检查、补充和更换。

3. 待产室应保持清洁，定期搞好卫生和消毒，定期做细菌培养。有传染病的产妇，分娩时应采取隔离措施，分娩后及时消毒。

4. 对进入待产室的每位孕妇热情接待，做好心理护理，清除紧张心理。

5. 待产期间，医护人员应向孕妇宣传母乳喂养知识。

6. 进入待产室的孕妇，应严密观察产程，鼓励产妇进食，补充营养。

五十七、分娩期产妇的生活护理有哪些?

1. 及时协助产妇进食，鼓励其在宫缩间歇期少量多次进食高热量、易消化、清淡食物。

2. 嘱咐产妇及时摄入水或饮料，并给予协助。

3. 鼓励产妇在宫缩间歇期进行室内活动，进入活跃期卧床时协助取舒适体位。

4. 宫缩频密时协助产妇擦汗、更衣、更换床单等，大小便后及时进行会阴冲洗，保持会阴清洁。

五十八、分娩期产妇的心理精神护理有哪些?

1. 了解产妇的妊娠期情况及接受孕妇学校教育程度，进行分娩期知识讲解，让产妇了解分娩的生理过程及其特点。

2. 分娩对产妇来说是持久而强烈的应激过程，可导致产妇产生焦虑、不安和恐惧心理，助产人员应耐心安慰，缓解产妇消极情绪，使产妇树立顺利分娩的信心。

3. 根据产妇对宫缩痛的行为表现，助产人员应教会产妇运用减轻分娩不适的技巧。

4. 心理支持。助产士陪伴在产妇身边，及时提供产程进展的信息；鼓励家属陪产。

五十九、分娩期怎么检测产妇的生命体征?

分娩前每隔 4～6h 应测量血压 1 次。若发现血压升高，或妊娠期高血压疾病及子痫患者，应酌情增加测量次数，并给予相应处理。

六十、什么是导乐分娩?

导乐来自于希腊语，原意是指一个有生育经验的助产人员在产前、产时、产后持续给予产妇生理上和精神上的支持，使其顺利完成分娩。

六十一、导乐分娩的好处?

1. 有很好的镇痛作用。

2. 可使第一产程及总产程明显缩短。

3. 产时宫缩乏力减少。

4. 会阴切开率下降。

5. 正常阴道分娩的顺产率提高。

6. 剖宫产率下降。

7. 产后出血量减少。

8. 新生儿 Apgar 评分提高。

9. 使产妇孤独感、恐惧感、焦虑感减少，安全感增加。

10. 产后抑郁症减少。

11. 产妇满意度增加。

六十二、如何开展自由体位分娩?

1. 自由体位分娩是指产妇可以自由采取卧、坐、立、跪、趴、蹲等姿势，选择自己感到舒适并能缓解疼痛的体位，而不是静卧在床。

2. 熟悉各体位对产程的作用。产房有相应的环境及物品准备开展自由体位分娩。

3. 自由体位的应用仅限于低危产妇，应做好知情同意，严密观察产妇情况，注意产妇的舒适度，检测产妇的生命体征及胎儿情况的变化，及时采取相应的安全防范措施。

六十三、第四产程的护理有哪些?

1. 观察产妇血压、脉搏等生命体征征象。

2. 观察产妇宫缩情况、宫底高度、阴道出血量、膀胱是否充盈，会阴及会阴伤口有无血肿等，发现异常及时处理。

3. 协助产妇进食清淡、易消化流质食物，帮助补充体力。

4. 协助产妇进行早接触、早吸吮。

六十四、第四产程对产妇的健康指导有哪些?

1. 情感支持，协助产妇接受新生儿，协助进行早接触、早吸吮。

2. 协助生活护理，指导产妇进食、进水。

3. 指导产妇产后排尿的重要性，并协助其排尿。

第四章　产　褥　期

一、产褥期是什么？

产褥期是指从胎盘娩出至产妇全身各器官除乳腺外恢复至正常未妊娠状态所需要的一段时期，通常为6周。

二、产褥期母体有何特点？怎么护理？

1. 产褥期母体变化　变化最大的是生殖系统，其中以子宫的变化最大。

2. 乳房变化　产褥期乳汁分泌主要依赖预测哺乳时的吸吮刺激。产后1周分泌的是淡黄色的初乳，2周内分泌的是过渡乳，产后2周后分泌的是白色的成熟乳。

3. 血液循环系统变化　产后3天的血容量增加15%～25%，心脏负担加重。白细胞在产后可达20，但多在1周内恢复正常。中性粒细胞和血小板升高，使血液处于高凝状态，一般在产后2～3周恢复。同时红细胞沉降率增快，在产后3～4周恢复。

4. 消化系统　胃酸分泌减少，肠蠕动减慢，产褥期容易发生便秘。

5. 泌尿系统　产后尿量增加，容易发生排尿困难及尿潴留。

6. 内分泌系统　产妇在产后1周雌激素和孕激素降至未妊娠水平。

7. 腹壁变化　产后腹壁松弛，经过锻炼可在2～3个月恢复，腹部出现妊娠纹，由紫红色逐渐变成白色。

三、产褥期应如何合理地休息与运动？

1. 顺产　正常分娩的产妇在产后6～12h后无自觉头晕眼花等不适即可起床做轻微活动，产后第二天可在室内随意走动。这个产褥期期间，产妇应穿软底布鞋在室内进行适当活动，还可以做一些产后康复操。

2. 剖宫产　剖宫产的产妇可适当推迟活动时间，当麻醉消失恢复知觉后，就应该进行身体活动了。24h拔除尿管后应尽早下床走动，增加肠蠕动、早排气，防止肠粘连及血栓形成，也能促进子宫收缩，利于伤口逐日愈合；剖宫产的妇女为了避免在恢复运动中伤口疼痛，产后的康复操最初需以呼吸为主，等到伤口愈合之后再进行较大动作的肢体伸展。

四、产后体重的变化有哪些？

分娩后新妈妈的体重减轻5～6kg，在产褥期由于恶露、汗液、尿液、哺乳等因素体重进一步减轻，基本上可以逐渐恢复到妊娠前的水平。但有些新妈妈为了促进乳汁分泌，常常在产褥期食用大量的营养食品，再加上长时间在床上不活动，会使体重在原有的基础上增加更多。

五、什么是妊娠纹？

由于妊娠期荷尔蒙的影响，加之腹部膨隆使皮肤的弹力纤维与胶原纤维损伤或断裂，腹部皮肤变薄变细，出现一些宽窄不同、长短不一的粉红色或紫红色的波浪状花纹，分娩后，妊娠纹逐渐消失，留下白色或者银白色的有光泽的瘢痕线纹，称妊娠纹。除了腹部，妊娠纹也可以出现在大腿内侧、臀部、胸部、后腰部及手臂等处。

六、什么是产后宫缩痛？

在产褥早期因宫缩引起下腹部阵发性剧烈疼痛，称为产后宫缩痛。产后宫缩痛一般在产后1～2日出现，持续2～3日后自然消失。

七、什么是褥汗？如何做好产褥期保暖？

分娩后头几天，产妇出汗也特别多，尤其在饭后、活动后、睡觉时或醒后出汗更多，医学上将这种生理现象称为“褥汗”。7 天左右会自然停止。

产妇在产褥期内要注意保暖，室内应该注意定期通风，保持室内空气新鲜，室内比较适宜的温度及湿度：室内温度为 25～26℃，湿度为 50%～60%，建议新妈妈穿长袖长裤，保证关节覆盖，避免受到风吹、寒湿的入侵。尤其产褥汗后的妈妈要多喝水，勤换内衣裤，注意保暖，在出汗时由于毛孔张开，易受风寒，所以要防止受风着凉，要随时把汗擦干，汗湿衣服要及时更换。

八、什么是恶露？出现什么异常现象需及时就诊？

产后随子宫蜕膜脱落，含有血液、坏死蜕膜等组织经阴道排出，称为恶露。恶露有血腥味，但无臭味，持续 4～6 周，总量为 250～500ml，一般分为血性恶露、浆液恶露、白色恶露。

如果产褥期恶露增多，血性恶露持续时间延长并有臭味，应该及时就诊。

九、如何护理产后发热的产妇？

产后发热的原因感染性发热、乳汁淤积及外科吸收热：

1. 感染性发热 遵医嘱使用药物治疗，观察疗效及副作用，卧床休息，取半坐卧位以利于恶露的引流和炎症的局限，鼓励产妇多喝水，加强营养，鼓励产妇多进食高热量、高维生素、高蛋白、低脂肪、易消化的食物，保持外阴清洁，严格消毒隔离。

2. 乳汁淤积 教会产妇正确的哺乳方法及挤奶技巧，解除乳汁淤积。

3. 外科吸收热 护理上向产妇及家属做好解释说明，嘱产妇多饮水，保持会阴清洁，加强营养以增强身体抵抗力，同时加强体温观察，汗湿勤换，注意保暖。

十、如何预防剖宫产术后肠胀气？

剖宫产产妇回室 6h 后鼓励产妇在床上多翻身，防止肠粘连，促进肠蠕动。术后 24h 鼓励产妇下床活动，注意防跌倒。剖宫产术后的产妇 6h 内禁食，之后进食无渣全流饮食，不进食产气食物如牛奶、豆浆等，待肛门排气后改为普食，食物由少增多，进清淡、易消化、少油食物。

十一、产褥期饮食指导需注意哪些？

1. 清淡饮食配粗粮 要多吃点清淡的东西让胃肠慢慢恢复正常状态。主食主要以谷类粗粮为主，可以适量增加玉米、燕麦等成分。要注意增加深色蔬菜或绿色蔬菜的比例。同时多喝粥和汤（疙瘩汤等），尤其要搭配点咸菜，这些汤汤水水具有良好的“清火”作用。

2. 吃水果和蔬菜平衡消化 水果蔬菜富含丰富的维生素，授乳期的产妇会将维生素通过母乳转给宝宝，而维生素对母体本身来说也是不可缺少的营养素，每天都需要食用富含维生素的蔬菜水果，有些蔬菜水果需要炒过或煮过效果才好，尤其是脂溶性维生素 A、维生素 D 的吸收。

3. 多吸收水分 可以促进母乳的分泌，水分补给可以由炖品取得，而且还可以提取大量的维生素及蛋白质。喝汤有讲究，猪蹄汤、瘦肉汤、鲜鱼汤、鸡汤等含丰富的水溶性营养，不仅利于体力恢复，而且有助于乳汁分泌，肉汤不宜过浓，过浓容易引起乳汁脂肪含量高，引起新生儿腹泻。

4. 补充盐 由于产后出汗过多，乳腺分泌旺盛，体内的盐分会随着汗液流失。因此适当地补充盐分有助于产妇体力的补充。

5. 保持良好的情绪 保持乳母良好的情绪，分娩后的产妇，在生理因素及环境因素的影响下，情绪波动会较大，常常会出现情绪低迷的状态，这需要家人理解和创造轻松愉快的环境，饮食要选择产妇爱吃的食物，选择色香味俱全的食物，保持良好的情绪也是保持正常泌乳的需要。

十二、产褥期会阴护理需注意哪些？

1. 一般护理

（1）分娩后要让产妇使用柔软、吸水性较强的、消毒效果好的卫生巾、卫生纸而且要勤换。

（2）大小便后要让产妇用温水清洗会阴部，保持会阴清洁干燥。

2. 会阴伤口的护理

（1）让产妇取健侧卧位，如会阴左侧有伤口的患者，让其取右侧卧位；有正中伤口的患者让其取侧卧位，以免分泌物污染伤口。

（2）每日用新洁尔灭棉球消毒会阴伤口，早晚各一次。

（3）会阴水肿的，用25%的硫酸镁湿敷、红外线照射，每次要持续30min左右，每天2次。

（4）每日检查会阴伤口有无硬结、红肿、脓性分泌物等。如果出现上述情况要提前拆线，扩创处理后用红外线灯照射，一日2次。

（5）产妇在饮食上要高蛋白、高热量饮食，还要多吃水果、蔬菜，多饮水，以免大便干结、引起会阴伤口裂开或水肿。

（6）根据产妇体质及伤口的情况，适当地使用抗生素，在护理过程中应严格按医嘱执行，注意药物配伍禁忌，合理安排输液顺序，观察体温及临床效果。

十三、自然分娩的产妇会阴部伤口的护理指导有哪些？

1. 指导产妇保持会阴清洁、干燥，不盆浴，勤换卫生垫，避免让伤口浸泡在湿透的卫生垫里面，促进伤口的愈合。

2. 每天用温水冲洗会阴，尤其是每次大小便后应用温水清洗外阴，应该由前向后擦，切忌由后向前擦。

3. 产妇平时应取健侧卧位，保持会阴伤口干燥，同时也利于伤口内的积血流出伤口外，每班观察会阴伤口情况，如产妇自觉伤口剧痛或肛门坠胀感，及时汇报医生。

4. 会阴伤口随着时间慢慢恢复，如果伤口疼痛加重，或者出现红肿热痛的组症状，产妇应及时就诊。

十四、产褥期一般生活指导有哪些？

1. 心理指导 保持愉悦的心情，对产妇给予关怀、鼓励及安慰，同时指导家庭成员跟产妇的沟通，预防产后抑郁。

2. 个人卫生 饭后漱口、早晚刷牙洗脸。注意每日清洗，勤换内衣裤；注意会阴部的卫生，勤换卫生垫；浴后注意保暖，洗头后要马上吹干头发，防止受凉；乳房保持洁净干燥。

3. 家庭环境 环境舒适安静，温度适宜，经常开窗通风。

4. 休息指导 顺产24h内下床活动，剖宫产24h后下床活动，以后逐渐增加活动量，以不劳累为主。

5. 饮食指导 进食易消化、高蛋白、低脂肪、高维生素和含铁食物如鱼类、蛋类及奶制品，多饮汤汁，促进体力恢复及乳汁分泌，少食多餐，忌食辛辣或过硬食物。

6. 母乳喂养指导 详见母乳喂养章节。

7. 紧急情况指导 指导产妇如产褥期出现发热、伤口异常要及时就医，产后红色恶露持续约一周时间，如出现阴道出血多、阴道出血时间长或有感染的症状要及时汇报医生或回院就诊。

十五、产褥期活动指导有哪些？

1. 顺产 产妇在产后6～12h后无自觉头晕眼花等不适即可起床做轻微活动，活动方法：先在床边坐5min，再站起来5min后无不适症状可在床边活动，然后活动量增大，如有不适应及时卧床休息。

2. 剖宫产 按麻醉方式不同指导术后活动，需平卧者可在床上活动肢体，协助在床上翻身，术后第一天可取半坐卧位，拔尿管后可下床活动。活动方法与顺产相同。

十六、产褥期计划生育指导有哪些？

1. 性生活 产褥期内禁止性生活。

2. 避孕 产后排卵功能的恢复难以预料，可发生在哺乳期闭经复潮前，因此在产后42天后落实避孕措施，哺乳期一般不建议使用避孕药，可采用避孕套等避孕。

十七、产后随访包括哪些内容？

产后随访包括产妇及新生儿随访。

1. 产妇随访内容 子宫收缩情况，恶露的量、颜色、性状及味道，伤口恢复情况，母乳喂养情况、运动、睡眠、大小便，解答产妇问题。

2. 新生儿随访内容 婴儿喂养，皮肤黄疸，大小便情况，生长如体重，脐部护理等。

十八、盆底康复的目的是什么？应如何进行？

产妇产后进行盆底康复的目的：①预防盆底功能障碍性疾病的发生。②改善与治疗产后盆底脏器脱垂。③治疗产后尿频、尿急、夜尿症、膀胱排空异常、性功能障碍及盆腔疼痛等。

产后 42 天内，一般不能进行器械辅助的盆底康复，只能通过盆底肌锻炼以促进产后盆底功能的恢复，住院期间，医院开展简单易学的产后盆底康复操，产妇出院前，医护人员要确保产妇已经掌握。

产后 42 天到产后 3 个月，是盆底组织及肌肉康复的关键期，在检查评估后，可以到医院的盆底康复中心行电刺激及生物反馈等治疗，同时产妇在家中进行自我盆底肌康复锻炼作为辅助。

产后 3 个月至产后 1 年，产妇的身体康复更接近理想状态，在这个时间段内，要注重康复后效果的评估及随访及康复效果的巩固。

第五章 母乳喂养

一、母乳的成分有哪些?

每一位母亲的乳汁，都是为她自己的孩子量身定制的。每一位母亲的乳汁都会根据自己孩子成长的情况，每天有所调节，甚至一天之内随时调整。所有乳汁的基本成分都是水、蛋白质、乳糖、维生素、矿物质、消化酶及荷尔蒙等。目前发现母乳中含有400多种营养元素，还有很多未知需要研究。

1. 水分 水分是母乳中最主要的成分，约占88%，研究表明母乳中的水分完全可以满足婴儿的需求。

2. 脂肪 占成熟乳的3%～5%，提供了婴儿需要的50%能量，主要成分是甘油三酯，还包括100多种脂肪酸。母乳含有较多的不饱和脂肪酸如DHA和AA，对婴儿脑部、神经系统及视网膜发育非常重要。还有少量胆固醇，与细胞膜的组成相关，人类和动物实验发现婴儿期摄入胆固醇可以预防日后的高胆固醇血症，原因可能是母乳中胆固醇能够促使婴儿自身调节胆固醇。

3. 蛋白质 约占母乳中含氮化合物的75%，母乳中的蛋白质为乳清蛋白和酪蛋白，两者的比例为4∶1。乳清蛋白在婴儿胃内形成细小、柔软的凝块，有利于消化吸收。乳清蛋白有多种成分如①α乳蛋白：乳汁中的主要蛋白质，帮助乳糖合成，与钙、锌结合帮助矿物质的吸收，它的代谢产物具有抗菌、抗肿瘤和促进免疫的功能。②乳铁蛋白：是重要的非特异性防御因子，可通过夺走大肠杆菌、多数厌氧菌及白假丝酵母菌赖以生存的铁抑制它们的生长。铁浓度低时不利于肿瘤血管增生，因此具有抗肿瘤的作用。③免疫球蛋白（SIgA、IgG、IgM）：母乳中免疫球蛋白以SIgA为主，SIgA可保护呼吸道及消化道，防止病原微生物入侵，使婴儿安全度过抗体低下阶段。④酪蛋白：多与磷酸钙等结合形成白色的复合物，溶解度低，在婴儿胃中形成薄薄的凝乳，不易消化吸收，具有抵抗幽门螺杆菌的作用。还有溶菌酶，可以抑制肠道内细菌和革兰阳性菌，帮助婴儿肠道益生菌的建立。

4. 碳水化合物 即糖类，母乳中90%的碳水化合物为乙型乳糖，提供婴儿所需能量的40%，乳糖促进钙、铁吸收并且增加乳汁的渗透压，促进乳汁大量分泌。还促进双歧杆菌和乳酸杆菌的生长，抑制大肠杆菌繁殖，有效抵御病原微生物。还与脂类结合促进脑的发育。寡糖：母乳中寡糖含量是牛乳奶的10倍以上，许多功能尚不太了解。

5. 矿物质 母乳中含量较低，吸收率远高于牛乳，可以满足婴儿头6个月的需要。如母乳中钙的含量较低，但由于钙、磷比例合理（2∶1），吸收率较高。铁的含量与牛乳相似（0.05mg/dl），但其吸收率为50%，而牛乳仅为10%，因此新鲜牛乳喂养的婴儿容易出现贫血，即使配方奶中添加铁剂，但吸收率不高，如果含量过高还会抑制乳铁蛋白的活性。锌主要与小分子多肽结合，吸收率高达62%。缺锌会引起生长迟缓和皮肤病变。

6. 维生素 维生素A与视力密切相关，成熟乳中含量为280U，初乳中是成熟乳的2倍。维生素D可以帮助钙、磷吸收，阳光照射有助于合成维生素D，若婴儿出生后不晒太阳，胎儿时期的维生素D仅可以维持到出生后2个月，之后需要额外补充。维生素E是重要的抗氧化剂，母乳中的含量足够婴儿需要。维生素K由肠道细菌合成，参与凝血因子的合成，新生儿肠道菌群未建立且乳汁中含量不足，因此出生后应给予维生素K。

二、乳汁是怎样生成的?

妊娠期催乳素水平升高促使乳头增大，血清胎盘催乳素促使乳晕增长。妊娠3～4周时在雌性激素的作用下，乳腺导管开始进行增生分化形成乳腺小叶，在孕激素作用下乳房小叶和腺泡的体积增大。8周之后乳腺腺泡开始形成。在妊娠16周时催乳素启动初乳在乳腺腺泡的形成，有些母亲挤压乳头时可以出现初乳。在妊娠晚期乳腺上皮细胞分化成泌乳细胞，从母亲血液中提取水、乳糖、氨基酸、脂肪、维生素、矿物质和许多其他物质，将它们转换为乳汁，乳汁穿过细胞膜进入腺腔管进行储存。

三、什么是泌乳？

从妊娠期过渡到哺乳期称为泌乳。通常分为三期，从妊娠中期到妊娠晚期乳腺分泌乳汁的能力被称为泌乳Ⅰ期。此期乳房体积增大，腺泡上皮细胞分化成泌乳细胞生产乳汁。新生儿出生后第2或3天到第8天出现大量乳汁分泌称为泌乳Ⅱ期，通常称为下奶，泌乳Ⅱ期启动是由于胎盘娩出导致血清孕激素水平快速下降，同时婴儿刺激乳房产生触觉刺激，吸吮排空乳房，促使大脑下垂体分泌泌乳素和催产素，腺泡中储存的乳汁排出产生泌乳。泌乳Ⅱ期后面是泌乳Ⅲ期，泌乳Ⅰ期和Ⅱ期泌乳主要靠激素起作用，泌乳Ⅲ期，乳汁的产生由乳房来控制，也就是乳汁排出多少决定乳汁应该分泌多少，乳汁中有一种乳清蛋白质——泌乳反馈抑制物（FIL）。当乳房充盈时，FIL增加，乳汁生成开始减慢。如果乳房没有多余乳汁，FIL就少，乳汁生成就快。

四、如何建立泌乳反射？

当婴儿吮吸时，感觉刺激由乳房传递到大脑，大脑下垂体分泌泌乳素和催产素，催产素脉冲样释放进入血液，通过血液循环至乳房，作用于肌上皮细胞受体引起收缩，使储存在乳腺腺泡的乳汁从乳腺导管流出，甚至喷出，这就是泌乳反射，俗称下奶。泌乳素促进泌乳细胞合成乳汁，每日吸吮8～12次可以保持泌乳素水平在高水平，而且夜间水平高于白天。因此需要婴儿频繁吸吮刺激乳房，排空乳房建立泌乳反射，特别是夜间哺乳促进泌乳反射的建立。

五、什么是纯母乳喂养？

世界卫生组织和联合国儿童基金会对纯母乳喂养的定义：出生后1h内喂奶，按需哺乳；除母乳外，不添加任何食物、饮料和水；而且不使用奶瓶、奶嘴和安慰奶嘴。另外，婴儿6个月以上应鼓励母亲继续母乳喂养，同时给婴儿添加辅食。世界卫生组织建议母乳喂养到至少1岁，最好2岁。

六、母乳喂养有哪些好处？

1. 对婴儿的好处

（1）容易消化、吸收，婴儿机体利用率高。

（2）母乳中足够的氨基酸与乳糖等物质，促进婴儿大脑发育。

（3）母乳中的多种抗感染的因子，提高婴儿免疫力，保护婴儿免于感染，预防腹泻、呼吸道感染，更能降低婴儿的过敏体质。

（4）哺乳对于婴儿的人格发展与亲子关系的培养更有极密切的关系。哺乳的过程中，婴儿和母亲有皮肤、眼神的接触，可以满足婴儿对温暖、安全及爱的需求。

2. 对母亲的好处

（1）母乳喂养有利于培养良好的亲子关系。

（2）哺乳抑制排卵，可以达到自然避孕的效果。

（3）哺乳可以减少母亲患卵巢癌、乳腺癌的危险。

（4）哺乳可以促进子宫收缩，帮助子宫复旧，同时减少阴道出血。

（5）母乳喂养消耗妊娠时累积的脂肪，可促进身材的恢复，避免产后肥胖。

3. 对社会的好处

（1）经济：母乳不用花钱购买奶粉、奶瓶，更减少婴儿生病所需额外付出的精力与金钱，减少家庭经济负担。

（2）方便：母乳卫生、温度适合，携带方便，可以随时、随地哺乳。免去配奶、温奶、洗刷奶瓶及奶头等麻烦。

（3）婴儿期被抱得较多的婴儿，长大了不会乱哭，也更能独立。

（4）减少配方奶制造、奶粉生产等过程的能源消耗，保护环境。

七、促进母乳喂养成功的方法是什么？

母乳喂养是非常自然的一件事情，是母亲也是新生儿的本能。母乳喂养成功需要三个基本条件。

1. 确保早接触、早吸吮、早开奶。

2. 正确的含接姿势，保证宝宝吸到乳汁。

3. 确保母亲舒适、心情愉快，全身肌肉都要放松，有助于乳汁的分泌与排出。

母亲的体位要舒适，身旁放置枕头，后背或腰部放靠枕，坐位时脚下放置木凳等，侧位和坐位是大多数母亲采取的哺乳姿势。无论何种姿势都要使母亲和宝宝“胸贴胸，腹贴腹，婴儿的头、躯干在一条直线上”。

含接时先让母亲的乳头接触婴儿的面颊、下唇或嘴巴周围，使婴儿产生觅食反射，并主动寻找乳头。当婴儿口张大时，迅速让婴儿靠近自己，使其能大口地将乳头及大部分乳晕含入口中。含接后，婴儿的上、下唇外翻，呈鱼唇状，可见到上方的乳晕含得比下方多，婴儿吸吮时两颊鼓起呈圆形，出现典型的颌部动作，吸吮慢而深，有时会暂停，能看到吞咽动作、听到吞咽声。含接正确时乳头不会疼痛。

八、如何评估及维持母乳喂养？

评估包括母亲的评估、宝宝的评估和二者关系的评估，母亲评估包括对母亲乳房的评估，需要进行视诊和触诊。

视诊：乳房形状、大小、对称性，这些对泌乳的影响很小。乳房手术尤其是切口在乳晕边缘时可能会影响乳汁产量，即使这样大多数母亲还可以母乳喂养。

触诊：评估乳头是否粘连在结缔组织内。有些乳头扁平或内陷的母亲触诊时乳头会突出，即使妊娠期间乳头回缩，妊娠晚期乳头可以突出不会干扰母乳喂养。

婴儿的评估包括口腔、吸吮、吞咽及其协调关系的评估：新生儿吸吮时嘴巴应该包裹乳头及其周围的乳晕和下方的乳腺组织，吮吸、吞咽和呼吸周期中三者协调一致。评估婴儿口腔有无舌系带过短、吸吮是否协调、有无发绀等现象及含接是否正确。

保持母乳喂养最好的方法就是让新生儿按需哺乳，进入泌乳Ⅱ期之后乳汁分泌是与宝宝的需求相适应的，乳汁合成与乳房排空程度相关，因此维持泌乳最重要的方法就是多吸吮，尽量排空乳房。

九、挤奶的适应证有哪些？

挤奶：凡是需要手工或电动吸引方式将乳汁排出乳房的情况均称为挤奶，常见原因：

1. 宝宝吸不完母亲乳房内的乳汁，影响乳汁再分泌。

2. 一些低体重儿，自己吸奶比较困难需要母亲将乳汁挤出。

3. 乳房胀痛，宝宝不能吸奶。

4. 母亲需要重返职场，需要将乳汁挤出来，以备宝宝食用。

十、如何正确挤奶？

1. 彻底清洁双手，然后用干净的水轻轻地擦拭乳房。

2. 想象自己处在非常愉快的环境当中，以便能产生排乳反射。

3. 用湿热的毛巾敷双侧的乳房 3～5min，并轻轻地按摩。

4. 挤奶时身体略微向前倾，用手将乳房托起。第一步是将大拇指和示指放在乳晕的上、下方，用大拇指和示指的内侧向胸壁处挤压，必须挤压乳头的后方 2cm 处（即乳晕处）；第二步是有节奏地挤压及放松，并在乳晕周围反复地转动手指位置，以便挤空每根乳腺管内的乳汁。

5. 电动吸乳器吸奶时需要注意负压的大小、乳头罩是否合适，如有疼痛、不适应立即查看，以免乳头损伤。

6. 为了保证乳汁分泌每天挤 8～10 次，白天每 2～3h 挤一次，晚上至少 4h 挤一次，不要超过 5h，以免影响乳汁分泌。

十一、乳房按摩的方法是什么?

由于乳房组织柔软，产后乳房肿胀时不建议乳房按摩。此时外力的大力按摩可以导致乳腺组织严重损伤，加重疼痛和炎症，严重者导致乳腺炎、乳腺脓肿。

产后乳汁分泌不足时表现为乳房柔软不涨，最好的方法是让婴儿早吸奶、勤吸奶，可以有效帮助建立泌乳反射和排出乳汁。适当的乳房按摩可以帮助触发泌乳反射，还可以促进局部的毛细血管扩张、增加血管的通透性，从而使血流速度增快，改善局部的血液循环，促进乳汁的分泌。乳房按摩法：首先用热毛巾将乳房热敷，然后用指端从上向下越过乳头，轻柔地抚摸乳房，有助于放松并刺激催乳素的释放。其次螺旋式按摩，用类似检查乳房的动作，按摩制造乳汁的腺体和乳腺管。手指并拢，掌侧将乳房按向胸壁，从上部开始螺旋式向下直到乳晕，持续进行按摩整个乳房。最后身体前倾，轻轻摇晃乳房，利用地心引力作用帮助刺激乳汁分泌。

十二、乳汁如何储存与加热?

目前常用来储存乳汁的容器包括玻璃奶瓶、聚碳酯奶瓶、聚丙烯奶瓶、聚乙烯储奶袋等。初乳在各种容器中均很稳定。无论何种容器乳汁中细胞的活性会随着储存时间的延长而降低。

储存乳汁时应注意：储存乳汁量适宜，避免浪费，同时容器中乳汁量不可过多以免冷冻引起破裂；在容器外标识挤奶日期及时间；及时放在冰箱保存，如果要运送需要冷藏运输。

国际母乳会根据多年研究提出乳汁保存的建议，如表 5-1 所示。

表 5-1　乳汁保存的建议

储存方法	温度	保存时间
产后 6 天内的乳汁		
室温保存	19～25℃	12h
冷藏室	0～4℃	5～8 天
独立冷冻保存（经常开关门）	–10℃	3～4 个月
单独冷冻库（不经常开关门）	–19℃	4～12 个月
成熟乳	15℃	24h
室温	19～25℃	6～10h
绝缘的冰桶	15℃	24h
冰箱冷藏	0～4℃	2 周
独立冷冻室保存（经常开关门）	–10℃	3～6 个月
单独冷冻室（并不经常开门）	–19℃	6～12 个月

解冻：冷冻的母乳在解冻时，应该先用冷水冲洗密封袋，逐渐加入热水，直至母乳完全解冻并升至适宜哺喂的温度，或放置在冷藏室慢慢解冻。解冻后的母乳一定要在 24h 内吃掉，并且不能再次冷冻。

加热冷藏（冻）母乳的方法有两种：如果是冷冻的母乳，可能会出现分层的现象，只要在喂奶前轻轻摇匀就可以了。

1. 隔水烫热法　冷藏母乳，把母乳容器放进温热的水里浸泡，使奶吸收水里的热量而变得温热。浸泡时要经常晃动容器使母乳受热均匀。水温不超过 50℃。

2. 温奶器加热　把温奶器的温度设定在 40℃，隔水加热母乳。

十三、母乳喂养时的注意事项有哪些?

1. 按需哺乳，每次喂奶时间为 15～30min，但不同婴儿存在很大差距。

2. 两次哺乳之间间隔不要超过 5h，夜间注意哺乳，夜间为泌乳素分泌高峰期，可以增加乳汁分泌。

3. 交替哺乳，吸空一侧乳房后再吸另一侧。

4. 注意观察新生儿的表现，吸吮、呼吸、吞咽的节奏是否协调，有些宝宝特别是早产儿会出现青紫或呼吸不协调，此时应暂停哺乳，注意观察并及时处理。

5. 母亲需要保持营养均衡、睡眠充足、心情愉快。

十四、母乳喂养后的健康指导有哪些？

给新生儿喂完奶后不要马上放在床上，而要把婴儿竖直抱起，头靠在母亲肩上，也可以让婴儿坐在母亲腿上，一只手托住宝宝颈背部，另一只手弯曲轻拍婴儿背部，使吞入胃里的空气吐出，以防止溢奶。

给宝宝喂奶后不要马上逗宝宝笑或者进行按摩等活动，要让婴儿平静一会儿，将宝宝右侧卧位放置，防止吐奶后引起误吸。

十五、什么是按需哺乳？

按需哺乳是指母乳喂养过程中不要严格地限制喂奶的间隔时间，尤其在孩子出生后的头几周。按需哺乳是母乳喂养取得成功的关键之一。按需哺乳既可使以及时排空乳汁又能通过频繁地吸吮刺激下垂体分泌更多的催乳素，使乳汁量不断增多。

十六、母亲喂哺时应怎样与宝宝进行交流与沟通？

婴儿出生后，视力和视觉分辨能力都在迅速提高，婴儿首先认识自己的母亲。母亲的低声细语对婴儿的视觉和听觉是一种刺激。母亲与婴儿逗乐谈天，对婴幼儿的大脑发育尤为重要。喂哺时是母亲和婴儿沟通交流的良好时机，此时需要：

1. 进行肌肤接触 轻轻握着婴儿的小手或摸摸他的小脸，有助于婴儿身心健康。

2. 边哺乳边聊天 母亲的声音可以带给婴儿快乐的刺激，使宝宝熟悉母亲的声音。

3. 保持目光交流 哺乳时母婴的距离是婴儿可以看清母亲脸庞的距离，婴儿关注母亲的眼睛，母亲也要注视宝宝的眼睛。

婴儿在吃奶的时候能够感觉到母亲的触摸，听到母亲的声音，看到母亲的脸庞，有利于建立安全感，使其更安心吃奶。

十七、影响母乳喂养的因素有哪些？

随着母乳喂养宣传教育的推进，妊娠期母亲计划母乳喂养的比例很高，最新的针对 13 000 多名准母亲的调查可以达到 99. 3%，真正能够做到的就只有 30%多了，影响母乳喂养的因素：

1. 母亲方面 信心不足、身体状况不良、乳头凹陷等因素。

2. 婴儿方面 婴儿早产或其他原因导致母婴分离；存在口腔畸形如唇腭裂、舌系带过短；消化道畸形：食管闭锁、肠闭锁等。

3. 文化或环境影响 分娩后母亲可能面临一些困难时如乳头疼痛、宝宝哭闹、夜间频繁醒来等，亲属朋友们劝说母亲添加配方奶，或者夜间把宝宝抱离母亲身边，影响母乳喂养。

4. 缺乏支持 临床工作忙碌，专业人员不能及时解决母亲的问题，或者专业人员本身知识技能不能解决母亲的问题，导致离乳或母乳喂养失败。

十八、如何判断母乳不足？

真正母乳不足的发生率约为 5%，通过孩子哭闹等原因判断母亲乳汁不足，是不客观的，最客观的指标有以下几点。

1. 通过婴儿的大小便来判断 宝宝出生第一天应有 1 次大便、1 次小便；第二天为至少 2 次大便、2 次小便，每日递增；第三天胎便开始转变颜色，第五天变为黄色，一周时每天 6～7 次小便，

3～4 次大便。如果乳汁不足则表现为宝宝尿少且浓，还有黄色或粉色结晶，每天少于 6 次。

2. 通过宝宝每个月的体重增长判断 6 个月以内的宝宝每月增长不足 500g。

基于以上两点进行判断。如果确实是母乳不足，则需要适当添加配方奶粉作为补充。

十九、如何对乳汁分泌不足的产妇进行健康指导？

首先告知产妇真正母乳不足的发生率约为 5% ，我们可以帮助母亲分析母乳分泌不足的原因，再进行针对性处理，常见原因如下。

1. 母亲喂奶次数过少 长时间不哺乳或延长喂奶间隔，通常 2～3h 哺喂一次，如果超过 5h 则不利于乳汁分泌，导致乳汁不足。

2. 喂养不当 新生儿出生后没及时进行早接触、早吸吮，也没有按需哺乳；还有给婴儿喂牛奶和糖水或添加辅食，导致婴儿吸吮不足影响乳汁分泌。

3. 使用奶瓶喂奶 造成乳头错觉，导致新生儿不愿吸吮母乳。

4. 婴儿吸吮姿势不正确 可导致婴儿吸吮不到乳汁，也就不能刺激泌乳反射。

5. 乳头疼痛、胀痛等 不愿让新生儿吸吮，均可导致乳汁不足。

应告知母亲正确的哺乳姿势，能够观察宝宝是否有效吸吮。在泌乳早期做到勤吸吮以建立泌乳反馈机制，每日哺乳 8～12 次，按需哺乳。6 个月内避免添加辅食、糖水等；避免使用奶瓶以免造成乳头错觉。

二十、乳房肿胀的原因是什么？如何预防与护理？

1. 引起乳房胀痛的主要原因

（1）产后没做到早接触、早吸吮；没能按需哺乳。

（2）没有做到勤吸吮，即 24h 吸吮少于 8～12 次；吸吮时是无效吸吮；喂奶时没有让宝宝充分吸空一侧乳房再吸吮另一侧，频繁地更换使乳房不能排空。

（3）母亲下奶快；乳房过大不利于乳汁流出导致局部肿胀。

（4）母亲穿紧身衣或哺乳胸罩过小，造成乳腺管受压；母亲睡觉时卧位不当使乳房受压。

（5）母亲喂奶时用手指压或者夹在乳房上，可能引起乳腺管受压。

2. 预防方法

（1）产后尽早哺乳。

（2）哺乳前热敷乳房，并可以做些轻柔按摩，以促使乳汁畅通；两次哺乳间冷敷乳房，以减少充血。

（3）宝宝吮吸力不足时，可用双手挤压或用吸奶器吸引，协助乳汁排出。

（4）保证宝宝吸奶姿势正确；吸空一侧乳房再吸吮另一侧，保证乳房排空。

（5）不需要佩戴文胸，不穿紧身衣。

（6）纠正喂奶的不良姿势；睡觉时避免乳房受压。

二十一、乳头疼痛的原因是什么？乳头皲裂的原因是什么？如何预防与护理？

乳头疼痛包括单纯疼痛与皲裂，常常发生在产后几天，也是母乳喂养中断最常见原因之一。正常情况下，母乳喂养时不应该产生疼痛或皲裂。原因及对策：

1. 喂养姿势不当 包括婴儿含乳姿势和母亲哺乳姿势不正确，也是最常见的原因。例如，婴儿含乳过浅未能包裹乳晕；婴儿开始使用奶瓶喂养，导致吸吮母亲乳房时吸吮方式不正确。处理方法：纠正母亲哺乳姿势和婴儿含乳姿势；乳头混淆时可使用手指训练法进行纠正。

2. 婴儿口腔存在畸形 如舌系带过短或硬腭部畸形过高或存在凹槽，使乳头不断摩擦导致损伤引起疼痛。处理方法：检查婴儿口腔是否存在上述现象，可转诊到口腔科医生处理。此时需要保持泌乳，可将乳汁挤出后使用喂杯、勺子进行喂养，防止乳头混淆，如畸形纠正后即可正常哺乳。

3. 乳头念珠菌感染 乳头或乳晕周围出现潮红的区域，皮肤痒、痛，出现脱屑；需要评估母

亲是否有念珠菌性阴道炎、是否使用抗生素、婴儿是否有鹅口疮，必要时皮肤科检查寻找真菌菌丝确诊。治疗处理：局部抗真菌治疗

4. 婴儿咬乳头 较大婴儿由于出牙或牙床不适而导致咬乳头，引起疼痛。与宝宝进行沟通，告诉宝宝这样母亲不舒服，以减少咬乳头引起的损伤。

5. 离开乳头操作不正确 由于婴儿含着乳头不愿松开，母亲强行将乳头从婴儿口中拉出而导致。处理方法：正常情况下应该让宝宝自己松开乳头；宝宝不肯松开时将手指轻轻伸入婴儿口中让他自己松开。

6. 乳头过度刺激 如过度清洁或者使用药物；教育母亲不要使用药物性乳膏避免刺激乳头。避免使用肥皂或毛巾大力擦洗乳头。

7. 乳头雷诺现象 由于乳头部位血管痉挛导致无法得到足够血液供应而引起疼痛。典型的情况是婴儿吃完奶离开乳房后，可能是外界温度低使乳头受冷，乳头由正常的颜色变白。处理方法：如果疼痛轻微，不需要特别处理；如果疼痛严重需要进行治疗。首先查看有无含接不良，念珠菌感染等问题；排除以上原因后首先避免乳头在空气中干燥，婴儿离开乳房时立即用温暖的手掌盖住乳头然后穿上文胸，速度必须快。热敷也可以缓解疼痛。如果非药物治疗无效时可以寻求医生帮助，使用缓解血管痉挛的药物。

8. 吸乳器使用不当导致 有些母亲使用吸入器时由于负压过大导致乳头肿胀疼痛，在使用时需要根据自身情况调节压力大小避免损伤。

如果已发生乳头皲裂，哺乳后再挤出一些乳汁，涂抹在乳头和乳晕上，并待其自然干燥。指导母亲穿戴宽松的内衣和棉质文胸，必要时放置乳头罩，以利空气流通，促进乳头皲裂愈合。如若乳头疼痛剧烈难忍，可暂时停止母乳喂养 24h，但应当将乳汁挤出，用小杯和小匙喂婴儿。也可使用羊脂膏保护乳头。

二十二、如何判断乳头扁平或凹陷？如何处理？

真正的乳头凹陷只有 3%，通常是两侧的。可以先进行乳头挤捏试验，把大拇指和示指放在乳头两侧的乳晕旁，尝试轻轻地挤捏并外拉，如果当乳晕受到挤压时乳头可以突出来，就不是凹陷乳头。如果是凹陷乳头在进行测试时乳头会凹进去而不会突出来。处理方法：产前不需要特别处理，产后通过指导可以正常哺乳，首先使其建立信心，向母亲解释可以成功喂养，说明婴儿吸吮时不是吸吮乳头而是吸吮乳房。推荐母亲尝试半躺位哺乳法，让婴儿自己寻找乳房进行含接，有些橄榄球式抱法也会有效。如果婴儿还是暂时无法有效吸吮，可以帮助母亲挤出乳汁使用其他方法喂养，继续鼓励婴儿进行接触含乳。

空针筒法进行纠正：根据乳头大小选择合适的注射器，切掉乳头端将注射器的栓子插入，使用针筒圆滑端盖住乳头，向外牵拉形成负压将乳头拉出，注意负压柔和，每次持续 30～60s，每天数次。可在每次哺喂前使用此法让乳头突出后立即哺乳，效果会更好。

二十三、乳腺炎发生的原因是什么？如何处理？

乳腺炎可以分为非感染性和感染性两种，非感染性乳腺炎的原因是乳汁不能有效排出时腺泡压力过大而渗透到周围组织引起的非感染性炎症。当乳头有破损时，细菌容易从伤口处感染，导致感染性乳腺炎。

乳腺炎可以进行有效预防：注意婴儿含接、母亲哺乳是否正确，是否按需哺乳，避免乳腺肿胀导致炎症。

治疗首先也是纠正乳汁排出不畅的问题，评估含接、吸吮情况，母亲哺乳情况，是否喂奶时压住乳晕引起导管阻塞，注意母亲的文胸是否太紧等。即使找不到原因也让母亲增加哺乳次数，按需哺乳，必要时用手挤奶以排出阻塞的乳汁。有部分乳腺导管堵塞时可以尝试变换不同的部位姿势，帮助排出不同部位的乳汁。

如果症状严重或加强吸吮排乳 24h 症状不缓解，需要转诊乳腺科医生处理，可能需要抗生素治

疗、超声波疏导等治疗措施。

二十四、新生儿拒绝母乳喂养的原因是什么？如何处理？

一般新生儿饥饿时会急切地寻找母亲的乳房，但有时会拒绝母乳喂养，原因通常有：

1. 乳头错觉最常见，婴儿出生后使用奶瓶和人工乳头进行喂养。

2. 母乳喂养曾使婴儿有不愉快的经历，如喷乳反射时乳汁流速太快使婴儿不能协调呼吸，会导致婴儿害怕，从而拒绝乳头。

3. 婴儿患病的症状，如有感染或脑损伤。

4. 婴儿有鼻腔或口腔炎症，吸吮时鼻塞不能有效协调吸吮、吞咽和呼吸。

5. 有时可能是母亲自己的错觉：有些婴儿在寻找乳头时，将头从这一侧转到那一侧，有些母亲就认为孩子在表达“不要”。

处理方法：不使用奶瓶喂养，避免乳头错觉。乳汁多、喷乳反射明显、流速快的母亲可以使用剪刀手控制乳汁流速。出现乳头错觉时不要着急，耐心喂养，减少奶瓶使用，可以控制奶瓶流速或使用乳旁加奶的方法喂养。婴儿出现疾病时及时治疗，注意保持乳汁分泌，可以挤奶后喂养婴儿。

二十五、什么是母婴分离？

通常情况下母亲和婴儿 24h 在一起，有利于母乳喂养的启动，在特殊情况下如婴儿为低出生体重、早产或母亲/婴儿生病、母亲需要外出工作时，导致母亲与婴儿必须分离。

二十六、母婴分离时如何保持母乳喂养？

母婴分离时最重要的是保持泌乳，乳汁的分泌主要依靠婴儿的需求来调节，因此需要定期排空乳房，促进乳汁的生成，挤出乳汁是非常重要的技巧。可以使用吸奶器或者手挤奶的方式排空乳房。每日 8～12 次挤奶可以保证乳汁的分泌量，为母婴在一起时提供充足的乳汁做好准备，挤出的乳汁可以送至医院进行喂养或冷冻保存。如果母亲由于出差等暂时离开可以在离开前储备一定数量的乳汁，可以在母亲不在时继续喂养母乳。

二十七、如何做好剖宫产母亲进行母乳喂养的健康指导？

研究显示剖宫产术后产妇泌乳启动时间比自然分娩的母亲晚 10h，而且体内的催乳素水平偏低，加之术后的体位限制、疼痛、心理因素等影响母乳喂养的顺利实施，其实剖宫产的母亲同样可以顺利进行母乳喂养。

首先做到早接触、早吸吮：频繁吸吮乳房及促进乳房的排空。新生儿出生后吸吮反射最强，手术后应尽早进行早接触、早吸吮以刺激催乳素的释放，提高泌乳量。

剖宫产后疼痛是影响泌乳的一个重要原因，可以使用硬膜外镇痛泵，如果没有也可以告知医护人员使用镇痛药物。镇痛药物对母亲和新生儿没有不良影响，对成功母乳喂养有很大的帮助。

剖宫产后哺乳姿势：剖宫产的母亲由于腹部切口存在，可以采用侧卧位哺乳或半躺式哺乳。

二十八、哺乳期的妇女应怎样进行合理的膳食营养？

哺乳期间的母亲每天需要增加 400～500kcal 的能量，来保证自己身体和婴儿的需求，哺喂时消耗的能量不止 500kcal，其余的能量需要妊娠期积累的脂肪提供。哺乳期间不需要特殊的饮食安排，只要选择健康的膳食搭配即可。选择营养丰富的食物，高钙、高铁、高蛋白饮食；饮食多样化，食用多种谷物、蔬菜和水果，保证营养均衡和防止便秘。

二十九、母乳喂养产妇的饮食原则是什么？

1. 营养丰富，高蛋白质的食物 蛋类、奶制品、大豆类及肉；高钙食物：奶制品、深色绿叶蔬菜、麦片、豆奶、大豆、酸奶和豆腐等。

2. 营养均衡 除了蛋白质以外，谷物、蔬菜和水果均需食用。

3. 保持充足的水分 多喝水或汤类，满足机体需要。

4. 选择高铁食物 优质含铁物质的食品有干豆、扁豆、浓缩麦片、全麦制品、深色绿叶蔬菜、水果干；多吃富含铁和维生素C的食物，如草莓、柑橘类水果、甜椒、番茄等，有助于铁质的吸收。

5. 避免刺激性食物 如咖啡因、酒精等。

6. 避免补益类食物 在红色恶露没有干净之前，不要进食参茸、姜醋、红枣、红糖水、黑木耳等补益去瘀的食物。

三十、增加母乳量的食物有哪些？

乳汁在妊娠期中后期已经合成分泌，分娩后做好早接触、早吸吮及勤吸吮，母亲的乳汁会大量合成分泌，并且根据婴儿的需要进行调控。我国传统医学认为因产后体虚、气血生化之源不足或肝郁气滞，乳汁排出受阻所致会导致乳汁不足，有许多催乳的食疗方法，其科学性需要验证，仅供参考。常用的食物有猪蹄、鲫鱼、花生、木瓜等。常用配方有鲫鱼烧通草、木瓜猪蹄汤、花生鲤鱼汤。

三十一、怎样帮职场母亲排解哺育的疑虑？

职场母亲产假结束需要返回工作岗位，如果提前做好准备完全可以继续母乳喂养。

第一步，准备背奶的各种物品：如果能够用手挤奶就不用吸奶器，可以根据自己的情况准备消毒且密封的吸奶器、储奶用具、奶瓶或母乳保鲜袋、冰包（途中保持低温使用）。第二步，进行模拟练习：练习手挤奶或用吸奶器吸奶，这时可以提前冷冻储存部分母乳。第三步，帮助孩子适应奶瓶吃奶，在上班的前几天，就要根据上班后的作息时间调整喂奶时间，坚持用奶瓶喂孩子喝母乳的过程中，注意要循序渐进。第四步，计划好时间：最好在周三或周四开始回单位，这样前几天和孩子分开时间短一些，让孩子有一个适应过程。

返回职场后：坚持挤奶，正确保存。坚持每天在同一时间吸奶，这样到了那个特定的时间就会来奶，建议在工作时间每3h吸奶一次。在吸奶前，按摩乳房，使乳腺充分扩张。吸奶时放松，想象宝宝在吸奶，有助于乳汁分泌。每次吸完奶，应在容器外面贴好标签，注明详细的时间，给孩子按时间先后食用。

三十二、什么是Ⅱ期泌乳延迟？

出生后出现大量乳汁分泌称为泌乳Ⅱ期（产后2或3天到8天）。在泌乳Ⅱ期产后38～98h乳汁分泌增加。由于各种原因影响在产后2～3天仍没有出现大量乳汁分泌称为泌乳延迟或减退。

三十三、Ⅱ期泌乳延迟的处理方法有哪些？

1. Ⅱ期泌乳延迟的重要原因

（1）妊娠期妇女卵巢黄体膜囊肿有高睾酮水平或多囊卵巢综合征。

（2）产后有胎盘残留会导致泌乳延迟。

（3）分娩后血浆催乳素水平立即增加，但催乳素升高/降低与乳头刺激频率、强度和持续时间成正比。如果应用利多卡因使乳头麻木，催乳素不会增加，可能导致泌乳延迟。

（4）母亲患糖尿病。

（5）剖宫产。

（6）母婴分离。

2. 处理方法 对因处理；正常足月健康婴儿及母亲健康的情况下，做到早接触、早吸吮就会促进泌乳Ⅱ期的尽快到来。

三十四、双侧吸乳在Ⅱ期泌乳延迟中的作用有哪些？

根据泌乳原理，泌乳Ⅱ期启动需要乳头的刺激、频繁吸吮及乳房排空，乳房排空程度越大则泌乳产生会越快。双侧吸乳模式在节约吸乳时间的同时，可以将双侧乳房排空的信息传递给大脑，刺激大脑垂体泌乳素和催产素的释放，使乳房合成乳汁速度提高，还可以刺激双乳同时产生喷乳反射，加快泌乳Ⅱ期启动。

三十五、哪些产妇不宜或暂不宜母乳喂养？

母亲无法提供母乳：母亲乳腺缺如时；母亲严重疾病，虽然疾病本身不是哺乳的禁忌证但是可能让哺乳变得困难或无法进行，如休克、败血症、重症子痫或需要重症监护的情况。

下列情况不宜母乳喂养：

1. HIV 感染母亲 世界卫生组织提出 AFASS 原则，就是可接受替代食品（acceptable）、可获得（feasible）、买得起（affordable）、持续的（sustainable）和安全的（safe），满足 AFASS 原则时建议完全避免母乳喂养。如果不能满足 AFASS 原则，建议在 6 个月内纯母乳喂养，然后停止。最不建议的喂养方式是混合喂养。

2. 母亲使用化疗药物或免疫抑制剂时

3. 药物成瘾 使用尼古丁、迷幻药、安非他命、可卡因等兴奋剂对婴儿有不良影响，需避免哺乳，应积极劝告母亲不要使用这些物质，并提供帮助支持她们戒掉。

4. 使用放射性同位素治疗 因放射性物质可以进入乳汁，应根据不同物质半衰期确定暂停哺乳的时间。须告知母亲在此期间及时将乳汁排出并维持泌乳。常见的 ^{123}I 在乳汁中维持 36h，^{125}I 在乳汁中维持 12 天；^{131}I 在乳汁中维持 2～14 天。

三十六、如何对隆胸产妇进行母乳喂养宣教？

乳房的神经来源于第 2～6 肋间神经，第 4 肋间神经穿透乳房的后部支配乳头和乳晕大部分的感觉。第 4 肋间神经在到达乳头和乳晕中途变得越来越表浅，当它到达乳晕时分成五个分支：一个中心支、两个上支和两个下支。最低分支一直穿过乳晕左侧乳房 5 点钟方向和右侧乳房 7 点钟方向。此神经的任何创伤均会导致部分乳房感觉缺失。如果最低神经分支切断，母亲就会失去乳头和乳晕的感觉。在第 4 肋间神经皮支附近横向切口的隆胸手术或缩胸术可能切断神经支配的乳头及乳晕。乳房手术尤其是切口在乳晕边缘时在某种程度上可能会影响乳汁产量。然而，即使做过这样的手术，大多数母亲还可以母乳喂养。

第六章　正常新生儿

一、从胎儿到新生儿的过渡有哪些？

1. 气体代谢由胎盘完成转为由新生儿肺来完成。

2. 胎儿液体肺向气体肺过渡。

3. 胎盘循环中断，肺血流量增加，体循环建立。

4. 动脉导管功能性关闭，卵圆孔生理性关闭。

5. 胎儿体温比母体高 0.5℃，羊水温度高于孕妇肛温，出生后需在适中温度才能维持正常体温 36. 7～37. 3℃。

二、新生儿怎样建立自主呼吸？

胎儿在母体子宫内已有微弱的呼吸运动，但呼吸处于抑制状态。出生断脐后血液内 CO_2 浓度增加，刺激了呼吸中枢。同时，本体感受器及皮肤温度感受器也受到刺激，反射性地兴奋呼吸中枢，使新生儿在出生后约 10s 发生呼吸运动。由于胎儿肺泡中含有少量的液体，因此，第一次吸气时必须有足够的胸腔负压才能使肺泡扩张，以后正常呼吸的维持依赖于肺泡表面活性物质的存在。

三、什么是 Apgar 评分？

Apgar 评分是一种简易的临床上评价新生儿窒息程度的方法。内容包括心率、呼吸、对刺激的反应、肌张力和皮肤颜色 5 项。每项 0～2 分，总共 10 分，8～10 分为正常，4～7 分为轻度窒息，0～3 分为重度窒息。出生 1min 评分可区别窒息程度，5min 及 10min 评分有助于判断复苏效果和预后。

四、怎样判断正常新生儿？

胎龄满 37～42 周出生，体重在 2500～4000g，无任何畸形和疾病的活产儿称为正常新生儿。

五、足月健康的新生儿具有哪些生理反射功能？

1. 吸吮反射　用手或奶嘴放进新生儿的口中，新生儿会出现有力的、有节奏的吸吮动作。睡觉时不给予刺激物可能有此反射。此反射一出生即存在，在 6 个月左右时消失。

2. 觅食反射　用手指轻触新生儿一侧的脸颊或嘴角，新生儿的头会转向刺激一侧并张开嘴巴。此反射一出生即存在，持续 3～4 个月后随着婴儿的眼睛可稳定注视物体而消失。

3. 吞咽反射　当新生儿吸吮乳汁或果汁后，发生吞咽动作，不引起恶心、呕吐、咳嗽等。此反射一出生即存在并永久保持。

4. 握持反射　放物体于新生儿的手掌面，新生儿会屈曲手掌并用 5 个手指握住这一物体。用同样的方法测试足趾基部，也有同样的反射。此反射一出生即存在，持续 3～4 个月后消失。

5. 拥抱反射　将新生儿置于桌上，重击其任一侧的桌面，或将新生儿头部稍微抬高，而后突然放下时，新生儿四肢及手指突然伸直并外展，做拥抱状反应。此反射一出生即存在，持续 3～4 个月后消失。

6. 踏步反射　双手将新生儿托起站立，当其双脚接触到平坦的平面上时，会出现交换脚步的踏步动作，此反射一出生即存在，持续 3～4 个月后随婴儿的腿能够承受其体重而消失。

六、怎样进行新生儿出生后的即刻检查？

出生后 1min 内即用 Apgar 评分评估新生儿以判断有无新生儿窒息及窒息的严重程度，同时评估身体外观以判断有无畸形，也评估身长和体重。

评估身体外观时，可以将新生儿置于远红外辐射保暖台上（保持适宜的温度），检查新生儿的身体外表各部位是否正常，确定新生儿是否有唇裂、腭裂、尿道下裂，无肛，多指（趾）或脑脊膜膨出等。在进行身体外观评估后即可以评估新生儿的体重、身长和头围。

七、新生儿的分类有哪些？

1. 根据胎龄分类

（1）足月儿：指胎龄满 37 周至未满 42 周的新生儿。

（2）早产儿：指胎龄<37 周的新生儿。

（3）过期产儿：指胎龄≥42 周的新生儿。

2. 根据出生体重分类

（1）正常出生体重儿：指出生体重为 2500～4000g 的新生儿。

（2）低出生体重儿：指出生体重<2500g 者。其中，体重<1500g 者又称极低出生体重儿；体重<1000g 者又称为超低出生体重儿。低出生体重儿一般为早产儿和小于胎龄儿。

（3）巨大儿：指出生体重>4000g 者，包括正常和有疾病者。

3. 根据出生体重和胎龄关系分类

（1）适于胎龄儿：指出生体重在同胎龄儿平均体重的第 10～90 百分位者。

（2）小于胎龄儿：指出生体重在同胎龄儿平均体重的第 10 百分位以下的新生儿。

（3）大于胎龄儿：指出生体重在同胎龄平均体重的第 90 百分位以上的新生儿。

4. 高危儿 高危儿指已发生或有可能发生危重情况而需要密切观察的新生儿。包括以下几种情况。

（1）母亲异常妊娠史的新生儿：母亲有糖尿病、妊娠期高血压综合征、先兆子痫、阴道流血、感染、吸烟、酗酒史及母亲为 Rh 阴性血型等；母亲过去有死胎、死产史等。

（2）异常分娩的新生儿：各种难产如高位产钳，臀位娩出，分娩过程中使用镇静和止痛药物等。

（3）出生时有异常的新生儿：如出生时 Apgar 评分低于 7 分，脐带绕颈，各种先天性畸形等，以及早产儿、小于胎龄儿、巨大儿、多产儿等。

八、新生儿各系统的生理特点有哪些？

1. 外观特点 足月新生儿出生时体重平均为 3000g，身长平均为 50cm。头大，躯干长，头部与全身的比例约 1∶4，头围约 34cm，略大于胸围。胸部呈圆柱状，而腹部呈桶状。四肢短，常屈曲。正常新生儿皮肤红润，胎毛少，有弹性。新生儿头颅较软，骨缝未愈合，有前囟和后囟。因出生时受产道挤压，头颅有不同程度的变形，可逐渐恢复正常。新生儿出生后脐带根部被结扎，残留蒂部一般一周内脱落。

2. 呼吸系统 胎儿在母体子宫内已有微弱的呼吸运动，但呼吸处于抑制状态。出生断脐后血液内 CO_2 浓度增加，刺激了呼吸中枢。同时，本体感受器及皮肤温度感受器也受到刺激，反射性地兴奋呼吸中枢，使新生儿在出生后约 10s 发生呼吸运动。由于胎儿肺泡中含有少量的液体，因此，第一次吸气时必须有足够的胸腔负压才能使肺泡扩张，以后正常呼吸的维持依赖于肺泡表面活性物质的存在。有些因素，如缺氧、早产、寒冷、损伤、酸中毒等影响了肺泡表面活性物质的形成，使肺的顺应性减低，从而造成呼吸运动障碍。

新生儿肋间肌较弱，呼吸主要依靠膈肌的运动，故以腹式呼吸为主。新生儿代谢快，需氧量多，使呼吸浅而快，为 40～60 次/分，2 天后降至 20～40 次/分。正常新生儿可有呼吸节律不齐。

新生儿呼吸道相对短小，黏膜血管丰富，腺体分泌不足，纤毛运动差，使新生儿呼吸道易感染，并造成呼吸道阻塞而导致呼吸困难。由于新生儿肺内弹力组织发育差，血管丰富，间质相对多而肺泡数量少，所以肺含血量多而含气量少。如呼吸系统有轻微的炎症，就可能发生严重的呼吸困难和缺氧。

3. 循环系统 胎儿期右心大部分的血经卵圆孔和动脉导管进入左心或主动脉，刚出生时这两个孔道虽然仍未闭合，但由于两侧压力的变化，血液不再经此流通，称功能性关闭。但在一些病理情况下，可使这两个孔道开放，引起血液循环的紊乱，并可使小儿出现青紫等症状。有的小儿能听到心脏杂音，但不一定是先天性心脏病，应重复检查后才能确认。由于新生儿耗氧量大，心脏容量小，每次排出量少，使其心率较快，达 120～140 次/分，且易受啼哭、吸乳等多种因素影响而波动。新生儿血流多集中于躯干及内脏，而四肢较少，故肝、脾常可触及而四肢容易发冷出现发绀。新生儿红细胞、白细胞计数较高，以后逐渐下降至婴儿正常值。

4. 消化系统　足月新生儿出生时已具有较好的吸吮吞咽功能，颊部有坚厚的脂肪垫，有助于吸吮活动，早产儿则较差。

由于新生儿胃容量小，所以新生儿喂食应当少量多次，喂食的次数应较年长儿多。新生儿胃容量较小，肠道容量相对较大，胃肠蠕动较快以适应较大量流质食物的消化。新生儿吞咽功能完善，出生后不久消化道内就有充气，但食管无蠕动，胃贲门括约肌不发达，新生儿胃呈水平位，故在哺乳后容易发生溢乳。

新生儿消化道能分泌足够的除胰淀粉酶外的其他消化酶，所以，新生儿消化蛋白质的能力较好，消化淀粉的能力相对较差。

新生儿出生后 10～12h 开始排出黑绿色黏稠状大便，称胎粪，内含胆汁、黏液、肠道分泌物、上皮细胞及胎儿吞入的胎毛。胎粪一般在 2～3 天开始过渡到黄色便。若出生后 24h 仍未见胎粪排出，应行检查以排除消化道梗阻畸形。母乳喂养的新生儿一般每天排便 1～4 次，为黄色糊状、黏度均匀的大便，带有酸味；人工喂养的新生儿每天排便 1～2 次，为淡灰色或灰土色，黏稠并略有腐败臭味的中性或酸性便。

5. 泌尿系统　新生儿出生后第 1 天开始排尿，次数由第一天的 2～6 次增加至 1 周后的 20 次左右，总尿量可达 300ml/d。

6. 生殖系统　新生儿的阴囊或阴阜常有不同程度的水肿，数天后消退。出生时多数男婴的睾丸已经降至阴囊。睾丸有时可有一侧或双侧的鞘膜积液，出生后 1～2 天自行吸收。受胎盘分泌的雌性激素影响，新生儿出生后 3～4 天可发生乳腺肿胀，2～3 周后自行消失。由于出生后新生儿不再受母体雌激素的影响，女婴出生后 1 周内发生撤退性出血，表现为阴道有白带及少量血性分泌物，似月经样，持续 1～2 天后自然停止。

九、新生儿保温需注意哪些？

1. 保暖　新生儿出生后应立即擦干身体，用温暖的毛巾包裹，以减少辐射、对流及蒸发散热，并应因地制宜采取不同的保暖措施，使新生儿处于“适中温度”。保暖方法有戴帽、母体胸前怀抱、母亲“袋鼠”式怀抱，应用热水袋、婴儿暖箱和远红外辐射床等。此外，接触新生儿的手、仪器、物品等均应保持温暖。

2. 新生儿室的条件　新生儿室应安置在阳光充足、空气流通的朝南区域。室内最好备有空调和空气净化设备，保持室温在 20～24℃，相对湿度在 55%～65%。每张床最好拥有 2.5m^2 的空间，床间距宜 60cm 以上。

十、新生儿的体格检查需注意哪些？

新生儿的全身体格检查一般在新生儿出生后 24h 内进行。

1. 病史回顾　阅读母亲妊娠期、分娩期的病史记录，了解分娩时母亲使用麻醉剂、镇静剂等药物的情况，了解胎位、胎先露、分娩方式及分娩经过，了解新生儿出生体重、性别、Apgar 评分及出生后即时评估结果等，以解释新生儿的状态，提醒护士可能存在的护理问题。

2. 身体评估　评估时注意环境温度，可让母亲在场以便指导。

（1）生命体征

1）心率：通过心脏听诊或触诊颞动脉获得。正常为 120～140 次/分，深睡时可慢至 100 次/分，啼哭时则快至 160 次/分，持续性≥160 次/分或≤120 次/分为心动过速或心动过缓，要做进一步检查以排除器质性心脏病。

2）呼吸：于新生儿安静时测并测满 1min。正常为 40～60 次/分。母亲产时麻醉剂、镇静剂的使用或新生儿产伤可使新生儿呼吸减慢；早产儿或室内温度的迅速变化可使新生儿呼吸过快；持续性的呼吸过快见于呼吸窘迫综合征、膈疝等。

3）体温：一般测腋下体温。正常为 36.0～37. 2℃，体温低于 36.0℃可见于室温较低、天气寒冷、早产儿、感染等情况，体温超过 37.5℃可见于室温高、保暖过度、脱水等情况。

（2）体重：一般在沐浴后测裸体体重。正常新生儿出生体重为 2500～4000g。体重＜2500g 见于早产儿或足月小样儿，体重≥4000g 见于父母体格高大、多胎经产妇、过期妊娠或孕妇糖尿病等。

（3）身长：为头顶最高点至脚跟的距离。正常为 45～55cm，新生儿身长与遗传等多种因素有关。

（4）皮肤、黏膜：正常新生儿出生时皮肤有胎脂覆盖，皮肤呈粉红色；缺氧时皮肤发绀。早产儿皮肤颜色为深红色。皮肤苍白常见于心血管疾病、中枢神经系统损伤、失血等情况。评估是否有胎记等。正常新生儿出生 1 天内不应有黄疸出现，也没有皮肤水肿。

（5）头面部：观察头颅大小、形状，确定有无产瘤、血肿及皮肤破损；检查是否有眼、鼻、口腔（唇，腭裂）、外耳的畸形；观察是否有鼻翼扇动。

（6）颈部：观察颈部对称性、位置、活动度和肌张力。

（7）胸部：观察胸廓形态及对称性，有无畸形；观察呼吸时是否有肋下缘和胸骨上下软组织下陷；通过心脏听诊了解心率、心律、有无杂音；通过肺部听诊了解呼吸音、有无啰音及啰音的性质和部位。

（8）腹部：观察腹部形态，正常时平软，可以略现膨隆；观察呼吸时胸腹是否协调，外形有无异常；触诊肝、脾大小；听诊肠鸣音。观察脐带残端有无出血或异常分泌物，如脐部出现红肿或分泌物有臭味，提示脐部感染。

（9）脊柱及四肢：检查脊柱及四肢的发育情况，是否对称，有无骨折或关节脱位。

（10）肛门及外生殖器：检查肛门有无闭锁，一般可用肛表探查，将肛表插入肛门内 3～5cm；外生殖器有无异常，男婴睾丸是否已降至阴囊，女婴大阴唇是否完全遮住小阴唇。

（11）大小便：正常新生儿出生后不久即排小便。出生 24h 内应排胎粪，若 24h 后尚无大小便应检查是否有消化系统发育异常。

（12）肌张力及活动情况：正常新生儿肌张力正常、反应灵敏、哭声响亮，若肌张力及哭声异常提示神经系统损伤，若出现嗜睡应给予刺激引起啼哭后再观察。

（13）反射：评估各种反射的存在以了解新生儿神经系统的发育情况。正常新生儿在其出生时就存在一些先天性的反射活动，有些是持久存在的如觅食、吸吮、吞咽等反射及对疼痛、寒冷、强光等反应等，拥抱反射、握持反射等则随着小儿发育逐渐减退，一般于出生后 3～4 个月消失。各种反射活动该出现时不出现或不能及时消退或反射不对称都提示神经系统异常。

十一、新生儿日常护理需注意哪些?

1. 注意保暖，保持适宜的室温，维持体温稳定。

2. 观察新生儿面色、呕吐、哭声、产瘤等情况。

3. 脐部观察及护理。

4. 观察大小便情况。

5. 合理喂养。新生儿出生时肝内糖原储备不多，因此在产后半小时内应该开始喂哺。新生儿的喂养方法：母乳喂养、人工喂养和混合喂养。

6. 保持皮肤清洁，每天沐浴，及时更换尿布，预防感染。

十二、什么是生理性体重下降？怎样减轻下降的幅度?

1. 新生儿生理性体重下降指新生儿初生数日内，因丢失水分较多及胎粪排出，出现体重下降，但一般不超过 10%，生后 10 天左右恢复到出生时体重。

2. 新生儿应在出生半小时内进行早接触、早吸吮，鼓励产妇母婴同室，按需哺乳，促进乳汁分泌，同时通过吸吮增加肠蠕动，加快胎粪的排出。

十三、什么是生理性黄疸？

新生儿出生后 2～3 日出现皮肤、巩膜发黄（胆红素＞5mg/dl 时可见出现肉眼黄疸），持续 4～10 日后自然消退，称生理性黄疸。原因是新生儿出生后体内红细胞破坏增加，产生大量间接胆红素，而肝脏内葡萄糖醛酸转移酶活性不足，不能使间接胆红素全部结合成直接胆红素排出体外，导致高胆红素血症。一般足月儿＜12mg/dl，早产儿＜15mg/dl。

十四、什么是高危新生儿？

高危新生儿（高危儿）是指已发生或可能发生危重疾病而需要监护的新生儿。

十五、高危新生儿发生原因有哪些？

1. 母亲疾病史　孕母有糖尿病、感染、慢性心肺疾病、吸烟、吸毒或酗酒史，母亲为 Rh 阴性血型，死胎、死产或性传播疾病史等。

2. 母孕史　孕母年龄＞40 岁或＜16 岁，母妊娠期有阴道流血、妊娠其高血压疾病、先兆子痫、子痫、胎膜早破、胎盘早剥、前置胎盘等。

3. 分娩史　难产、手术产、急产、产程延长、分娩过程中使用镇静或止痛药物史等。

4. 新生儿　窒息、多胎儿、早产儿、小于胎龄儿、巨大儿、宫内感染和先天性畸形等。

十六、母乳对新生儿的影响有哪些？

1. 提供营养及促进发育　母乳中所含营养物质最适合婴儿的消化吸收，生物利用率高，其质与量会随婴儿生长和需要发生相应改变。

2. 提高免疫功能，抵御疾病　母乳喂养能明显降低婴儿腹泻、呼吸道和皮肤感染率，母乳中含有丰富的免疫蛋白和免疫细胞，前者如分泌型免疫球蛋白、乳铁蛋白、溶菌酶等，后者如巨噬细胞、淋巴细胞等。

3. 有利于牙齿的发育和保护　吸吮时的肌肉运动有助于面部正常发育，且可预防因奶瓶喂养引起的龋齿。

4. 建立健康心理　母乳喂养时，婴儿与母亲皮肤频繁接触，母婴间情感联系对婴儿建立和谐、健康的心理有重要作用。

十七、什么是新生儿红斑？

新生儿红斑为新生儿常见现象，常发生在出生后 1～2 天，在头部、躯干及四肢常出现大小不等的多形性斑丘疹，多在 1～2 天后自然消失。

十八、什么是新生儿脓疱疮？如何护理？

1. 概念　新生儿脓疱疮是发生在新生儿中的一种以周围红晕不显著的薄壁水化脓疱为特点的皮肤病，多数情况下由链球菌和葡萄球菌感染引起。

2. 护理措施

（1）局部治疗：避免让患儿触摸或抓挠患处导致感染区域扩大，易于结痂；每天用脱脂棉蘸温水轻轻清洗患处，注意不要剥离结痂，让其自动脱落；水疱或脓疱局部消毒后抽吸疱液，外涂新霉素软膏、莫匹罗星软膏或夫西地酸软膏等。

（2）系统治疗：皮损广泛或伴有发热、淋巴结炎者，系统应用敏感抗生素，根据药敏结果来选择。

（3）预防：注意个人卫生，保持皮肤清洁。患者应适当隔离，患者接触过的衣服、毛巾、用具等，应予消毒。

十九、新生儿出生后应注射哪些疫苗，其作用分别是什么？

1. 乙肝疫苗 正常新生儿出生后 1 日、1 个月、6 个月各接种 1 针次，用于预防乙型病毒性肝炎。

2. 卡介苗 正常新生儿出生 12～24h 接种 0. 1ml 剂量，用于预防结核病。

二十、新生儿出生后应进行哪些筛查？其目的分别是什么？

1. 新生儿出生后应进行疾病筛查和听力筛查（耳声发射法），具有听力高危因素的新生儿还应进行听力脑干反应（autoauditory brainstem response，AABR）筛查。

2. 新生儿筛查指在新生儿期对严重危害新生儿健康的先天性、遗传性疾病实施专项检查，以便早发现、早诊断、早治疗，预防残疾的发生。早期新生儿筛查可以避免因这些疾病导致的生长发育迟缓、智力低下、聋哑，有效降低因出生缺陷所致的致残致障率，对促进儿童健康起到重要作用。

二十一、新生儿筛查的病种有哪些？

1. 常规病种筛查 包括先天性甲状腺功能减低症（congenital hypothyroidism，CH）、苯丙酮尿症（phenyl ketonuria，PKU）、葡萄糖-6-磷酸脱氢酶（G-6-PD）缺陷症、耳声发射法（otoacoustic emission，OAE）听力筛查。

2. 先天性肾上腺皮质增生症（congenital adrenal hyperplasia，CAH） 即 21-羟化酶缺乏症筛查。

3. 串联质谱遗传代谢病筛查 采用串联质谱（MS/MS）技术进行血氨基酸、酰基肉碱谱分析，可同时筛查 30 余种遗传代谢病。

4. 快速脑干听觉诱发电位听力筛查

二十二、哪些因素影响新生儿筛查质量？

1. 是否经过正确的筛查技术培训。
2. 采集时间是否符合要求。
3. 采血方法是否正确。
4. 新生儿是否经充分哺乳。
5. 血样采集后是否正确保存。
6. 样本是否及时送检处理。

二十三、如何为新生儿沐浴？

沐浴可以清洁皮肤、评估身体状况、促进舒适。主要方法：淋浴、盆浴。

1. 温度 室温 26～28℃，水温 38～41℃。

2. 沐浴前 1h 不喂奶 新生儿出生后体温未稳定前不宜沐浴。

3. 预防交叉感染 每个新生儿用一套沐浴用品，所有用物在新生儿沐浴后用消毒液浸泡消毒。

4. 防止损伤 护士的动作宜轻而敏捷，沐浴过程中手始终接触并保护新生儿。

二十四、如何为新生儿进行脐部护理？

保持脐部清洁干燥。每次沐浴后用 75%乙醇消毒脐带残端及脐轮周围，然后用无菌纱布包扎。脐带脱落处如有红色肉芽组织增生，轻者可用乙醇局部擦拭，重者可用硝酸银烧灼局部。如脐部有分泌物则用乙醇消毒后涂 2.5%碘酊使其干燥。使用尿布时，注意勿超过脐部，以防尿粪污染脐部。

二十五、新生儿抚触的步骤有哪些？

1. 抚触前准备 婴儿润肤油、毛巾、尿布、衣服等；室温：在 28℃以上；播放柔和的音乐；抚触者洗净双手，用润肤油揉搓双手至温暖。

2. 抚触手法

（1）头面部：两拇指指腹从新生儿眉间向两侧推；两拇指从下颌部中央向两侧以上滑行，让上下唇形成微笑状；一手托头，用另一手的指腹从前额发际抚向脑后，最后示、中指分别在耳后乳突部轻压一下；换手，同法抚触另半部。

（2）胸部：两手分别从新生儿胸部的外下方（两侧肋下缘）向对侧上方交叉推进，至两侧肩部，在胸部划一个大的交叉，避开新生儿的乳腺。

（3）腹部：示、中指依次从新生儿的右下腹至上腹再向下腹移动，呈顺时针方向画半圆，避开新生儿的脐部和膀胱。

（4）四肢：两手交替抓住新生儿的一侧上肢从上臂至手腕轻轻滑行，然后在滑行的过程中从近端向远端分段挤捏。对侧及双下肢方法相同。

（5）手和足：用拇指指腹从婴儿掌面/脚跟向手指/脚趾方向推进，并抚触每个手指/脚趾。

（6）背部：以脊椎为中分线，双手分别平行放在新生儿脊椎两侧，往相反方向重复移动双手；从背部上端开始逐步向下至臀部，最后由头顶沿脊椎至骶部、臀部。

3. 抚触注意事项　抚触过程中要与新生儿进行语言和情感交流；注意新生儿的反应，如有哭闹、肌张力提高、神经质、活动兴奋性增加、肤色出现变化或呕吐等，应立即停止对该部位的抚触，如持续 1min 以上，应完全停止抚触。

第七章 异常妊娠

一、流产的临床表现有哪些？

流产的临床表现主要为停经后阴道流血和腹痛。早期流产的临床过程表现为先出现阴道流血，后出现腹痛。晚期流产的临床过程表现为先出现腹痛（阵发性子宫收缩），后出现阴道流血。

二、流产的分类有哪些？

按自然流产发展的不同阶段，临床类型分为先兆流产、难免流产、不全流产、完全流产。此外，还有 3 种特殊情况：稽留流产、复发性流产、流产合并感染。

三、什么是先兆流产？

先兆流产是指妊娠 28 周前出现少量阴道流血，常为暗红色或血性白带，无妊娠物排出，随后出现阵发性下腹痛或腰背痛。妇科检查宫颈口未开、胎膜未破，子宫大小与停经周数相符。

四、什么是难免流产？

难免流产是指流产不可避免。在先兆流产基础上，阴道流血量增多，阵发性下腹痛加剧，或出现阴道流液（胎膜破裂）。妇科检查宫颈口已扩张，有时可见胚胎组织或胎囊堵塞在宫颈口内，子宫大小与停经周数基本相符或略小。

五、什么是完全流产？

完全流产是指妊娠物已全部排出，阴道流血逐渐停止，腹痛逐渐减轻或消失。妇科检查宫颈口已闭合，子宫接近正常大小。

六、什么是不全流产？

不全流产是指部分妊娠物排出宫腔，还有部分残留在宫腔内或嵌顿在宫颈口处，或排出后胎盘滞留宫腔或嵌顿在宫颈口。妇科检查见宫颈口已扩张，宫颈口有妊娠物堵塞及持续性血液流出，子宫小于停经周数。

七、什么是稽留流产？

稽留流产又称过期流产，是指胚胎或胎儿已死亡，滞留在宫腔内，未能及时自然排出者。妇科检查宫颈口未开，子宫较停经周数小，质地不软，未闻及胎心音。

八、什么是复发性流产？

复发性流产是指同一性伴侣，连续发生 3 次及 3 次以上的自然流产。

九、各种类型的流产如何处理？

1. 先兆流产 卧床休息，禁止性生活，重视心理治疗，增强信心，必要时给予镇静处理。根据黄体功能、甲状腺功能等不同情况给予相应的治疗。如 B 型超声检查发现胚胎发育不良者，应及时终止妊娠。

2. 难免流产 一旦确诊，应尽早使胚胎及胎盘组织完全排出，以防止出血和感染。早期流产应及时行清宫术；晚期流产出血较多，应使用宫缩剂促进子宫收缩。

3. 完全流产 症状消失，B 型超声检查证实宫腔内无残留物，若无感染征象，不需特殊处理。

4. 不全流产 一经确诊，应尽快行刮宫术或钳刮术，清除宫腔内残留组织。阴道大量出血伴休克者，应同时输血、输液，并给予抗生素预防感染。

5. 稽留流产 处理前先行凝血功能检查，并做好输血准备。子宫＜12 孕周者行刮宫术；子宫＞12 孕周者可使用米非司酮加米索前列醇或静脉滴注催产素促使胎儿、胎盘娩出。

6. 复发性流产 卧床休息，加强营养，禁止性生活，治疗期必须超过以往发生流产的妊娠月份。宫颈功能不全者应在妊娠 14～18 周行宫颈环扎术。

十、什么是先兆早产？

先兆早产是指有规律或不规律宫缩，伴有宫颈管的进行性缩短。

十一、什么是早产？

早产是指妊娠满 28 周至不足 37 周（196～258 日）间分娩者。

十二、先兆早产、早产的临床表现有哪些？

1. 先兆早产 规律或不规律子宫收缩，伴有宫颈管的进行性缩短。

2. 早产 出现规律宫缩（20min≥4 次，或 60min≥8 次），伴有宫颈的进行性改变；宫颈扩张 1cm 以上；宫颈展平≥80%。

十三、早产的预测方法有哪些？

1. 阴道超声检查 宫颈长度＜25mm，或宫颈内口漏斗形成伴有宫颈缩短，提示早产风险增大。

2. 阴道后穹隆分泌物胎儿纤连蛋白（fetal fibronectin，FFN）检测 一般以 FFN＞50mg/ml 为阳性，提示早产风险增加。

十四、早产的处理方式有哪些？

1. 促胎儿肺成熟治疗 妊娠＜34 周，1 周内有可能分娩的孕妇，应使用糖皮质激素促胎儿肺成熟。

2. 抑制宫缩治疗 应用 β-肾上腺素能受体激动剂或硫酸镁、阿托西班、钙通道阻滞剂、前列腺素合成酶抑制剂抑制子宫收缩，延长孕龄。

3. 控制感染 感染是早产的重要原因之一，应行阴道分泌物细菌学检查，尤其是 B 族链球菌的培养。阳性者应根据药敏试验选用对胎儿安全的抗生素。对未足月胎膜早破者，必须预防性使用抗生素。

4. 终止早产的指征 宫缩进行性加强，经治疗无法抑制者；宫内感染者；继续妊娠对母胎的危害性大于胎儿肺成熟对胎儿的好处；孕周已达 34 周并经过促胎儿肺成熟治疗，无母胎并发症者顺其自然分娩。

5. 分娩期处理 采用合理分娩方式；慎用镇静剂；产程中给孕妇吸氧，密切观察胎心变化，可持续胎心监护；第二产程可行会阴切开，预防早产儿颅内出血等；充分做好早产儿保暖和复苏准备。

十五、早产时应用糖皮质激素的注意事项有哪些？

肌内注射的药物峰值水平、生物利用度优于口服、静脉注射及羊膜腔注射。按时、按量给药，维持母体一定的血药浓度，发挥糖皮质激素最大效应作用。用药后胎心率变异和胎动可减少，但能很快恢复。不增加胎儿或新生儿感染的危险性，但对胎儿下丘脑-垂体-肾上腺有暂时性的抑制。对母体可能存在肺水肿、感染（尤其是胎膜早破者）、血糖控制困难的短期影响。

十六、早产时应用硫酸镁的注意事项有哪些？

使用硫酸镁的必备条件：膝腱反射存在；呼吸≥16 次/分；尿量≥17ml/h 或≥400ml/24h；备有 10%葡萄糖酸钙，镁离子中毒时停用硫酸镁并静脉缓慢推注（5～10min）10%葡萄糖酸钙 10ml。

应用硫酸镁每日总量不超过 30g。合并肾功能不全、心肌病、重症肌无力患者应慎用或禁用。用药过程中应监测镁离子浓度。

十七、早产时应用盐酸利托君的注意事项有哪些？

用药期间需密切观察孕妇主诉及心率、血压、宫缩变化，并限制静脉输液量（每日不超过 2000ml），以防肺水肿。如孕妇心率＞120 次/分，应减慢滴数；如心率＞140 次/分，应停药；如出现胸痛，应立即停药并行心电监护。长期用药者应监测血钾、血糖、肝功能和超声心动图。

十八、阿托西班的适应证是什么？其用法、用量如何？

阿托西班用于晚期流产和早产的治疗。按欧洲药物管理署（European Drug Administration，EDA）建议的短期用药方案：先予静脉注射阿托西班 6.75mg（溶于 0. 9ml 生理盐水中）；继以静脉滴注阿托西班 300μg/min 共 3h（溶于 5%葡萄糖溶液中）；再以 100μg/min 给药 15～45h（溶于 5%葡萄糖溶液）。

十九、怎样预防早产？

指导孕妇定期产前检查，做好妊娠期营养、卫生保健，保持心情舒畅。积极治疗泌尿道、生殖道感染。避免诱发宫缩的活动，如抬举重物、性生活等。加强对高危妊娠的管理，积极治疗妊娠合并症及预防并发症的发生。已明确宫颈功能不全者，应在妊娠 14～18 周行宫颈环扎术。

二十、B 型超声在预测早产中的作用是什么？

阴道超声检查宫颈长度＜25mm，或宫颈内口漏斗形成伴有宫颈缩短，提示早产风险增大。

二十一、早产对母儿的影响有哪些？

1. 对母亲 容易产生自责感及焦虑、猜疑甚至恐惧的不良情绪。胎膜早破者容易增加宫腔感染的概率。

2. 对胎儿 增加围生儿患病率、死亡率。

二十二、什么是过期妊娠？

平时月经规则，妊娠达到或超过 42 周（≥294 天）尚未分娩者。

二十三、过期妊娠的并发症有哪些？

胎儿宫内窘迫、胎儿过熟综合征、胎儿生长受限、新生儿窒息、新生儿胎粪吸入综合征、巨大儿、难产、围生儿死亡等。

二十四、复核过期妊娠的方法有哪些？

1. 按末次月经第 1 天计算：平时月经规则、月经周期为 28～30 天的孕妇停经≥42 周尚未分娩者可诊断。若月经周期超过 30 天，应酌情顺延。

2. 根据排卵日推算：月经不规则、哺乳期受孕或末次月经不清的孕妇，可根据基础体温提示的排卵期推算预产期，若排卵后≥280 天仍未分娩者可诊断。

3. 根据性交日期推算。

4. 根据辅助生殖技术的日期推算：如人工授精、体外受精-胚胎移植术。

5. 根据早期妊娠、胎动反应出现的开始时间或早期妊娠妇科检查发现的子宫大小推算。

6. 根据 B 型超声检查推算：妊娠 5～12 周以胎儿顶臀径推算孕周较准确。妊娠 12～20 周以胎儿双顶径、股骨长度推算孕周较好。

7. 根据妊娠初期血、尿 HCG 增高的时间推算。

二十五、怎样 Bishop 评分？

临床上常用 Bishop 评分法了解宫颈成熟度，判断引产和加强宫缩的成功率（表 7-1），满分为 13 分，≥10 分均成功，7～9 分的成功率为 80%，4～6 分的成功率为 50%，≤3 分的多失败。

表 7-1 Bishop 评分法

指标	分数			
	0	1	2	3
宫口开大（cm）	0	1～2	3～4	≥5
宫颈管消退%（未消退为 3cm）	0～30	40～50	60～70	≥80
先露位置（坐骨棘水平=0）	−3	−2	−1～0	+1～+2
宫颈硬度	硬	中	软	
宫口位置	后	中	前	

二十六、过期妊娠处理方法有哪些？

1. 促宫颈成熟，常用方法主要有 PGE_2 阴道制剂和宫颈扩张球囊。

2. 引产术，常用静脉滴注催产素，诱发宫缩至临产。

3. 产程中应给予吸氧，注意羊水性状，密切监测胎心变化，及早发现胎儿窘迫并及时处理，做好新生儿保暖和复苏的准备。

4. 有手术指征者行剖宫产术。

二十七、过期妊娠对母儿的影响有哪些？

1. 对母体 产程延长和难产率增高，母体产伤和手术产率增加。

2. 对围生儿 增加胎儿宫内窘迫、胎儿生长受限、胎儿过熟综合征、巨大儿、新生儿胎粪吸入综合征、新生儿窒息等围生儿发病率与死亡率。

二十八、什么是胎膜早破？

胎膜早破是指临产前发生胎膜破裂者。

二十九、胎膜早破有哪些临床表现？

90%患者突感有较多液体从阴道流出，有时可混有胎脂及胎粪，无腹痛等其他产兆。

三十、如何诊断胎膜早破？

1. 临床表现 孕妇自觉阴道内有较多液体流出或外阴较平时湿润。

2. 体查 可见液体自孕妇阴道流出，使用窥阴器打开见液体自宫颈流出或后穹隆较多积液，并见到胎脂样物质，是诊断的直接依据。

3. 辅助检查 常用方法有阴道液 pH 测定≥6.5，B 型超声检查发现羊水量减少，阴道液涂片见羊齿植物叶状结晶。胎儿纤连蛋白、胰岛素样生长因子结合蛋白-1（IGFBP-1）、羊膜镜检查有助诊断。

三十一、胎膜早破分类有哪些？

胎膜早破分为足月胎膜早破和未足月胎膜早破。未足月胎膜早破（preterm premature rupture of the membranes，PPROM）是指妊娠 20 周以后至未满 37 周在临产前发生的胎膜破裂。

三十二、胎膜早破对母儿的影响有哪些？

对母体：增加羊膜腔感染、产后出血、手术产的概率。若突然破膜，有时可引起胎盘早剥。对围生儿：增加早产、胎儿窘迫、脐带脱垂的风险，围生儿发病率和死亡率增高。

三十三、什么是胎儿纤连蛋白？其临床意义是什么？

胎儿纤连蛋白（fibronectin，FFN）是胎膜分泌的细胞外基质蛋白。当宫颈及阴道分泌物内 FFN 含量＞50mg/ml 时，胎膜抗张能力下降，易发生胎膜早破。

三十四、未足月胎膜早破的处理方法有哪些？

妊娠 28～35 周、胎膜早破不伴感染、羊水池深度≥3cm 者可采取期待疗法。妊娠 35 周后胎儿肺已成熟，若宫颈成熟且无禁忌证可引产经阴道分娩，若胎头高浮、胎位异常、宫颈不成熟、羊膜腔感染、胎儿窘迫，应行剖宫产术。

三十五、足月胎膜早破的处理方法有哪些？

宫颈已成熟而未临产，一般在破膜后 12h 内自然临产。若 12h 仍未临产者，应予引产。有手术指征者，应行剖宫产术。做好预防感染的护理。

三十六、未足月、足月胎膜早破分娩时的注意事项有哪些？

保持外阴清洁，避免不必要的肛门及阴道检查，密切观察孕妇体温、心率、宫缩、阴道流液性状和血细胞计数。破膜≥12h，应给予抗生素预防感染。行期待疗法的未足月胎膜早破者应绝对卧床。

三十七、什么是胎儿生长受限？

胎儿生长受限（fetal growth restriction，FGR）是指无法达到其应生长潜力的小于胎龄儿。严重的 FGR 被定义为胎儿的体重小于第 3 百分位，同时伴有多普勒血流的异常。

三十八、胎儿生长受限有哪几种类型？

胎儿生长受限分为内因性均称型 FGR、外因性不均称型 FGR、外因性均称型 FGR。

三十九、胎儿生长受限有哪些临床表现？

孕妇宫高、腹围连续 3 周测量，其值均在第 10 百分位数以下。胎儿发育指数＜–3 提示可能为 FGR[胎儿发育指数=宫高（cm）–3×（月份+1），指数在–3～+3 为正常]。妊娠晚期孕妇每周体重增长停滞或增长缓慢。

四十、胎儿生长受限如何确诊？

妊娠期不易准确诊断 FGR，常需在分娩后才能确诊。无高危因素的孕妇在妊娠早期明确孕周，准确判断胎龄，并通过孕妇体重和宫高的变化进行初步筛查后进一步经 B 型超声检查确诊。有高危因素的孕妇需从妊娠早期开始定期行 B 型超声检查，根据各项衡量胎儿生长发育指标及其动态情况，结合子宫胎盘的灌注情况及孕妇的产前检查结果尽早判断。

四十一、内因性均称型胎儿生长受限的特点有哪些？

体重、身长、头径相称，但均小于该孕龄正常值。胎盘小，但组织无异常。胎儿无缺氧表现。出生缺陷发生率高，围生儿死亡率高，预后不良。新生儿常出现脑神经发育障碍，伴小儿智力障碍。

四十二、外因性不均称型胎儿生长受限的特点有哪些？

新生儿外表呈营养不良或过熟儿状态，发育不均称，身长、头径与孕龄相符而体重偏低。胎儿常有宫内慢性缺氧及代谢障碍。胎盘体积正常，但功能下降，加重胎儿宫内缺氧，易导致新生儿脑神经受损。出生后易发生低血糖。

四十三、外因性均称型胎儿生长受限的特点有哪些？

新生儿身长、体重、头径均小于该孕龄正常值，外表有营养不良表现。胎盘小，外观正常。胎儿少有宫内缺氧，但存在代谢不良。新生儿的生长与发育常受到影响。

四十四、治疗胎儿生长受限的方法有哪些？

积极寻找病因、补充营养、改善胎盘循环。加强胎儿监测、适时终止妊娠。常见的改善胎盘循环及补充营养的方法有卧床休息、静脉营养等。

四十五、低分子肝素在治疗胎儿生长受限中的作用原理是什么？

胎儿生长受限时胎儿胎盘血液黏度增加，并伴有凝血功能紊乱，呈现高凝低纤溶状态，凝血因子明显增加。低分子肝素主要通过抑制活化的第Ⅹ因子而发挥抗凝作用，改善孕妇血液高凝状态，降低血液黏稠度及血管阻力，增加胎盘血液供应，加速物质交换，改善胎盘功能。

四十六、对胎儿生长受限的系统监测有哪些？

胎儿生长受限的系统监测包括无应激试验（non-stress test，NST）、胎儿生物物理评分及胎儿血流监测如脐动脉彩色多普勒、大脑中动脉血流、静脉导管血流等。

四十七、什么是胎儿窘迫？

胎儿窘迫是指胎儿在子宫内因急性或慢性缺氧危及其健康和生命的综合症状。

四十八、胎儿窘迫的病因是什么？

胎儿窘迫的病因包括母体血液含氧量不足、母胎间血氧匀速及交换障碍、胎儿自身因素异常。

四十九、胎儿窘迫有哪些分类？

分为急性胎儿窘迫和慢性胎儿窘迫。急性胎儿窘迫主要发生在分娩期，多因脐带异常、胎盘早剥、宫缩过强、产程延长及休克等引起。慢性胎儿窘迫主要发生在妊娠晚期，常延续至临产并加重，多因妊娠期高血压疾病、慢性肾炎、糖尿病等所致。

五十、胎儿窘迫临床表现有哪些？

1. 急性胎儿窘迫 表现为产时胎心异常、羊水胎粪污染、胎动异常、胎儿酸中毒等。

2. 慢性胎儿窘迫 表现为胎动减少或消失、产前胎儿监护异常、胎儿生物物理评分≤4 分、脐动脉多普勒超声血流异常等。

五十一、胎儿窘迫时胎动计数有什么特征？

胎动计数≥6 次/2h 为正常。若胎动计数＜6 次/2h 或减少 50%提示有胎儿缺氧可能。

五十二、胎儿窘迫时电子胎儿监护的变化有哪些？

出现下列情况提示有胎儿窘迫的可能：①频发的早期减速（early deceleration，ED），或胎心率下降至每分钟＜100 次；②频发的晚期减速（late deceleration，LD）（发生率＞宫缩的 20%）或延长晚期减速，提示胎儿有缺氧和酸中毒；③变异减速（variable deceleration，VD）多提示有脐带受压，频发变异减速或延缓恢复，胎心率减速低至 60 次/分；④基线变异平坦，如合并频发晚期减速，则胎儿已处于严重缺氧状态；⑤持续胎心率＜100 次/分，表示胎儿严重缺氧，如合并频发晚期减速，则胎儿已处于危急状态；⑥胎动后胎心率增速＜10 次/分。

五十三、胎儿生物物理评分有哪些？

胎儿生物物理监测的 Manning 评分法包括 5 个项目（表 7-2），满分为 10 分，8～10 分无急慢性缺氧，6～8 分可能有急性或慢性缺氧，4～6 分有急性或慢性缺氧，2～4 分有急性缺氧伴慢性缺氧，0 分有急慢性缺氧。

表 7-2 Manning 评分法

项目	2 分（正常）	0 分（异常）
无应激试验（20min）	≥2 次胎动伴胎心加速≥15 次/分，持续≥15s	＜2 次胎动，胎心加速＜15 次/分，持续＜15s
胎儿呼吸运动（30min）	≥1 次，持续≥30s	无或持续≥30s
胎动（30min）	≥3 次躯干和肢体活动（连续出现计 1 次）	≤2 次躯干和肢体活动
肌张力	≥1 次躯干和肢体伸展复屈，手指摊开合拢	无活动；肢体完全伸展 伸展缓慢；部分复屈
羊水量	最大羊水暗区垂直直径≥2cm	无或最大暗区垂直直径＜2cm

五十四、胎儿窘迫对胎儿有哪些影响?

缺氧初期交感神经兴奋，肾上腺儿茶酚胺及皮质醇分泌增多，胎儿的大脑、肾上腺、心脏及胎盘血流增加，而肾、肺、消化系统等血流减少，出现羊水过少、胎儿发育迟缓等。若缺氧继续加重，迷走神经兴奋，有效循环血量减少，出现胎心率减慢。缺氧继续发展，可引起胎儿严重的器官功能损害，尤其可引起缺血缺氧性脑病，甚至胎死宫内。

五十五、胎儿窘迫的处理方法有哪些?

1. 急性胎儿窘迫 左侧卧位，吸氧，停用催产素，纠正脱水、酸中毒、低血压及电解质紊乱，持续胎儿监护或胎儿头皮血 pH 测定。阴道检查排除脐带脱垂及评估产程进展，尽快终止妊娠。

2. 慢性胎儿窘迫 针对病因，根据孕周大小、胎儿成熟度及胎儿缺氧程度决定处理。一般处理包括左侧卧位、间断吸氧，加强胎儿监护，注意胎动变化。如孕周小，估计胎儿娩出后存活的可能性小，在促胎儿肺成熟的同时尽量保守治疗延长胎龄。如妊娠已近足月或胎儿已成熟，应终止妊娠。

五十六、如何预防及监护胎儿窘迫?

预防和治疗引起胎儿窘迫的病因因素。指导孕妇定期进行产前检查及自数胎动，如有异常及时就诊。科学合理饮食，保证胎儿营养供给。对胎盘功能减退的孕妇间断吸氧可改善胎儿的血氧饱和度。

五十七、为什么在胎儿窘迫时应避免使用“大三联”?

传统的“大三联”是指尼可刹米 375mg、戊四氮 100mg、维生素 C 500mg、5%葡萄糖 80～100ml 联合静脉注射。在已知胎儿缺氧状态下，周围组织利用葡萄糖的能力较差，无氧糖酵解增加，使乳酸堆积，加深胎儿酸中毒；尼可刹米及戊四氮均为中枢神经兴奋药，对已缺氧的胎儿经刺激可增加耗氧量。因此，“大三联”的使用不但对复苏无益，而且会加重窒息胎儿的耗氧和酸中毒，有害无益，故已被废止。产程中如需纠正母体因消耗而致的酸中毒时，应用葡萄糖浓度以不超过 10%为宜，量亦不可过多，同时，要注意静脉输注速度。

第八章　异 常 分 娩

一、什么是产道异常?

产道异常包括骨产道异常及软产道异常，以骨产道异常多见。骨产道异常又包括骨盆形态异常及骨盆径线过短。

二、什么是骨产道异常?

骨产道异常是指骨盆径线过短或形态异常，致使骨盆腔小于胎先露部可通过的限度，阻碍胎先露部下降，影响产程顺利进展，称为狭窄骨盆。

三、骨盆各平面异常的临床意义是什么?

分娩时骨盆各平面异常可影响产力、胎方位、宫口扩张、先露下降的进展，易引起难产，临床应结合年龄、产次、既往分娩史进行综合分析判断，决定分娩方式。

四、骨产道有哪些分类?

骨产道即真骨盆，分为骨盆入口平面、中骨盆平面及骨盆出口平面。

五、骨盆入口平面狭窄的临床表现是什么?

胎头衔接受阻，一般情况下初产妇在妊娠末期，即预产期前1～2周或临产前胎头已衔接。若入口狭窄时，即使已临产胎头仍未入盆，因前羊水囊受力不均，易致胎膜早破、脐带脱垂。胎头不能紧贴宫颈内口诱发反射性宫缩，常表现为继发性宫缩乏力。

六、中骨盆平面狭窄的临床表现是什么?

胎头能正常衔接，潜伏期及活跃早期进展顺利。胎头下降至中骨盆平面后，因胎头俯屈和内旋转受阻，不能顺利转为枕前位，形成持续性的枕横位或枕后位，同时出现继发性宫缩乏力，活跃晚期及第二产程延长，甚至第二产程停滞。

七、骨盆出口平面狭窄的临床表现是什么?

骨盆出口平面狭窄的临床表现常与中骨盆狭窄并存，若为单纯骨盆出口平面狭窄，第一产程进展顺利，而胎头达盆底后受阻，导致继发性宫缩乏力及第二产程停滞，胎头双顶径不能通过骨盆出口，强行阴道助产，可导致软产道、盆底肌肉及会阴组织严重损伤，对母儿危害极大。

八、如何诊断骨盆狭窄?

1. 骨盆入口平面狭窄　按程度可分为3级：Ⅰ级为临界性狭窄，对角径11.5cm；Ⅱ级为相对性狭窄，对角径10.0～11.0cm；Ⅲ级为绝对性狭窄，对角径≤9.5cm。

2. 中骨盆平面狭窄　按程度可分为3级：Ⅰ级为临界性狭窄，坐骨棘间径10cm，坐骨棘间径加中骨盆后矢状径13.5cm；Ⅱ级为相对性狭窄，坐骨棘间径8.5～9.5cm，坐骨棘间径加中骨盆后矢状径12.0～13.0cm；Ⅲ级为绝对性狭窄，坐骨棘间径≤8.0cm，坐骨棘间径加中骨盆后矢状径≤11.5cm。

3. 骨盆出口平面狭窄　按程度可分为3级：Ⅰ级为临界性狭窄，坐骨结节间径7.5cm，坐骨结节间径加出口矢状径15.0cm；Ⅱ级为相对性狭窄，坐骨结节间径6.0～7.0cm，坐骨结节间径加出口矢状径12.0～14.0cm；Ⅲ级为绝对性狭窄，骨结节间径≤5.5cm，坐骨结节间径加出口矢状径≤11.0cm。

九、骨盆狭窄对母儿有哪些影响?

1. 对母体的影响　若为骨盆入口平面狭窄，容易发生胎位异常；若中骨盆平面狭窄，容易发生持续性枕横位或枕后位。由于胎头下降受阻，常引起继发性宫缩乏力，导致产程延长或停滞，使手术助产、产后出血及软产道裂伤增多。产道受压过久，可形成生殖道瘘；严重梗阻性难产若不及时处理，可导致先兆子宫破裂，甚至子宫破裂。因胎膜早破、手术助产增加及产程异常行阴道检查次数过多，产褥感染机会亦增加。

2. 对胎儿及新生儿的影响 骨盆入口狭窄使胎头高浮，容易发生胎膜早破及脐带脱垂，导致胎儿窘迫，甚至胎儿死亡；产程延长，胎头受压，缺血缺氧容易发生颅内出血；产道狭窄，手术助产机会增多，易发生新生儿产伤及感染。

十、各种骨盆狭窄的处理原则是什么?

狭窄骨盆分娩时的处理原则：明确狭窄骨盆的类型和程度，了解胎位、胎儿大小、胎心、宫缩强弱、宫颈扩张程度、破膜与否，结合年龄、产次、既往分娩史综合判断，决定分娩方式。

1. 骨盆入口平面狭窄的处理

（1）绝对性骨盆入口狭窄：骨盆入口前后径≤8.0cm、对角径≤9.5cm，胎头跨耻征阳性者，足月活胎不能入盆，不能经阴道分娩。应在接近预产期或临产后行剖宫产结束分娩。

（2）相对性骨盆入口狭窄：对角径 10.0～11.0cm，骨盆入口前后径 8.5～9.5cm，胎头跨耻征可疑阳性时，足月活胎体重＜3000g，胎心率正常，应在严密监护下试产。如有异常，应及时行剖宫产术结束分娩。

2. 中骨盆平面狭窄的处理 在分娩过程中，若宫口开全，胎头双顶径达坐骨棘水平或更低，可经阴道助产。若胎头双顶径未达坐骨棘水平，或出现胎儿窘迫征象，应行剖宫产术结束分娩。

3. 骨盆出口平面狭窄的处理 骨盆出口平面狭窄不应进行阴道试产。若发现出口横径狭窄，耻骨弓下三角空隙不能利用，胎先露部向后移，利用出口后三角空隙娩出。临床上常用坐骨结节间径与出口后矢状径之和估计出口大小，若两者之和＞15cm 时，多数可经阴道分娩；有时需行产钳或胎头吸引术助产，应做较大的会阴后-侧切开，以免会阴严重撕裂。若两者之和≤15cm，足月胎儿不易经阴道分娩，应行剖宫产术结束分娩。

4. 骨盆三个平面均狭窄的处理 若估计胎儿小、产力好、胎位及胎心正常，头盆相称，可以阴道试产。若胎儿较大，有绝对性头盆不称及出现胎儿宫内窘迫征象时，应尽早行剖宫产术。

5. 畸形骨盆的处理 根据畸形骨盆的种类、狭窄程度、胎儿大小、产力等情况具体分析。若畸形严重，头盆不称明显者，应及时行剖宫产术。

十一、什么是软产道异常?

软产道包括子宫下段、宫颈、阴道及骨盆软组织构成。软产道本身的病变可引起难产，生殖道其他部分及其周围病变也可影响软产道使分娩发生困难，但以前者较常见。

十二、软产道异常有哪些分类?

软产道异常分为外阴异常、阴道异常、宫颈异常。

十三、软产道异常对胎儿有哪些影响?

容易导致产程延长，胎头下降受阻、受压，缺血、缺氧易发生颅内出血，易发生新生儿产伤及感染，围生儿死亡率增加。

十四、软产道异常的处理原则是什么?

明确软产道异常的类别和程度，了解胎位、胎儿大小、胎心、宫缩强弱、宫颈扩张程度、破膜与否，结合年龄、产次、既往分娩史综合判断，决定分娩方式。

十五、什么是产力异常?

在分娩过程中，子宫收缩的节律性、对称性及极性不正常或强度、频率有改变，称为子宫收缩力异常，简称产力异常。

十六、产力异常的特点有哪些？

1. 协调性子宫收缩乏力的特点 子宫收缩具有正常的节律性、对称性和极性，但收缩力弱，持续时间短，间歇期长且不规律，宫缩少于 2 次/10min。

2. 不协调性子宫收缩乏力的特点 子宫收缩的极性倒置，宫缩失去了正常的节律、对称性和极性，宫缩兴奋点不是起自两侧子宫角，而是来自子宫的一处或多处，节律不协调。

3. 协调性子宫缩过强的特点 子宫收缩的节律性、对称性和极性均正常，仅子宫收缩力过强、过频，宫腔压力≥60cmHg。

无间歇或是子宫局部平滑肌呈痉挛性不协调性收缩环状狭窄，持续不放松。

十七、产力异常的临床表现有哪些？

1. 协调性子宫收缩乏力 表现为当宫缩高峰时，宫体隆起不明显，用手指压宫底部肌壁仍可出现凹陷。

2. 不协调性子宫收缩乏力 产妇自觉下腹部持续性疼痛、拒按、烦躁不安，严重者出现脱水、电解质紊乱、肠胀气、尿潴留，胎盘-胎儿循环障碍，出现胎儿宫内窘迫。

3. 协调性子宫收缩过强 子宫收缩的节律性、对称性和极性均正常，仅子宫收缩力过强、过频，宫腔压力≥60cmHg。宫缩过强、过频，产程过快，可致初产妇宫颈、阴道及会阴撕裂伤。

4. 不协调性子宫收缩过强 产妇烦躁不安，持续性腹痛、拒按。胎位触不清楚，胎心听不清。有时可出现病理性缩复环、血尿等先兆子宫破裂征象。

十八、子宫收缩乏力的类型有哪些？

子宫收缩乏力分为协调性子宫缩乏力、不协调性子宫缩乏力。协调性子宫缩乏力分为原发性宫缩乏力和继发性宫缩乏力。

十九、子宫收缩过强的种类有哪些？

协调性子宫收缩过强和不协调性子宫收缩过强。

二十、宫缩乏力时如何护理？

1. 协调性子宫收缩乏力护理要点

（1）改善全身情况，保证休息，关心安慰产妇、使用镇静剂；补充营养：进食、静脉补充液体，保持膀胱和直肠的空虚状态。

（2）加强宫缩：使用物理方法针刺穴位：针刺合谷、三阴交、太冲、刺激乳头、人工破膜等刺激宫缩；亦可静脉滴注催产素，从小剂量开始，根据宫缩强弱进行调整滴速，调至有效宫缩，滴注期间，必须专人监护；经上述处理，产程仍无进展或出现胎儿窘迫、产妇体力衰竭等时，应立即行剖宫产术前准备。

2. 不协调性子宫收缩乏力护理要点 按医嘱给予哌替啶 100mg 或吗啡 10～15mg 肌内注射，产妇充分休息后多能恢复为协调性子宫收缩，若宫缩仍不协调或伴胎儿窘迫征象及伴有头盆不称等，应立即报告医生并按医嘱做好剖宫产术和新生儿复苏的准备。

二十一、宫缩过强时如何护理？

1. 预防宫缩过强对母儿的损伤 有急产史的孕妇应提前住院待产；有产兆的产妇嘱其卧床休息，宜左侧卧位，严禁灌肠，并嘱产妇不要用力屏气；做好接生及抢救新生儿的准备。

2. 临产期 提供心理支持性措施，宫缩过强时遵医嘱应用宫缩抑制剂；如果有梗阻则停止一切刺激；恢复正常宫缩后，可采用阴道助产术或等待自然分娩；若经上述处理，症状不能缓解，或出现胎儿窘迫征象者，应做好剖宫产术的准备。

3. 分娩期 分娩时尽可能采取会阴侧切，预防会阴撕裂，发现宫颈、阴道、会阴撕裂伤时应及时进行修补。

4. 产后护理 观察子宫复旧、阴道出血、会阴伤口及生命体征等情况。新生儿遵医嘱肌内注射维生素 K_1，预防颅内出血；若新生儿出现意外，协助产妇及家属顺利度过哀伤期，并指导退奶。

二十二、协调性宫缩乏力的处理有哪些?

无论是原发性还是继发性子宫收缩乏力，都应首先寻找原因，检查有无头盆不称和胎位异常，估计能经阴道分娩者，加强宫缩，否则及时剖宫产。第一产程：以预防为主，缓解产妇紧张情绪，指导其休息、饮食、大小便等。对潜伏期出现的宫缩乏力，首先与假临产鉴别，疑有潜伏期延长时，首选治疗性休息，可用哌替啶 100mg 或吗啡 10mg 肌内注射。第二产程：头盆相称出现宫缩乏力，可静脉滴注催产素加强宫缩；若伴胎儿窘迫应尽早结束分娩，S≥+3 者，产钳助产，否则剖宫产分娩。第三产程：胎肩娩出后可立即将催产素 10～20U 加入 25%葡萄糖 20ml 内静脉注射，预防产后出血。

二十三、不协调性宫缩乏力的处理有哪些?

处理原则是首先调节不协调性子宫收缩的节律性及极性，使之恢复至协调性宫缩，然后按协调性子宫收缩乏力处理。但在子宫收缩恢复其协调性之前，严禁应用催产素。

二十四、如何预防子宫收缩过强?

1. 协调性子宫收缩过强 主要以预防为主，有急产史的产妇，应提前住院待产，以免先兆临产后发生意外；临产后不宜行灌肠、人工破膜等；产后仔细检查宫颈、阴道和外阴部，有撕裂及时缝合，并给予抗生素预防感染。

2. 不协调性子宫收缩过强 确诊为强直性子宫收缩过强，应及时给予宫缩抑制剂，但应避免不规范使用催产素，以预防并发症；若属梗阻性原因，应立即行剖宫产手术。

二十五、什么是病理性收缩环?

多发生于临产后先兆子宫破裂时，因胎先露部下降受阻，子宫收缩加强，子宫体部肌肉收缩导致子宫上段增厚、变短，而下段肌肉逐渐变薄、变长，则子宫体部和子宫下段之间形成明显的环行凹陷，称为病理性缩复环。

二十六、子宫收缩乏力对母儿有哪些影响?

1. 对母亲的影响 产妇可出现精神疲惫、全身乏力，严重者可出现脱水、酸中毒或低钾血症，手术产率增加。第二产程延长可致产道受压过久而致产后排尿困难、尿潴留，甚至发生尿瘘或粪瘘，产后出血、产褥感染率及手术产率增加。

2. 对胎儿及新生儿的影响 宫缩乏力导致产程延长，胎头和脐带受压时间过久，易发生胎儿窘迫。同时由于手术助产率升高，致新生儿产伤、窒息、颅内出血及吸入性肺炎等的发病率增加。不协调性宫缩乏力不能使子宫壁在宫缩的间歇期完全放松，影响子宫胎盘循环，胎儿在宫内缺氧易发生窘迫。

二十七、子宫收缩过强对母儿有哪些影响?

1. 对产妇的影响 宫缩过强、过频，产程过快，可致初产妇宫颈、阴道及会阴撕裂伤。胎先露部下降受阻，可发生子宫破裂。宫缩过强使宫腔内压力增高，增加羊水栓塞的风险。接产时来不及消毒可致产褥感染。胎儿娩出后子宫肌纤维缩复不良，易发生胎盘滞留或产后出血。

2. 对胎儿及新生儿的影响 宫缩过强、过频影响子宫胎盘血液循环，易发生胎儿窘迫、新生儿窒息甚至死亡。胎儿娩出过快，胎头在产道内受到的压力突然解除，可致新生儿颅内出血。无准备的分娩，来不及接产，新生儿易发生感染。若坠地可致骨折、外伤。

二十八、什么是异常胎方位?

胎先露部的指示点与母体骨盆的关系称为胎方位，常见的异常胎方位包括持续性枕横位、持续性枕后位。

二十九、常见有哪些异常胎方位?

在异常胎方位中，胎头位置异常占6%～7%，持续性枕横位、持续性枕后位较为常见；臀先露占3%～4%，肩先露极少见。

三十、引起异常胎方位的原因是什么?

1. 骨盆异常 常发生于男型骨盆或类人猿型骨盆，这两类骨盆的特点是骨盆入口平面前半部较狭窄，不适合胎头枕部衔接，后半部较宽，胎头容易以枕后位或枕横位衔接；由于扁平骨盆前后径短小，均小骨盆各径线均小，而骨盆入口横径最长，胎头常以枕横位衔接，由于胎头俯屈不良，胎头旋转困难，使胎头呈持续性枕横位。

2. 子宫收缩乏力 影响胎头下降、俯屈及内旋转，容易造成持续性枕后位或枕横位，二者互为因果关系。

3. 头盆不称 头盆不称时，骨盆腔容积小，使胎头下降与内旋转受阻，而呈持续性枕后位或枕横位。

4. 其他 前置胎盘、膀胱充盈、子宫颈肌瘤、胎儿过大或胎儿发育异常等均可影响胎头内旋转，造成持续性枕后位或枕横位。此外，胎盘在子宫前壁附着也容易使胎头以枕后位衔接。

三十一、异常胎方位的临床表现有哪些?

临产后胎头衔接较晚及俯屈不良，胎先露部不易紧贴子宫下段及宫颈内口，常导致协调性宫缩乏力及宫口扩张缓慢。枕骨持续性位于骨盆后方压迫直肠，枕后位的产妇自觉肛门坠胀及排便感，致使宫口尚未开全时过早使用腹压，发生宫颈前唇水肿和产妇疲劳，影响产程进展。持续性枕后(横)位常致活跃期及第二产程延长。若在阴道口已见到胎发，多次宫缩时屏气却不见胎头继续下降，应考虑持续性枕后位。

三十二、异常胎方位的治疗原则是什么?

若骨盆无异常、胎儿不大时，可以试产，试产时应严密观察产程，注意胎头下降、宫口扩张程度、宫缩强弱及胎心音有无变化。

三十三、如何进行巨大儿分娩时的评估及护理?

孕妇腹部明显膨隆，宫高＞35cm，触诊胎体大，先露部高浮，若为头先露，多数胎头跨耻征为阳性。分娩时应严密观察产程，巨大儿体重超过4000g、产程延长或骨盆中等大小的孕妇，应提前做好剖宫产术前准备。巨大儿胎头双顶径已达坐骨棘水平以下时，应做好会阴侧切及产钳助产准备，同时配合医生做好肩难产的准备。

三十四、什么是肩难产?

肩难产是一种分娩并发症，指胎头娩出后，胎儿前肩被嵌顿于耻骨联合上方，用常规助产方法不能娩出胎儿双肩。

三十五、发生肩难产的高危因素有哪些?

1. 产前高危因素 巨大儿、既往有肩难产病史、妊娠期糖尿病、过期妊娠、孕妇骨盆解剖结构异常。

2. 产时需要警惕的因素 第一产程活跃期延长、第二产程延长伴“乌龟征”、使用胎头吸引器或产钳助产。

三十六、如何判断发生肩难产?

当较大胎头娩出后，胎颈回缩，使胎儿颌部紧压会阴，胎肩娩出受阻，除外胎儿畸形，即可判断为肩难产。

三十七、发生肩难产的处理流程是什么?

1. 请求援助和会阴切开。

2. 让产妇双腿极度屈曲，贴近腹部、双手抱膝。

3. 在耻骨联合上方向胎儿背部加压或将其胎儿背部左右摇晃。

4. 进入阴道行旋肩。

5. 牵出后臂。

6. 将产妇转身四肢下跪式娩出后肩。

三十八、什么是 HELPERR 娩肩法?

H=Help 寻求帮助：启动针对肩难产的院内常规。

E=Evaluate for episiotomy：评估是否要会阴切开。

L=Legs（Mc Robert）屈大腿法：让产妇双腿极度屈曲贴近腹部，双手抱膝，减小骨盆倾斜度，使衔骶部前凹变直，骶骨位置相对后移，骶尾关节稍增宽，使衔顿在耻骨联合上方的前肩自然松解，同时适当用力向下牵引胎头而娩出前肩。

P=Pressure（suprapubic）压前肩法：助手在产妇耻骨联合上方触到胎儿前肩部位并向后下加压，使双肩径缩小，同时助产者牵拉胎头，两者相互配合持续加压与牵引，注意不能用暴力。

E=Enter the vagina 旋肩法：当后肩已入盆时，助产者以示、中指伸入阴道紧贴胎儿后肩的背面，将后肩向侧上旋转，助手协助将胎头同方向旋转，当后肩逐渐旋转至前肩位置时娩出。

R=Remove the posterior arm 取后臂：顺着后臂往下达到肘部，在肘部使手臂弯曲、使前臂由胸前娩出。

R=Roll the patient（two hands and knees）翻转患者：把患者转为“四肢着床”位，增加骨盆前后径、转动及重力作用有利于解除嵌顿、轻轻向下牵拉，娩出后肩。

三十九、什么是情绪性难产?

情绪性难产是指因精神心理因素发生异常使机体儿茶酚胺分泌过多，产时子宫和胎盘的血液循环减少，最终导致无效宫缩、产程异常。

四十、情绪性难产的诱发因素有哪些?

1. 第一产程诱发难产的心理因素 产妇表达或显出恐惧或焦虑，缺乏应对宫缩的节奏和习惯行为，对中等强度的宫缩或检查反应强烈，肌肉高度紧张，对工作人员的要求过分、不信任、愤怒或不满，对看护者的行为表现出强烈的控制欲望，极度痛苦、身体翻滚、恐慌、尖叫、对有益的建议表示怀疑。

2. 第二产程诱发难产的心理因素 产妇口述和面露担心，喊叫或惊慌，会阴部紧绷、分散性用力、不能使骨盆底放松，祈求将婴儿拿出来或“敲打着”请求使用药物，对看护者的建议拒绝采纳。

四十一、情绪性难产对分娩有什么影响?

孕妇焦虑、紧张、恐惧等情绪变化可以通过中枢神经反射系统引发一系列不利于集体的反应，如交感神经-肾上腺素系统的兴奋，导致大量释放儿茶酚胺，使外周阻力增加，胎儿缺血缺氧，造成胎儿宫内窘迫。肾上腺素作用于子宫，可减少子宫收缩次数或发生不规则宫缩而使产程延长出现难产和产后出血。

四十二、情绪性难产的临产识别方法有哪些?

在潜伏期的宫缩间歇，通过询问产妇的感受来评估产妇的情感状态、情感需求及她是否能很好地应对，或是否存在焦虑；存在心理压力的产妇，滞产与胎儿宫内窘迫的发生率会增加。

四十三、情绪性难产情感支持方面有哪些?

对情绪性难产的孕妇由经验丰富的助产士在产前、产中、产后陪伴产妇，给予经验上的交流、心理上的安慰、情感上的支持、生理上的帮助，帮助产妇在分娩过程中控制焦虑和恐惧心理，同时能降低儿茶酚胺的分泌和增加催产素的分泌，实现舒适的分娩过程。

四十四、情绪性难产的心理支持有哪些？

1. 为孕妇提供舒适的感官刺激。

2. 激励式分娩。进入产程后，针对产妇特定的生理及心理状况进行有效的宣教、指导和情感支持，使产妇对分娩充满信心。

3. 开展陪伴分娩，减轻孕妇焦虑和恐惧心理。

四十五、如何进行头位分娩评分？

头位评分时根据骨盆大小、胎儿体重、胎头位置及产力强弱加以评分，累计这四项评分即为总分，以总分的多少估计分娩的难易程度。具体评分标准如表 8-1。

表 8-1 头位分娩评分标准

骨盆大小评分		胎儿体重（g）评分		胎头位置评分		产力评分	
＞正常	6	2500+/–250	4	枕前位	3	强	3
正常	5	3000+/–250	3	枕横位	2	中（正常）	2
临界狭窄	4	3500+/–250	2	枕后位	1	弱	1
轻度狭窄	3	4000+/–250	1	高直前位	0		
中度狭窄	2			面位	0		
重度狭窄	1						

四十六、头盆不称的临床表现有哪些？

初孕妇在预产期前 1～2 周，经产妇于临产后，胎头应入盆。若已临产，胎头仍未入盆，则应充分评估头盆关系。嘱孕妇排空膀胱后仰卧、两腿伸直，检查者一手放在耻骨联合上方，另一手将胎头向骨盆腔方向推压，若胎头高于耻骨联合平面，出现跨耻征阳性，提示头盆不称。

四十七、超声在头位难产诊断中作用有哪些？

可以明确胎头位置、胎头双顶径、股骨长度、腹围、小脑横径等指标估算胎儿体重。

四十八、头位难产试产时如何判断及护理？

头位难产试产时胎头高浮、颅骨重叠、先露不能紧贴宫颈、矢状缝方位异常、胎头俯屈不良。骶骨向宫颈、宫颈水肿、宫颈扩张不全。

试产时应严密观察胎心及产程进展，教会产妇放松技巧，不要过早使用腹压；有头盆不称者或试产过程中出现胎儿窘迫，应做好剖宫产术前准备；产程停滞者，可行人工破膜；产力欠佳者，遵医嘱静脉滴注催产素。

四十九、持续性枕后位试产时如何判断及护理？

1. 判断 主要从腹部检查、肛门及阴道检查、B 型超声检查三个方面进行判断。

（1）腹部检查：在宫底可触及胎背，胎背在母体的后方或侧方，胎儿肢体可明显触及。若胎头已衔接，可在胎儿肢体侧耻骨联合上方触及颌部。胎心在母体偏外侧或胎儿肢体的一方最清楚。

（2）肛门及阴道检查：枕后位，盆腔后部空虚，矢状缝位于骨盆的斜颈上，囟门位于骨盆侧方。

（3）B 型超声检查：根据头部、颜面及脊柱所在位置，可准确查明胎方向并有助于了解胎头入盆程度。

2. 护理 严密观察胎心及产程进展，教会产妇放松技巧，不要过早使用腹压；有头盆不称者或试产过程中出现胎儿窘迫，应做好剖宫产术前准备；产程停滞者，可行人工破膜；产力欠佳者，遵医嘱静脉滴注催产素。

五十、持续性枕横位试产时如何判断及护理？

1. 判断 主要从腹部检查、肛门及阴道检查、B 型超声检查三个方面进行判断。

（1）腹部检查：在宫底可触及胎背，胎背在母体的后方或侧方，胎儿肢体可明显触及。若胎头已衔接，可在胎儿肢体侧耻骨联合上方触及颌部。胎心在母体偏外侧或胎儿肢体的一方最清楚。

（2）肛门及阴道检查：后囟在骨盆左侧为枕左横位，反之为枕右横位。

（3）B 型超声检查：根据头部、颜面及脊柱所在位置，可准确查明胎方向并有助于了解胎头入盆程度。

2. 护理 严密观察胎心及产程进展，教会产妇放松技巧，不要过早使用腹压；有头盆不称者或试产过程中出现胎儿窘迫，应做好剖宫产术前准备；产程停滞者，可行人工破膜；产力欠佳者，遵医嘱静脉滴注催产素。

五十一、高直位如何判断及护理？

1. 判断 主要从腹部检查、肛门及阴道检查、B 型超声检查三个方面进行判断。

（1）腹部检查：胎头高直前位时胎背靠近腹前壁，不易触及胎儿肢体，胎心位置稍高在近腹中线；胎头高直后位时，胎儿肢体靠近腹前壁，有时可在耻骨联合上方触及胎儿下颌。

（2）肛门及阴道检查：胎儿矢状缝在骨盆入口的前后径上，高直前位时，后囟在耻骨联合后，前囟在骶骨前；反之为胎头高直位。

（3）B 型超声检查：高直前位时可在母体腹部正中探及胎儿脊柱；高直后位时在耻骨联合上方探及眶反射。

2. 护理

（1）加强监护，减少母儿受伤的危险：加强产前检查，及时发现胎位异常；临产过程中尽量卧床休息，提早做好助产和新生儿窒息抢救的准备。

（2）指导产妇提前住院，高直前位时，若骨盆正常、胎儿不大、产力强，应给予阴道试产机会。若试产失败需做好剖宫产术前准备；高直后位一经确诊，应行剖宫产术。

五十二、面先露如何判断及护理？

1. 判断 主要从腹部检查、肛门及阴道检查、B 型超声检查三个方面进行判断。

（1）腹部检查：宫底位置较高。颌后位时，在胎背侧触及极度仰伸的枕骨隆凸是面先露的特征，听诊胎心音较遥远而弱。颌前位时，胎儿肢体侧的下腹部胎心音听诊更清楚。

（2）肛门及阴道检查：触不到圆而硬的颅骨，可触到高低不平、软硬不均的颜面部，若宫口开大时可触及胎儿口、鼻、颧骨及眼眶。

（3） B 型超声检查：根据胎头枕部及眼眶位置，可明确面先露并确定胎位。

2. 护理 面先露均在临产后发生。如出现产程延长或停滞时，应及时行阴道检查。颌前位时，若无头盆不称，产力良好，有可能经阴道自然分娩。若出现继发性宫缩乏力，第二产称延长，可用产钳助产，但会阴后-侧切开要足够大。如有头盆不称或出现胎儿窘迫征象，应行剖宫产术。持续性颌后位时，难以经阴道分娩，应行剖宫产术结束分娩。

五十三、臀位如何判断及护理？

1. 判断 主要从腹部检查、肛门及阴道检查、B 型超声检查三个方面进行判断。

（1）腹部检查：子宫呈横椭圆形，胎体纵轴与母体纵轴一致。在宫底部可触到胎头，若未衔接，在耻骨联合下方可触到胎臀。宫缩乏力、产程长。

（2）肛门及阴道检查：检查时如触及软而宽且不规则的胎臀、外生殖器、胎足等可确诊为臀位。

（3）B 型超声检查：可准确探清臀先露的类型及胎儿大小、姿势、是否畸形等。

2. 护理

（1）有头盆不称、胎儿窘迫、难产史及确诊为巨大儿的产妇，按医嘱做好剖宫产术前准备。

（2）阴道分娩者应注意防止胎膜早破，配合医生做好阴道助产及新生儿抢救的准备，新生儿娩出后检查有无产伤，遵医嘱给予催产素和抗生素，预防产后出血和感染。

五十四、横位如何判断及护理？

1. 判断 主要从腹部检查、肛门及阴道检查、B型超声检查三个方面进行判断。

（1）腹部检查：子宫呈横椭圆形，子宫横径较正常妊娠宽，子宫底高度低于孕周，宫底部及耻骨联合上方空虚。

（2）肛门及阴道检查：胎膜未破者不易查清胎位，但横位临产后胎膜多已破裂，若宫口已扩张，阴道检查可触到肩胛骨或肩峰、锁骨、肋骨及腋窝。

（3）B型超声检查：通过胎头、脊柱、胎心等检测，能准确诊断横位并确定胎位。

2. 护理

（1）妊娠期：定期产前检查，妊娠后发现横位及时采用胸膝卧位、激光照射（或艾灸）至阴穴矫正。若无法矫正，应试行外转胎位术，若外转胎位术失败，应提前住院决定分娩方式。

（2）分娩期：应根据胎产次、胎儿大小、胎儿是否存活、宫口扩张程度、胎膜是否破裂、有无并发症等综合判断决定分娩方式。

五十五、瘢痕子宫分娩的适应证有哪些？

1. 具有良好的医疗监护条件，具备随时手术、输血和抢救条件。

2. 前次剖宫产为子宫下段剖宫产术，无术后感染，B 型超声提示子宫下段前臂完好无损，瘢痕厚度≥0. 3cm，无薄弱区（B型超声子宫瘢痕Ⅰ级）。

3. 此次分娩距前次剖宫产 2 年以上。

4. 前次剖宫产的指征不复存在，也未出现新的剖宫产指征。

5. 先露已入盆，试产中产程顺利。

6. 胎儿已死或有严重畸形，应尽量避免再次剖宫产。

7. 同时要求绝育不应作为剖宫产的指征。

五十六、瘢痕子宫分娩的禁忌证有哪些？

有子宫破裂史、经典剖宫产术瘢痕和有其他阴道分娩绝对禁忌证的产妇（如前置胎盘），对于有复杂子宫瘢痕的产妇，应慎做决定。

五十七、瘢痕子宫分娩的处理原则是什么？

给予连续电子胎心监护，观察胎儿和分娩进展是否正常，警惕并尽早发现先兆子宫破裂的征象和及时处理。

五十八、瘢痕子宫分娩时如何监测？

严密监测孕妇血压、呼吸、脉搏及子宫下段有无压痛、有无血尿，予持续产时胎心监护，严密监测产程进展，及时发现产程停滞或胎头下降受阻、羊水性状及胎心变化。

五十九、瘢痕子宫分娩时如何做好准备工作？

瘢痕子宫分娩的孕妇应在具有持续产时监护能力、能立即进行剖宫产，以及能进行新生儿复苏的产科进行。

第九章　分娩期并发症

一、什么是脐带先露？

脐带位于胎先露的前方称为脐带先露。

二、脐带先露的处理要点有哪些？

宫口未开全时采取臀部垫高、俯卧位或脐带脱垂的对侧采取侧俯卧位，需减轻脐带压力，助其自然缩离先露部与盆壁之间。同时给产妇吸氧，静脉注射葡萄糖溶液加维生素 C，提高胎儿缺氧的耐受能力。隐性脐带脱垂胎膜未破前不易发现，胎膜破后先露侧方，双顶径下可触及搏动的索条，采取垫高臀部俯卧位。

三、什么是脐带脱垂？

胎膜已破，脐带脱出于子宫颈口外，降至阴道甚至外阴者称为脐带脱垂。

四、脐带脱垂的应急预案是什么？

脐带脱垂的应急预案如图 9-1。

五、脐带脱垂时如何判断及护理？

1. 判断

（1）注意胎心的变化：①临产后听胎心，耻骨联合上有明显的杂音，宫缩时胎心率减慢间歇时仍持续减慢。②胎膜破裂后胎心突然减慢。

（2）电子监护仪胎心率的变化：①胎心监护 NST 试验：胎心率减慢，胎心率基线平直。②出现变异减速，如合并晚期减速，示胎儿预后危急。

（3）肛查或阴道检查：触及前羊水囊内有搏动条索状物滑动，为脐带先露，破膜后胎心率突然减慢，应考虑脐带脱垂，即刻做阴道检查以确诊，脐带可触及搏动示脐带脱垂时间不久，胎儿尚存活。胎心监护仪监测，脐带受压，胎儿缺氧，胎心率减慢在 100 次/分以下。胎心图示平直或变异减速。脐带无搏动表示胎儿已死亡。

2. 护理

（1）吸氧。

（2）协助行脐带还纳术：胎儿存活，宫口未开全又无剖宫产条件，可行脐带还纳术，术者手托脐带进入阴道，手指将先露向上推，助手腹部向上推胎体并要求产妇张口深呼吸，还纳脐带从近端开始单方向旋转，争取在宫缩间歇时迅速完成。

（3）协助阴道助产或剖宫产，快速做好术前准备与新生儿复苏准备。

六、脐带脱垂如何预防？

1. 对胎膜早破，先露部位尚未固定的产妇应嘱卧床休息，严禁自由走动。严密观察产程，增加听胎心音和监护仪监测胎心搏动的次数。

2. 对胎先露未入盆、胎位异常、多胎妊娠和羊水过多者，临产后卧床待产，减少不必要的肛查与阴道检查，勤听胎心。

3. 破膜时，应立即听胎心，若胎心搏动突然变慢，不规则，应即做阴道检查，查明何时种脐带因素，以期早期诊断，早期处理。

七、什么是产后出血？

产后出血是指胎儿娩出后，24h 内阴道出血量≥500ml，剖宫产时超过 1000 ml。

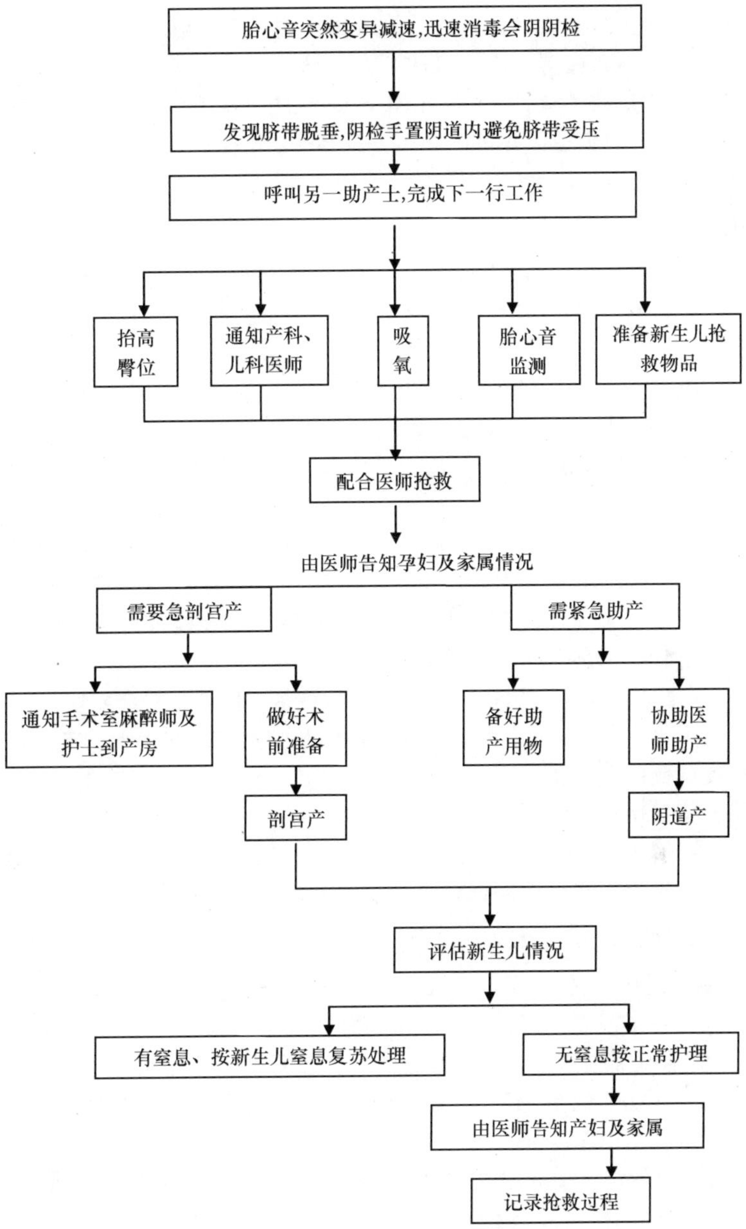

图 9-1　脐带脱垂的应急预案

八、产后出血的临床表现有哪些?

1. 胎儿娩出后，产后出血阵发性增多，血液呈暗红色，子宫柔软；按摩子宫时子宫收缩变硬并阴道出血增多，停止按摩子宫再次松软；压迫子宫，血流如注伴有凝血块。

2. 随着子宫反复松弛，出血增多，或子宫不呈球形收缩，子宫底下降不明显，阴道出血未见增多，但患者表情淡漠、面色苍白、脉搏加快、头晕、出冷汗，表示失血多、血容量减少，可能出血聚积在宫腔内。

胎儿娩出后阴道流血及出现失血性休克、严重贫血等相应症状，是产后出血的主要临床表现。

九、产后出血如何准确测量判断出血量?

1. 称重法　按血液比重 1.05g 换算为 1ml，失血量（ml）=[胎儿娩出后接血敷料湿重（g）－接血前敷料干重（g）]/1.05（血液比重）。

2. 容积法 用产后接血容器收集血液后，放入量杯测量失血量。

3. 面积法 可按接血纱布血湿面积粗略估计失血量。

4. 休克指数法 休克指数（SI）=脉率/收缩压（mmHg），SI=0.5 为正常；SI=1 时则为轻度休克；1.0～1.5 时，失血量约为全身血容量的 20%～30%；1.5～2.0 时，为 30%～50%；若 2.0 以上，为 50%以上，重度休克。

十、产后出血如何确诊？

1. 子宫收缩乏力 正常情况下胎盘娩出后，宫底平脐或脐下一横指，子宫收缩呈球状，质硬。子宫收缩乏力时，宫底升高，子宫质软、轮廓不清，阴道流血多。按摩子宫及应用催产素后，子宫变硬，阴道流血减少或停止，可确诊为子宫收缩乏力。文献报道子宫收缩不良导致产后出血占 90%，但切不可专注子宫收缩不良，因子宫收缩不良出血可与其他原因出血同时存在。

2. 胎盘因素 胎儿娩出后 10min 胎盘未娩出，阴道大量流血，应考虑胎盘因素，胎盘部分剥离、嵌顿、粘连或植入、残留等是引起产后出血的常见原因。胎盘胎儿面如有断裂血管，应想到副胎盘残留的可能。

3. 软产道裂伤 在胎儿娩出后出血，血色鲜红，持续不断，裂伤涉及小动脉，出血如注，如裂伤不大，出血多血压下降，不易发觉。

（1）宫颈裂伤：巨大儿、手术助产、臀牵引等分娩后，常规检查宫颈。裂伤常发生在宫颈 3 点与 9 点处，有时可上延至子宫下段、阴道穹隆。

（2）阴道裂伤：检查者用中指、示指压迫会阴切口两侧，仔细查看会阴切口顶端及两侧有无损伤及损伤程度，有无活动性出血。如有严重的会阴疼痛及突然出现张力大、有波动感、可触及不同大小的肿物、表面皮肤颜色有改变为阴道壁血肿。

（3）会阴裂伤：按损伤程度分为 4 度。

4. 凝血功能障碍 边检查出血源，边处理。同时抽取血样进行血红蛋白、血细胞比容，血小板计数、凝血功能纤维蛋白原测定，检查凝血机制是否健全。

十一、产后出血的治疗原则是什么？

1. 针对出血原因，迅速止血

（1）子宫收缩乏力：①按摩子宫，可经腹部按摩宫底与腹部-阴道，双手压迫子宫，评价有效标准是子宫轮廓清楚，阴道流血少，按压时间以子宫恢复正常收缩并能保持收缩状态为止；②应用宫缩剂：应用催产素、前列腺素药物；③葡萄糖酸钙静脉注射促进宫缩；④宫腔纱条填塞；⑤手术治疗：包括盆腔血管结扎术、B-Lynch 子宫压缩缝合术、子宫切除。

（2）胎盘因素：胎盘滞留行手取胎盘术；胎盘粘连，行徒手剥离胎盘术；胎盘植入，根据产妇出血情况及胎盘剥离面积行保守治疗或子宫切除术。

（3）软产道损伤：按解剖结构逐层缝合各层，不留死腔，避免缝线穿透直肠黏膜。

（4）凝血功能障碍：尽快输血、血浆，补充血小板、纤维蛋白原或凝血酶原复合物，若并发弥散性血管内凝血（disseminated inravascular coagulation，DIC）应按 DIC 处理。

2. 失血性休克的处理 密切观察生命体征，保暖、吸氧、建立静脉通道、补充晶体液、输血、新鲜冷冻血浆，纠正低血压，改善心肾功能、纠正酸中毒。

3. 预防感染 应用广谱抗生素预防感染。

十二、产后出血的应急预案是什么？

产后出血的应急预案如图 9-2。

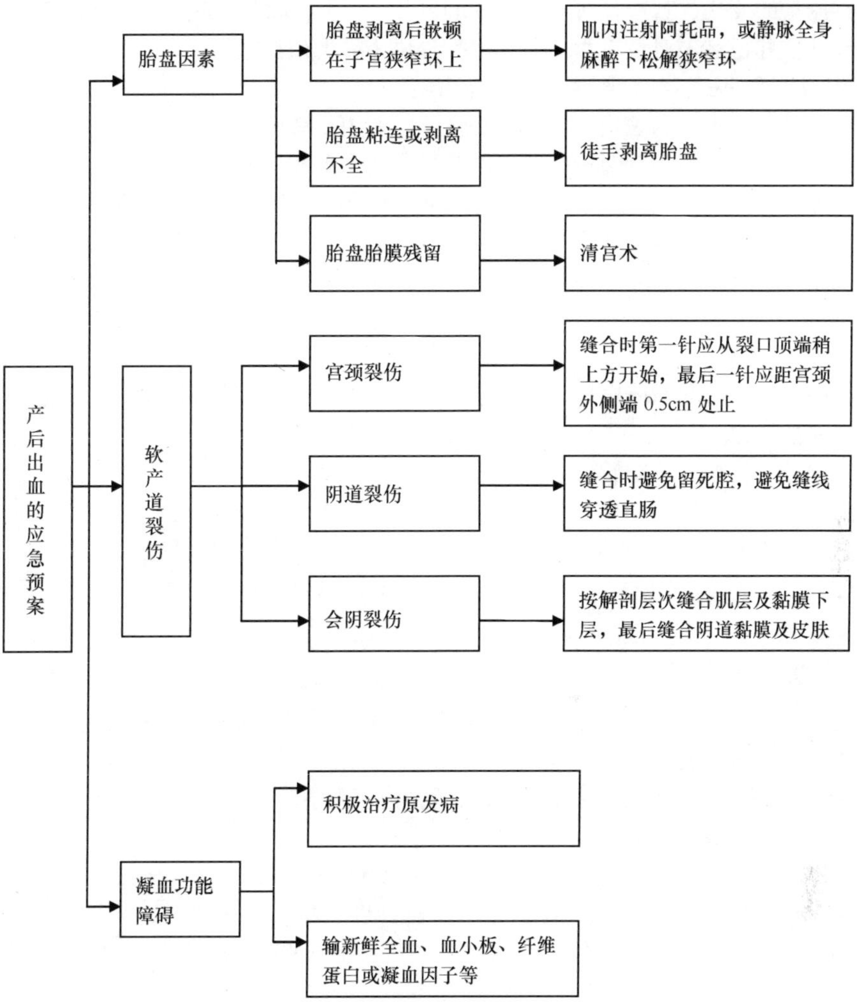

图 9-2　产后出血的应急预案

十三、产后出血补液时需注意什么问题?

1. 建立有效的静脉通道　用 18G 或 20G 的留置针，选择大静脉穿刺。

2. 补充血容量　这是治疗的关键。中度以上休克的患者应马上输血，如未能输血时，可先用林格液或平衡液和低分子右旋糖酐；输血输液速度应根据失血情况、中心静脉压、血液浓缩情况及心肺功能等来决定。

3. 控制输液速度　如尿量少于 25ml/h，应积极快速补充液体，视尿量有无增加。尿量比重在 1.010 或以下者，输液要慎重，利尿时注意高血钾症。

4. 先晶体后胶体　晶体：胶体=3：1。

十四、产后出血如何护理?

1. 密切观察病情变化，正确评估失血量，积极防治失血性休克

（1）密切监测产妇的血压、脉搏、呼吸、面色、神志等一般情况，尤其是在分娩时和产后 2h 内。

（2）询问产妇是否有心慌、头晕、口渴、恶心、呕吐等不适，观察皮肤、黏膜、嘴唇、指甲等颜色改变。

（3）观察子宫底的高度、硬度和轮廓，及时按摩子宫，了解子宫收缩及阴道出血情况，及时发现宫缩乏力的先兆。

（4）观察尿量的变化，若尿量每小时为 30ml 以下考虑休克的存在，应及时补充血容量。

（5）正确评估并记录失血量，为诊断和治疗提供可靠的依据。

2. 积极查找出血原因，配合医生执行止血措施

（1）产妇一旦出现出血的表现，应快速建立静脉通道，按医嘱及时给予快速补充液体。

（2）立即查找出血原因，针对不同原因的产后出血采取相应的处理措施。

（3）及时配血、备血，检查血常规、凝血 4 项、纤维蛋白原等，遵医嘱给予输注新鲜血液、血浆、血小板等，以维持足够的循环血量。

（4）为产妇提供安静的环境，保持平卧，同时吸氧、保暖。医务人员紧密配合，争分夺秒地进行抢救。

3. 预防和控制感染

（1）给产妇补充足够的循环血量，保证充分休息、睡眠，加强营养，注意补充蛋白质、铁、维生素 C，以增强抵抗力。

（2）遵医嘱给予抗生素预防感染。

（3）保持会阴清洁干燥，勤换会阴垫，观察会阴切口有无红肿及恶露量、色、味的变化。

（4）剖宫产者观察敷料是否干燥、切口有无渗出，如有渗出及时更换敷料。

（5）尽量保持床单位清洁干燥、舒适，病情稳定、体力较好的产妇鼓励适当活动，促进恶露排出。

十五、产后出血如何预防？

1. 产前预防 通过系统围产保健，对有可能发生产后出血的高危人群进行转诊，防止产后出血的发生，并做好抢救措施。

2. 产时预防 消除孕产妇分娩时的紧张情绪，密切观察产程进展，防止产程延长。正确处理第二、第三产程，胎肩娩出后即使用催产素。

3. 产后预防 产后 2h 内，分别在胎盘娩出后第 15min、30min、60min、90min、120min 监测生命体征，包括血压、脉搏、阴道出血量、子宫高度、膀胱充盈情况，及早发现出血和休克。鼓励产妇排空膀胱，与新生儿早接触、早吸吮，以便刺激内源性催产素分泌，促进子宫收缩，减少出血量。

十六、如何做好子宫破裂的健康教育？

1. 提高依时产检的依从性，告知瘢痕子宫、胎位异常的风险，从妊娠早期开始规范完善产前检查。

2. 告知有剖宫产史、子宫手术史、产道异常等高危因素的产妇，在预产期前 1～2 周入院，并与产妇及家人做好分娩计划。

3. 曾有过严重子宫创伤史的，下一次妊娠前要到产科咨询是否适合再次受孕。

4. 宣传自然分娩的好处，从妊娠早期开始妊娠期保健，控制体重，科学进行妊娠期运动，让孕妇参与自己整个妊娠期保健，增强自然分娩的信心，降低剖宫产率。

十七、什么是羊水栓塞？

羊水栓塞是指在分娩过程中，羊水突然进入母体血液循环后引起的急性肺栓塞、过敏性休克、DIC、肾衰竭等一系列病理改变的严重分娩并发症。

十八、羊水栓塞的临床表现有哪些？

羊水栓塞多发生在分娩时，尤其在胎儿即将娩出前，或产后短时间内。典型症状发病急剧而凶险，主要表现：为突然发生的心肺功能衰竭、脑缺氧及凝血功能障碍。临床表现病程分为三个阶段，症状轻重与羊水进入母体循环的速度及量及羊水中有形成分的多少有关。

1. 第一阶段 主要是在产程中，或分娩前后短时间内，尤其在刚刚破膜后不久，产妇突然发生寒战、呛咳、气急、烦躁不安、呕吐等前驱症状，继之出现咳嗽、呼吸困难、发绀、抽搐、昏迷、心率快、脉速而血压下降，迅速至休克状态，如有肺水肿则咳粉红色泡沫样痰，发病急骤者，甚至惊叫一声后血压消失，于数分钟内迅速死亡。

2. 第二阶段　主要表现为凝血功能障碍，有出血倾向，可表现为产后大出血、血不凝、伤口及针眼出血，身体其他部位如皮肤、黏膜、胃肠或肾出血。在胎儿娩出后的羊水栓塞，全部表现有宫腔出血、血不凝固、休克，出血量与休克深度不符。在休克、出血的同时，常伴有少尿或少尿现象。

3. 第三阶段　主要表现为急性肾衰竭，存活的患者出现少尿（或无尿）和尿毒症表现。主要是因为循环功能衰竭引起的肾缺血及 DIC 前期形成的血栓堵塞肾小血管，引起缺血、缺氧，导致肾脏器质性损害。

以上三个阶段基本上按顺序出现，但有时不会全部出现，胎儿娩出前发病者以肺栓塞、肺动脉高压、心肺功能衰竭和中枢神经严重缺氧为主要特征。胎儿娩出后发病者以出血及血液凝固障碍为主要特征。

十九、羊水栓塞如何确诊？

1. 临床表现及病史　羊水栓塞主要是根据诱发因素、临床症状和体征进行诊断。在诱发子宫收缩、宫缩扩张或分娩、剖宫产过程中或产后短时间内，出现下列不能用其他原因解释的情况：①血压骤降或心搏骤停。②急性缺氧如呼吸困难、发绀或呼吸停止。③凝血机制障碍，或无法解释的严重出血。有这些情况首先诊断为羊水栓塞，并立即按羊水栓塞抢救。

2. 辅助检查　①血涂片查找羊水有形物质：采集下腔静脉血，镜检见到羊水有形成分支持诊断。②床旁胸部 X 线摄片：双肺弥散性点片状浸润影，无肺门周围分布，伴右心扩大。③床旁心电图或心脏彩色多普勒超声检查：提示右心房、右心室扩大，而左心室缩小，ST 段下降。④与 DIC 有关的实验室检查示凝血功能障碍。

二十、羊水栓塞的治疗原则是什么？

1. 抗过敏，解除肺动脉高压，改善低氧血症

（1）供氧：保持呼吸道通畅，立即面罩给氧，或气管插管给氧，必要时气管切开。

（2）抗过敏：立即给予大剂量肾上腺糖皮质激素抗过敏、解痉，稳定溶酶体，保护细胞，用氢化可的松、地塞米松静脉推注或静脉滴注。

（3）解除肺动脉高压：改善肺血流低灌注，从根本上改善缺氧，预防右心衰竭所致的呼吸循环衰竭，用盐酸罂粟碱、阿托品、氨茶碱、酚妥拉明静脉推注或静脉滴注。

2. 抗休克

（1）补充血容量：尽快补充新鲜血和血浆。扩容可选用右旋糖酐-40、葡萄糖注射液，抢救过程中应测定中心静脉压，了解心脏负荷状况、指导输液量及速度。

（2）升压药物：休克症状急剧而严重，或血容量已补足而血压仍不稳定者，选用多巴胺、间羟胺，根据血压调整速度。

（3）纠正酸中毒：应及时行动脉血气分析、血清电解质测定，如有酸中毒时，用 5%碳酸氢钠静脉滴注以纠正电解质紊乱。

（4）纠正心力衰竭：选用毛花苷 C 或毒毛花苷 K 静脉缓注。

3. 防治 DIC

（1）肝素钠：用于治疗羊水栓塞早期的高凝状态，尤其在发病后 10min 内使用效果更佳。应用肝素时以试管法测定凝血时间控制在 15min 左右。肝素过量有出血倾向时，用鱼精蛋白对抗，1mg 鱼精蛋白对抗肝素 100U。

（2）补充凝血因子：及时输新鲜血或血浆、纤维蛋白原等。

（3）抗纤溶药物：纤溶亢进时，用氨基己酸、氨甲苯酸、氨甲环酸，抑制纤溶酶，使纤溶酶原不被激活，从而抑制纤维蛋白的溶解。补充纤维蛋白原 2～4g/次，使血纤维蛋白原达 1.5g/L。

4. 预防肾衰竭 羊水栓塞发生的第三阶段为肾衰竭，注意尿量。当血容量补充后仍少尿应先用呋塞米 20～40mg 注射，或 20%甘露醇 250ml 快速静脉滴注（10ml/min），扩张肾小球动脉（有心力衰竭时慎用）预防肾衰竭。

5. 预防感染 应选用肾毒性小的广谱抗生素预防感染。

6. 产科处理 发生于胎儿娩出前，待好转后迅速结束分娩，在第一产程发病者剖宫产终止妊娠，第二产程发病者阴道助产，并密切观察子宫出血情况，若发生产后出血，积极处理仍不能止血者，应行子宫切除。

二十一、羊水栓塞抢救流程是什么？

羊水栓塞抢救流程如图 9-3。

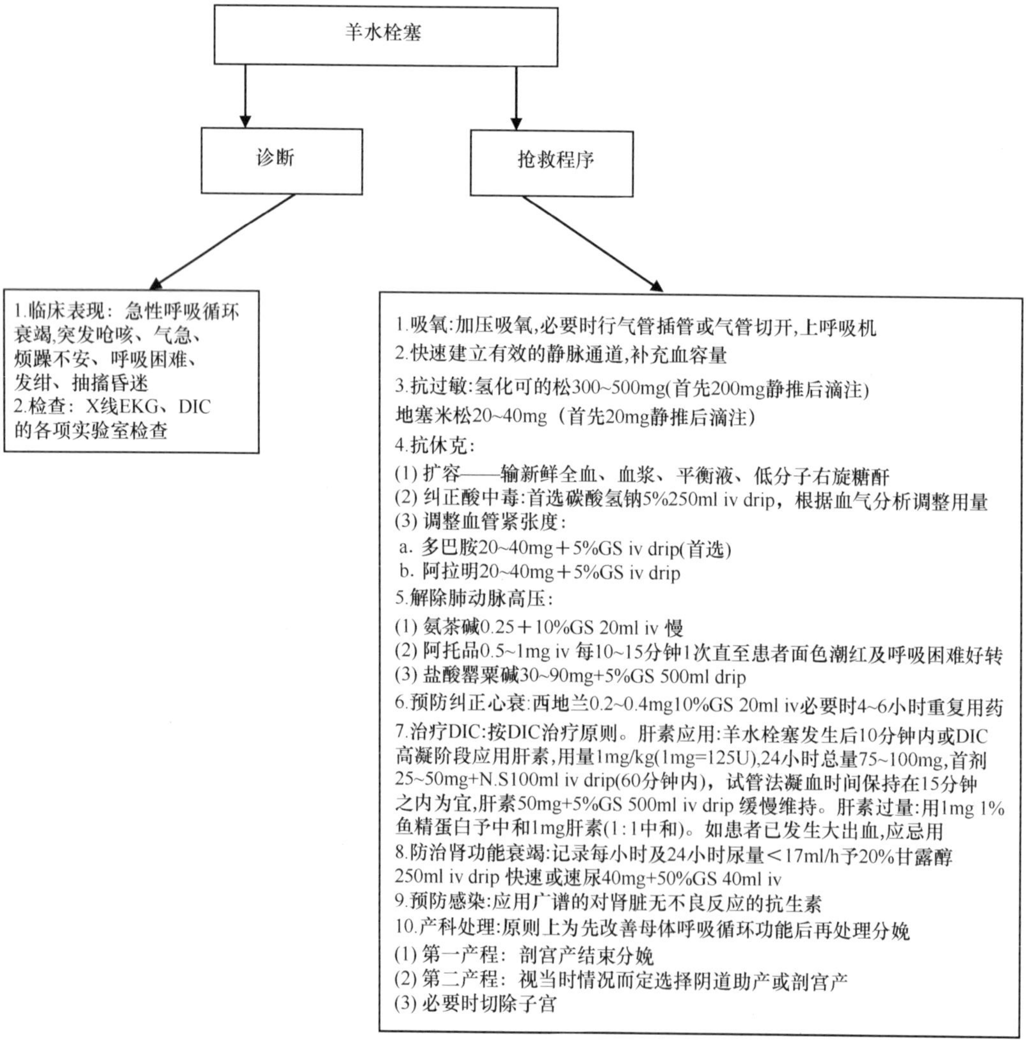

图 9-3　羊水栓塞抢救流程

二十二、羊水栓塞的应急预案是什么？

羊水栓塞的应急预案如图 9-4。

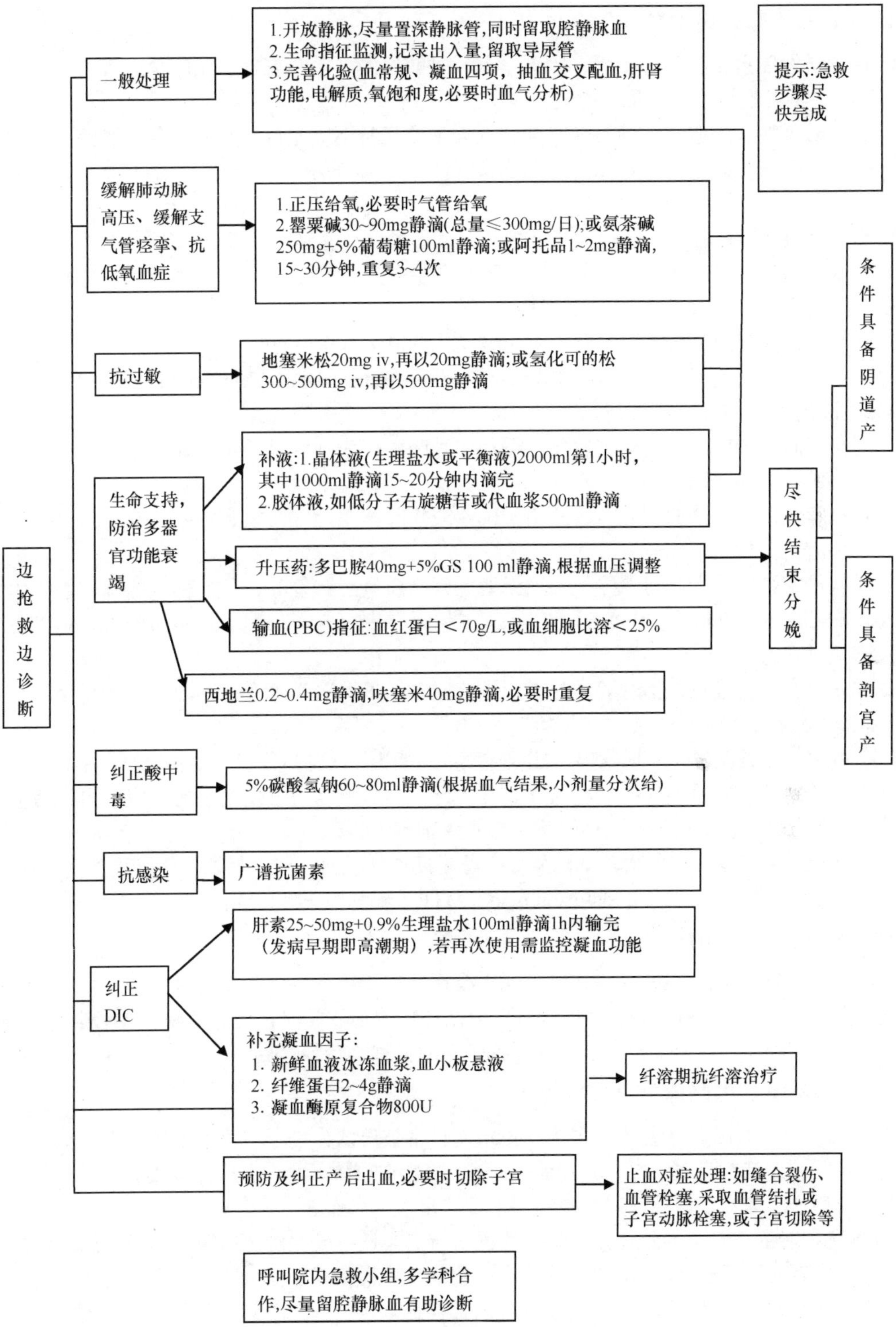

图 9-4　羊水栓塞的应急预案

二十三、羊水栓塞如何护理？

监测患者反应，预计可能的治疗，为患者和家庭提供支持。患者的体位为去枕平卧位。根据医嘱预吸氧、药物治疗和输血。严密监测出入量。将患者置单独房间。如果胎儿未娩出，监测胎心率，做好急诊剖宫产准备。

二十四、羊水栓塞如何预防?

1. 注意诱发因素　有前置胎盘、胎盘早剥、过期妊娠、胎儿窘迫、胎膜早破等合并症时，应提高警惕，尽早发现与诊断，及时抢救。

2. 人工破膜时　应避开宫缩最强时期，且人工破膜时不应兼行剥膜，以免剥膜使颈管内口或子宫下段与胎膜分离损伤小血管，破膜后羊水易直接与受损的小静脉接触，宫缩时羊水被挤入母血循环。

3. 合理掌握剖宫产指征　不应无指征放宽手术，预防子宫切口的裂伤。

4. 正确使用催产素　必须有专人守候，随时调整催产素剂量与速度，避免宫缩过强。

5. 宫缩过强时　可适当考虑应用镇静药。

6. 做大月份人工流产钳夹手术时　应先破膜，待羊水流净后再钳夹。

附：2016 年 3 月美国母胎医学会（the Society for Maternal-Fetal Medicine，SMFM）发布了羊水栓塞诊断和处理指南主要推荐意见：

1. 对于产时或产后短时间内突发急性循环、呼吸障碍表现时是一定要在鉴别诊断中考虑羊水栓塞可能（推荐级别：ⅠC）。

2. 不推荐任何特异性的实验室诊断用于确诊或排除羊水栓塞，羊水栓塞目前仍然是一项临床诊断（推荐级别：ⅠC）。

3. 羊水栓塞患者发生心搏骤停，必须就地展开高质量心肺复苏，包括标准的基础心脏生命支持（basic cardiac life support，BCLS）和高级心脏生命支持（advanced cardiac life support，ACLS）（推荐级别：ⅠC）。

4. 羊水栓塞患者推荐包括麻醉、呼吸、重症医学、母胎医学等专家在内的多学科会诊，共同处理（推荐级别：最佳实践）。

5. 分娩前羊水栓塞发生心搏骤停，建议孕龄 23 周以上者立即分娩（推荐级别：ⅡC）。

6. 羊水栓塞治疗时适当地给氧和通气非常关键，当血流动力学发生改变时应用血管活性药物及心脏正性肌力药物；避免大量液体输注（推荐级别：ⅠC）。

7. 由于循环衰竭继发的凝血功能障碍，推荐早期评估凝血功能，早期积极处理产后出血[利用标准的大量输血方案（massive transfusion plan，MTP）规范]（推荐级别：ⅠC）。

二十五、什么是产科 DIC?

DIC 不是一个独立的疾病，而是多种疾病以凝血障碍为特征的中间病理过程，因某种因素影响，引起微循环内广泛性微血栓形成。并由此可发生循环功能和重要器官功能障碍、消耗性凝血，继发纤维蛋白溶解、溶血、渗血、出血及组织坏死等，故又称为消耗性凝血综合征。

二十六、产科 DIC 的临床表现有哪些?

1. 出血　产科 DIC 以子宫出血最为常见，而且常被误认为是子宫收缩不良的产后出血。子宫出血的特征是阴道持续流血不停，出血量多少不一，无血凝块。严重者可伴有皮肤出血斑、牙龈出血、咯血、呕血、尿血，以及注射针眼和手术切口出血、渗血。

2. 休克　急性 DIC 能导致休克，休克的程度与出血量不成比例。血液可不经毛细血管短路回归静脉，临床表现可有正常的动脉压，实际已有组织细胞灌流量不足，所以休克的程度不同表现不同，如不及时抢救、改善组织细胞的灌流量、疏通微循环，再加上不同程度的继发纤溶出血，最终可导致严重的循环障碍、不可逆休克。故 DIC 发生休克不一定与出血量呈正相关，休克发生迅速，有休克出现早且不易恢复的特点。

3. 脏器栓塞　微血栓可累及一个脏器或多个脏器。微血栓形成的症状，因阻塞器官的部位范围不同而有所不同。肾脏 DIC 的表现为急性肾功能不全，血尿和少尿或无尿。心脏 DIC 的表现为急性心功能不全、心律不齐，甚至发生心源性休克。脑内 DIC 可导致谵妄、惊厥甚至昏迷。

二十七、产科 DIC 如何确诊？

1. 临床表现

（1）出血：产科 DIC 以子宫出血最常见，严重者可伴有皮肤血斑、牙龈出血、咯血、呕血、尿血，以及注射针眼和手术切口出血、渗血。

（2）休克：休克的程度与出血量不成比例，休克发生迅速，有休克出现早且不易恢复的特点。

（3）脏器栓塞：微血栓可累及一个脏器或多个脏器。微血栓形成的症状，因阻塞器官的部位范围不同而有所不同。肾脏 DIC 的表现为急性肾功能不全，血尿和少尿或无尿。心脏 DIC 的表现为急性心功能不全、心律不齐，甚至发生心源性休克。脑内 DIC 可导致谵妄、惊厥甚至昏迷。

2. 实验室检测

（1）血小板测定：迅速下降至＜100×10^9/L，病情加重时可达 50×10^9/L。

（2）血纤维蛋白原测定：低于 1.6g/L，重症可低于 1.0g/L。

（3）凝血酶原时间测定：正常为 13s，如延长 3s 以上则为异常。

（4）优球蛋白溶解试验：正常值为 2～4h，纤溶亢进时则＜120min。

（5）血浆鱼精蛋白副凝固试验：亦称为 3P 试验，可预测 DIC 不同阶段，DIC 时可溶性纤维蛋白单体增多，单体复合物自行聚合成不溶性的纤维蛋白凝块而成胶冻状，此过程称为副凝固现象，3P 试验为阳性；但当纤溶亢进时，纤溶酶作用增强，纤维蛋白被降解为 D、E 碎片，则 3P 试验为阴性。

（6）纤维蛋白降解产物（fibrinogen degradation product，FDP）：正常为 40～80mg/ml，DIC＞40～80μg/ml。

（7）全血凝块试验：若无纤维蛋白原检查条件，可参照全血凝块试管法：取患者血 2～5ml 放于小试管中，将其置于倾斜位，观察血凝固的时间。血凝固的标准是血凝块经摇动亦不松散，从而推测血纤维蛋白原含量，如表 9-1。

表 9-1　血液凝固与血纤维蛋白原

血液凝固时间	血纤维蛋白原含量（g/L）
＜6min 凝固	一般＞1.5
＞6min 凝固不稳定，松散或溶化	1～1.5
＞30min 不凝	＜1

（8）纤维蛋白溶解试验：将正常人已凝固的血 2ml 加入患者 2ml 血中，30～40min 后，正常人血凝块破碎，表示患者纤溶活性亢进。

二十八、产科 DIC 的抢救流程是什么？

产科 DIC 的抢救流程如图 9-5。

二十九、产科 DIC 的应急预案是什么？

产科 DIC 的应急预案如图 9-6。

三十、产科 DIC 实验室检查有哪些？

①血小板计数；②血纤维蛋白原测定；③凝血酶原时间测定；④优球蛋白溶解试验；⑤血浆鱼精蛋白副凝固试验；⑥纤维蛋白降解产物；⑦全血凝块试验；⑧纤维蛋白溶解试验。

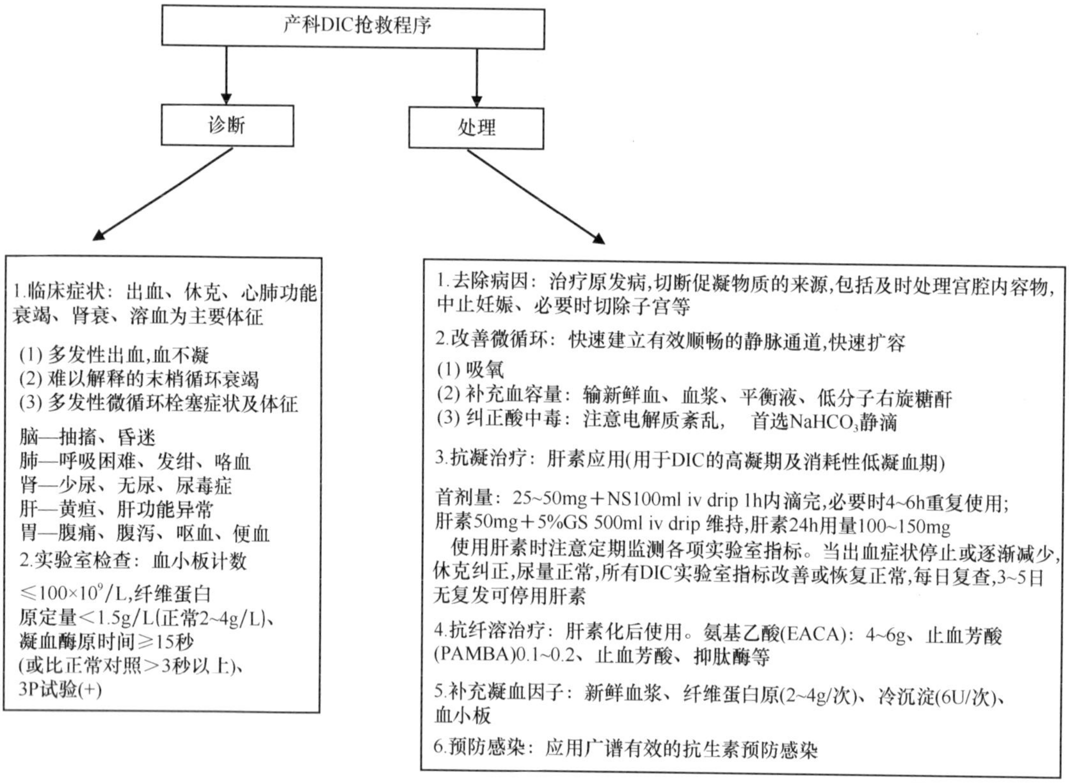

图 9-5　DIC 的抢救流程

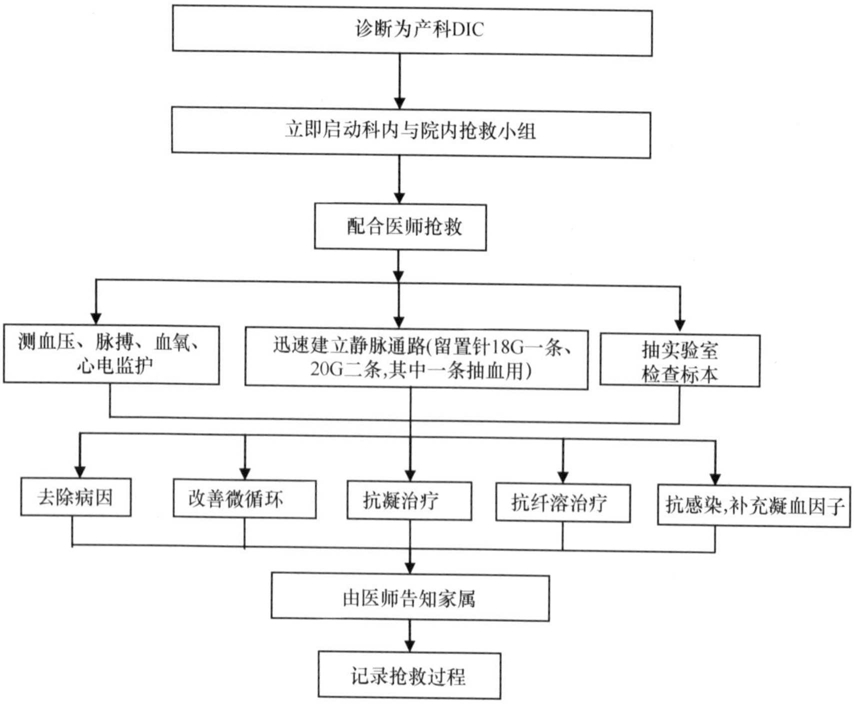

图 9-6　DIC 的应急预案

三十一、产科 DIC 的治疗原则是什么？

治疗原则应该标本兼顾，因果并治。

1. 去除病因 积极治疗原发病，阻断内、外源性促凝物质的来源，是预防和终止 DIC 的关键。例如，积极有效地控制感染，尽早娩出胎儿、胎盘和清除子宫内容物，抗休克，甚至切除子宫。产科胎盘早剥、胎死宫内、感染性流产、出血性休克等易诱发 DIC，故在积极预防原发病的基础上，须加深对易发病的认识。与此同时应注意防治酸中毒，改善缺氧，预防溶血。

2. 改善微循环 改善微循环的灌流量是防治 DIC 的先决条件，首先应补充血容量，保持微循环血流通畅。适当补充复方乳酸钠液、全血和右旋糖酐液，增加血容量，可解除小动脉痉挛，降低血液黏稠度，缓解高凝状态，促进凝聚的血小板、红细胞疏散。在补充血容量的同时也要注意纠正酸中毒和水电解质失衡。避免应用一切促血液凝固的药物，如血收缩药和大剂量肾上腺皮质激素，因大剂量有抑制网状内皮系统的作用。

3. 肝素的应用 防止血小板凝血因子消耗，诊断明确的 DIC，病因不能迅速控制时，应立即使用肝素，应用在血液呈高凝状态。

4. 药物治疗 如抗凝血酶Ⅲ、活性蛋白 C、抗血小板凝聚药物如双嘧达莫与阿司匹林。

5. 补充凝血因子 输注新鲜血和新鲜冷冻血浆、纤维蛋白原、血小板、冷沉淀。

6. 抗纤溶剂的应用 适用于 DIC 晚期，继发性纤溶期。临床上常用的抗纤溶剂有抑肽酶、氨基环酸、6-氨基己酸、氨基苯酸。

三十二、产科 DIC 如何预防？

1. 积极治疗原发病 阻断内、外源性促凝物质的来源，是预防和终止 DIC 的关键。例如，积极有效地控制感染，尽早娩出胎儿、胎盘和清除子宫内容物，抗休克，甚至切除子宫。产科胎盘早剥、胎死宫内、感染性流产、出血性休克等易诱发 DIC，故在积极预防原发病的基础上，须加深对易发病的认识。与此同时应注意防治酸中毒，改善缺氧，预防溶血。

2. 对妊娠期高血压疾病的患者 应密切监测血压的动态变化，积极给予降压、解痉、利尿治疗，经积极治疗后病情不缓解甚至并发胎盘早剥的征兆时，应及时终止妊娠，防止进一步发展演变为 DIC。

3. 妊娠期间定期检查肝功能及凝血机制 妊娠合并肝炎、重症肝病的患者，应积极对症治疗。

4. 产程中正确使用催产素 必须专人守候，根据宫缩情况调整催产素速度，避免宫缩过强或者强直性宫缩；分娩过程中严格遵守操作规程，人工破膜应在宫缩间歇期，不可行胎膜剥离，以防止羊水在宫缩作用下进入受损破裂的血管而引起羊水栓塞，继而并发 DIC。

三十三、产科 DIC 如何护理？

1. 体位 最有利的体位是头部和躯干抬高 20°～30°，下肢抬高 15°～20°，以增加回心血量。

2. 吸氧 气管插管、正压高浓度给氧，必要时行气管切开，以保证供氧，减轻心、脑、肾等重要脏器的缺氧状态。

3. 密切观察生命体征 每 5～10min 测量一次生命体征，观察患者意识、瞳孔变化，重症患者应持续心电监护，动态观察生命体征和血氧饱和度。

4. 迅速建立静脉通道 在休克早期迅速建立静脉通道，采用 18G 或 20G 的静脉留置针穿刺，必要时行静脉切开，以保证在短时间内循环血量的补充。

5. 抗休克治疗的护理 及时足量的补充有效循环血量，是纠正休克引起的组织低灌注和缺氧的关键。严格按照医嘱，输入晶体液及低分子右旋糖酐，使微循环的血液黏稠度下降而改善其灌流量，根据医嘱输入新鲜全血、纤维蛋白原、血小板、冷沉淀、冷冻血浆等。根据病情及凝血功能监测的变化调整药物使用的时间及滴速。连续监测中心静脉压、动脉压、血压及尿量，结合患者的皮肤温度、颜色、脉率、毛细血管充盈时间等循环状况判断血容量补充效果。使中心静脉压＞5cmH_2O，收缩压＞90mmHg，尿量增加。

6. 尿量的观察 DIC 大多可导致以急性肾衰竭为主的多器官功能损害，临床以少尿、无尿、躁动、意识障碍为特征。护理的重点：注意调整输入液体量，准确记录液体出入量，防止扩容、利尿过度；动态监测肾功能、尿素氮、肌酐等生化指标，防止水、电解质、酸碱平衡紊乱。

7. 肝素使用的护理 早期合理使用肝素一直被认为是治疗 DIC 的重要手段。肝素应用必须在 DIC 的高凝状态时，才能充分发挥其效果，临床应根据 DIC 实验室检查指标，尽快使用肝素。一般将肝素 25～50mg 溶于 0.9%氯化钠注射液或 5%葡萄糖溶液 100ml 中，30min 静脉滴注完，再给予肝素 50～100mg 溶于 500ml 上述溶液中 24h 维持静脉滴注。应用时密切注意肝素的用法和用量，用输液泵调节控制肝素的滴数，根据生化检查结果及时调节肝素用量。同时特别注意患者齿龈、皮肤、黏膜、阴道及注射部位的出血、渗血情况。详细记录皮肤瘀斑的面积、颜色，出血的性质、量，血液是否凝固。

第十章　产褥期并发症

一、什么是产褥感染？

产褥感染指分娩及产褥期生殖道受病原体侵袭，引起局部或全身感染，其发发率为6%。

二、产褥感染的临床表现有哪些？

发热、疼痛、异常恶露为产褥感染的三大主要症状。由于感染部位、程度、扩散范围不同，其他临床表现也不同。

1. 急性外阴、阴道、宫颈炎，会阴裂伤或会阴侧伤口感染　表现为会阴部疼痛，坐位困难，可有低热。局部伤口红肿、发硬，伤口裂开，压痛明显，脓性分泌物流出，较重时可出现低热。阴道裂伤及挫伤感染表现为黏膜充血、溃疡，脓性分泌物增多。

2. 子宫感染　包括急性子宫内膜炎、子宫肌炎。病原体经胎盘剥离面侵入，扩散到子宫蜕膜层称为子宫内膜炎，侵入子宫肌层称为子宫肌炎，两者常伴发。若为子宫内膜炎，产妇阴道内有大量脓性分泌物且有臭味。若为子宫肌炎，产妇表现为腹痛，恶露增多呈脓性，子宫压痛明显，子宫复旧不良，可伴发高热、寒战、头痛、白细胞明显增高等全身感染症状。

3. 急性盆腔结缔组织炎、急性输卵管炎　产妇表现为下腹痛伴肛门坠胀，可伴寒战、高热，下腹为明显压痛、反跳痛。

4. 急性盆腔腹膜炎及弥漫性腹膜炎　炎症局限于盆腔腹膜时为急性盆腔腹膜炎，若炎症扩散到腹腔则引起弥漫性腹膜炎。产妇可出现寒战、高热，下腹或全腹疼痛按压痛、反跳痛、肌紧张。

5. 血栓静脉炎　盆腔内血栓静脉炎常于产后12周后出现弛张热、下腹疼痛及压痛。下肢血栓性静脉炎患者表现为下肢疼痛、水肿，皮肤发白。

6. 脓毒血症及败血症　产妇可出现寒战、持续高热，全身明显中毒症状，可危及生命。

三、会阴伤口感染的临床表现有哪些？

会阴伤口感染表现为会阴部疼痛，坐位困难，可有低热。局部伤口红肿、发硬、伤口裂开，压痛明显，脓性分泌物流出，较重时可出现低热。

四、会阴伤口感染如何护理？

1. 基础护理

（1）定时观察产妇的生命体征和伤口的情况，特别注意产妇体温的变化和主诉。

（2）指导产妇注意卧姿，取健侧卧位，以防止恶露污染伤口。适当活动，减少伤口压迫，利于局部血液的循环。

（3）病房的清洁和安静，保持产妇床单清洁、整齐、干燥，以减少引起产妇伤口感染的危险因素。

2. 会阴护理

（1）保持会阴部清洁干燥，勤换消毒会阴垫及内裤。

（2）对不同感染程度的伤口给予不同的护理。仅表现为红、肿、硬的伤口，先用消毒液冲洗消毒，然后用50%硫酸镁纱布热敷，并用会阴红外线照射30min，每日2次。对于有压痛并且窦道有脓性分泌物的伤口，应对伤口进行有效引流，并及时换药；对于表现为伤口全层裂开的伤口，在引流换药的基础上，进行Ⅱ期缝合，并且加强会阴部的护理，预防二次感染。

3. 二便的护理　保持二便的通畅及便后的清洁。必要时可以对大便困难的产妇使用缓泻剂，保持外阴清洁，每日用消毒液冲洗会阴2次，大小便后对会阴部另行消毒以保证会阴部的清洁，同时保持会阴部干燥。

五、产后子宫感染的临床表现有哪些？

产后子宫感染包括急性子宫内膜炎、子宫肌炎。病原体经胎盘剥离面侵入，扩散到子宫蜕膜层称为子宫内膜炎，侵入子宫肌层称为子宫肌炎，两者常伴发。若为子宫内膜炎，产妇阴道内有大量脓性分泌物且有臭味。若为子宫肌炎，产妇表现为腹痛，恶露增多呈脓性，子宫压痛明显，子宫复旧不良，可伴发高热、寒战、头痛、白细胞明显增高等全身感染症状。

六、产后子宫感染的并发症有哪些？

1. 急性盆腔结缔组织炎和急性附件炎。

2. 急性盆腔腹膜炎及弥漫性腹膜炎。

3. 血栓静脉炎。

4. 脓毒血症和败血症。

七、产后子宫感染如何治疗？

1. 一般治疗 加强营养，给予足够的维生素，补液纠正水、电解质失衡。若有严重贫血可输血治疗。产妇取半坐卧位，有利于恶露引流和使炎症局限于盆腔内。

2. 抗生素治疗 未能明确病原体时，应根据临床表现及临床经验选用广谱抗生素，待细菌和药敏试验结果再做调整。当中毒症状严重者，短期加用肾上腺皮质激素，提高应激能力。

3. 胎盘、胎膜残留的处理 经有效抗感染的同时，清除宫腔内残留物。患者急性感染伴高热，在有效控制感染和体温下降后，再彻底刮宫，避免因刮宫引起感染扩散和子宫穿孔。

4. 手术治疗 子宫严重感染，经积极治疗无效，炎症继续扩展，出现不能控制的出血、败血症或脓毒血症时，应及时行子宫切除术，清除感染源，抢救患者生命。

八、产后子宫感染如何护理？

1. 一般护理 保持病室的安静、清洁。保持床单及衣物、用物清洁。保证产妇获得足够休息和睡眠。给予高蛋白、高热量、高维生素、易消化饮食。对患者出现高热、疼痛、呕吐时按症状进行护理，解除或减轻患者的不适。

2. 病情观察 评估产妇的全身情况，是否有发热、寒战、恶心、呕吐、全身乏力、腹胀、腹痛等症状。观察生命体征及恶露的颜色、性状与气味，子宫复旧情况，腹部体征及会阴伤口情况。

3. 治疗配合 根据医嘱进行支持治疗和抗生素治疗。注意抗生素使用的间隔时间，维持血液中有效浓度。

4. 配合医师 清除宫腔残留物，注意阴道流血情况。

5. 鼓励和帮助 鼓励和帮助产妇做好会阴部护理，及时更换会阴垫，外阴伤口每天大小便后用消毒溶液擦洗。

6. 指导 指导患者采取半卧位或抬高床头，促进恶露引流、炎症局限，防止感染扩散。

九、剖宫产术后腹部伤口感染如何护理？

1. 一般护理 保持病室的安静、清洁。保持床单及衣物、用物清洁。保证产妇获得足够休息和睡眠。给予高蛋白、高热量、高维生素、易消化饮食。

2. 病情观察 评估产妇的全身情况，是否有发热、寒战、腹痛及腹部伤口情况。

3. 治疗配合 根据医嘱进行支持治疗和抗生素治疗。注意抗生素使用的间隔时间，维持血液中有效浓度。

4. 配合医师 对坏死组织进行清创处理，切除被感染的组织。

5. 保持干燥 保持腹部伤口敷料干燥、清洁，分泌物较多时及时更换伤口敷料。

十、剖宫产术后腹部伤口感染如何预防？

1. 卫生管理 医务人员注意手卫生，严格无菌操作，保持产妇的衣服及被褥的干净。保持病房的环境卫生。控制好温度和湿度，定期开窗通风。

2. 体重控制　指导产妇控制体重，产妇少食多餐。多吃一些低糖、低脂的食物，定期进行产科检查，测量体重，有效地依据其体重进行调整，鼓励产妇多活动，避免体重过重。

3. 胎膜早破的护理　对于胎膜早破的产妇，应加强体温和血常规及羊水的观察，并且观察其下腹部是否出现压痛，有效地减少阴道检查或肛查的操作次数，防止上行感染。

4. 缩短手术时间　护理人员应充分做好术前的准备工作，配合医生尽快地完成手术。

5. 治疗配合　根据医嘱进行支持治疗和抗生素治疗。注意抗生素使用的间隔时间，维持血液中有效浓度。

十一、如何对产褥感染产妇进行健康宣教?

1. 产后注意休息、营养和适当的活动，指导产妇定期检查。

2. 教会产妇自我观察，识别产褥感染复发征象（恶露异常、腹痛、发热），如有异常及时就诊。

3. 注意个人卫生，会阴部要保持清洁干净，勤换卫生巾，清洗会阴的用物要清洁和消毒，不能盆浴，可采用淋浴。

4. 指导正确的母乳喂养，保持乳腺通畅，正确护理乳房。

5. 出院后将产妇交社区医疗单位进行随访指导。

十二、什么是晚期产后出血?

分娩 24h 后，在产褥期内发生的子宫大量出血，又称产褥期出血。

十三、晚期产后出血的病因是什么?

1. 胎盘、胎膜残留。

2. 蜕膜残留。

3. 子宫胎盘附着面复旧不全。

4. 感染。

5. 剖宫产术后子宫切口裂开。

十四、晚期产后出血的临床表现有哪些?

1. 阴道流血　胎盘、胎膜残留及蜕膜残留引发的出血多在产后 10 日发生；胎盘附着部位复旧不良常发生在产后 2 周左右。

2. 腹痛和发热　常合并感染，伴有恶露增加、恶臭。

3. 全身症状　继发性贫血，严重者因失血性休克危及生命。

4. 体征　妇科检查阴道有血块或组织，宫口内有血块或组织嵌顿，子宫增大或正常大小，质软，下腹部或子宫、子宫下端两侧压痛。

十五、晚期产后出血如何确诊?

分娩 24h 后，在产褥期内发生的子宫大量出血。

十六、晚期产后出血如何护理?

1. 止血、纠正贫血，防止休克发生

（1）密切监测生命体征、神志变化，观察皮肤、黏膜、四肢的颜色及温度，监测尿量，注意阴道流血情况，发现阴道出血量大或出现休克早期征兆时及时报告医生，并做好抢救准备。

（2）建立静脉通路，遵医嘱输血、输液，及时补充血容量，纠正贫血，防止失血性休克的发生。

（3）胎盘、胎膜残留者，做好清宫术前准备，尽快清除宫腔内残留物，并送病理检查，若确诊为切口裂开，则应配合做好剖腹探查准备。

2. 预防感染

（1）保持床单清洁干燥，勤换会阴垫，做好会阴及伤口的护理。每日消毒液擦洗会阴，大、小便后冲洗会阴。

（2）监测体温的变化，定时检查子宫大小，有否压痛。密切观察恶露情况，有无增多、臭味等。伤口有无红、肿、热、痛等改变及炎性渗出物等感染迹象。

（3）各项检查及操作时注意遵循无菌原则，减少感染机会。

（4）遵医嘱给予催产素和广谱抗生素。

3. 健康指导

（1）教会产妇如何观察子宫复旧、恶露变化，正确施行会阴及伤口护理。

（2）指导母乳喂养和婴儿护理方法，合理安排休息与活动。

（3）产后定期进行复查，若发现异常应及时就诊。

（4）进行性生活指导，明确产褥期禁止盆浴与性生活。

十七、晚期产后出血如何预防？

1. 产后仔细检查胎盘、胎膜，注意是否完整，若有残缺应及时清出。在不能排出胎盘残留时应行宫腔探查。

2. 减少人工流产术。

3. 严格掌握剖宫产指征及合理选择切口位置，剖宫产时合理选择切口位置；避免子宫下段横切口两侧角部撕裂并合理缝合。

4. 严格无菌操作，术后应用抗生素预防感染。

十八、什么是产后血栓性静脉炎？

产后血栓性静脉炎多发生在产褥感染的同时或之后，分为盆内血栓性静脉炎和下肢血栓性静脉炎。与血栓形成的因素有静脉内血流缓滞、静脉壁损伤和高凝状态。病原菌多为厌氧菌。

十九、产后血栓性静脉炎的临床表现有哪些？

1. 盆腔血栓性静脉炎　多于产后1～2周继子宫内膜炎后，连续出现寒战、高热。常在严重的寒战后体温急剧上升，达到甚至超过40℃，1～2h又降至36℃左右。如此反复发作，持续数周。同时可伴有下腹部持续疼痛，疼痛可放射至腹股沟和肋脊角。由于病变部位较深，多无肯定的阳性体征。下腹软，但有深压痛。子宫活动受到限制，移动宫颈时可引起病侧疼痛，有时可扪及增粗及触痛明显的静脉丛。有少数人表现为急性腹痛，剖腹探查后方能确诊。

2. 下肢血栓性静脉炎　临床症状随着静脉形成部位不同而有所不同。患者多在产后1～2周出现持续发热、心动过速。髂静脉或股静脉栓塞时，可影响下肢静脉回流，出现下肢疼痛、肿胀、皮肤发白、局部温度升高及栓塞部位压痛，有时可触及硬索状有压痛的静脉。小腿深静脉栓塞时出现腓肠肌及足底部疼痛和压痛。血栓感染化脓时形成脓毒症，导致感染性休克、肺脓肿、胸膜炎、肺炎和肾脓肿等，出现相应的症状和体质，也可累及皮肤、关节引起局部脓肿，或因过度消耗、全身衰竭而死亡。

二十、产后血栓性静脉炎如何护理？

1. 休息与缓解疼痛　急性期嘱患者10～14日内绝对卧床休息，床上活动时避免动作幅度过大；禁止热敷、按摩患肢，以防止血栓脱落。

2. 患肢宜高于心脏平面20～30cm　可促进静脉回流并降低静脉压，减轻疼痛与水肿。必要时遵医嘱给予镇痛药物。发现肿胀迹象即可穿着弹力袜。

3. 病情观察　密切观察疼痛的时间、部位、程度、动脉搏动及皮肤温度、色泽和感觉。每日测量、比较并记录患肢不同平面的周径。注意固定测量部位，以便进行对比。

4. 饮食护理　指导产妇进食低脂、富纤维素的食物，以保持大便通畅，尽量避免因排便困难引起腹内压增高而影响下肢静脉回流。

5. 治疗配合　根据医嘱进行抗生素和抗凝治疗。注意抗生素和抗凝药物使用的间隔时间，维持血液中有效浓度。

二十一、产后血栓性静脉炎如何预防？

1. 鼓励产妇产后早下床活动，不能离床者可在床上活动下肢，以促进静脉回流，预防静脉血栓形成。避免膝下垫硬枕、过度屈髋、用过紧的腰带和穿紧身衣物而影响血液回流。

2. 指导产妇进食低脂、富纤维素的食物，以保持大便通畅，尽量避免因排便困难引起腹内压增高而影响下肢静脉回流。

3. 预防和积极治疗产褥感染。

二十二、如何对产后血栓性静脉炎产妇进行健康宣教？

1. 指导产妇产后早下床活动，不能离床者可在床上活动下肢，以促进静脉回流，预防静脉血栓形成。避免膝下垫硬枕、过度屈髋、用过紧的腰带和穿紧身衣物而影响血液回流。

2. 指导产妇进食低脂、富纤维素的食物，以保持大便通畅，尽量避免因排便困难引起腹内压增高而影响下肢静脉回流。

3. 预防和积极治疗产褥感染。

4. 定期复诊 出院 3～6 个月后到门诊复查，告知产妇若出现下肢肿胀、疼痛，平卧或抬高患肢仍不缓解时，及时就诊。

二十三、产后破伤风的临床表现有哪些？

根据临床表现分为以下 3 期。

1. 潜伏期 通常为 7～8 日，最短为 24h，最长可达数月，潜伏期越短，预后越差。新生儿破伤风在断脐后 7 日左右发病，故称“七日风”。

2. 前驱期 表现为乏力、头晕、头痛、咀嚼无力、张口不便、烦躁不安、打呵欠，局部肌肉发紧、酸痛、反射亢进等。以张口不便为主要特征。

3. 发作期 典型症状是在肌肉紧张性收缩（肌强直、发硬）的基础上，呈阵发性强烈痉挛，通常最先受影响的肌群是咀嚼肌，出现咀嚼不便、张口困难甚至牙关紧闭；病情进一步加重出现苦笑面容、颈项强直、角弓反张。膈肌受影响时表现为通气困难甚至呼吸暂停。在肌肉紧张性收缩的基础上，任何轻微的刺激，如光线、声音、碰触、饮水等，均可诱发全身肌群强烈的阵发性痉挛。发作时，患者口吐白沫、大汗淋漓、呼吸急促、口唇发绀、流涎、牙关紧闭、磨牙、头颈频频后仰，手足抽搐不止。每次发作持续数秒或数分钟不等，间歇时间长短不一。发作时患者意识清楚，十分痛苦。

二十四、产后破伤风如何护理？

1. 保持呼吸道通畅 备气管切开包及氧气吸入装置，急救药品和物品准备齐全。

2. 保护患者，防止受伤 使用带护栏的病床，必要时加约束带，以防止痉挛发作时患者坠床和自我伤害；关节部位放置软垫保护，防止肌腱断裂和骨折；抽搐时，应用合适的牙垫，防止舌咬伤。

3. 保持静脉通路通畅 每次抽搐发作后检查静脉通路，防止因抽搐致静脉堵塞、脱落而影响治疗。

4. 加强营养 协助进食高能量、高蛋白、高维生素的饮食。

5. 密切观察病情变化 每 4h 测量体温、脉搏、呼吸 1 次，并根据需要测定血压。患者抽搐时要及时观察、记录抽搐的次数、时间、症状，并报告医生进行处理，同时观察疗效，以利调整用药时间、剂量和更换药物。

6. 创口处理 协助医生施行清创术，彻底清除坏死组织及异物，用 3%的过氧化氧或 1∶5000 高锰酸钾溶液湿敷，伤口完全敞开，并充分引流。

7. 一般护理

（1）安置休养环境：患者住隔离病室，减少一切刺激，保持安静，室内光线宜均匀柔和，避免强光照射，各种动作包括走路、说话都要轻巧、低声。治疗、操作等应尽量集中，可在使用镇静剂后 30min 内进行，以免刺激打扰患者而增加抽搐。

（2）用药护理：遵医嘱及时，准确使用破伤风抗毒素、破伤风人体免疫球蛋白、镇静解痉药物、抗菌药物、降温药物等，并观察记录用药后的效果。

（3）消毒隔离：接触患者应穿隔离衣及戴帽子、口罩、手套等，身体有伤口者不能参与护理。所有器械、敷料专用，器械用后灭菌处理，用后敷料须焚烧。患者用过的碗、筷、药杯等用 0.1%～0.2%过氧乙酸浸泡后，再煮沸消毒 30min，患者排泄物需经消毒后再处理。病室内空气、地面用物等需定时消毒。

二十五、产后破伤风如何预防？

1. 加强自我保护意识，避免皮肤受伤。

2. 严禁使用未消毒或消毒不严的器械或在接生者的手未消毒时进行接生。

3. 如在不洁的条件下分娩的产妇和新生儿，就应及时到医院就诊，注射破伤风抗毒素。

二十六、如何对产后破伤风产妇进行健康宣教？

1. 宣传破伤风的发病原因和预防知识，指导公众加强自我保护意识。

2. 加强自我保护意识，避免皮肤受伤。

3. 出现下列情况应及时到医院就诊，注射破伤风抗毒素。

（1）任何较深而窄的外伤切口，如木刺、锈钉刺伤。

（2）伤口虽浅，但沾染人畜粪便。

（3）注意深部感染（化脓性中耳炎）等的正确处理。

4. 避免不洁的接产。

二十七、什么是产后子宫复旧不全？

分娩后，由于子宫体肌纤维的收缩、缩复作用，子宫肌细胞缺血自溶而逐渐缩小，胞质减少使子宫体明显缩小，加之子宫内膜的再生使剥离面得以恢复，一般在产后 5～6 周时恢复到非妊娠状态，这个过程称子宫复旧，当复旧功能受到阻碍时，即发生子宫复旧不全。

二十八、产后子宫复旧不全的病因是什么？

1. 胎盘、胎膜残留及蜕膜脱落不完全。

2. 子宫内膜炎，子宫肌炎或盆腔感染。

3. 子宫肌瘤，如子宫肌壁间肌瘤、子宫腺肌瘤。

4. 子宫过度后屈或侧屈，恶露排出不畅，致使恶露滞留在子宫腔内。

5. 胎盘面积过大（如多胎妊娠、前置胎盘等），影响子宫复旧，因胎盘附着部位的肌层较薄，子宫收缩力明显减弱。

6. 妊娠期子宫过度膨胀如多胎妊娠、羊水过多，巨大儿或多次分娩使子宫纤维组织相对增多，影响子宫收缩力。

7. 膀胱过度膨胀或膀胱经常处于膨胀状态，以产后尿潴留最常见。

二十九、产后子宫复旧不全的临床表现有哪些？

1. 恶露异常　最突出的临床表现是血性恶露持续时间长，从 3 天延长至 7～10 天。胎盘残留时血性恶露持续时间长且量多，恶露常混浊或伴有臭味；有时能见到坏死的残留胎盘组织和（或）胎膜组织随恶露一起排出。子宫内膜炎可有脓性分泌物。

2. 腹部不适　产妇出现腰痛或下腹部坠胀感，少数患者出现下腹剧烈疼痛。

3. 妇科检查　双合诊时宫颈较软，宫颈外口至少能通过 1 指，子宫较同期正常产褥子宫稍大稍软，多数子宫呈后倾后屈位并有轻微压痛。子宫压痛乃至附件区压痛提示存在产后感染。

三十、产后子宫复旧不全如何治疗？

1. 给予子宫收缩剂促进子宫复旧。

2. 抗感染治疗。

3. 清宫术达到治疗和进行病理检查的双重目的。

4. 子宫肌壁间肌瘤所致子宫复旧不全。

三十一、产后子宫复旧不全如何护理？

1. 腹部按摩　在产后初期按摩子宫，通过手的机械物理性作用，推挤子宫复旧，通过按摩的节律促进子宫有节律性回缩。

2. 体位　嘱产妇取半坐卧位，此体位有利于炎症的局限，产后 6～8h，产妇在疲劳消除后可鼓励产妇早期下床活动，这样可促进肠蠕动和子宫复旧。若确诊为子宫后倾后屈位，每天应行胸膝卧位 2 次，每次 15～20min 予以纠正。

3. 鼓励哺乳　婴儿吸吮可促进子宫收缩。

4. 排尿　为避免产后尿潴留，嘱产妇于胎盘娩出后 4h 内及时排尿，若产后 6h 仍不能自行排尿时，应及时处理。若以上方法均无效则需在严格的无菌操作下导尿。避免膀胱过度影响子宫收缩。

5. 饮食指导　产后多虚弱，忌食生冷及辛辣刺激食物，进温热、易消化并富有营养的食物。

6. 心理护理　帮助患者正确认识疾病，避免各种不良因素的刺激，使患者保持情绪稳定，增强治愈的信心。

7. 加强产后访视　出院后第 3 日、产后第 14 日及第 28 日访视，嘱咐产妇在产后第 42 日常规到医院进行产后健康检查。

三十二、产后子宫复旧不全如何预防？

1. 对娩出的胎盘、胎膜必须仔细检查，如怀疑有残留时，应立即清理宫腔。

2. 指导产妇及时排尿，如有尿潴留，须积极处理。

3. 尽早下床活动，注意纠正子宫后倾后屈位置。

4. 指导坚持母乳喂养，促进子宫的收缩。

5. 胎膜早破、阴道助产、产后出血等高危因素的产妇，配合医生应用抗生素。

6. 对双胎、羊水过多、合并子宫肌瘤的产妇产后及时根据医嘱给予宫缩剂。

7. 产褥期保持外阴清洁，禁忌盆浴及性交。

8. 指导产妇观察子宫复旧及恶露情况。当发现子宫复旧不良或恶露有异常应及时积极处理。

三十三、如何对产后子宫复旧不全产妇进行健康宣教？

指导产妇保持外阴清洁。观察恶露的颜色、量及气味，若恶露增多，血性恶露时间延长，并有臭味时，多为子宫复旧不全或宫腔内残留胎盘、多量胎膜或合并感染，应立即住院治疗。进高热量、高蛋白、富含维生素食物，促进机体的恢复。

三十四、什么是产褥中暑？

产褥期因高温环境使体内余热不能及时散发，引起中枢性体温调节功能障碍的急性热病。

三十五、产褥中暑的病因是什么？

常见原因是旧风俗习惯怕产妇“受风”而要求关门闭窗、包头盖被，使居室和身体小环境均处在高温、高湿状态，影响产妇出汗散热，导致体温调节中枢功能衰竭。

三十六、产褥中暑的临床表现有哪些？

常见临床表现为高热、水电解质紊乱、循环功能衰竭等。临床根据病程和病情轻重分为：

1. 中暑先兆 发病前多有短暂的先兆症状，表现为口渴、多汗、心悸、恶心、胸闷等前症。

2. 轻度中暑 如中暑先兆未能及时处理，产妇体温逐渐升高达 38.5℃以上，伴随出现脉搏增快、呼吸急促等症状。

3. 重度中暑 产妇体温高达 41～42℃，出现呼吸急促、谵妄、昏迷，同时伴有循环衰竭，若不及时处理，可出现休克死亡。

三十七、产褥中暑如何护理？

1. 降低环境温度 将产妇转移到阴凉通风处，脱去衣物。

2. 物理降温 用冰袋或冰水、乙醇擦浴；头部戴冰帽，颈、腋下、腹股沟等处放置冰袋；同时按摩四肢及躯干皮肤，加快散热降温，直至体温降至 38 ℃以下。若生命体征不稳定，降温要慎重。

3. 建立静脉通道 建立两路静脉通路，一条静脉通路用于降温和防治抽搐的药物，另一条用于补充血容量和纠正酸中毒等药物补液及纠正电解质紊乱、酸中毒，24h 补液量控制在 3000ml，注意补钾、钠。

4. 病情观察 定时监测生命体征，观察意识状态及体温的变化，记录出入量。

5. 昏迷者 按昏迷护理常规进行护理，如头偏一侧、吸痰、翻身、拍背、保持呼吸道通畅，做好口腔、皮肤清洁，预防感染。

6. 惊厥者 可遵医嘱用地西泮静脉或肌内注射，使用开口器以防舌被咬伤。

7. 基础护理

（1）高热患者应及时做好口腔护理，以防口腔感染及并发症发生。

（2）高热患者大量出汗，应及时更换衣裤及被褥，保持皮肤清洁干燥。

（3）因高热患者处于高代谢状态，应定时翻身防止压疮。

三十八、产褥中暑如何预防？

预防产褥中暑关键是做好卫生宣教，破除旧风俗习惯。

1. 居室保持清洁通风，避免室温过高。一般空调的温度调节在 24～26℃，风扇可以使用，但不要直接吹到产妇和新生儿身上。无论使用空调还是风扇，要保证室内每日通风 2 次，时间为 20min。

2. 产妇衣着应为棉质透气、宽松保暖、干爽舒适的衣物，以舒适为宜，以有利于散热。随气候变化增减衣服。

3. 自然分娩和剖宫产术后的产妇，体力恢复可淋浴，产后 6 周内不可盆浴。

4. 让产妇了解中暑先兆症状，一旦察觉有症状，能自行对症应急处理，如尽快饮用含食盐的凉开水等。

三十九、如何对产褥中暑产妇进行健康宣教？

虽然产妇产后需要保暖，避免对流风吹，但是穿衣需根据室温和季节而定。一般母婴居室温度在 24～26℃，湿度在 50%～60%。空气新鲜、通风良好。夏天如室温在 29℃以上，湿度偏高时，可以考虑使用空调，保持室温在 25～25℃。

产妇应穿棉质透气、宽松保暖、干爽舒适的衣物。以不出汗、不感寒冷为原则。冬季应保暖，夏季应防暑。随气候变化及时增减衣服。

四十、急性乳腺炎的病因是什么？

1. 乳汁淤积。

2. 细菌入侵，致病菌主要为金黄色葡萄球菌。

四十一、急性乳腺炎的临床表现有哪些？

1. 产后乳房肿胀、触痛、质硬，皮肤局部发热。

2. 体温可有轻度升高，腋窝淋巴结肿大，伴全身乏力、头痛、畏寒、高热。

3. 3～4 天后有感染病灶液化坏死而形成脓肿，较浅部脓肿触诊局部有波动感；深部脓肿触诊局部呈凹性水肿，但波动感不明显，穿刺可抽到脓液。

4. 严重感染时，患侧腋窝淋巴结肿大有压痛。

四十二、急性乳腺炎如何护理?

1. 非手术治疗护理

（1）缓解疼痛：①防止乳汁淤积，定时用吸乳器吸净乳汁。②局部托起，用宽松胸罩托起患乳，以减轻疼痛和肿胀。③热敷、药物外敷或理疗，以促进局部血液循环和炎症消散。

（2）控制体温和感染：①控制感染，遵医嘱早期应用抗生素。②病情观察，定时测量体温、脉搏和呼吸，监测血白细胞计数及分类变化，必要时做血培养及药物敏感试验。③降温，高热者给予物理或药物降温，及时更换衣服，以防着凉。

2. 术后护理　脓肿切开引流后，保持引流通畅，注意观察引流脓液量、颜色及气味的变化，及时更换切口敷料。患侧乳房应停止哺乳，并以吸乳器吸尽乳汁，促使乳汁通畅排出。

四十三、急性乳腺炎如何预防?

关键避免乳汁淤积，防止乳头损伤，并保持清洁。应加强妊娠期卫生宣教，指导产妇经常用温水洗净两侧乳头。如有乳头内陷，可经常挤捏、提拉矫正。养成定时哺乳、婴儿不含乳头而睡等良好习惯。每次哺乳应将乳汁吸空，如有淤积，可按摩或用吸乳器排尽乳汁。哺乳后应清洁乳头，乳头有破损或皲裂要及时治疗。注意婴儿口腔卫生。

四十四、如何对急性乳腺炎产妇进行健康宣教?

1. 保持乳头清洁　产后哺乳前后均用温开水清洁乳头，保持局部清洁干燥。

2. 纠正乳头内陷　乳头内陷者在妊娠期和哺乳期每日挤捏、提拉乳头，矫正内陷。

3. 养成良好哺乳习惯　定时哺乳，每次哺乳时将乳汁吸净，如淤积应通过按摩或用吸乳器排空乳汁。不让婴儿含乳头睡觉。

4. 保持婴儿口腔卫生　及时治疗婴儿口腔炎症。

5. 及时处理乳头破损　乳头、乳晕破损或皲裂者，暂停哺乳，改用吸乳器吸出乳汁哺育婴儿；局部用温水清洗后涂抗生素软膏，待愈合后再哺乳，症状严重时应及时诊治。

第十一章 产前出血

一、产前出血一般有哪些原因?

1. 早期出血

(1)流产:包括先兆流产、难免流产、不全流产、完全流产。主要表现为阴道流血和腹痛。

(2)异位妊娠:也称为宫外孕。主要表现为停经后腹痛与阴道流血。

2. 晚期出血

(1)前置胎盘:包括完全性前置胎盘、部分性前置胎盘、边缘性前置胎盘,指妊娠28周后,若胎盘附着于子宫下段、下段达到或覆盖宫颈内口,位置低于胎先露部。主要典型症状为妊娠晚期无痛性阴道流血。

(2)胎盘早剥:指妊娠20周后或分娩期,正常位置的胎盘在胎儿娩出前,部分或全部从子宫壁剥离。主要典型症状为妊娠中期突发持续性腹痛,伴或不伴阴道流血,严重时出现休克、DIC。

(3)其他:脐带帆状附着、前置血管破裂、胎盘边缘血窦破裂、宫颈病变、先兆子宫破裂等。

二、什么是前置胎盘?

前置胎盘,包括完全性前置胎盘、部分性前置胎盘、边缘性前置胎盘;指妊娠28周后,若胎盘附着于子宫下段、下段达到或覆盖宫颈内口,位置低于胎先露部;主要分为完全性前置胎盘、部分性前置胎盘、边缘性前置胎盘。前置胎盘是妊娠晚期严重并发症之一,也是妊娠晚期阴道流血最常见的原因。主要典型症状为妊娠晚期或临产时发生无诱因、无痛性反复阴道流血。可使用超声检查作为主要诊断依据。

三、前置胎盘的病因是什么?

病因尚不清楚。多次流产及刮宫、高龄初产妇(>35岁)、产褥期感染、剖宫产史、多孕产次、孕妇不良生活习惯(吸烟或吸毒妇女)、辅助生殖技术受孕、子宫形态异常、妊娠中期B型超声检查提示胎盘前置等为高危人群。

其病因可能与下述因素有关:

1. 子宫内膜病变或损伤 指多次流产及刮宫、产褥期感染、剖宫产、子宫手术史、盆腔炎等为子宫内膜损伤引发前置胎盘的常见因素。上述情况可引起子宫内膜炎或萎缩性病变,再次受孕时子宫蜕膜血管形成不良,胎盘供血不足,为摄取足够营养而增大胎盘面积,延伸到子宫下段。

2. 胎盘异常 指胎盘大小和形态异常,均可发生前置胎盘。由于多胎妊娠或巨大儿形成过大面积的胎盘,伸展至子宫下段或遮盖了子宫颈内口;或有副胎盘延伸至子宫下段。

3. 受精卵滋养层发育迟缓 指受精卵到达子宫腔后,滋养层尚未发育到可以坐床的阶段,继续下移,着床于子宫下段而发育成前置胎盘。

4. 宫腔形态异常 当子宫畸形或子宫肌瘤等原因使宫腔的形态改变到胎盘附着在子宫下段。

5. 其他原因 有报道吸烟、吸毒者可引起胎盘的血流减少,缺氧使胎盘代偿性增大,从而增加前置胎盘的危险。

四、前置胎盘的临床分类有哪些?

根据胎盘下缘与宫颈口的关系,将前置胎盘分为3类。

1. 完全性前置胎盘 或称中央性前置胎盘,胎盘组织完全覆盖宫颈内口。

2. 部分性前置胎盘 胎盘组织部分覆盖宫颈内口。

3. 边缘性前置胎盘 胎盘下缘附着于子宫下段,下缘到达宫颈内口,但未超越宫颈内口。

胎盘位于子宫下段,胎盘边缘极为接近但未到达到宫颈内口,成为低置胎盘。胎盘下缘与宫颈内口的关系可因宫颈管消退、宫口扩大而改变。如临产前为完全性前置胎盘，临产后因宫口扩大而成为部分性前置胎盘。前置胎盘类型可因诊断时期不同而各异。通常按处理前最后一次检查结果决定分类。

根据疾病的凶险成度，前置胎盘又可分为凶险性和非凶险性。凶险性前置胎盘指前次有剖宫产史，此次妊娠为前置胎盘，发生胎盘植入的危险为50%。

五、前置胎盘的临床表现有哪些？

1. 症状

（1）无痛性阴道流血：典型症状为妊娠晚期或临产时，发生无诱因、无痛性反复阴道流血。妊娠晚期子宫下段逐渐伸展，牵拉宫颈内口，宫颈管缩短；临产后规律宫缩使宫颈管消失成为软产道一部分。宫颈口扩张，附着于子宫下段及宫颈内口的胎盘前置部分不能相应伸展而与其附着处分离，血窦破裂出血。前置胎盘出血前无明显诱因，初次出血量一般不多，剥离处血液凝固后出血停止。

（2）贫血、休克：由于子宫下段不断伸展，前置胎盘出血常反复发生，出血量也越来越多。当出血量过多时，患者会出现贫血，贫血程度与阴道流血量及流血持续时间成正比。出血严重者可发生休克。

（3）胎位异常：常见胎头高浮，约1/3患者出现胎位异常，其中以臀先露较为多见。

（4）其他：由于子宫下段肌肉组织薄，收缩力差，局部血窦不易闭合，由因胎盘附着处血运丰富、子宫颈组织脆弱，导致分娩时易撕裂等情况都会引发产后出血。另外，产妇抵抗力降低，加上胎盘剥离面靠近子宫颈口，细菌容易经阴道上行感染。

2. 体征　患者一般情况与出血量有关，大量出血呈现面色苍白、脉搏增快微弱、血压下降等休克表现。腹部检查：子宫软，无压痛，大小与妊娠周数相符。由于子宫下段有胎盘占据，影响胎先露部入盆，故胎先露高浮，常并发胎位异常。反复出血或一次出血量过多可使胎儿宫内缺氧，严重者胎死宫内。当前置胎盘附着于子宫前壁时，可在耻骨联合上方闻及胎盘杂音。临产时检查见宫缩为阵发性，间歇期子宫完全松弛。

六、如何确诊前置胎盘？

1. 病史　妊娠晚期无痛性阴道流血，且既往有多次刮宫、分娩史，子宫手术史，孕妇不良生活习惯，辅助生殖技术或高龄产妇、双胎等病史，有上述症状及体征，对前置胎盘的类型可做出初步判断。

2. 辅助检查　B型超声检查可清楚显示子宫壁、胎盘、胎先露部及宫颈的位置，并根据胎盘下缘与宫颈内口的关系，确定前置胎盘类型。前壁胎盘、膀胱充盈有助诊断。阴道B型超声诊断能更准确地确定胎盘边缘和宫颈内口的关系，但在已有阴道流血时应谨慎使用。B型超声诊断前置胎盘时，必须注意妊娠周数。妊娠中期胎盘占据子宫壁一半面积，因此胎盘贴近或覆盖宫颈内口机会较多；妊娠晚期胎盘占据宫壁面积减少到1/3或1/4，子宫下段形成及伸展增加宫颈内口与胎盘边缘间的距离，大部分胎盘可随宫体上移而成为正常位置胎盘。妊娠中期B型超声检查发现胎盘前置者，不宜诊断为前置胎盘，而应成为胎盘前置状态。

在胎盘疾病诊断中，磁共振成像（MRI）因对软组织分辨率高有优越性，可全面、立体观察，全方位显示解剖结构，而且不依赖操作者的技巧，也不需要充盈膀胱，综合评价有利于病变定性，尤其是对胎盘位于子宫后壁及羊水较少的产妇。

3. 产后检查胎盘和胎膜　对于产前出血患者，产后应自己检查胎盘胎儿面边缘有无血管断裂，可提示有无副胎盘。若前置部位的胎盘母体面有陈旧性黑紫色血块附着，或胎膜破口距胎盘边缘距离＜7cm，则为前置胎盘。

七、前置胎盘对母儿的影响有哪些？

1. 产时、产后出血　附着于前壁的胎盘行剖宫产时，当子宫切口无法避开胎盘，则出血明显增多。胎儿娩出后，子宫下段肌组织菲薄，收缩力较差，附着于此处的胎盘不易完全剥离，且开放的血窦不易关闭，故常发生生产后出血，量多且难以控制。

2. 植入性胎盘　子宫下段蜕膜发育不良，胎盘绒毛穿透底蜕膜，侵入子宫肌层，形成植入性胎盘，使胎盘剥离不全而发生产后出血。

3. 产褥感染　前置胎盘剥离面接近宫颈外口，细菌易经阴道上行侵入胎盘剥离面，加之多数产妇因反复失血而致贫血、体质虚弱，容易发生产褥期感染。

4. 围生儿预后不良　出血量多可致胎儿窘迫，甚至缺氧死亡。为挽救孕妇或胎儿生命而提前终止妊娠，早产率增加，新生儿死亡率高。

八、前置胎盘的处理原则是什么？

原则是抑制宫缩、止血、纠正贫血和预防感染。根据阴道流血量、有无休克、妊娠周数、产次、胎位、胎儿是否存活、是否临产及前置胎盘类型等综合做出决定。凶险性前置胎盘处理，应当在有条件的医院进行。

九、前置胎盘的护理要点有哪些？

分析病情需立即接受终止妊娠的孕妇，立即安排孕妇去枕仰卧位，并开放静脉通道、配血，做好输血准备。在抢救休克的同时，按腹部手术患者的护理进行术前准备，并做好母儿生命体征监护及抢救措施。接受期待疗法的孕妇护理如下。

1. 保证休息，减少刺激　孕妇需住院观察，绝对卧床休息，尤以左侧卧位为佳，并定时间间断吸氧，每日 3 次，每次 1 小时，以提高胎儿血氧供应。此外，还需避免各种刺激，以减少出血机会。医护人员进行腹部检查时动作要轻柔，严禁做阴道检查及肛查。

2. 纠正贫血　除口服硫酸亚铁、输血等措施外，还应加强饮食营养指导，建议孕妇多食高蛋白及含铁丰富的食物，如动物肝脏、绿叶蔬菜及豆类等。一方面有助于纠正贫血，另一方面还可增强机体抵抗力，同时也促进胎儿发育。

3. 监测生命体征，及时发现病情变化　严密观察及记录孕妇生命体征，阴道流血的量、色、流血时间及一般情况。检测胎儿宫内状态，胎儿电子监护仪监护胎儿宫内情况，包括胎心率、胎动计数等。按医嘱及时完成实验室检查项目，并交叉配血备用。发现异常及时报告医生并配合治疗。

4. 预防产后出血和感染

（1）产妇回病房休息时严密观察产妇的生命体征及阴道流血情况，发现异常及时报告医生处理，以防止或减少产后出血。

（2）及时更换会阴垫，以保持会阴清洁、干燥。

（3）胎儿娩出后，及早使用宫缩剂，以预防产后大出血；对新生儿严格按照高危儿处理。

5. 健康教育　护士应加强对孕妇的管理和宣教。指导围妊娠期妇女避免吸烟、酗酒等不良行为，应避免多次刮宫、引产或宫内感染，防止多产，减少子宫内膜损伤或子宫内膜炎。对妊娠期出血，无论量多少均应就医，做到及时诊断，正确处理。

十、前置胎盘孕妇的有哪些注意事项？

1. 对于妊娠未满 37 周的孕妇，胎儿未成熟及胎心音正常，母体生命体征正常且出血停止或出血缓慢的，因协助采取绝对卧床休息，血止后方可轻微活动，禁止性生活，以延长孕周。叮嘱孕妇要加强自身出血情况及胎动和宫缩情况的观察，要坚持每日间断吸氧，以增加胎儿血氧供应。饮食上应加强饮食营养指导，建议孕妇多食高蛋白及含铁丰富的食物，以纠正贫血病增加抵抗力，促进胎儿发育。围妊娠期妇女避免吸烟、酗酒等不良行为。

2. 对于妊娠超过 37 周，或母体有持续出血，胎儿有窘迫现象出现的孕妇，让其做好生理心理上的准备，准备接受阴道检查及随之而来的生产。

3. 对于产后的产妇，应注意加强对自身出血的观察及伤口的护理。若自觉阴道出血增加，或有暗红色血块排出，自觉胸闷气促，呼吸不畅时，应及时告知医护人员。产妇在产后应做好自身清洁卫生工作，及时更换会阴垫，保持会阴及伤口处清洁，避免逆行性感染。产后要注意保证充分的休息和睡眠，以促进身体康复。

十一、前置胎盘的紧急转运需注意哪些？

如患者阴道流血多，怀疑凶险性前置胎盘，当地无医疗条件处理，应建立静脉通道，输血输液，止血，抑制宫缩，由有经验的医师护送，迅速转诊到上级医疗机构。

十二、什么是胎盘早剥？

妊娠20周后或分娩期，正常位置的胎盘在胎儿娩出前，部分或全部从子宫壁剥离，成为胎盘早剥。

十三、胎盘早剥的病因是什么？

胎盘早剥确切的原因及发病机制尚不清楚，可能与下述因素有关。

1. 孕妇血管病变 妊娠期高血压疾病，尤其是重度子痫前期、慢性高血压、慢性肾脏疾病或全身血管病变的孕妇，主要由于底蜕膜螺旋、小动脉痉挛或硬化，引起远端毛细血管变性坏死甚至破裂出血，血液在底蜕膜层与胎盘之间形成胎盘后血肿，致使胎盘于子宫壁分离。妊娠晚期或临产后，孕妇长时间仰卧位，妊娠子宫压迫下腔静脉，回心血量减少，血压下降，子宫静脉瘀血，静脉压突然升高，蜕膜静脉床瘀血或破裂，形成胎盘后血肿，导致部分或全部胎盘剥离。

2. 宫腔内压力骤减 胎膜早破；双胎妊娠分娩时，第一胎儿娩出过快；羊水过多时，人工破膜后羊水流出过快，宫腔内压力骤减，子宫骤然收缩，胎盘与子宫壁发生错位而剥离。

3. 机械性因素 外伤尤其是腹部直接受到撞击或挤压；系带过短（＜30cm）或因脐带绕颈、绕体相对过短时，分娩过程中胎儿下降牵拉脐带；羊膜穿刺时，刺破前壁胎盘附着处血管，胎盘后血肿形成引起胎盘剥离。

4. 其他高危因素 如高龄孕妇、经产妇、吸烟、可卡因滥用、孕妇代谢异常、孕妇有血栓形成倾向、子宫肌瘤（尤其是胎盘附着部位肌瘤）等。有胎盘早剥史的孕妇再次发生胎盘早剥的风险比无胎盘早剥史者高10倍。

十四、胎盘早剥的分类有哪些？

按照病理区分，可分为三种类型。

1. 显性剥离或外出血 为底蜕膜出血，量少，出血很快停止，多无明显的临床表现，仅在产后检查胎盘时发现胎盘母体面有血凝块或压迹。若底蜕膜继续出血，形成胎盘后血肿，胎盘剥离面随之扩大，血液经胎盘边缘沿胎膜与子宫壁之间自宫颈管往外流出，有阴道流血。

2. 隐性剥离或内出血 若胎盘边缘仍附着于子宫壁或由于胎先露部固定于骨盆入口，使血液存聚于胎盘与子宫壁之间，无阴道流血。

3. 混合型出血 由于子宫内有妊娠产物存在，子宫肌不能有效收缩以压迫破裂的血窦而止血，血液不能外流，胎盘后血肿越积越大，子宫底随着升高。当出血达到一定程度时，仍然会有胎盘边缘及胎膜向外流，此型对母儿威胁大。偶有出血穿破胎膜溢入羊水中成为血性羊水。

十五、胎盘早剥的临床表现有哪些？

胎盘早剥的主要临床表现可归纳为：腹痛、阴道流血、子宫强直性收缩、皮肤和黏膜有出血倾向等。

根据病情严重程度将胎盘早剥分为3度。

1. Ⅰ度 以外出血为主，多见于分娩期，胎盘剥离面积小，常无腹痛或腹痛轻微，贫血体征不明显。腹部检查子宫软，大小与妊娠周数相符，胎位清楚，胎心率正常，产后检查见胎盘母体面有凝血块及压迹即可诊断。

2. Ⅱ度 胎盘剥离面 1/3 左右，常有突然发生的持续性腹痛、腰酸或腰背痛，疼痛的程度与胎盘后积血多少成正比。无阴道流血或流血量不多，贫血程度与阴道流血量不相符。腹部检查见子宫大于妊娠周数，宫底随盘胎盘后血肿增大而升高。胎盘附着处压痛明显（胎盘位于后壁则不明显），宫缩有间歇，胎位可扪及，胎儿存活。

3. Ⅲ度 胎盘剥离面超过胎盘面积 1/2，临产表现为较Ⅱ度加重。可出现恶心、呕吐、面色苍白、四肢湿冷、脉搏细数、血压下降等休克症状，且休克程度多与母血丢失成比例。腹部检查见子宫硬如板状，宫缩间歇时不能松弛，胎位扪不清，胎心消失。如无凝血功能障碍Ⅲa，有凝血功能障碍者属Ⅲb。

十六、胎盘早剥对母儿有哪些影响？

胎盘早剥对母胎影响极大。剖宫产率、贫血、产后出血率、DIC 发生率均升高。由于胎盘早剥出血引起胎儿急性缺氧，新生儿窒息率、早产率、胎儿宫内死亡率明显升高，围生儿死亡率约为 11.9%，是无胎盘早剥者的 25 倍。尤其重要的是，胎盘早剥新生儿还可遗留显著神经系统发育缺陷、脑性麻痹等严重后遗症。

十七、胎盘早剥需与哪些疾病相鉴别？

依据病史、症状、体征，结合实验室检查结果做出临床诊断并不困难。怀疑有胎盘早剥时，应当在腹部体表面画出子宫底高度，以便观察。Ⅰ度临床表现不典型，依据 B 型超声检查确诊，并与前置胎盘相鉴别。Ⅱ度及Ⅲ度胎盘早剥症状与体征比较典型，诊断多无困难，主要与先兆子宫破裂相鉴别。

十八、胎盘早剥的并发症有哪些？

1. 胎儿宫内死亡 如胎盘剥离面积大、出血多，胎儿可因缺血缺氧而死亡。

2. DIC 胎盘早剥是妊娠期发生凝血功能障碍最常见的原因，约 1/3 伴有死胎者可发生。临床表现为皮肤、黏膜及注射部位出血，阴道出血不凝或凝血块较软，甚至发生血尿、咯血或呕血。一旦发生 DIC，病死率较高，应积极预防。

3. 产后大出血 发生子宫胎盘卒中时，子宫肌层收缩受影响致产后出血，经治疗多可好转。若并发 DIC，产后出血难以纠正，引起休克，多器官功能衰竭，脑垂体及肾上腺皮质坏死，导致希恩综合征发生。

4. 急性肾衰竭 大量出血使肾脏灌注严重受损，导致肾皮质或肾小管缺血坏死，出现急性肾衰竭。胎盘早剥多伴发妊娠期高血压疾病、慢性高血压、慢性肾脏疾病等，肾血管痉挛也影响肾血流量。

5. 羊水栓塞 胎盘早剥时羊水可经剥离面开放的子宫血管，进入母血循环，羊水中的有形成分栓塞肺血管，引起肺动脉高压。

十九、胎盘早剥的处理原则有哪些？

治疗原则为早期识别、积极处理休克、及时终止妊娠、控制 DIC、减少并发症。

二十、胎盘早剥的护理要点有哪些？

胎盘早剥是一种妊娠晚期严重危及母儿生命的并发症，积极预防非常重要。护士应使孕妇接受产前检查，预防和及时治疗妊娠期高血压疾病、慢性高血压疾病、慢性肾病等；妊娠晚期避免仰卧位及腹部外伤；施行外倒转术时动作要轻柔；处理羊水过多和双胎者时，避免子宫腔压力下降过快等。对于已诊断为胎盘早剥的患者，护理要点措施如下。

1. 纠正休克，改善患者般情况 迅速开放静脉通道，积极补充血容量，及时输入新鲜输血，既能补充血容量，又可补充凝血因子。同时密切观察胎儿状态。

2. 严密观察病情变化，及时发现并发症 凝血功能障碍者表现为皮下、黏膜或注射部位出血，子宫出血不凝，有时有尿血、咯血及呕血等现象；急性肾衰竭者可表现为尿少或无尿。一旦发现，必须及时告知医生并配合处理。

3. 为终止妊娠做好准备　一旦确诊，为抢救母儿生命应及时终止妊娠，减少并发症的发生。分娩方式则依孕妇病情轻重、胎儿宫内状况、产程进展、胎产式等具体状态决定。

4. 预防产后出血　胎盘早剥的产妇胎儿娩出后易发生产后出血，因此分娩前应配血备血，分娩时开放静脉。分娩后应及时给予宫缩剂，并配合按摩子宫，必要时遵医嘱做切除子宫的术前准备。未发生出血者，产后仍应加强生命体征观察，预防晚期产后出血的发生。

5. 产褥期护理　患者在产褥期应注意加强营养，纠正贫血。更换消毒会阴垫，保持会阴清洁，防治感染。根据孕妇身体情况给予母乳喂养指导。死产者及时给予退乳措施，可在分娩后 24h 内尽早服用大剂量雌激素，同时紧束双乳，少进汤水；水煎生麦芽当茶饮；针刺足临泣、悬钟等穴位等。

6. 提供心理支持　胎盘早剥可能出乎产妇及家属的意料之外，且病情变化快、需快速处理。导致孕妇及家属有措手不及和无法接受事实的困扰。病情严重者甚至威胁母子的生命安全，护理人员需提供相关知识，并随病程变化给予解释说明，允许产妇及家属提出问题，并给予解答。鼓励产妇及家属表达其感受，以协助面对问题。

二十一、胎盘早剥时怎样监测宫内胎儿？

1. 嘱孕妇自测评价胎动，若胎动计数≥6 次/2h 为正常，＜6 次/2h 或减少 50%者提示胎儿缺氧可能。

2. 采用电子胎儿监护仪进行持续监护。

3. 定期 B 型超声监测。

二十二、一旦出现胎盘早剥如何做好孕妇的健康教育？

1. 孕妇需住院观察，绝对卧床休息，尤以左侧卧位为佳，并定时间间断吸氧，每日 3 次，每次 1h，以提高胎儿血氧供应。应教会产妇每日定期自数胎动以直观评价胎儿在宫内的情况，防止因剥离面积过大而造成胎儿缺血缺氧而死亡。

2. 嘱产妇加强自我观察，若发现有皮肤、黏膜下出血，或阴道出血不凝或凝血块较软，甚至发生血尿、咯血或呕血时，或自觉胸闷气喘时，要及时告知医护人员，避免出现的产妇胎儿娩出后易发生产后出血，因此分娩前应配血备血，分娩时开放静脉。分娩后应嘱患者按摩子宫，以促进宫缩。

二十三、什么是胎盘血管前置？

脐带附着于胎膜上，脐血管呈扇形分布，在羊毛膜与绒毛之间通过，进入胎盘边缘，称为脐带帆状附着，其发生率为 0.1%～13.6%。胎膜上的脐血管横越子宫下段，在胎先露之前方跨过子宫颈内口时，则成前置血管。

二十四、胎盘血管前置的病因是什么？

帆状胎盘血管前置的高危因素有胎盘低置状态、双叶、多叶胎盘、副胎盘、多胎妊娠、体外受精等。目前其形成机制还不是很清楚。

二十五、胎盘血管前置的识别要点有哪些？

帆状胎盘血管前置被胎先露部压迫时，伴随宫缩可致胎儿脐带循环受阻而发生胎心率晚期减速，甚至突然胎死宫内。当胎膜自然破膜或人工破膜时，被胶原纤维固定在绒毛膜上的前置血管很容易破裂，致使胎儿迅速失血。前置血管破裂是妊娠晚期阴道流血的原因之一，为无痛性阴道流血，缺乏特异性，容易误诊为前置胎盘、胎盘早剥或普通的见红。由于出血来自于胎儿，孕妇一般状态良好，但胎儿的循环血量仅有 250ml，因此失血量超过 50ml 时胎儿即可发生失血性休克，因此前置血管破裂时围生儿的死亡率可达 75%～100%。

二十六、胎盘血管前置的处理原则是什么?

对于妊娠期已诊断的血管前置，应在临产前行选择性剖宫产术。在术前需确认胎儿血管位置，避免手术时损伤胎儿血管。血管前置的孕妇很可能早产，应在 28～32 周时给予糖皮质激素促胎儿肺成熟，并在 30～32 周安排入院。对于孕周小、无临产、无宫缩、阴道超声提示宫颈未扩张且宫颈长度较长的孕妇可予门诊随访。妊娠期诊断的血管前置，若发生阴道流血或早产胎膜早破则应在产房进行持续胎心监护下分娩，若条件允许则应尽快行胎儿血红蛋白检测，如果以上指标异常则应急诊行剖宫产术终止妊娠。

二十七、妊娠胎盘异常有哪些?

巨大胎盘、膜状胎盘、另时胎盘和副时胎盘、轮廓胎盘、胎盘炎性变化、胎盘梗死、胎盘血管瘤（亦称绒毛血管瘤）和胚胎囊肿。

二十八、什么是妊娠期子宫颈息肉?

子宫颈息肉是妇科常见病慢性子宫颈炎的一种临床表征。它是因为慢性炎症刺激使子宫颈管黏膜组织局部增生，而由于子宫自身有排异的倾向，致使增生的黏膜逐渐自基底部向宫颈外口突出而形成的息肉样改变，故也称为做宫颈内膜息肉。

二十九、妊娠期子宫颈息肉的临床表现有哪些?

妊娠期子宫颈息肉极小时常无症状，每因其他妇科病在进行妇科检查时发现。当有较大息肉能引起白带增多、血性白带或接触性出血，特别在性生活或大便用力后可以发生少量出血。

第十二章　羊水量异常

一、什么是羊水?

充满在羊膜腔内的液体，称为羊水。

二、羊水量的变化规律是什么?

妊娠期羊水量逐渐增加，妊娠38周约1000ml，此后羊水量逐渐减少。妊娠40周羊水约为800ml。过期妊娠羊水量明显减少，可减少至 300ml 以下。妊娠早期羊水为无色澄清液体。妊娠足月羊水略混浊、不透明，可见羊水内悬有小片状物（胎脂、胎儿脱落上皮细胞、毳毛、毛发、少量白细胞、白蛋白、尿酸盐等）。早期羊水主要来自母体血清经胎膜进入羊膜腔的透析液，到达中期后，胎儿尿液成为羊水的主要来源，在晚期，胎儿肺参与羊水生成。羊水中含大量激素和酶。足月妊娠时羊水比重为 1.007～1.025，pH 约为 7.20，内含水分 98%～99%，1%～2%为无机盐及有机物。

三、什么是羊水过多?

妊娠期间羊水量超过 2000ml，称为羊水过多。发生率为 0.5%～1%。羊水量在数日内急剧增多，称为急性羊水过多；羊水量在数周内缓慢增多，成为慢性羊水过多。

四、羊水过多的病因是什么?

在羊水过多的孕妇中，约 1/3 患者原因不明，称为特发性羊水过多。明显的羊水过多患者多数与胎儿畸形及妊娠合并症等因素有关。

1. 胎儿疾病　包括胎儿结构畸形、胎儿肿瘤、神经肌肉发育不良、代谢性疾病、染色体或遗传基金异常等。明显的羊水过多常伴有胎儿畸形，常见的胎儿结构畸形以神经系统和消化道畸形最常见。神经系统畸形主要是无脑儿、脊柱裂等神经管缺陷。神经管畸形因脑脊膜暴露，脉络膜组织增值，渗出液增加；抗利尿激素缺乏，导致尿量增加；中枢吞咽功能异常，胎儿无吞咽反射，导致羊水产生增加和吸收减少。消化道畸形主要是食管及十二指肠闭锁，使胎儿不能吞咽羊水，导致羊水积聚而发生羊水过多。羊水过多的原因还有腹壁缺陷、膈疝、心脏畸形、先天性胸腹腔囊腺瘤、胎儿脊柱畸胎瘤等畸形，以及新生儿先天性醛固酮增多症（Batter 综合征）等代谢性疾病。18 三体、21 三体、13 三体胎儿出现吞咽羊水障碍，也可引起羊水过多。

2. 多胎妊娠　羊水过多的发生率约为 10%，是单胎妊娠的 10 倍，以单绒毛膜双胎居多。还可能并发双胎输血综合征，两个胎儿间的血液循环相互沟通，受血胎儿的循环血量增多，尿量增多，导致羊水过多。

3. 胎盘脐带病变　胎盘绒毛血管瘤直径＞1cm 时，15%～30%合并羊水过多。巨大胎盘、脐带帆状附着也可导致羊水过多。

4. 妊娠合并症　妊娠糖尿病，羊水过多的发病率为 13%～36%。母体高血糖导致胎儿血糖增高，产生高渗性利尿，并使胎盘胎膜渗出增加，导致羊水过多。母儿 Rh 血型不合，胎儿免疫性水肿、胎盘绒毛水肿影响液体交换，以及妊娠期高血压疾病、重度贫血，均可导致羊水过多。

五、羊水过多的临床表现有哪些?

1. 急性羊水过多　较少见、多发生在妊娠 20～24 周。羊水迅速增多，子宫于数日内明显增大，产生一系列压迫症状。孕妇自觉腹部胀痛，行动不便，表情痛苦，因横膈抬高，出现呼吸困难，甚至发绀，不能平卧。

2. 慢性羊水过多　较多见，多发生在妊娠晚期。数周内羊水缓慢增多，症状较缓和，孕妇多能适应，仅感腹部增大较快，临床上无明显不适或仅出现轻微压迫症状，如胸闷、气急，但能忍受。

六、羊水过多如何确诊？

除对应的临床表现外，可有以下辅助检查进行确诊。

1. B 型超声检查 是重要的辅助检查手段，不仅能测量羊水量，还可以了解胎儿情况，如无脑儿、脊柱裂、胎儿水肿及双胎等。B 型超声诊断羊水过多的标准：①羊水最大暗区垂直深度（AFV）≥8cm 诊断为羊水过多，其中 AFV 8～11cm 为轻度羊水过多，12～15cm 为中度羊水过多，＞15cm 为重度羊水过多。②羊水指数（AFI）≥25cm 诊断为羊水过多，其中 AFI 25～35cm 为轻度羊水过多，36～45cm 为中度羊水过多，＞45cm 为重度羊水过多。也有认为以 AFI 大于该孕周的 3 个标准差或大于第 97.5 百分位较为恰当。

2. 胎儿疾病检查 需排除胎儿染色体异常时，可做羊水细胞培养，或采集胎儿脐带血细胞培养。了解染色体数目、结构有无异常，排除三体型染色体异常。同时可行羊水生化检查，若为胎儿神经管畸形（无脑儿、脊柱裂）、上消化道闭锁等，羊水中的甲胎蛋白平均值超过同期正常妊娠平均值 3 个标准以上有助于诊断。可通过测定羊水中胎儿血型，预测胎儿有无溶血性疾病。还可用 PCR 技术检测胎儿是否感染细小病毒 B19、梅毒、弓形体、单纯疱疹病毒、风疹病毒、巨细胞病毒等。

3. 其他检查 母体糖耐量试验，Rh 血型不合者检查母体抗体滴定度。

七、羊水过多对母儿的影响有哪些？

1. 对母体的影响 羊水过多时子宫张力增大，孕妇易并发妊娠期高血压疾病。胎膜早破、早产发生率增加，突然破膜使宫腔内压力骤然降低，易发生胎盘早剥。子宫纤维伸展过度可致产后子宫收缩乏力，产后出血率明显增多。

2. 对胎儿的影响 胎位异常、胎儿窘迫、早产增多。破膜时羊水流出过快可导致脐带脱垂。羊水过多的程度越重，围生儿的病死率越高。

八、羊水过多的处理有哪些？

羊水过多的处理取决于胎儿有无畸形、孕周大小及孕妇自觉症状的严重程度。

1. 羊水过多合并胎儿畸形 应及时终止妊娠，方法：①人工破膜引产，宫颈平衡＞7 分者，破膜后多能自然临床，若 12h 后仍未临床，可静脉滴注催产素诱发宫缩。②经羊膜腔穿刺放出适量羊水后，可注入依沙吖啶引产。

2. 羊水过多合并正常胎儿 应寻找病因，积极治疗糖尿病、妊娠期高血压疾病等母体疾病。母儿血型不合者，必要时可行宫内输血治疗。前列腺素合成酶抑制剂（吲哚美辛）可抑制胎儿排尿，从而减少妊娠晚期羊水的形成。吲哚美辛可使胎儿动脉导管闭合，不宜长时间应用，妊娠＞34 周者也不宜使用。对于自觉症状较轻的应嘱产妇注意休息，取左侧卧位以改善子宫胎盘循环。对于自觉症状严重者，可经羊膜腔穿刺放出适量羊水，缓解压迫症状。对于羊水反复增长，自觉症状严重者，妊娠≥34 周，胎儿肺已成熟，可终止妊娠；如胎儿肺未成熟，可在羊膜腔内注入 10mg 促胎儿肺成熟，24～48h 后再考虑引产。

3. 分娩期应警惕脐带脱垂和胎盘早剥的发生 若破膜后子宫收缩乏力，可静脉滴注低浓度催产素加强宫缩，密切观察产程。胎儿娩出后及时应用催产素，预防产后出血发生。

九、羊水过多有哪些注意事项？

1. 要加强对患者的病情观察 观察孕妇的生命体征，定期测量宫高、腹围和体重，判断病情进展，并及时发现并发症。观察胎心、胎动及宫缩，及早发现胎儿宫内窘迫及早产的征象。产后应密切观察子宫收缩及阴道流血的情况，防止产后大出血。

2. 配合治疗 腹腔穿刺羊水时应防止速度过快、量过多，一次放羊水量不超过 1500ml，放羊水后腹腔部位放置沙袋或加腹带包扎以防止血压骤降引起休克。腹腔穿刺放羊水注意无菌操作，防止发生感染，同时按医嘱给予抗感染药物。

3. 定时随访　对于确诊的患者应定时随访，每1～2周B型超声监测羊水情况，每2周一次无应激试验（NST）。在多数情况下尚缺乏有效预防羊水过多的措施，但羊水过多又是一种相对常见的产科并发症，所以应该严密监测病程，尽可能及早明确病因，及时处理以减少不良妊娠结局。

十、羊水过多的预后如何？

1. 若羊水过多合并胎儿畸形，应及时终止妊娠。

2. 若羊水过多合并正常胎儿，应积极寻找病因，积极对症治疗。对于胎儿肺不成熟者，应尽量延长孕周。对于自然症状较严重者，且羊水量反复增加，妊娠≥34周，胎儿肺成熟者，可终止妊娠。若胎儿肺未成熟者，可使用地塞米松进行促胎儿肺成熟，24～48h后考虑引产。

十一、什么是羊水过少？

妊娠晚期羊水量少于300ml，称为羊水过少。羊水过少严重影响围生儿预后，羊水量少于50ml，围生儿病死率高达88%。

十二、羊水过少的病因是什么？

羊水过少主要与羊水减少或羊水外漏增加有关。部分羊水过少原因不明。常见原因有以下几种。

1. 胎儿畸形　以胎儿泌尿系统畸形为主，如Meckel-Gruber综合征、Prune-Belly综合征、胎儿肾缺如、肾小管发育不全、输尿管或尿道梗阻、膀胱外翻等引起少尿或无尿，导致羊水过少。染色体异常、脐膨出、膈疝、法洛四联症、水囊状淋巴管瘤、小头畸形、甲状腺功能低下等也可引起羊水过少。

2. 胎盘功能低下　过期妊娠、胎儿生长受限和胎盘退行性变均能导致胎盘功能减退。胎儿慢性缺氧引起胎儿血液重新分配，为保证胎儿脑和心脏血供，肾血流量降低，胎儿尿生成减少，导致羊水过少。

3. 羊膜病变　某些原因不明的羊水过少与羊膜通透性改变、炎症、宫内感染有关。胎膜破裂，羊水外漏速度超过羊水生成速度，可导致羊水过少。

4. 母体因素　妊娠期高血压疾病可致胎盘血流减少。孕妇脱水、血容量不足时，孕妇血浆渗透压增高，使胎儿血浆渗透压相应增高，尿液形成减少。孕妇服用某些药物，如前列腺素合成酶抑制剂，血管紧张素转化酶抑制剂（angiotensin converting enzyme inhibitor，ACEI）等有抗利尿作用，使用时间过长，可发生羊水过少。

十三、羊水过少的临床表现有哪些？

羊水过少的临床症状多不典型。孕妇于胎动时感腹痛，胎盘功能减退时常有胎动减少。检查宫高腹围较同期孕周小，合并胎儿生长受限更明显，有子宫紧裹胎儿感。子宫敏感，轻微刺激易引发宫缩。临产后阵痛明显，且宫缩多不协调。阴道检查时，发现前羊膜囊不明显，胎膜紧贴胎先露部；人工破膜时羊水流出极少。

十四、羊水过少如何确诊？

除根据其临床症状外，可结合辅助检查进行确诊。

1. B型超声检查　是最重要的辅助检查方法。妊娠晚期羊水最大暗区垂直深度（AFV）≤2cm为羊水过少，≤1cm为严重羊水过少。羊水指数（AFI）≤5cm诊断为羊水过少，≤8cm为羊水偏少。B型超声检查还能及时发现胎儿生长受限，以及胎儿肾缺如、肾发育不全、输尿管或尿道梗阻等畸形。

2. 羊水量直接测量　破膜时以容器置于外阴收集羊水，或剖宫产时用吸引器收集羊水。本方法缺点是不能早期诊断。

3. 电子胎儿监护　羊水过少胎儿的胎盘储备功能减低，NST可呈无反应型。分娩时主要威胁胎儿，子宫收缩致脐带受压加重，可出现胎心变异减速和晚期减速。

4. 胎儿染色体检查 排除胎儿染色体异常时可做羊水细胞培养，或采集胎儿脐带血细胞培养，做染色体核型分析，荧光定量 PCR 法快速诊断。

十五、羊水过少对母儿的影响有哪些？

1. 对胎儿的影响 羊水过少时，围生儿病死率明显增高。轻度羊水过少时，围生儿病死率增高 13 倍；重度羊水过少时，围生儿病死率增高 47 倍，死亡原因主要是胎儿缺氧和胎儿畸形。羊水过少如发生在妊娠早期，胎膜与胎体粘连造成胎儿畸形，甚至肢体短缺；如发生在妊娠中、晚期。子宫外压力直接作用于胎儿，引起胎儿肌肉骨骼畸形，如斜颈、曲背、手足畸形等；先天性无肾所致的羊水过少可引起 Potter 综合征，预后极差，多数患儿娩出后即死亡。

2. 对孕妇的影响 手术分娩率和引产率增加。

十六、羊水过少的处理有哪些？

根据胎儿有无畸形和孕周大小选择治疗方案。

1. 羊水过少合并胎儿畸形 确诊胎儿畸形应尽早终止妊娠。可选用 B 型超声引导下经腹羊膜腔穿刺注入依沙吖啶引产。

2. 羊水过少合并正常胎儿 寻找与去除病因。增加补液量，改善胎盘功能，抗感染。嘱孕妇自行计数胎动，进行胎儿生物物理平衡，B 型超声动态监测羊水量及脐动脉收缩期最高血流速度与舒张期最低血流速度的比值（S/D），胎儿电子监护，严密监测胎儿宫内情况。

（1）终止妊娠：对妊娠已足月、胎儿可宫外存活者，应及时终止妊娠。合并胎盘功能不良、胎儿窘迫，或破膜时羊水少且胎粪严重污染者，估计短时间不能结束分娩的，应采用剖宫产术终止妊娠，以降低围生儿病死率。对胎儿储备功能尚好，无明显宫内缺氧，人工破膜羊水清亮者，可以阴道试产。若选择阴道试产，需密切观察产程进展，连续监测胎心变化。

（2）增加羊水量期待治疗：对妊娠未足月，胎儿肺不成熟者，可行增加羊水量期待治疗，以延长妊娠期。可采用羊膜腔灌注液体法，以降低胎心变异减速发生率、羊水粪染率及剖宫产率。与此同时，应选用缩宫抑制剂预防早产。

十七、羊水过少有什么注意事项？

1. 健康教育 向孕妇及其家属介绍羊水过少可能的原因，指导孕妇休息时及时取左侧卧位，改善胎盘血液供应；遵医嘱接受治疗方案；教会孕妇自我检测宫内胎儿情况的方法和技巧，同时积极预防胎膜早破的发生。出生后的胎儿应认真全面评估，识别畸形。

2. 病情观察 观察孕妇的生命体征，定期测量宫高、腹围和体重，判断病情进展。根据胎盘功能测定结果、胎动、胎心监测和宫缩情况的变化，及时发现并发症。发现羊水过少者，严格 B 型超声监测羊水量，并注意观察有无胎儿畸形。

3. 配合治疗 发现羊水过少时若妊娠已近足月，应指导孕妇在短期内重复测定羊水量并监测胎心、胎动变化。若合并有过期妊娠、胎儿宫内发育迟缓等需及时终止妊娠者，应遵医嘱做好阴道助产或剖宫产的准备。若羊水过少合并胎膜早破或者产程中还发生感染，同时按医嘱给予抗感染药物。

十八、羊水过少的预后如何？

1. 早发性羊水过少指在妊娠中期和中期以前发生的羊水过少，比较少见。常见原因是胎儿畸形和胎儿生长受限，妊娠结局很差。

2. 晚发性羊水过少的常见原因是过期妊娠、胎膜早破、胎儿生长受限、胎儿窘迫、孕妇血容量低、孕妇应用吲哚美辛保胎和应用卡托普利（开搏通）治疗妊娠期高血压疾病等情况。

3. 分娩过程中羊水过少通常出现不协调宫缩、子宫颈扩张缓慢、脐带受压、胎儿窘迫等情况，所以剖宫产率增高。即使阴道分娩，分娩会相对困难，容易出现产伤。胎儿出生后容易出现新生儿窒息和其他新生儿疾病，新生儿死亡率明显增加。

第十三章　多 胎 妊 娠

一、什么是双胎妊娠？

一次妊娠宫腔内同时有两个胎儿时称双胎妊娠。其发生率在不同国家、地区、人种之间有一定差异。

二、双胎妊娠病因是什么？

双胎妊娠病因主要包括以下三个方面。

1. 遗传因素：有双胎家族史。

2. 医源性因素：应用药物诱发排卵或体外受精多个胚胎移植。

3. 胎次与年龄：胎次多、年龄大者发生的概率高。

三、双胎妊娠的分类有哪些？

双胎妊娠分为双卵双胎和单卵双胎两种类型。双卵双胎：由两个卵子分别受精形成两个受精卵，约占双胎妊娠的 70%。两个胎儿各自遗传基因不完全相同，因此其性别、血型可以相同或不同，而容貌与同胞兄弟姐妹相似。单卵双胎：由一个受精卵分裂而成的两个胚胎，约占双胎妊娠的 30%。因其基因相同，胎儿性别、血型、外貌等均相同。

四、双胎妊娠如何监护？

1. 妊娠期　注意监护胎儿生长发育情况及胎方位变化，发现胎儿畸形，尤其是联体双胎，应及早终止妊娠。双绒毛膜性双胎，定期（每 4 周 1 次）B 型超声监测胎儿生长情况，单绒毛膜性双胎，应 2 周 B 型超声监测胎儿生长发育以早期排除是否出现特殊并发症。

2. 分娩期　产程中应注意保持产妇良好体力，严密观察胎心变化，注意宫缩及产程进展，第二产程必要时行会阴后-侧切开，减轻胎头受压；有下列情况之一，应考虑剖宫产：第一胎为肩先露、臀先露；宫缩乏力至产程延长，经保守治疗效果不佳；胎儿窘迫，短时间内不能经阴道结束分娩；联体双胎孕周＞26 周；严重妊娠并发症需尽快终止妊娠，如重度子痫前期、胎盘早剥等。

五、双胎妊娠的胎盘、胎儿有哪些特征？

双卵双胎的胎盘多为两个，也可融合成一个，但血液循环各自独立，胎盘胎儿面有两个羊膜腔，中间隔有两层羊膜、两层绒毛膜；双羊膜囊双绒毛膜单卵双胎胎盘为一个；双羊膜囊单绒毛膜单卵双胎胎盘为一个，两个羊膜之间仅隔有两层羊膜；单羊膜囊单绒毛膜单卵双胎两个胎儿共存于一个羊膜腔内，共有一个胎盘。

六、双胎妊娠的诊断方法有哪些？

1. 病史及临床表现

（1）双胎妊娠多有家族史，妊娠前曾使用促排卵药物或是体外受精等。

（2）双胎妊娠时早期妊娠反应严重，妊娠 10 周开始子宫迅速增大，24 周后尤为明显，羊水量也较多，妊娠中晚期体重增加过快，不能用水肿及肥胖解释。

（3）妊娠晚期常见压迫症状：如呼吸困难、下肢静脉曲张、水肿、痔疮等。

2. 产科检查

（1）子宫大于停经周数，妊娠中晚期腹部可触及多个小肢体或是三个以上胎极，胎头较小，与子宫大小不成比例。

（2）在腹部不同位置可听到两个胎心音，且胎心率相差 10 次/分以上，期间有无音区，有助于双胎的诊断。

3. B 型超声检查　显像结果：妊娠 6 周子宫腔内见两个妊娠囊，妊娠 9 周可见两个原始心管搏动，13 周后可清楚见两个胎头光环及各自拥有的脊柱、躯干、肢体等。

七、双胎妊娠对母儿的影响有哪些？

1. 对母亲的影响 ①妊娠期高血压疾病；②宫缩乏力；③产后出血；④胎膜早破；⑤胎盘早剥、贫血、妊娠期肝内胆汁淤积症（intrahepatic cholestas of pregnancy，ICP）等发病率增高。

2. 对胎儿、新生儿的影响 ①早产；②胎儿生长受限；③胎儿畸形；④脐带异常。

八、双胎妊娠的并发症有哪些？

双胎妊娠易引起高血压疾病、ICP、贫血、胎膜早破及早产胎儿发育异常等并发症。单绒毛膜双胎还可能合并双胎输血综合征、选择性胎儿生长受限等特殊并发症。

九、双胎妊娠的营养指导需要注意哪些？

建议孕妇营养摄取为，每日增加 1254kJ 以上的热量、蛋白质增加 1.5g/kg、铁剂增加 60～80mg 及叶酸 1mg，以补充妊娠需要。于产前检查中及时了解有无贫血发生。

十、双胎妊娠的处理原则是什么？

1. 妊娠期

（1）妊娠早期：早期诊断、选择性减胎；积极治疗妊娠剧吐，预防流产。

（2）妊娠中晚期：补充足够的营养（三大营养素、维生素、矿物质）；预防早产（卧床休息、宫缩抑制剂、促胎儿肺成熟）；积极防治妊娠期并发症；监护胎儿生长发育情况及胎位变化。

2. 分娩期 产程中应注意保持产妇良好体力，严密观察胎心变化，注意宫缩及产程进展，第二产程必要时行会阴后-侧切开，减轻胎头受压；有下列情况之一，应考虑剖宫产：第一胎为肩先露、臀先露；宫缩乏力致产程延长，经保守治疗效果不佳；胎儿窘迫，短时间内不能经阴道结束分娩；联体双胎孕周＞26 周；严重妊娠并发症需尽快终止妊娠，如重度子痫前期、胎盘早剥等。

3. 终止妊娠的指征 合并急性羊水过多经治疗症状不缓解者；胎儿畸形；母亲有严重并发症，如子痫前期或子痫，不允许继续妊娠时；已到预产期尚未临产，胎盘功能减退者。

十一、双胎妊娠的特殊问题有哪些？

单绒毛膜双胎由于两胎儿共用一个胎盘，胎盘之间存在血管吻合，故可出现较多且较严重的并发症，围生儿发病率和死亡率均增加。

十二、双胎妊娠的护理要点有哪些？

1. 一般护理 增加产前检查：监测宫高、腹围和体重；加强营养：保证足够的营养，增加热量和蛋白质的摄入量，补充铁、钙及叶酸等；注意休息：尽量避免过度劳累，防止跌倒意外。

2. 病情观察 双胎妊娠孕妇易伴发妊娠期高血压疾病、ICP、胎膜早破、脐带脱垂、前置胎盘、胎盘早剥、贫血、宫缩乏力等并发症，需密切观察病情变化，发现异常及早处理。

3. 治疗配合

（1）分娩期处理：严密观察产程进展及宫缩、胎心变化。

（2）做好新生儿的救护：双胎妊娠围生儿并发症多，按高危新生儿进行护理。

（3）积极防治产后出血：无论是阴道分娩还是剖宫产，均需积极防治产后出血。

十三、什么是三胎及三胎以上妊娠？

三胎及三胎以上妊娠（multiple gestation）是指一次妊娠宫腔内同时有三个或者三个以上的胎儿，但是不包括输卵管三胎及三胎以上妊娠或子宫输卵管复合妊娠。

十四、三胎及三胎以上妊娠产科并发症有哪些？

三胎及三胎以上妊娠的产科并发症较单胎明显增多，先兆流产、胎膜早破、早产、贫血、妊娠期高血压疾病、先兆子痫、HELLP 综合征、肺水肿、肺栓塞、急性脂肪肝、胎儿发育受限、低出生体重儿、胎儿及新生儿死亡率均增多。在三胎及三胎以上妊娠中，早产是新生儿死亡的最重要原因。

第十四章 巨 大 儿

一、什么是巨大儿？

巨大儿是指胎儿体重达到或超过 4000g。

二、影响胎儿生长的因素有哪些？

影响胎儿生长的因素包括母体营养供应、胎盘转运和胎儿遗传潜能。

三、如何诊断巨大儿？

妊娠期通过病史、临床表现及辅助检查可初步诊断，需待出生后方能确诊。包括：孕妇存在巨大儿高危因素，妊娠期体重增加迅速；触诊胎儿体格大，宫高＞35cm；B 型超声检查胎头双顶径＞10cm。

四、巨大儿对母儿有什么影响？

对母体，可增加剖宫产率、肩难产发生率、母体产伤及产后出血发生率，因产道受压时间长，容易发生尿瘘或粪瘘。对胎儿，可增加手术助产率及新生儿窒息发生率，引起颅内出血、锁骨骨折、臂丛神经损伤等产伤。

五、巨大儿的高危因素有哪些？

孕妇肥胖；妊娠合并糖尿病，尤其是 2 型糖尿病；过期妊娠；经产妇；父母身材高大；高龄孕妇；有巨大儿分娩史；种族、民族因素。

六、巨大儿的并发症有哪些？

巨大儿的并发症包括肩难产、软产道损伤、产后出血、子宫破裂、膀胱麻痹、生殖道瘘、产褥感染等。

七、巨大儿对产程有哪些影响？

由于子宫过度扩张，可引起子宫收缩乏力、产程延长。

八、巨大儿的远期影响有哪些？

容易引起新生儿臂丛神经损伤、锁骨骨折、股骨骨折，胎儿窘迫、新生儿窒息可导致颅内出血、神经系统异常，甚至死亡。

九、怎样预测胎儿体重？

胎儿体重预测法见表 14-1。

表 14-1 胎儿体重预测法

项目	胎儿体重（g）
腹围≥95cm	170×（宫高−N）
腹围＜94cm	腹围×宫高+500g
头浮或臀位	腹围×宫高
胎儿已衔接	腹围×宫高+200g
已破膜，头固定	腹围×宫高+300g

续表

项目	胎儿体重（g）
B 型超声	81.29×双顶径–4409g
妊娠前 5 个月	妊娠月数的立方×2
孕后 5 个月	妊娠月数的立方×3

注：*N* 为常数，头盆关系为浮、衔接、固定时，*N* 分别等于 13、12、11。

十、巨大儿的处理方法有哪些?

根据胎儿情况及胎盘功能等综合评估，决定终止妊娠时机。阴道分娩者，产时应充分评估，必要时产钳助产，同时做好处理肩难产的准备，产后仔细检查软产道，并预防产后出血。估计胎儿体重≥4000g 且合并糖尿病者，建议剖宫产终止妊娠。

十一、怎样预防巨大儿的发生?

妊娠期均衡饮食，保证适量的运动。指导孕妇定期进行系统的产前检查，尽早预防和治疗合并症。对有巨大儿分娩史或妊娠期疑是巨大儿者，应监测血糖，排除糖尿病。若确诊为糖尿病应积极治疗，控制血糖。

第十五章 妊娠期高血压疾病

一、什么是妊娠期高血压疾病?

妊娠期高血压疾病是妊娠与血压升高并存的一组疾病，发生率为5%～12%。该组疾病严重影响母婴健康，是孕产妇和围生儿病死率升高的主要原因，包括妊娠期高血压、子痫前期、子痫及慢性高血压并发子痫前期和慢性高血压合并妊娠。

二、妊娠期高血压疾病的分类有哪些?

妊娠期高血压疾病的分类有妊娠期高血压、子痫前期、子痫及慢性高血压并发子痫前期和慢性高血压合并妊娠。

三、妊娠期高血压疾病的病因及发病机制是什么?

妊娠期高血压疾病的病因至今不明，关于其病因主要有子宫螺旋小动脉重铸不足、炎症免疫过度激活、血管内皮细胞损伤、遗传因素、营养缺乏、胰岛素抵抗六种学说。发病机制尚未完全阐明。

四、妊娠期高血压疾病的病理变化有哪些?

妊娠期高血压疾病的基本病理变化为全身小血管痉挛、内皮损伤及局部缺血。全身各个系统各个脏器灌流减少，对母儿造成危害，甚至母儿死亡。

五、妊娠期高血压疾病的临床表现有哪些?

妊娠期高血压疾病主要临床表现为高血压，较严重时出现蛋白尿，严重时发生抽搐。

六、妊娠期高血压疾病对母儿有哪些影响?

1. 母亲方面 有头痛、恶心、呕吐、胃部疼痛、视物模糊、眼前“斑点”或深肌腱反射亢进、呼吸困难、抽搐、胎盘早剥。

2. 胎儿方面 有宫内发育迟缓、持续缺氧和酸中毒。

七、妊娠期高血压疾病如何确诊?

病史有本病高危因素及临床表现，如头痛、视力改变、上腹不适、收缩压≥140mmHg和舒张压≥90mmHg，伴蛋白尿≥0.3g/24h或随机尿蛋白（+）。

八、如何区分妊娠期高血压、子痫前期、子痫?

妊娠期出现高血压：收缩压≥140mmHg和舒张压≥90mmHg，尿蛋白（–），少数患者可伴有上腹部不适或血小板减少。

1. 轻度子痫前期 妊娠20周后出现收缩压≥140mmHg和舒张压≥90mmHg，伴蛋白尿≥0.3g/24h或随机尿蛋白（+）。

2. 重度子痫前期

（1）收缩压≥160mmHg和舒张压≥110mmHg，伴蛋白尿≥5.0g /24h或随机尿蛋白（+++）。

（2）持续头痛、上腹部疼痛。

（3）肝功能异常：肝酶AL或AST升高。

（4）肾功能异常：少尿（尿量<400ml/24h，每小时尿量<17ml）。

（5）低蛋白血症胸腔积液、腹水。

（6）血液系统异常：血小板低于100×10^9/L、血管内溶血、血LDH升高。

（7）心力衰竭、肺水肿。

（8）胎儿生去受限或羊水过少。

3. 子痫　表现为抽搐、面部充血、口吐白沫、深昏迷；随之全身高张阵挛惊厥，持续 1～1.5min，期间无呼吸动作，过后呼吸恢复，易激怒、烦躁。

九、先兆子痫和子痫的区别是什么？妊娠期高血压疾病的辅助检查有哪些？

先兆子痫：收缩压≥140mmHg 和舒张压≥90mmHg，伴蛋白尿≥5g/24h，有头晕、眼花、胸闷等自觉症状。

子痫：在先兆子痫的基础上有抽搐或昏迷。

妊娠期高血压疾病的辅助检查有以下几种。

1. 妊娠期高血压的常规检查　血常规、尿常规、肝功能、血脂、肾功能、尿酸、凝血功能、心电图、胎心监测、B 型超声检查胎儿、胎盘、羊水。

2. 子痫前期、子痫视病情发展、诊治需要增加相关检查　眼底检查、凝血功能系列、B 型超声（肝、胆、胰、脾、肾）、动脉血气分析、心脏彩超、脐血流变化等。

十、妊娠期高血压疾病与妊娠合并高血压的区别有哪些？

1. 妊娠期出现高血压　收缩压≥140mmHg 和舒张压≥90mmHg；尿蛋白（–）；少数患者可伴有上腹部不适或血小板减少；于产后 12 周内恢复正常。

2. 妊娠合并高血压　妊娠 20 周前收缩压≥140mmHg 和舒张压≥90mmHg，妊娠期无明显加重；或妊娠 20 周后首次诊断高血压并持续到产后 12 周以后。

十一、妊娠期高血压疾病与妊娠合并慢性肾炎的区别有哪些？

1. 妊娠期高血压疾病的患者妊娠前无水肿及蛋白尿，一般到 20 周后才发病，发病时有不同程度的水肿及高血压，而后才出现尿蛋白，尿蛋白的量不定，尿中一般不出现管型，血中尿酸水平增高，这点与慢性肾炎不同。

2. 妊娠合并慢性肾炎的患者病程一般较长，具有蛋白尿、水肿、高血压、肾功能减退等特征，妊娠 20 周以前出现蛋白尿、水肿等症状。

十二、妊娠期高血压疾病的处理原则是什么？

休息、镇静、解痉、利尿，密切监护母胎情况，酌情降压治疗，适时终止妊娠。

十三、治疗妊娠期高血压疾病应用硫酸镁的注意事项有哪些？

使用硫酸镁必备条件：①膝反射存在；②呼吸≥16 次/分；③24 小时尿量≥400ml 或 每小时尿量≥17ml；④备有 10%葡萄糖酸钙，镁离子中毒时停用硫酸镁并静脉缓慢推注（5～10min）10%葡萄糖酸钙 10ml。

十四、妊娠期高血压疾病降压治疗的常用药物有哪些？

常用口服降压药物：拉贝洛尔、硝苯地平短效、肼屈嗪。

常用静脉药物：拉贝洛尔、尼卡地平、酚妥拉明、肼屈嗪。

十五、应用硝普钠治疗妊娠期高血压疾病的注意事项有哪些？

1. 因对胎儿有毒性作用，不宜在妊娠期使用。

2. 用药期间，密切监测血压及心率。

3. 宜采用微量输液泵，以精确调节流速。

4. 新鲜配制，避光使用。

5. 连续用药不宜超过 72h。

十六、目前治疗妊娠期高血压疾病新进展有哪些？

1. 一般治疗

（1）妊娠期高血压可在家或住院治疗，轻度子痫前期评估是否住院治疗，重度子痫前期及子痫应住院治疗。

（2）子痫前期注意休息取侧卧位，但不建议绝对卧床休息及限制食盐摄入。

（3）保证充足睡眠，必要时可睡前口服地西泮 2.5～5mg。

2. 降压治疗 目的是预防子痫、心脑血管意外和胎盘早剥等严重母胎并发症。

3. 硫酸镁预防子痫 硫酸镁是子痫治疗的一线药物，也是重度子痫前期预防子痫发作的预防用药。

4. 镇静药物的应用 镇静药物可缓解产妇精神紧张、焦虑症状，改善睡眠，当应用硫酸镁无效或有禁忌时用于预防并控制子痫。

5. 有指征者利尿治疗 子痫前期患者不主张常规应用利尿剂，可酌情使用呋塞米等快速利尿剂；甘露醇主要用于脑水肿，心力衰竭或潜在心力衰竭时禁用；甘油果糖适用于肾功能有损伤的患者；严重低蛋白血症有腹水者应补充白蛋白后再应用利尿剂效果较好。

6. 促胎儿肺成熟 孕周＜34 周的子痫前期患者，预计 1 周内可能分娩者均接受糖皮质激素促胎儿肺成熟治疗。

7. 分娩时机和方式 子痫前期患者经积极治疗母胎状况无改善或病情持续进展时，终止妊娠是唯一有效的治疗措施。

8. 子痫处理 子痫是妊娠期高血压疾病最严重的阶段，是妊娠期高血压疾病所致母儿死亡的最主要原因，应积极处理。处理原则为控制抽搐，纠正缺氧和酸中毒，抽搐控制后终止妊娠。

9. 产后处理（产后 6 周内） 重度子痫前期患者产后应继续使用硫酸镁 24～48h 预防产后子痫。注意监测及记录产后出血量，患者在重要器官功能恢复正常后方可出院。

十七、妊娠期高血压疾病终止妊娠的指征是什么?

1. 娠期高血压、轻度子痫前期的孕妇可期待至足月。

2. 重度子痫前期患者：妊娠＜26 周经治疗病情不稳定者建议终止妊娠；妊娠 26～28 周根据母胎情况及当地母儿诊治能力决定是否期待治疗；妊娠 28～34 周，经积极治疗 24～48h 病情仍加重，促肺成熟后终止妊娠；病情稳定，建议转至具备早产儿救治能力的医疗机构；妊娠≥34 周，胎儿成熟后考虑终止妊娠；妊娠 37 周后重度子痫前期应终止妊娠。

3. 子痫控制 2 小时后考虑终止妊娠。

十八、妊娠期高血压疾病保守治疗的注意事项有哪些?

1. 注意综合考虑终止妊娠时机，即孕龄与母体-胎盘-胎儿的病情。

2. 酌情给予硫酸镁治疗，注意监测病情。

3. 注意降压指征和控制血压靶目标，正确使用降压药及镇静药。

4. 注意评估和监测，对产前、产时、产后的病情密切监测，包括基本检查和特殊检查。

十九、什么是子痫?

子痫是妊娠期高血压疾病最严重的阶段，是妊娠期高血压疾病所致母儿死亡的最主要原因，应积极处理。

二十、子痫的处理有哪些?

1. 一般急诊处理 子痫发作时需保持气道通畅，维持呼吸、循环功能稳定，密切观察生命体征、尿量等，避免声、光等刺激，防坠地外伤、唇舌咬伤。

2. 控制抽搐 硫酸镁是治疗子痫及预防复发的首选药物，产后需继续用硫酸镁 24～48h，至少住院观察 4 天。

3. 控制血压 脑血管意外是子痫患者死亡的最常见原因，当收缩压≥140mmHg 和舒张压≥90mmHg 时要积极降压以预防心脑血管并发症。

4. 纠正缺氧和酸中毒 面罩和气囊吸氧，给予适量 4%碳酸氢钠以纠正酸中毒。

5. 适时终止妊娠 抽搐控制后 2h 可考虑终止妊娠，对早发型子痫前期治疗效果者，可适当延长孕周，但需严密监护孕妇和胎儿。

二十一、妊娠期高血压疾病有哪些并发症？

妊娠期高血压疾病并发症：重度子痫前期、HELLP 综合征、急性肾衰竭、心脑血管意外、DIC。

二十二、妊娠期高血压疾病并发脑血管意外怎么处理？

当收缩压≥140mmHg 和舒张压≥90mmHg 时要积极降压以预防心脑血管并发症，目标降压如下。

1. 孕妇无并发器官功能损伤，收缩压 130～155mmHg 和舒张压 80～105mmHg。

2. 孕妇并发器官功能损伤，收缩压 130～139mmHg 和舒张压 80～89mmHg，为保证子宫胎盘血流灌注，血压不低于 130/80mmHg。

3. 常用静脉用药：拉贝洛尔、肼屈嗪、酚妥拉明，妊娠期一般不使用利尿剂降压。

二十三、妊娠期高血压疾病并发心脏病怎么处理？

1. 硝酸甘油 用于合并心力衰竭和急性冠状动脉综合征时高血压急症的降压治疗，起始剂量 5～10μg/min 静脉滴注，每 5～10 增加滴速至维持剂量 20～50μg/min。

2. 硝普钠 强效血管扩张剂，扩张周围血管使血压下降，不宜在妊娠期使用；用法：硝普钠 50mg 加入 5%葡萄糖 500ml，以 0.5～0.8μg/（kg·min）静脉缓滴，严密监测血压和心率。

二十四、妊娠期高血压疾病并发胎盘早剥怎么处理？

1. 胎盘-胎儿受累 即是子痫前期重度表现之一，无论是脐血流的变化还是胎儿生长受限，都提示着胎盘-胎儿受累及。

2. 并发症早期症状 注意宫缩频度，注意胎盘厚度及回声等影像学变化、胎盘早剥等并发症早期征兆。

3. 适时终止妊娠 基于疾病的动态变化和多系统受理及程度，需要给予全面灵活的监测手段和不失时机地适时终止妊娠。

二十五、妊娠期高血压疾病并发凝血障碍怎么处理？

1. 肝功能异常 分娩前尽可能改善肝功能；维生素 $K_1$10mg，im，qd。

2. 血小板低 补充血小板到 5 万～8 万。

3. 凝血功能异常 补充凝血因子；产前应用抗凝剂；分娩前配成分血；转入有条件的医院分娩；监测凝血，积极改善凝血状况。

二十六、妊娠期高血压疾病并发急性肾衰竭怎么处理？

1. 蛋白尿是肾脏受累及的表现之一，与存在肾脏系统的受累和孕妇存在的基础疾病有关，尿液检查：尿蛋白≥5.0g/24h≥（+++），注意有无红细胞及管型，有则表明肾脏损害严重，应不失时机终止妊娠。

2. 当患者出现肾功能不全时酌情使用利尿剂：呋塞米、甘油果糖；动态评估和监测及排查其他疾病至关重要，《妊娠期高血压疾病诊治指南（2015）》极力强调评估和监测，评估和动态监测要贯穿产前、产时、产后。

二十七、妊娠期高血压疾病并发产后血液循环衰竭怎么处理？

妊娠期高血压疾病患者产后并发血液循环衰竭极为少见，它特点是产妇在胎盘娩出后半小时左右，无失血、创伤或栓塞等原因，突然发生休克的一种症状。结合病史及检查迅速做出判断，是救治成功的关键。

1. 一般处理 加强生命体征监测，使用心电监护；观察记录每小时尿量；专人守护，防止发生意外。

2. 保持呼吸道通畅　备好抢救物品，取休克体位，予足够的氧气吸入，4～8L/min，必要时面罩给氧。

3. 建立静脉通道　迅速补充血容量，尽快恢复有效的循环血量是救治成功的关键，建立两条以上的静脉通道，选 16～18G 静脉留置针为好。

4. 补充血容量　迅速补充平衡液、低分子右旋糖酐、全血，地塞米松 10mg 静脉滴注。

5. 中心静脉压监测　正常为 6～12cmH_2O，静脉压大于正常值，提示输液已过量，警惕肺水肿和心力衰竭的发生。

6. 避免医源性感染　应注意无菌操作，及时应用抗生素预防感染。

二十八、妊娠期高血压疾病并发胎儿生长受限怎么处理?

1. 对于早发子痫前期孕妇，胎儿状况良好，胎盘功能正常、妊娠未足月伴胎儿生长受限是期待治疗可供选择的病例。

2. 终止妊娠指征

（1）治疗后胎儿生长受限无改善，胎儿停止发育 3 周以上。

（2）胎盘老化伴羊水过少等胎盘功能低下。

（3）NST、胎儿生物物理评分及胎儿血流测定等提示胎儿缺氧。

（4）妊娠并发症病情严重将危及母婴健康及生命者。

（5）孕周未达 34 周者，应促胎儿肺成熟后终止妊娠；胎儿生长受限胎儿对缺氧耐受力差，适当放宽剖宫产指征。

二十九、什么是 HELLP 综合征?

HELLP 综合征是以溶血、肝酶升高及血小板减少为特点，是妊娠期高血压疾病的严重并发症，常危及母儿生命。

三十、HELLP 综合征的发病机制是什么?

HELLP 综合征的发生可能与自身免疫机制有关，该病患者血中补体被激活，过敏毒素、C3a、C5a 及终末 C5b-9 补体复合物水平升高，可刺激巨噬细胞、白血病及血小板合成血管活性物质，使血管痉挛性收缩，内皮细胞损伤引起血小板聚集、消耗，导致血小板减少、溶血、肝酶升高。

三十一、HELLP 综合征的临床表现有哪些?

1. 常见主诉为右上腹或上腹部疼痛、恶心、呕吐、全身不适等非特异性症状。

2. 凝血功能障碍严重可出现血尿、消化道出血。

3. 多数患者有重度子痫前期的基本特征，约 20%患者血压正常或轻度升高，15%孕妇可无高血压也无明显的蛋白尿。

三十二、HELLP 综合征的处理原则是什么?

HELLP 综合征应住院治疗，按重度子痫前期治疗，在此基础上的其他治疗包括：①有指征地输注血小板和使用肾上腺皮质激素。②终止妊娠的时机：孕龄≥32 周或胎儿肺已成熟、胎儿窘迫、先兆肝破裂及病情恶化者；分娩方式依产科因素而定；麻醉时禁忌会阴阻滞和硬膜外麻醉。

三十三、HELLP 综合征对母儿的并发症有哪些?

1. 对孕产妇的并发症，可并发肺水肿、胎盘早剥、体腔积液、产后出血、DIC、肾衰竭、肝破裂等，剖宫产率高，死亡率增加。MODS 及 DIC 是 HELLP 综合征最主要的死亡原因。

2. 对胎儿的并发症，因胎盘供血、供氧不足，胎盘功能减退，导致胎儿生长受限、死胎、死产、早产。

三十四、HELLP 综合征的护理有哪些?

1. 心理护理　多关心患者，态度和蔼可亲，建立信任，增强信心，提高依从性。

2. 环境护理 置于单人间，保持空气流畅，避免声、光刺激，护理操作轻柔、集中，床头放置抢救物品，加用床栏防坠床，有义齿者需去除，防脱落和误吞。

3. 加强巡视 注重观察摄入量和正确卧位，定时监测生命体征，注意胎动、胎心音变化，注意滴速，避免过快而加重心脏负担。

4. 用药护理 遵医嘱给予降压药物、镇静药物、硫酸镁等，注意用法及注意事项。

5. 产时和产后护理 第一产程中严密监测产妇生命体征、尿量、胎心及宫缩情况，尽量缩短第二产程，第三产程需预防产后出血；重症者产后继续使用硫酸镁治疗 1～2 天。

三十五、妊娠期高血压疾病的预后如何？

妊娠期高血压疾病的预后：产后及远期肝功能、肾脏损害也可恢复至正常，再次妊娠时发病率为 2%～6%，患心血管疾病和慢性高血压的风险会升高。

三十六、妊娠期高血压疾病怎么预防？

1. 加强围生期卫生宣教与指导 建立健全三级妇幼保健网，开展妊娠期及围生期保健工作；规律产检，注意血压及尿蛋白变化情况，产前已有高血压孕妇需专科就诊，严格控制血压。

2. 注意营养均衡 补充足量的维生素、钙、锌等营养素，减少动物蛋白和过量盐的摄入，但不限制盐和液体的摄入；保持足够的休息和愉快的心情，坚持左侧卧位以增加胎盘绒毛的血供。

3. 保持健康 合理安排休息，适度锻炼，保持妊娠期身体健康。

三十七、妊娠期高血压疾病的饮食指导有哪些？

饮食围绕有利于消肿、降压、增加蛋白质的原则安排。

1. 合理饮食，妊娠期不推荐严格限制盐的摄入，不推荐肥胖孕妇限制热量摄入。

2. 可吃利尿作用的食物，冬瓜、赤小豆、绿豆、鲫鱼等，浓鸡汤会产生尿酸，增加肾脏负担。

3. 控制脂肪摄入，避免食用高胆固醇的食物，蛋黄、鱼子、鱿鱼、动物内脏等。

4. 妊娠期高血压会导致大量蛋白质的流失，最好选择优质的动物蛋白，如乳类、瘦肉类、鱼虾类。

5. 维生素 C 和维生素 E 能降低妊娠期高血压的反应，如绿叶蔬菜、瓜果等。

6. 妊娠期高血压的发病和身体缺钙有关，要积极补钙，妊娠期高血压的准妈妈血锌含量较低，可多吃瘦肉、鱼虾等补充。

三十八、妊娠期高血压疾病的随访要点有哪些？

产后 6 周患者血压仍未恢复正常时应产后 12 周再次复查血压，以排除慢性高血压，必要时建议内科诊治。

三十九、妊娠期高血压疾病的休息与活动指导有哪些？

1. 睡眠时取左侧卧位保证每天睡眠 8～10h，减少活动，保持心情愉快。

2. 妊娠晚期避免长时间站立，休息和睡眠时抬高下肢以促进下肢静脉回流，减少水肿发生。

3. 避免腹部被撞击或外伤或顶压，改变体位时动作要缓慢，下床活动、如厕有人陪同。

4. 并发子痫时置于单人间，保持空气流畅，避免声、光刺激，护理操作轻柔、集中，床头放置抢救物品，加用床栏防坠床，嘱患者绝对卧床休息。

四十、妊娠期高血压疾病的母乳喂养指导有哪些？

1. 哺乳期间，应服用在母乳中浓度较低的降压药，如拉贝洛尔、普萘洛尔和甲基多巴；不要应用利尿剂，因会减少奶量。

2. 合并严重并发症者如妊娠期高血压性心脏病，心功能Ⅲ、Ⅳ不实行母乳喂养，及时回奶。

第十六章　妊娠期肝内胆汁淤积症

一、什么是妊娠期肝内胆汁淤积症?

妊娠期肝内胆汁淤积症（ICP）是一种妊娠中、晚期出现皮肤瘙痒、黄疸，生化检查以血清总胆汁酸增高而临床症状及生化指标在产后迅速消失或恢复正常为特征的妊娠并发症。

二、ICP的病因是什么?

目前病因不明，可能与以下因素有关。

1. 雌激素，ICP多发生在妊娠晚期、双胎、卵巢过度刺激征患者。

2. 孕激素，既往口服过复方避孕药的患者发生率高。

3. 与血液中硒水平下降有关。

4. 与遗传有关。

三、ICP的临床表现有哪些?

1. 皮肤瘙痒　无皮肤损伤的瘙痒是ICP的首发症状，多在妊娠28周后出现，手掌、脚掌是常见部位。多于分娩后24～48h迅速消失，四肢皮肤常因瘙痒所致条状抓痕。

2. 黄疸　在瘙痒发生后的数日或数周后出现黄疸，不随孕周的增加而加重。一般为轻度黄疸，于分娩后1～2周消退。

四、ICP的并发症有哪些?

1. 早产　ICP患者高胆汁酸血症可以促进前列腺素的释放，诱发子宫收缩发生早产。

2. 胎儿窘迫　主要发生在将临产或产程中。

3. 产后出血　与维生素K的吸收量减少、肝脏合成凝血因子减少有关。

4. ICP合并妊娠期高血压疾病及多胎妊娠

五、ICP如何确诊?

ICP的诊断要点：

1. 妊娠中、晚期出现皮肤瘙痒、轻度黄疸等不适。

2. 血清总胆汁酸（total bile acid，TBA）测定是诊断ICP的最主要实验室指标，也是监测病情及治疗效果的主要指标。无诱因的皮肤瘙痒及血清TBA≥10μmol/L可做ICP诊断，血清TBA≥40μmol/L提示病情较重。

3. 可伴肝功能异常，AST、ALT轻度至中度升高。

4. 孕产妇全身情况良好，无明显呕吐、食欲不振、虚弱等。

5. 分娩后瘙痒迅速消退，肝功能恢复正常，黄疸自行消退。

六、ICP的处理原则是什么?

ICP的处理原则是缓解症状，改善肝功能，降低血胆汁酸水平，加强胎儿宫内监护，延长孕周和改善妊娠结局。

七、ICP的护理要点有哪些?

1. 早期诊断　每次产检常规询问有无瘙痒症状，确诊后纳入高危妊娠管理。

2. 一般护理　适当卧床休息、左侧卧位、床单位平整舒适、清洁卫生；饮食清淡、忌辛辣油腻；给予间断低流量吸氧，补充葡萄糖、维生素、能量等。

3. 指导孕产妇正确服用药物　一线药物有熊去氧胆酸，其他药物：S-腺苷蛋氨酸、地塞米松、苯巴比妥。辅助治疗药物：护肝药物，炉甘石洗剂，维生素K_1、中医中药等。

4. 皮肤护理 勿用肥皂擦洗瘙痒部位，勿用过热的水洗澡，勿搔抓，勿留长指甲以免损伤皮肤，瘙痒严重者可用炉甘石洗剂涂抹患处。

5. 妊娠期监护 指导妊娠期自计胎动，增加产检次数。产前监护从孕 34 周开始每周行 NST 2 次，B 型超声检测脐动脉 S/D 值及“改良的生物物理分析（BPP）”了解胎儿状况。

6. 分娩时注意缩短第二产程，防止产后出血。

7. 心理护理 评估孕妇瘙痒程度和睡眠质量，讲解疾病相关知识，缓解患者及家属紧张焦虑，积极配合治疗护理。

8. 健康指导 告知患者 ICP 饮食的注意事项，定期复查胆汁酸，肝功能。正确避孕，不服用含雌激素、孕激素的药物，防止复发。

八、ICP 的用药指导有哪些？

1. 熊去氧胆酸 一线药，每日 1g 或 15mg/（kg·d），口服，2～3 周为一个疗程。定期评估皮肤瘙痒及血清总胆汁酸水平。

2. S-腺苷蛋氨酸 二线药或联合用药，是一种生物解毒剂，1g/日，静脉滴注，两种药物合用时要充分冲管；或 500mg/日，Bid，口服。

3. 苯巴比妥 是一种酶诱导剂，降低胆红素和影响胆汁酸的产生，减轻瘙痒症状。但对神经系统有镇静作用。

4. 地塞米松 用于预防早产儿呼吸窘迫综合征，12mg/d，连用 2 日。仅用于 34 周前，估计 7 日内分娩者，不能长期应用。

5. 炉甘石、薄荷类 抗组胺药物用于缓解瘙痒症状。

6. 维生素 K_1 预防孕妇产后出血及新生儿颅内出血。

九、妊娠期瘙痒如何护理？

主要是避免搔抓加重瘙痒和皮肤损伤。勿用肥皂擦洗瘙痒部位，勿用过热的水洗澡，勿搔抓，勿留长指甲。采取预防性的皮肤保护措施，带柔软的棉质手套，保持手部清洁。瘙痒严重者可用炉甘石洗剂涂抹患处。或用薄荷类、抗组胺药物缓解瘙痒症状。

十、妊娠肝内胆汁淤积症对母儿有哪些影响？

1. 对孕妇的影响 ICP 患者脂溶性维生素 K_1 吸收减少，凝血功能异常，常致产后出血；合并多胎妊娠、重度子痫前期者，增加母体手术风险。

2. 对胎儿和婴儿的影响 可发生胎儿窘迫、早产、死胎、死产。

第十七章　胎盘及其他附属物异常

一、胎盘肉眼形态学检查方法有哪些?

1. 胎膜检查法　测量胎膜破口至胎盘边缘的最短距离，≤7cm，考虑前置胎盘或低置胎盘（排除剖宫产胎盘）；检查胎膜上有无血管，是否为副胎盘或帆状胎盘；检查胎膜的色泽，有无胎粪污染。

2. 测量脐带的长度；检查脐带的色泽、附着部位、有无脐带真结。检查脐带切面的血管数、华通胶及有无脐带血栓形成。

3. 先剪断胎膜及2cm以上的脐带，待自然流血停止后用纱布擦去胎盘表面的凝血块，称胎盘重量。用软皮尺测量胎盘的最长及最短径，计算胎盘面积。用细探针垂直插入胎盘测其厚度。测量胎盘容积用排水法。目测胎盘胎儿面：正常羊膜半透明，有光泽。胎盘母体面：无破损、残缺。正常蜕膜板灰色、透明、无钙化，血肿或母叶有无缺损。

4. 多胎妊娠　检查时需按胎儿娩出顺序在脐带上做好标记。检查胎囊的数目和胎盘血管有无吻合及吻合的类型。

二、胎盘形状异常有哪些?

胎盘形状异常的类型：①环状胎盘；②膜状胎盘；③轮廓胎盘；④多叶胎盘；⑤多部胎盘；⑥多个胎盘；⑦副胎盘。

三、胎盘种植异常有哪些?

1. 前置胎盘　指妊娠28周后，胎盘附着于子宫下段，甚至胎盘下缘达到或覆盖宫颈内口，其位置低于胎先露部者。

2. 植入性胎盘　是一种极危险的胎盘着床形式，胎盘直接穿透子宫内膜侵入子宫肌层，甚至超出子宫以外。

3. 粘连性胎盘　是胎盘绒毛直接附着于子宫肌层所致，分完全性粘连性胎盘与部分性粘连性胎盘两种。

4. 穿透性胎盘　指胎盘绒毛侵入子宫肌层并穿透子宫肌壁直达浆膜层。

四、什么是脐带过长?

脐带超过70cm称脐带过长。

五、什么是脐带过短?

脐带附着于胎盘上缘短于35cm或附着于胎盘下缘短于20cm时称脐带过短。

六、什么是脐带缠绕?

脐带缠绕指脐带环绕胎儿肢体、躯干或颈部者，90%为脐带绕颈，通常与脐带形态具有一定相关性。

七、脐带缠绕对胎儿有什么影响?

脐带缠绕对胎儿的影响与脐带缠绕松紧、缠绕周数、脐带长短有关。

1. 造成胎儿产前死亡。

2. 胎心监护时出现频繁变异减速。

3. 脐带过长，缠绕周数多，缠绕过紧或宫缩使脐带受压，导致急性胎儿窘迫。

八、脐带绕对产程有什么影响?

通常被脐带缠绕一周或脐带搭颈的胎儿，因脐带缠绕及压迫程度较轻，对母儿危害不大，母亲仍可经阴道顺利分娩。脐带缠绕影响胎先露部入盆，导致产程延长或停滞，增加剖宫产概率。若胎头娩出时发现脐带绕颈牵拉过紧，应立刻钳夹、剪断脐带，再娩出胎儿躯干及四肢。

九、脐带缠绕如何检测胎儿的情况?

1. 观察脐带血流是否有异常情况。

2. 根据 B 型超声检查结果了解脐带缠绕周数及松紧情况。

3. 观察孕妇有无胎动过频现象。

4. 观察产程是否有延长或停滞。

5. 观察脐带有无受压现象而导致急性胎儿窘迫。

6. 观察胎心监护图形是否出现频繁的变异减速等，如出现频繁的变异减速经改变体位、吸氧不能缓解，应及时终止妊娠。

第十八章　妊娠合并心血管疾病

一、妊娠期血流动力学的变化有哪些？

从妊娠 10 周左右心排血量开始增加，到妊娠 20 周左右高峰，以后略少，心排血量最多比正常增加 40%左右。由于妊娠时母体通过弥散而使氧运输至胎盘及胎儿，胎儿动脉氧分压不会超过母体胎盘静脉氧分压。胎儿的生长发育需要足够的氧，故母体胎盘血流量必须维持在较高水平，以使氧能通过较小的母体胎盘动静脉氧分压差而输送至胎儿。为满足上述需要，母体心排血量增加多发生在子宫血流量增加之前。妊娠对氧耗量增加，其中 80%为胎儿所需，但氧耗增加与心排血量相比，心排血量增加相对较多。妊娠时动静脉氧分压差减小，部分可能由于周围组织摄氧不同，但主要是由于周围血液的重新分布，即肾、皮肤、子宫血流量增加所致。此种周围循环的重新分布在妊娠各阶段可有不同。子宫血注量在整个妊娠期间持续增加，肾和皮肤则在早期增加达高峰，以后维持于此水平或略减少，妊娠期心排血量的增加取决于心率及心搏出量。其机制一方面是由于心率加快，从妊娠 8～10 周开始逐渐加快，到 34～36 周达高峰，以后渐下降。孕妇心率每分钟增加 10～15 次。单胎妊娠心率最多可增加 21%，双胎妊娠增加 40%。妊娠期心率加速的机制尚不明了，可能由窦房结自律性增高、迷走神经张力减弱或肾上腺素能张力增强所致。心排血量增加的另一机制是每搏输出量增加，妊娠期每搏输出量渐增多，到 13～23 周达高峰，平均增多约 30%，以侧卧位最明显，之后渐减少。妊娠时每搏输出量增多，但动脉压并不增高，周围血管阻力降低。妊娠期子宫和胎盘区域动脉和静脉之间的交通几乎是直接的，形成短路，这是周围血管阻力降低的一个原因，其他还包括妊娠期内分泌的改变、发育中胎儿产热等。周围血管力降低，使孕妇对血流急剧改变的防卫能力降低，这也是孕妇容易发生晕厥或肺水肿的部分原因。妊娠期回流入下腔静脉的血液增多，加以子宫对下腔静脉的压迫，致下肢的静脉压增高，是引起踝部水肿及下肢静脉曲张的原因之一。仰卧位时这种压迫更为明显，下肢静脉回流受阻，回心血量减少，可出现低血压及晕厥，即“妊娠期仰卧位低血压综合征”，改为侧卧位后症状即解除。此症以妊娠后期多见。约 1/4 的孕妇在妊娠 25～30 周右心室舒张末期压略有增高。肺循环血流量增多而肺动脉压不高，说明肺血管阻力降低。血液循环时间在妊娠期缩短。

二、什么是妊娠合并心脏病？

妊娠合并心脏病是产科严重的合并症，是孕产妇死亡的主要病因之一。妊娠合并心脏病在我国孕、产妇死因中高居第 2 位，位居非直接产科死因的首位，我国发病率约为 1%。

由于妊娠子宫增大，血容量增多，加重了心脏负担，分娩时子宫及全身骨骼肌收缩使大量血液涌向心脏，产后循环血量的增加，均易使有病变的心脏发生心力衰竭。同时，由于长期慢性缺氧，致胎儿宫内发育不良和胎儿窘迫。目前在妊娠合并心脏病患者中，先天性心脏病占 35%～50%，位居第一，其余依次为风湿性心脏病、妊娠期高血压疾病性心脏病、围生期心肌病、贫血性心脏病及心肌炎等。

三、妊娠合并心脏病的临床表现有哪些？

心力衰竭的早期表现：轻微活动即有心慌、胸闷、气短，脉搏在 110 次/分以上，呼吸在 24 次/分以上及肺底部可听到少量持续性湿啰音等。较严重时表现：咳嗽、咯血及咳粉红色泡沫样痰（其内可找到心力衰竭细胞）、唇面发绀、颈静脉怒张、下肢明显水肿、静卧休息时呼吸脉搏仍快、肺底部有持续性湿啰音及肝脾大、压痛等。最严重时表现：端坐呼吸、口周颜面发绀更重、心动过速或心房颤动等。

四、妊娠合并心脏病有哪些分期？

纽约心脏病协会（New York Heart Association，NYHA）依患者生活能力状况，将心脏病孕妇心功能分为 4 级。

Ⅰ级：一般体力活动不受限制。

Ⅱ级：一般体力活动轻度受限制，活动后心悸、轻度气短，休息时无症状。

Ⅲ级：一般体力活动明显受限制，休息时无不适，轻微日常工作即感不适、心悸、呼吸困难，或为既往有心力衰竭史者。

Ⅳ级：一般体力活动严重受限制，不能进行任何体力活动，休息时有心悸、呼吸困难等心力衰竭表现。

这种心功能分级的优点是简便易行，不依赖任何器械检查，多年一直用于临床。其不足之处是主观症状和客观检查不一定一致，有时甚至差距很大。体力活动的能力受平时训练、体力强弱、感觉敏锐性的影响，个体差异很大。因此，NYHA 对心脏病心功能分级进行多次修订。

1994 年采用并行的两种分级方案，即第一种是上述患者主观功能量（functional capacity），第二种是根据客观检查手段（心电图、负荷试验、X 线、B 型超声心动图等）来评估心脏病严重程度、后者将心脏病分为 4 级。

A 级：无心血管病的客观依据。

B 级：客观检查表明属于轻度心血管病患者。

C 级：客观检查表明属于中度心血管病患者。

D 级：客观检查表明属于重度心血管病患者。

其中轻、中、重度没有做出明确规定，由医师根据检查进行判断。将患者的两种分级并列，如心功能Ⅱ级 C、Ⅰ级 B 等。

五、妊娠合并心脏病如何确诊？

由于正常妊娠的生理性变化，可以表现一些酷似心脏病的症状和体征，如心悸、气短、踝部水肿、乏力、心动过速等。心脏检查可有轻度扩大、心脏杂音。妊娠可使原有心脏病的某些体征发生变化，增加心脏病诊断难度。诊断时应注意以下有意义的诊断依据。

1. 妊娠前有心悸、气短、心力衰竭史，或有风湿热病史，体检、X 线、心电图检查曾被诊断有器质性心脏病。

2. 有劳力性呼吸困难，经常性夜间端坐呼吸、咯血，经常性胸闷胸痛等临床症状。早期表现：脉搏在 110 次/分以上，呼吸在 24 次/分以上及肺底部可听到少量持续性湿啰音等。较严重时表现：咳嗽、咯血及咳粉红色泡沫样痰（其内可找到心力衰竭细胞）、唇面发绀、颈静脉怒张、下肢明显水肿、静卧休息时呼吸脉搏仍快、肺底部有持续性湿啰音及肝脾大、压痛等。最严重时表现：端坐呼吸、口周颜面发绀更重、心动过速或心房颤动等。

3. 有发绀、杵状指、持续性颈静脉怒张。心脏听诊有舒张期 2 级以上或粗糙的全收缩期 3 级以上杂音。有心包摩擦音、舒张期奔马律和交替脉等。

4. 心电图有严重心律失常，如心房颤动、心房扑动、三度房室传导阻滞、ST 段及 T 波异常改变等。

5. X 线检查显示心脏显著扩大，尤其个别心腔扩大。B 型超声心动图示心肌肥厚、瓣膜运动异常、心内结构畸形。

六、妊娠合并心脏病对母亲的影响有哪些？

目前在妊娠合并心脏病患者中，先天性心脏病占 35%～50%，位居第一。其余依次为风湿性心脏病、妊娠期高血压疾病性心脏病、围生期心肌病、贫血性心脏病及心肌炎等。不同类型心脏病的发病率，因不同国家及地区的经济发展水平有一定差异。

1. 天性心脏病（congenital heart defects）

（1）左向右分流型先天性心脏病

1）房间隔缺损（atrial septal defect）：是最常见的先天性心脏病，占 20%左右。对妊娠的影响，取决于缺损的大小。缺损面积＜1cm^{2}者多无症状，仅在体检时被发现。多能耐受妊娠及分娩。若缺损面积较大，妊娠期及分娩期由于肺循环阻力增加、肺动脉高压、右心房压力增加，妊娠期体循环阻力下降、分娩期失血、血容量减少，可引起右向左的分流出现发绀，极有可能发生心力衰竭。房间隔缺损面积＞2cm^{2}者，最好妊娠前手术矫治后再妊娠。

2）室间隔缺损（ventriculal septal defect）：可单独存在，或与其他心脏畸形合并存在。缺损大小及肺动脉压力的改变，直接影响血流动力学变化。缺损面积＜1.25cm^2，既往无心力衰竭史，也无其他并发症者，较少发生肺动脉高压和心力衰竭，一般能顺利度过妊娠期与分娩期。室间隔缺损较大，常较早出现症状，多在儿童期肺动脉高压出现前已行手术修补，若缺损较大且未修补的成人，易出现肺动脉高压和心力衰竭，且细菌性心内膜炎的发生率也较高。妊娠能耐受轻、中度的左向右分流，当肺动脉压接近或超过体循环水平时，将发展为右向左分流或艾森曼格综合征，孕产妇死亡率将高达 30%～50%。后者应禁止妊娠，如果避孕失败，应于妊娠早期行治疗性人工流产。

3）动脉导管未闭（patent ductus arteriosus）：是较多见的先天性心脏病。儿童期可手术治愈，故妊娠合并动脉导管未闭者并不多见。与其他分流一样，妊娠结局与动脉导管未闭部分的管径大小有关，较大分流的动脉导管未闭，妊娠前未行手术矫治者，由于大量动脉血流向肺动脉，肺动脉高压使血流逆转出现发绀和心力衰竭。若妊娠早期已有肺动脉高压或有右向左分流者，建议终止妊娠。未闭动脉导管口径较小、肺动脉压正常者，妊娠期一般无症状，可继续至妊娠足月。

（2）右向左分流型先天性心脏病：临床上以法洛四联症及艾森曼格综合征最常见。一般多有复杂的心血管畸形，未行手术矫治者很少存活至生育年龄。此类患者对妊娠期血容量增加和血流动力学改变的耐受力极差，孕妇和胎儿死亡率可高达 30%～50%。若发绀严重，自然流产率可高达 80%，故这类心脏病妇女不宜妊娠，若已妊娠也应尽早终止。经手术治疗后心功能为Ⅰ～Ⅱ级者，可在严密观察下继续妊娠。

（3）无分流型先天性心脏病

1）肺动脉口狭窄单纯肺动脉口狭窄的预后一般较好，多数可存活至生育期。轻度狭窄者，能度过妊娠期及分娩期。重度狭窄（瓣口面积减少 60%以上）者，由于妊娠期及分娩期血容量及心排出量增加，加重右心室负荷，严重时可发生右心衰竭。因此，严重肺动脉口狭窄宜于妊娠前行手术矫治。

2）主动脉缩窄虽为常见的先天性心血管异常，但女性少见。所以，妊娠合并主动脉狭窄较少见。此病常伴其他心血管畸形，预后较差，合并妊娠时 20%会发生各种并发症，死亡率为 3.5%～9%。围生儿预后也较差，胎儿死亡率为 10%～20%。新生儿患主动脉狭窄发生率为 3.6%～4%。轻度动脉狭窄，心脏代偿功能良好，患者可在严密观察下继续妊娠。中、重度狭窄者即使经手术矫治，也应劝告避孕或在妊娠早期终止妊娠。

3）马方综合征（Marfan syndrome）为结缔组织遗传性缺陷导致的主动脉中层囊性蜕变。本病患者妊娠时死亡率为 4%～50%，死亡原因多为血管破裂。胎儿死亡率超过 10%。患本病妇女应劝其避孕，妊娠者若 B 型超声心动图发现主动脉根部直径＞40mm 时，应劝其终止妊娠。患本病妊娠时应严格限制活动，控制血压，必要时使用 β 受体阻滞剂以降低心肌收缩力。

2. 风湿性心脏病

（1）二尖瓣狭窄最多见，占风湿性心脏病的 2/3～3/4。由于血流从左心房流入左心室受阻，妊娠期血容量增加和心率加快，舒张期左心室充盈时间缩短，可发生肺瘀血和肺水肿。无明显血流动力学改变的轻度二尖瓣狭窄者，可耐受妊娠；二尖瓣狭窄越严重，血流动力学改变越明显，妊娠危险性越大，肺水肿和心力衰竭的发生率越高，孕妇与胎儿死亡率越高。尤其在分娩和产后死亡率更高。因此，病变较严重、伴有肺动脉高压患者，应在妊娠前纠正二尖瓣狭窄，已妊娠者宜早期终止。

（2）二尖瓣关闭不全由于妊娠期外周阻力下降，使二尖瓣反流程度减轻，故二尖瓣关闭不全一般情况下能较好耐受妊娠。

（3）主动脉瓣狭窄及关闭不全、主动脉瓣关闭不全者，妊娠期外周阻力降低可使主动脉反流减轻，一般可耐受妊娠。主动脉瓣狭窄增加左心射血阻力，严重者应手术矫正后再考虑妊娠。

3. 妊娠期高血压疾病性心脏病 妊娠期高血压疾病孕妇，以往无心脏病病史及体征，突然发生以左心衰竭为主的全心衰竭，称为妊娠期高血压疾病性心脏病，系因冠状动脉痉挛、心肌缺血、周围小动脉阻力增加、水钠潴留及血黏度增加等因素加重心脏负担而诱发急性心力衰竭。合并中、重度贫血时，更易发生心肌受累。这种心脏病在发生心力衰竭之前，常有干咳，夜间明显，易被误认为上呼吸道感染或支气管炎而延误诊疗时机。诊断及时，治疗得当，常能度过妊娠及分娩期，产后病因消除，病情会逐渐缓解，多不遗留器质性心脏病变。

4. 围生期心肌病 指发生于妊娠晚期至产后 6 个月内的扩张性心肌病，其特征为既往无心血管疾病病史的孕妇，出现心肌收缩功能障碍和充血性心力衰竭。确切病因不清，可能与病毒感染、免疫、高血压、肥胖、营养不良及遗传等因素有关。发生于妊娠晚期占 10%，产褥期及产后 3 个月内最多，约占 80%，产后 3 个月以后占 10%。

临床表现不尽相同，主要表现为呼吸困难、心悸、咳嗽、咯血、端坐呼吸、胸痛、肝大、水肿等心力衰竭的症状：25%～40%患者出现相应器官栓塞症状。轻者仅有心电图 T 波改变而无症状。胸部 X 线摄片见心脏普遍增大、肺淤血。心电图示左心室肥大、ST 段及 T 波异常改变，可伴有各种心律失常，B 型超声心动图显示心腔扩大，以左心室、左心房大为主，室壁运动普遍减弱，射血分数减少。部分患者可因发生心力衰竭、肺梗死或心律失常而死亡。初次心力衰竭经早期治疗后，1/3～1/2 患者可以完全康复，再次妊娠可能复发。

5. 心肌炎（myocarditis） 为心肌本身局灶性或弥漫性炎性病变。可发生于妊娠任何阶段，病因主要是病毒感染（柯萨奇 B、A，ECHO，流感病毒和疱疹病毒等），其他还可由细菌、真菌、原虫、药物、毒物反应或中毒所致。临床表现缺乏特异性，可为隐匿性发病。常有发热、咽痛、咳嗽、恶心、呕吐、乏力，之后出现心悸、胸痛、呼吸困难和心前区不适。检查可见与发热不平行的心动过速、心脏扩大和心电 ST 段及 T 波异常改变、各种心律失常，特别是房室传导阻滞和室性期前收缩等。辅助检查见白细胞增高，红细胞沉降率升高，C 反应蛋白增加，心肌酶谱升高，发病 3 周后血清抗体都增高 4 倍等，均有助于心肌炎的诊断。急性心肌炎病情控制良好者，可在密切监护下妊娠。心功能严重受累者，妊娠期发生心力衰竭得危险性很大。柯萨奇 B 组病毒感染所致心肌炎，病毒有可能导致胎儿宫内感染，发生胎儿、新生儿先天性心律失常及心肌损害，但确切发生率还不十分清楚。

七、妊娠合并心脏病对胎儿的影响有哪些？

不宜妊娠的心脏病患者一旦妊娠，或妊娠后心功能恶化者，流产、早产、死胎、胎儿生长受限、胎儿窘迫及新生儿窒息的发生率均明显增高。围生儿死亡率是正常妊娠的 2～3 倍。心脏病孕妇心功能良好者，胎儿相对安全，剖宫产机会多；某些治疗心脏病的药物对胎儿也存在潜在的毒性反应，如地高辛可自由通过胎盘到达胎儿体内。多数先天性心脏病为多基因遗传，双亲中任何一方患有先天性心脏病，其后代先天性心脏病及其他畸形的发生机会较对照组增加 5 倍，如室间隔缺损、肥厚型心肌病、马方综合征等均有较高的遗传性。

八、妊娠合并心脏病有哪些治疗？

1. 孕妇利尿 常用呋塞米 40～60mg 静脉注射，以利尿而降低循环血容量及减轻肺水肿。可重复使用，但需注意电解质平衡。

2. 扩血管 心力衰竭时，多有外周血管收缩增强，致心脏后负荷增加，应用扩血管药可起“内放血”作用。选用硝酸异山梨酯 5～10mg、巯甲丙脯氨酸 12.5mg 或哌唑嗪 1mg，每日 3 次。

3. 镇静 小剂量吗啡（5mg）稀释后静脉注射，不仅有镇静、止痛、抑制过度兴奋的呼吸中枢及扩张外周血管，减轻心脏前后负荷作用，且可抗心律失常，常用于急性左心衰竭、肺水肿抢救。

4. 减少回心静脉血量 用止血带加压四肢，每隔 5min 轮流松解一个肢体。半卧位且双足下垂可起相同作用。

5. 抗心律失常 心律失常可由心力衰竭所致，亦可诱发或加重心力衰竭，严重者应及时纠正。快速房性异位节律，用电击复律安全有效，亦可选用奎尼丁、普鲁卡因胺等。快速室性异位节律多用利多卡因、盐酸美西律（慢心律）、苯妥英钠，后者尤适用于洋地黄中毒者。高度或完全性房室传导阻滞原则上安装临时起搏器，亦可静脉滴注异丙基肾上腺素。

九、妊娠合并心力衰竭的诊断有哪些?

心力衰竭最容易发生在妊娠 32～34 周、分娩期及产褥期。诊断有：

1. 妊娠前有心悸、气短、心力衰竭史，或曾有风湿热病史，体检、X 线、心电图检查曾被诊断有气质性心脏病。

2. 有劳力性呼吸困难，经常性夜间端坐呼吸、咯血，经常性胸闷胸痛等临床症状。

3. 有发绀、杵状指、持续性颈静脉怒张。心脏听诊有舒张期 2 级以上或粗糙的全收缩期 3 级以上杂音。有心包摩擦音、舒张期奔马律和交替脉等。

4. 心电图有严重心律失常，如心房颤动、心房扑动、三度房室传导阻滞、ST 段及 T 波异常改变等。

5. X 线检查显示心脏显著扩大，尤其个别心腔扩大。超声心动图检查示心肌肥厚、瓣膜运动异常、心内结构畸形。

十、心血管疾病妊娠前指导要点有哪些?

1. 可以妊娠 心脏病变较轻，心功能Ⅰ～Ⅱ级，既往有心脏并发症病史，如有心力衰竭史，亦无其他并发症者，妊娠后经密切监护，适当治疗多能耐受妊娠和分娩。

2. 不适宜妊娠 心脏病变较重、心功能Ⅲ～Ⅳ级；既往有心脏并发症病史，如有心力衰竭史；有症状的心律失常和心肌梗死，短暂性脑缺血发作，肺水肿；有中、重度肺动脉高压的室收缩功能减退（射血分数＜40%）、二尖瓣面积＜$2cm^2$，主动脉瓣面积＜$1.5cm^2$ 左心室输出峰压斜率＞30mmHg；右向左分流型心脏病、活动风湿热、联合瓣膜病、心脏病并发细菌性心内膜炎、急性心肌炎的患者；年龄在 35 岁以上、心脏病病程较长者，妊娠期发生心力衰竭的可能性极大。不宜妊娠的妇女必须严格避孕，若已妊娠，应在妊娠早期行治疗性人工流产术。

十一、心血管疾病的妊娠期处理关键点有哪些?

有心脏病育龄妇女应行妊娠前咨询，明确心脏病类型、病变程度、心功能状态，并确定能否妊娠。允许妊娠者一定要从妊娠早期开始，定期进行产前检查。定期产前检查能极早发现心力衰竭的早期征象。自妊娠 12 周后每 2 周 1 次，20 周起每周 1 次，应每 2 周产、内科共管。妊娠 20 周后，尤其是妊娠 32 周以后，发生心力衰竭的机会增加，产前检查应每周 1 次。发现早期心力衰竭征象，应立即住院治疗。妊娠期经过顺利者，亦应在妊娠 36～38 周提前住院待产。

1. 注意早期心力衰竭的征象

（1）轻微活动后即出现胸闷、心悸、气短。

（2）休息时心率超过 110 次/分，呼吸超过 20 次/分。

（3）夜间常因胸闷而坐起呼吸，或到窗口呼吸新鲜空气。

（4）肺底部出现少量持续性湿啰音，咳嗽后不消失。

2. 注意以下情况

（1）充分休息，限制体力活动，避免劳累和情绪激动，每日睡眠至少 10h。

（2）妊娠期应适当控制体重，以免加重心脏负担。妊娠 16 周后，须限制钠盐摄入，每日 4～5g，预防水肿。予以高蛋白低脂肪富含维生素的饮食，少量多餐。

（3）预防感染，尤其是上呼吸道感染及便秘；防治贫血；治疗心律失常；防治妊娠期高血压疾病和其他合并症与并发症。

十二、妊娠合并心血管疾病分娩期的护理要点有哪些？

1. 分娩方式的选择 心功能Ⅰ～Ⅱ级、胎儿不大、胎位正常、宫颈条件良好者，可考虑在严密监护下经阴道分娩。非产科因素的剖宫产指征：心功能Ⅲ～Ⅳ级，严重的肺动脉高压和严重的主动脉狭窄，主动脉根部扩张＞45mm 的马方综合征等。剖宫产可减少产妇因长时间宫缩所引起的血流动力学改变，减轻心脏负担。

2. 分娩期处理 自第一产程开始，安慰及鼓励产妇，消除紧张情绪。适量应用地西泮、哌替啶等镇静剂。产程开始后即应给予抗生素预防感染。第二产程避免屏气增加腹压，应行会阴侧切术、胎头吸引术或产钳助产术，尽可能缩短第二产程。胎儿娩出后，产妇腹部放置沙袋，以防腹压骤降而诱发心力衰竭。要防止产后出血过多而加重心肌缺血，诱发先心病致使发绀及心力衰竭。产后出血过多者，应适当输血、输液，但需控制输液速度。

十三、妊娠合并心力衰竭的防治要点有哪些？

心力衰竭的孕妇对洋地黄类药物的耐受性较差，需注意毒性反应。为防止产褥期组织内水分与强心药同时回流入体循环引起毒性反应，常选用作用和排泄较快的制剂。妊娠晚期严重心力衰竭的患者，可与内科医生联合控制心力衰竭，同时紧急剖宫产娩出胎儿，减轻心脏负担，以挽救孕妇生命。

十四、先天性心脏病对妊娠的影响是什么？

1. 容量负荷增加 随着胎儿的发育，母体血容量可增加 30%～50%，同时妊娠期心率增快，可使心排血量增加约 50%，因此妊娠可加重瓣膜反流性或左向右分流先天性心脏病的容量过度负荷。作为代偿，妊娠期外周血管阻力下降，由此可降低心室后负荷，减轻瓣膜反流及左向右分流的增加。尽管如此，在已有心室功能异常的患者，妊娠所带来的改变仍有可能导致充血性心力衰竭。

2. 压力负荷增加 半月瓣水平、瓣膜上或瓣膜下的流出道梗阻，以及外周动脉阻力的增加均可使心室的压力负荷增加，而妊娠期血容量及心排血量的增加可以加重心室的压力过度负荷，这有可能导致心力衰竭、心律失常及心肌缺血。当存在左向右分流时，通过分流可减轻左心负荷，若同时存在肺循环高压，可出现右向左分流增加，导致体循环氧饱和度下降。

3. 发绀 先天性心脏病患者发绀的出现意味着动脉血氧含量减少，大多数发绀患者的血氧饱和度低于 85%，发绀多由肺内动静脉畸形或右向左分流型先天性心脏病所致。妊娠期发绀的出现可导致孕妇红细胞增多，血液黏度增大，当血红蛋白＞200g/L 时，可出现头痛、眩晕、疲乏等症状，并有血栓栓塞的风险。发绀患者因合并血小板和纤溶系统功能异常而具有出血倾向，其他并发症有高尿酸血症、肾功能损害、反常性栓塞、脑脓肿、胆石症等。

由于妊娠期外周血管阻力下降，可致右向左分流增加、发绀加重，因此即使在那些已经过姑息手术或病变较轻微甚至妊娠前没有明显发绀的患者，妊娠也可使其心血管风险明显增加。对于发绀的孕妇，其胎儿的预后较差并与孕妇的血氧饱和度直接相关。研究发现，发绀孕妇的新生儿出生率较低（43%～55%），早产及胎儿宫内发育受限较为常见。对于艾森曼格综合征的孕妇，妊娠的风险尤其大，与肺动脉高压的严重程度相关，这样的患者应建议避免妊娠。

4. 心律失常 在未经手术或介入治疗的患者，心脏房室扩大、心肌肥大和纤维化使发生心律失常的基础，可导致缓慢性或快速性心律失常。在已接受手术治疗者，手术对窦房结和房室结的损伤及在心房或心室遗留的手术瘢痕是发生心律失常的基础。

（1）房性心律失常：如心房颤动和心房扑动常见于房间隔缺损修补术后、大血管转位的 Mustard 或 Senning 术后、法洛四联症及其术后及采用 Fontan 手术治疗的患者。

（2）室性心律失常：见于法洛四联症及其术后。妊娠可以加重心房颤动、心房扑动等室上性快速性心律失常，患有先天性心脏病的孕妇常不能很好地耐受心律失常，因为心律失常有可能导致心排血量下降。妊娠期心律失常有可能对孕妇和胎儿是个威胁，尤其在患有先天性心脏病的孕妇，因此心律失常的正确识别很重要，对于血流动力学不稳定或有明显症状的心律失常，应及时正确处理。

5. 心力衰竭　很多在妊娠前没有症状的患者可以在妊娠期间出现典型的心力衰竭症状，已有研究报道妊娠期间可出现心功能 NYHA 分级恶化。妊娠期间充血性心力衰竭常需住院治疗，一般分娩后心功能能恢复到妊娠前水平。一般在妊娠开始时心功能较好的患者比心功能较差的患者出现的并发症要少一些。妊娠期心力衰竭的治疗遵循一般原则，使用标准疗法，即强心、利尿、扩血管等，但须注意禁用血管紧张素转化酶抑制剂类药物。

十五、先天性心脏病对妊娠的影响是什么？

1. 容量负荷增加　随着胎儿的发育，母体血容量可增加 30%～50%，同时妊娠期心率增快，可使心排血量增加约 50%，因此妊娠可加重瓣膜反流性或左向右分流先天性心脏病的容量过度负荷。作为代偿，妊娠期外周血管阻力下降，由此可降低心室后负荷，减轻瓣膜反流及左向右分流的增加。尽管如此，在已有心室功能异常的患者，妊娠所带来的改变仍有可能导致充血性心力衰竭。

2. 压力负荷增加　半月瓣水平、瓣膜上或瓣膜下的流出道梗阻，以及外周动脉阻力的增加均可使心室的压力负荷增加，而妊娠期血容量及心排血量的增加可以加重心室的压力使其过度负荷，这有可能导致心力衰竭，心律失常及心肌缺血。当存在左向右分流时，通过分流可减轻左心负荷，若同时存在肺循环高压，可出现右向左分流增加，导致体循环氧饱和度下降。

3. 发绀　先天性心脏病患者发绀的出现意味着动脉血氧含量减少，大多数发绀患者的血氧饱和度低于 85%，发绀多由肺内动静脉畸形或右向左分流型先天性心脏病所致。妊娠期发绀的出现可导致孕妇红细胞增多，血液黏度增大，当血红蛋白＞200g/L 时，可出现头痛、眩晕、疲乏等症状，并有血栓栓塞的风险。发绀患者因合并血小板和纤溶系统功能异常而具有出血倾向，其他并发症有高尿酸血症、肾功能损害、反常性栓塞、脑脓肿、胆石症等。

由于妊娠期外周血管阻力下降，可致右向左分流增加，发绀加重，因此即使在那些已经过姑息手术或病变较轻微甚至妊娠前没有明显发绀的患者，妊娠也可使其心血管风险明显增加。对于发绀的孕妇，其胎儿的预后较差并与孕妇的血氧饱和度直接相关。研究发现，发绀孕妇的新生儿出生率较低（43%～55%），早产及胎儿宫内发育受限较为常见。对于艾森曼格综合征的孕妇，妊娠的风险尤其大，与肺动脉高压的严重程度相关，这样的患者应建议避免妊娠。

4. 心律失常　在未经手术或介入治疗的患者，心脏房室扩大、心肌肥大和纤维化使发生心律失常的基础，可导致缓慢性或快速性心律失常。在已接受手术治疗者，手术对窦房结和房室结的损伤及在心房或心室遗留的手术瘢痕是发生心律失常的基础。

（1）房性心律失常：如心房颤动和心房扑动常见于房间隔缺损修补术后、大血管转位的 Mustard 或 Senning 术后、法洛四联症及其术后及采用 Fontan 手术治疗的患者。

（2）室性心律失常：见于法洛四联症及其术后。妊娠可以加重心房颤动、心房扑动等室上性快速性心律失常，患有先天性心脏病的孕妇常不能很好地耐受心律失常，因为心律失常有可能导致心排血量下降。妊娠期心律失常有可能对孕妇和胎儿是个威胁，尤其在患有先天性心脏病的孕妇，因此心律失常的正确识别很重要，对于血流动力学不稳定或有明显症状的心律失常，应及时正确处理。

5. 心力衰竭　很多在妊娠前没有症状的患者可以在妊娠期间出现典型的心力衰竭症状，已有研究报道妊娠期间可出现心功能 NYHA 分级恶化。妊娠期间充血性心力衰竭常需住院治疗，一般分娩后心功能能恢复到妊娠前水平。一般在妊娠开始时心功能较好的患者比心功能较差的患者出现的并发症要少一些。妊娠期心力衰竭的治疗遵循一般原则，使用标准疗法，即强心、利尿、扩血管等，但须注意禁用血管紧张素转化酶抑制剂类药物。

6. 感染性心内膜炎　菌血症在分娩过程中比较常见，先天性心脏病患者的心内射流或湍流使其易感感染性心内膜炎，有时甚至是致命的，有人曾在系列研究中发现 44 个发绀型先天性心脏病孕妇中有 2 人在分娩后出现细菌性心内膜炎且其中一人死亡，因此对于一些高危患者预防性静脉应用抗生素是合理的。

7. 血栓栓塞 女性在妊娠期间发生血栓栓塞的风险较平常增加 6 倍，发绀型先天性心脏病也是血栓形成的一个独立危险因素，因此对于这些患者，妊娠能够进一步增加其血栓的风险。对于机械瓣膜置换术后需要抗凝的孕妇，其自身及胎儿在妊娠期均存在风险，治疗决策需要权衡应用华法林或肝素的风险与益处。

一般倾向于建议在妊娠前 3 个月应用肝素抗凝，因为肝素不能透过胎盘而华法林可以透过胎盘，且这一时期华法林的致畸作用较大，妊娠 3 个月后可以应用华法林抗凝，但须注意妊娠期间使用华法林有增加胎儿出血和孕妇子宫出血的危险，一般在妊娠 36 周后恢复使用肝素抗凝，而预期早产的话应更早使用。剖宫产术后尤其是采用全身麻醉者，血栓栓塞的风险增加，应引起重视。

先天性心脏病患者妊娠的风险决定于心脏病变的严重程度、是否存在发绀、孕妇的心功能状况及抗凝药物的使用等。一般来说，患有左向右分流或瓣膜反流性先天性心脏病的孕妇，对妊娠引起的血流动力学改变耐受较好；而患有右向左分流或瓣膜狭窄的先天性心脏病孕妇，则较难耐受。在轻度左向右分流、肺动脉压正常的青年女性，妊娠和分娩过程大多正常，分流量较大时，妊娠过程中容易发生心力衰竭。发绀型先天性心脏病的孕妇，容易发生流产、胎儿畸形或死胎，这与母体血氧饱和度降低有关。艾森曼格综合征患者妊娠期间的死亡率可高达 50%，此外，马方综合征、主动脉瓣狭窄和主动脉缩窄的患者，妊娠过程中危险性也明显增加。

十六、什么是围生期心肌病？

围生期心肌病是指既往无心脏病史，于妊娠最后 3 个月或产后 6 个月首次发生的以累及心肌为主的一种心肌病。围生期心肌病在围生期首次出现，可使无心脏病的妊娠末期或产后（通常 2～20 周）女性出现呼吸困难、血痰、肝大、水肿等心力衰竭症状，类似扩张型心肌病。患者可有心室扩大，附壁血栓。本病的特点之一是体循环或肺循环栓塞的出现概率较高。有人认为，本病由于妊娠、分娩使原有隐匿的心肌病显现出临床症状，故也有人将之归入原发性心肌病的范畴。本病多发生在 30 岁左右的经产妇。如能早期诊断、及时治疗，一般预后良好。安静、增加营养、服用维生素类药物十分重要。

十七、围生期心肌病的病因是什么？

围生期心肌病是一组多因素疾病，其病因迄今未明。其发病可能与病毒感染、机体自身免疫因素有关，多胎、多产、高血压、营养不良、贫血等均被认为与围生期心肌病的发生有关。也有人把剖宫产术、慢性高血压、先兆子痫视为发生围生期心肌病的危险因素。

十八、围生期心肌病的临床表现有哪些？

围生期心肌病的主要临床表现为充血性心力衰竭。无心脏病的妊娠末期或产后（通常 2～20 周）出现呼吸困难、血痰、肝大、水肿等心力衰竭症状，类似扩张型心肌病者。

十九、围生期心肌病的休息与活动指导有哪些？

休息根据心功能情况卧床休息。有报道长期卧床休息后 50%患者心脏大小可恢复正常，如有心力衰竭可卧床休息半年左右，以利于分娩后心脏恢复到正常大小。围生期心肌病易发生血栓栓塞并发症，有报道本病 53%的患者出现血栓栓塞的临床表现，妊娠后期由于凝血因子Ⅱ、Ⅶ、Ⅷ、Ⅹ及血浆纤维蛋白原增加，血小板黏附性增加，且此种变化可持续到产后 4～6 周，加之左心功能不全导致的瘀血及过去强调的长期卧床休息易引起下肢深静脉血栓形成，可致肺栓塞而死亡。因此目前不推荐长期卧床休息，并酌情注意适当的被动性或主动性肢体活动，预防血栓栓塞的发生，必要时应考虑应用抗凝剂。妊娠后期根据心功能情况卧床休息，不推荐长期卧床休息，预防血栓栓塞的发生。本病再次妊娠时有复发倾向，所以应防止再次妊娠。

二十、围生期心肌病的用药指导有哪些?

应用洋地黄类药物可以改善心肌收缩力，用药前应向患者解释用药的注意事项。严密监测心率和节律的变化，每次服药前应该监测脉搏，若脉搏<60次/分或者节律不规则，应该暂停用药，围生期心肌病心力衰竭时易发生洋地黄中毒，因此应观察有无洋地黄药物中毒征兆如恶心、呕吐、黄绿视等；应用利尿剂时注意观察水肿消退情况，每周测量体重2次，并准确记录出入量，使用排钾利尿剂时观察有无低血钾症状，及时补钾以预防低钾血症；使用血管扩张剂时应观察血压及心率，注意平均动脉压下降应≤20mmHg，心率波动不应大于20次/分；抗凝药物使用，应严密观察皮肤黏膜有无瘀点、瘀斑。如出现牙龈出血等，告知患者应使用软毛牙刷，避免磕伤、碰伤，定期监测出凝血时间，如进行腹壁皮下注射低分子肝素，局部按压不得少于15min；由于心功能Ⅲ级和Ⅳ级患者排便困难易加重心力衰竭症状，必要时候遵医嘱给予口服缓泻剂或者灌肠。

二十一、围生期心肌病的预后如何?

围生期心肌病同其他的非缺血性心肌病有很多共性，但心室功能的恢复较其他非缺血性心肌病要好。约50%的围生期心肌病患者可以在产后6个月内痊愈，这主要取决于心室功能的恢复情况，而慢性持续性病程（>6个月）往往提示预后不良，大约20%的患者面临死亡或不得不选择心脏移植。更多的研究证实，围生期心肌病痊愈的患者再次受孕时会引起心肌病的复发或者原有的左心室功能恶性加重，因此即使痊愈再次受孕仍然是禁忌的。

二十二、围生期心肌病的预防措施有哪些?

1. 加强妊娠期和围生期体检，及早发现和治疗妊娠中毒症，预防产褥期或产后各种感染。

2. 再度妊娠可引起复发，间歇性肾盂肾炎、不良饮食习惯、过度体力消耗及洋地黄使用不当也可致复发。应避免和去除上述因素。

二十三、心脏手术后妊娠期与分娩期的护理指导有哪些?

心脏病孕妇的分娩方式，主要取决于心功能状态及产科情况。①剖宫产：可在较短时间内结束分娩，从而避免长时间子宫收缩所引起的血流动力学变化，减轻疲劳和疼痛等引起的心脏负荷。②阴道分娩：心功能Ⅰ～Ⅱ级者，除非有产科并发症，原则上经阴道分娩。心脏病孕妇的平均产程和正常孕妇相比，无明显差别，但必须由专人负责，密切监护。

二十四、心脏手术后产褥期的护理指导有哪些?

1. 继续用抗生素防止感染，以杜绝亚急性细菌性心内膜炎的发生。

2. 曾有心力衰竭的产妇，应继续服用强心药物。

3. 注意体温、脉搏、呼吸及血压变化，以及子宫缩复与出血情况。

4. 产后卧床休息24～72h，重症心脏病产妇应取半卧位，以减少回心血量，并吸氧。如无心力衰竭表现，鼓励早期起床活动。有心力衰竭者，则卧床休息，期间应多活动下肢，以防血栓性静脉炎。

5. 心功能Ⅲ级以上的产妇，产后不授乳。哺乳增加机体代谢与液量需要，可使病情加重。

6. 产后至少住院观察2周，待心功能好转后始可出院。出院后仍需充分休息，限制活动量。严格避孕。

二十五、心脏手术妊娠者的随访指导有哪些?

出院后第1个月、3个月、6个月到医院复查1次，1年后可每年复查1次。

第十九章　妊娠合并肝脏疾病

一、什么是妊娠合并病毒性肝炎？

妊娠合并病毒性肝炎是妊娠合并由肝炎病毒引起、以干细胞变性坏死为主要病变的传染性疾病。根据病毒类型分为甲型、乙型、丙型、丁型、戊型等，其中以乙型最为常见。

二、妊娠合并病毒性肝炎发生的病因是什么？

妊娠与肝炎互为不利因素，即肝炎可影响妊娠的正常发展，对母儿可产生不良后果，如妊娠期高血压、产后出血、胎儿窘迫、胎儿生长发育受限、早产、死胎、死产等的发生率明显增高；而妊娠可以影响肝炎，妊娠期新陈代谢旺盛，胎儿的呼吸排泄等功能均需母体完成；肝脏是性激素代谢及灭活的主要场所，妊娠期胎盘分泌的雌、孕激素大大增加；妊娠期孕妇所需热量较非妊娠期高20%，铁、钙、各种维生素和蛋白质需求量大大增加，若孕妇原有营养不良，则肝功能减退，加重病情；妊娠期高血压综合征可引起小血管痉挛，使肝、肾血流减少，而肾功能损害、代谢产物排泄受阻，可进一步加重肝损害，易致肝细胞大块坏死，诱发重型肝炎。

三、病毒性肝炎对母儿的影响有哪些？

1. 对孕产妇的影响　妊娠期并发症增多：妊娠期高血压疾病的发生率增加，可能与肝脏对醛固酮的灭活能力下降有关。产后出血发生率增加，是由于肝功能算还是凝血因子产生减少致凝血功能障碍。尤其是重型肝炎常并发 DIC。孕产妇病死率升高：与非妊娠期相比，妊娠合并肝炎以发展为重型肝炎，以乙型、戊型多见。妊娠合并重型肝炎病死率可高达 60%。

2. 对胎儿、新生儿的影响　妊娠早期合并急性肝炎易产生流产；妊娠晚期合并肝炎易出现胎儿窘迫、早产、死胎。新生儿死亡率增高。

四、妊娠合并病毒性肝炎的母婴传播途径有哪些？

1. 母婴传播　主要是指胚胎内的胎儿通过产道感染或宫内感染，而感染上与母亲相同的疾病。由于这种疾病传播是从母亲传至子代因而也称垂直传播：HIV、乙型肝炎等疾病都有这种传播方式。因而肝炎患者妊娠要非常当心，以免生产时小孩得病。母婴传播也称围生期传播。

2. 产时传播　是母婴传播的主要途径，占 40%～60%。胎儿通过产道接触母血、羊水、阴道分泌物或子宫收缩使胎盘绒毛破裂，母血进入胎儿血液循环引起，只要有 10^{-8}ml 母血进入胎儿体内即可使胎儿感染乙肝病毒。

3. 产后传播　产后母婴密切接触，使新生儿受到乙肝病毒的感染，这主要与吞咽母亲的唾液和母乳喂养有关。

五、妊娠合并慢性乙型肝炎的临床表现有哪些？

1. 全身表现　患者常感身体乏力，容易疲劳，可伴轻度发热等。失眠、多梦等可能与此有关。

2. 消化道表现　肝炎时，肝功能异常，胆汁分泌减少，常出现食欲不振、恶心、厌油、上腹部不适、腹胀等。

3. 黄疸　病情较重时，肝功能受损，胆红素的摄取、结合、分泌、排泄等障碍，血液中胆红素浓度增高。胆红素从尿液排出，尿液颜色变黄，是黄疸最早的表现。血液中胆红素浓度继续增加，可引起眼睛、皮肤黄染。由于胆汁酸的排出障碍，血液中胆汁酸浓度增高，过多的胆汁酸沉积于皮肤，刺激末梢神经，可引起皮肤瘙痒。

4. 肝区疼痛　慢性乙型肝炎一般没有剧烈的疼痛。部分患者可有右上腹、右季肋部不适、隐痛、压痛或叩击痛。如果肝区疼痛剧烈，还要注意胆道疾病、肝癌、胃肠疾病的可能性，以免误诊。

5. 肝脾大　由于炎症、充血、水肿、胆汁淤积，患者常有肝脏肿大。晚期大量肝细胞破坏，纤维组织收缩，肝脏可缩小。急性肝炎或慢性肝炎早期，脾脏无明显肿大，门静脉高压时，脾脏淤血，可引起脾大。

6. 肝外表现　慢性乙肝，尤其是肝硬化患者面色黝黑晦暗，称肝病面容。手掌大、小鱼际显著充血称肝掌。皮肤上一簇呈放射状扩张的形如蜘蛛的毛细血管团称蜘蛛痣，其他部位也可出现。男性可出现勃起功能障碍，对称或不对称性的乳腺增生、肿痛和乳房发育，偶可误诊为乳腺癌；女性可出现月经失调、闭经、性欲减退等。这可能与肝功能减退是、雌激素灭活减少、体内雌激素增多有关。

六、妊娠合并重症肝炎的临床表现有哪些？

极度乏力和严重的消化道症状；神经、精神症状（如嗜睡、性格行为改变、烦躁不安、昏迷等）；有明显出血倾向：鼻出血、牙龈出血不易止住；黄疸迅速加深伴有中毒性鼓肠、肝臭等；化验检测时 PTA＜40%，TBIL 大于正常的 10 倍。

七、什么是“大三阳”？

所谓“大三阳”，是指慢性乙型肝炎患者或者乙肝病毒携带者体内乙肝病毒的免疫指标，即乙肝表面抗原（HBsAg）、乙肝 e 抗原（HBeAg）、乙肝核心抗体（抗 HBC）三项阳性。

八、什么是“小三阳”？

所谓“小三阳”是指慢性乙型肝炎患者或乙肝病毒携带者体内乙肝病毒的免疫学指标：即乙肝表面抗原（HBsAg）、乙肝 e 抗体（HBeAb）、乙肝核心抗体（抗 HBC）三项阳性。

九、妊娠合并病毒性肝炎的预防措施有哪些？

1. 日常生活中要养成勤用肥皂洗手的卫生习惯。如果家里有肝炎患者，吃饭时应实行分餐制。

2. 保持生活及工作环境中各种物品的卫生，注意要定期消毒。

3. 输液、注射、拔牙、洗牙等要去正规医院，避免医源性感染，同时也阻断肝炎病毒经血液传播的途径。

4. 注意性生活的安全卫生，正确使用安全套。

5. 患有肝炎的女性妊娠后，应采取母婴阻断措施，避免肝炎传染给孩子，同时应到传染病专科医院或其他正规医院产科分娩。

6. 平日里应注意多锻炼身体，增强体质，饮食营养均衡，工作娱乐注意劳逸结合，减少被感染的机会。

7. 可以到医院接种乙肝疫苗，防止感染。

十、妊娠合并轻症肝炎的治疗有哪些？

长期观察、定期随访、按时复查，注意病变发展方向。可用干扰素或核苷类药物抗病毒治疗，对不符合抗病毒治疗的患者可以先进行保肝降酶降黄的辅助治疗。

十一、妊娠合并病毒性肝炎的产科处理是什么？

1. 妊娠期　妊娠早期，积极治疗，待病情好转行人工流产。妊娠中、晚期，护肝治疗为主，重视防治妊娠期高血压疾病，加强妊娠期监护。

2. 分娩期　临产开始，按医嘱注射止血药。备新鲜血。缩短第二产程，必要时行阴道助产术。胎肩娩出后立即静脉注射催产素。确认胎盘无残留、产道无损伤，以防产后大出血。重症肝炎者，宜在护肝治疗和纠正凝血功能后，及时择期剖宫产。麻醉宜选择局麻，术后禁用盐酸派替啶等镇静剂。

3. 产褥期　观察阴道出血量及子宫缩复。防止感染，选用对肝脏损害小的广谱抗生素防止肝病恶化。新生儿出生后立即肌内注射乙型肝炎免疫球蛋白，可选择母乳喂养。若回奶，应避免使用对肝有损害的雌激素。

十二、妊娠合并病毒性肝炎妊娠期怎么护理？

开展卫生教育，传授相关的卫生知识，预防肝炎的发生。加强妊娠期保健，讲解肝炎与母婴的相互影响转归及预后，帮助孕妇消除顾虑，树立信心，积极配合监护措施。预防交叉感染，按传染科处理，严格执行隔离消毒措施。落实妊娠期监护，定期产前检查，与传染科共同监护，预防早产，注意休息，避免劳累及情绪波动。轻度患者给予适当休息，要把补充足够营养视为药物治疗的重要组成部分，鼓励孕妇摄入足够热量的食物。预防妊娠期高血压疾病及贫血，以免病情发展，若发现孕妇皮肤、巩膜黄染加深，尿色黄，皮肤瘙痒等，即按医嘱做进一步检查。若血压升高、贫血等，应及早治疗，以免病情恶化。加强入院患者的护理，专人护理。严密监测生命体征。宜进食低脂肪、低蛋白、高糖类食物，保证足够热量并补充大量纤维素。预防交叉感染，按传染病科处理，严格执行消毒隔离措施。

十三、妊娠期合并病毒性肝炎分娩的新生儿怎么护理?

新生儿出生后立刻注射乙型肝炎免疫球蛋白；再按 0、1、6 个月方案（出生后注射第 1 针乙肝疫苗，1 个月后注射第 2 针乙肝疫苗，6 个月时注射第 3 支乙肝疫苗），准时为新生儿接种乙肝疫苗。

十四、妊娠期合并病毒性肝炎分娩的新生儿能吃母乳吗?

乙型肝炎是血液传染病，乙肝病毒不能通过消化道传播。乳汁中检出乙肝病毒的概率很低；含量也非常小。迄今尚无事实证明乙肝病毒可以通过乳汁传播。我国首部《慢性乙型肝炎的防治指南》明确指出：新生儿在出生 12h 内注射乙型肝炎免疫球蛋白和乙型肝炎疫苗后，可接受 HBsAg 阳性母亲的哺乳。

十五、什么是妊娠急性脂肪肝?

妊娠期急性脂肪肝（acute fatty liver of pregnancy，AFLP）又称“产科急性假性黄色肝萎缩”“妊娠特发性脂肪肝”“妊娠期肝脏脂肪变性”等。妊娠期急性脂肪肝是妊娠晚期特有的致命性少见疾病。该病起病急骤，病情变化迅速，可发生在妊娠 28～40 周，多见于妊娠 35 周左右的初产妇，妊娠期高血压疾病、双胎和男胎较易发生。临床表现与急性重型肝炎相似。

十六、妊娠期急性脂肪肝的临床表现有哪些?

起病初期仅有持续性恶心、呕吐、乏力、上腹痛或头痛。数天至 1 周后孕妇出现黄疸，且进行性加深，常无瘙痒。腹痛可局限于右上腹，也可呈弥散性。患者常有高血压、蛋白尿、水肿，少数人有一过性多尿和烦渴，如果未及时终止妊娠病情继续进展，出现凝血功能障碍，皮肤瘀点、瘀斑、消化道出血、齿龈出血等，低血糖、意识障碍、精神症状及肝性脑病、尿少、无尿和肾衰竭，常于短期内死亡。

发病初期有急性剧烈上腹痛，淀粉酶增高，似急性胰腺炎。虽然黄疸明显，血清直接胆红素增高，但尿胆红素常阴性。国内报告此种现象也可见于急性重型肝炎。常于肝衰竭出现前有严重出血及肾功能损害、谷丙转氨酶（ALT）升高，但麝浊常正常。B 型超声检查为脂肪肝波形，以助早期诊断，确诊靠病理检查。病理特点为肝小叶至中带细胞增大，胞质中充满脂肪空泡，无大块肝细胞坏死。

十七、妊娠期急性脂肪肝的实验室检查指标有什么特点?

1. 血常规。外周血白细胞计数升高，可达（15.0～30.0）$\times 10^9$/L，出现中毒颗粒，并见幼红细胞和嗜碱性点彩红细胞；血小板计数减少，外周血涂片可见肥大血小板。

2. 血清总胆红素中度或重度升高，以直接胆红素为主，一般不超过 200μmol/L；血转氨酶轻度或中度升高，ALT 不超过 300U/L，有酶-胆分离现象；血碱性磷酸酶明显升高；人血白蛋白偏低，β 脂蛋白升高。

3. 血糖可降至正常值的 1/3～1/2，是妊娠期急性脂肪肝的一个显著特征；血氨升高，出现肝性脑病时可高达正常值的 10 倍。

4. 凝血酶原时间和部分凝血活酶时间延长，纤维蛋白原降低。

5. 血尿酸、肌酐和尿素氮均升高。尤其是尿酸的增高程度与肾功能不成比例，有时高尿酸血症可在 AFLP 临床发作前就存在。

6. 尿蛋白阳性，尿胆红素阴性。尿胆红素阴性是较重要的诊断之一，但尿胆红素阳性不能排除妊娠期急性脂肪肝。

十八、妊娠期急性脂肪肝的护理要点有哪些?

1. 调整饮食结构，主食宜以糖类（碳水化合物）为主，尽量减少精米、精面，多搭配一些杂粮。

2. 总能量应该控制在每日每千克标准体重 20～25kcal，无论是由于什么原因引起的脂肪肝，都应该把每天摄入的总能量控制在正常范围。

3. 坚决改掉不良的饮食习惯，实行有规律的一日三餐，同时应该尽量避免过量的摄食，吃零食、夜食及过分追求高热量的调味浓的食物。

4. 戒酒。因长期大量饮酒可引起轻度脂肪肝，应坚决戒酒。

5. 烹饪方法。应该选择健康的蒸、煮、烩、炖、熬、焖，忌油炸、煎炒等方法。

6. 选择肉类食物应该以鱼肉、家禽、兔肉为主，避免过量使用肥腻的猪肉，尤其对猪内脏要限量。

7. 应注意补充合理饮水，一般地，成人每日需饮水 2000ml，老年人 1500ml，肥胖者因体内水分较正常人少，因此每日饮水应该保持在 2200～2700ml，平均每 3h 摄入 300～500ml，最佳的饮用水是白开水、矿泉水、净化水及清淡的茶水。

8. 轻度脂肪肝患者每日食盐饮食量应该控制在 5g 以下，因为盐能增加胃液分泌，促进食欲。

十九、妊娠期急性脂肪肝的产后护理需注意哪些?

1. 心理护理　妊娠期急性脂肪肝患者病情危重，病程长，治疗费用高，母婴分离，出现情绪低落、抑郁、焦虑、悲哀，甚至对治疗失去信心。我们给予患者更多的体贴关心，注意观察其情绪变化，加强沟通，鼓励其说出内心的焦虑，及时给予疏导。心理护理还包括了对家属的心理指导。家人对患者的理解和支持本身就是一种莫大的安慰，对减轻患者思想负担起着举足轻重的作用。

2. 基础护理　绝对卧床休息，保持病房安静，各种治疗、操作尽量集中，动作轻柔，操作熟练，保证患者充分的休息，保持各种管道通畅。

3. 饮食护理　禁止高脂肪及高蛋白饮食，进食以碳水化合物为主的食物，葡萄糖除能供给热量、减少蛋白质分解外，还能促进氨合成谷氨酰胺，以降低血氨，防止肝性昏迷的发生。昏迷患者，应静脉或鼻饲管供给营养。出现腹水者要限制钠盐和水的摄入。保持大便通畅，减少肠内有毒物质，可给予植物蛋白饮食、高维生素饮食，有利于氨的排除，且利于排便。

4. 皮肤护理　黄疸患者因胆盐沉积出现皮肤瘙痒，应做好皮肤护理，可用温水擦浴及止痒药物，防止抓伤，引起感染。水肿及昏迷患者应定时翻身，防止压疮，保持床铺清洁干燥、平整，衣着宽松、舒适。

5. 密切观察病情变化　严密监测生命体征，持续心电监护，正确统计出入量，密切注意黄疸的出现及加重，观察神志及瞳孔的变化以了解有无肝性脑病的先兆。还应注意患者有无心慌、出冷汗等低血糖症状，随时监测血糖情况。

6. 出血的护理　由于肝脏功能严重受损，凝血因子减少，凝血功能下降，甚至发生 DIC，患者常表现为出血倾向，因此加强出血的观察极为重要。注意观察皮肤、黏膜、牙龈、穿刺点有无出血点，有无淤血、瘀斑，消化道有无反酸、呕血、黑便等出血症状。尽量减少创伤性操作，使用留置针穿刺或静脉置管。严密监测凝血时间、凝血酶原时间、3P 试验等，及时送检标本并迅速反馈结果。密切观察患者子宫收缩情况、出血量及出血性质，注意观察是否有血液不凝固状况，特别注意腹部切口和会阴伤口有无慢性渗血，警惕 DIC 的发生。

7. 母乳喂养中断的护理　因母婴分离，患者的病情或用某些药物暂时不能母乳喂养，应做好乳房护理，指导正确的挤奶方法，保持乳腺管通畅，防止奶胀；若不能母乳喂养的做好回乳护理，防止乳腺炎，指导科学的人工喂养，因妊娠期急性脂肪肝患者肝功能受损，禁用雌激素回奶。

第二十章　妊娠合并糖尿病

一、什么是妊娠期糖尿病？

妊娠期糖尿病（GDM）是指妊娠前糖代谢正常，妊娠期才出现的糖尿病。

二、妊娠合并糖尿病的诊断标准是什么？

1. 妊娠合并糖尿病的诊断

（1）妊娠前已确诊为糖尿病患者。

（2）妊娠前未进行过血糖检查但存在糖尿病高危因素者，如肥胖（尤其重度肥胖）、一级亲属患者2型糖尿病、妊娠期糖尿病史或大于胎龄分娩史、多囊卵巢综合征患者及妊娠早期空腹尿糖反复阳性，首次产前检查时应明确是否存在妊娠前糖尿病，达到以下任何一项标准应诊断为妊娠合并糖尿病。①空腹血糖≥7.0mmol/L；②糖化血红蛋白≥6.5%（采用NGSP/DCCT标化的方法）伴有典型的高血糖或高血糖危象症状，同时任意血糖≥11.1mmol/L。如果没有明确的高血糖症状，任意血糖≥11.1 mmol/L需要次日复测上述①或者②确诊。不建议妊娠早期常规葡萄糖耐量试验（OGTT）检查。

2. GDM的诊断标准和方法

（1）有条件的医疗机构，在妊娠24～28周及以后，应对所有尚未被诊断的糖尿病的孕妇，进行75g OGTT。

OGTT的方法：OGTT前1日晚餐后禁食至少8h至次日晨（最迟不超过上午9点），OGTT试验前连续3日正常体力活动、正常饮食，即每日进食碳水化合物不少于150g，检查期间静坐、禁烟。检查时，5min内口服含75g葡萄糖的液体300ml，分别抽取服糖前、服糖后1h及2h的静脉血（从开始饮用葡萄糖水计算时间），放入含有氟化钠的试管中采用葡萄糖氧化酶法测定血浆葡萄糖的水平。

75g OGTT的诊断标准：空腹及服糖后1h、2h的血糖值分别为5.1mmol/L、10.0mmol/L、8.5mmol/L。任何一点血糖值达到或者超过上述标准即确诊为妊娠期糖尿病。

（2）医疗资源缺乏地区，建议妊娠24～28周首先检查空腹血糖（FPG）。FPG≥5.1 mmol/L，可以直接诊断为妊娠期糖尿病，不必再做75g OGTT；而4.4 mmol/L≤FPG＜5.1mmol/L者，应尽早做75g OGTT；FPG＜4.4 mmol/L，可暂不行75g OGTT。

孕妇具有妊娠期糖尿病高危因素，首次OGTT正常者，必要时在妊娠期晚期重复OGTT。

未定期妊娠期检查者，如果首次就诊时间的妊娠28周以后，建议初次就诊时75g OGTT或FPG检查。

三、妊娠期糖尿病的病因是什么？

适应这一变化，当机体不能够分泌足够量的胰岛素来代偿这一生理变化时血糖增高，导致妊娠期糖尿病的发生。

四、妊娠期糖尿病的临床表现有哪些？

妊娠期绝大多数孕妇表现为体形肥胖，此次妊娠存在胎儿巨大、羊水过多，妊娠晚期体重增长较快。孕妇有不同程度的多饮、多食、多尿“三多”症状，孕妇常发生外阴瘙痒、阴道-外阴反复的念珠菌感染，反复难治性肾盂肾炎或经常患皮肤疖肿、毛囊炎等。合并妊娠期高血压疾病可出现高血压、水肿和蛋白尿等症状，个别较重的糖尿病患者可以出现视力模糊等糖尿病性视网膜病变，酮症酸中毒时可出现腹痛、嗜睡乃至昏迷。

分娩期由于子宫收缩加大了糖原的消耗，加上临产后进食不好，孕妇易出现头晕、心慌、盗汗等低血糖症状；或恶心、呕吐、视物模糊、呼吸加快、呼吸带有烂苹果味的酮症酸中毒症状。

胎盘娩出后，内分泌激素恢复到非妊娠时水平，胰岛素需要减少。若不及时调整胰岛素用量，极易发生低血糖。

五、什么是妊娠糖耐量受损？

妊娠糖耐量受损为早期的血糖稳态改变，只是介于正常血糖和妊娠期糖尿病血糖之间的中间状态或过渡阶段。

六、妊娠期糖代谢的特点是什么？

在妊娠早、中期，随孕周增加，胎儿对营养物质需求量增加，通过胎盘从母体获取葡萄糖是胎儿能量的主要来源，孕妇血浆葡萄糖水平随妊娠进展而降低，空腹血糖约降低 10%。系因：胎儿从母体获取葡萄糖增加；妊娠期肾血浆流量及肾小球滤过率均增加，但肾小管对糖的再吸收率不能相应增加，导致部分孕妇排糖量增加；雌激素和孕激素增加母体对葡萄糖的利用。因此，空腹时孕妇清除葡萄糖能力较非妊娠期增强。孕妇空腹血糖较非孕妇低，这也是孕妇长时间空腹易发生低血糖及酮症酸中毒的病理基础。到妊娠中、晚期，孕妇体内抗胰岛素样物质增加，如胎盘生乳素、雌激素、黄体酮、皮质醇和胎盘胰岛素酶等使孕妇对胰岛素的敏感性随孕周增加而下降，为维持正常糖代谢水平，胰岛素需求量必须相应增加。对于胰岛素分泌受限的孕妇，妊娠期不能正常代偿这一生理变化而使血糖升高，使原有糖尿病加重或出现妊娠期糖尿病。

七、妊娠期胰岛素拮抗有哪些因素？

拮抗胰岛素的激素，如肾上腺皮质激素、胎盘泌乳素、雌激素、孕激素等分泌增多。

八、妊娠对糖尿病的影响有哪些？

1. 妊娠期　由于血液存在稀释，胰岛素相对不足。妊娠早期，孕妇空腹血糖低于非孕妇，孕妇长时间空腹容易发生低血糖和酮症酸中毒。主要与下列因素有关：胎儿从母体摄取的葡萄糖量增加；孕妇肾血流量与肾小球滤过率均增加，而肾小管回吸收不增加，导致孕妇排糖量增加；雌激素和孕激素增加了母体对葡萄糖的利用。妊娠中、晚期，孕妇体内抗胰岛素样物质增加，如胎盘生乳素、雌激素、黄体酮、皮质醇和胎盘胰岛素酶等，使孕妇对胰岛素的敏感性随孕周增加而降低。为了维持正常糖代谢水平，胰岛素需求量须相应增加，对于胰岛素分泌受限的孕妇，妊娠期不能维持这一生理代偿变化而导致血糖升高，使原有糖尿病加重或出现妊娠期糖尿病。随妊娠进展，空腹血糖下降及胎盘生乳素具有分解脂肪的作用，体内脂肪分解的碳水化合物及脂肪增多，故妊娠期糖尿病发生酮症酸中毒。

2. 分娩期　因子宫收缩导致体内大量消耗糖原，同时产妇进食减少，若不及时调整胰岛素用量，更易发生低血糖和酮症酸中毒。孕妇临产后的剧烈疼痛和精神紧张可使血糖发生较大波动、胰岛素使用量不易掌握。产程中应严密观察血糖变化。

3. 产褥期　由于胎盘排出及全身内分泌激素逐渐恢复到非妊娠水平，胎盘分泌的具有抗胰岛素作用的激素迅速消失，使胰岛素需要量相对减少，不及时调整胰岛素用量，极易发生低血糖。

九、妊娠合并糖尿病对母儿的影响有哪些？

1. 对孕妇的影响　高血糖使胚胎发育异常，最终导致胚胎死亡、流产，自然流产发生率可达 15%～30%，多发生在妊娠早期，主要见于病情严重血糖未能控制者。糖尿病孕妇妊娠期高血压疾病发病率为正常孕妇的 4 倍以上，因糖尿病患者多有小血管内皮细胞增厚及管腔狭窄，伴有肾血管病变时更易发生。糖尿病孕妇抵抗力下降易合并感染，最常见的泌尿系统感染。羊水过多的发生率较非糖尿病孕妇高 10 倍，可能与羊水中糖量过高，刺激羊膜分泌增加及胎儿高血糖、高渗性利尿致胎尿排出增多有关。糖尿病孕妇巨大儿发生率高，导致头盆不称增加；另外患者常伴有宫缩乏力，二者均可使产程异常、剖宫产率升高。巨大儿经阴道分娩难产机会增加，并导致产后出血等并发症出现。

2. 对胎儿及新生儿的影响 巨大胎儿发生率高达 25%～40%。低体重儿发生率高，早产发生率为 10%～25%。妊娠合并显性糖尿病时胎儿畸形率明显升高，达 4%～12.9%，以心血管畸形最常见，其次为神经系统畸形。特别是受孕最初几周（一般为 7 周内）为胚胎发育的关键时期，该阶段孕妇高血糖或口服降糖药有导致严重结构畸形发生的可能。糖尿病常伴有严重血管病变或产科并发症，影响胎盘血供，引起死胎死产。新生儿由于母体血糖供应中断而发生反应性低血糖和由于肺泡表面活性物质不足而发生新生儿呼吸窘迫综合征，增加了新生儿死亡率。

十、妊娠合并糖尿病对围生儿的影响有哪些？

胎儿生长过速，巨大儿发生率高；胎死宫内；胎儿畸形；胎儿发育受限。

十一、妊娠合并糖尿病的远期影响有哪些？

妊娠期糖尿病患者分娩后的一定时期血糖可能恢复正常。但妊娠期糖尿病患者中一半以上将在未来的 20 年内最终成为 2 型糖尿病患者，而且有越来越多的证据表明，其子代有发生肥胖与糖尿病的可能。

十二、妊娠期糖尿病有哪些分期？

目前采用 1994 年美国妇产科医师协会推荐的分类，其中 B～H 分类按照普遍使用 White 分类法。根据糖尿病的发病年龄、病程、是否存在血管合并症、器官受累等情况进行分期，有助于评估病情的严重程度及预后。

A 级：妊娠期出现或发现的糖尿病。B 级：显性糖尿病，20 岁以后发病，病程＜10 年，无血管病变。C 级：发病年龄在 10～19 岁，或病程达 10～19 年，无血管病变。D 级：10 岁以前发病，或病程大于 20 年，或者合并单纯性视网膜病。F 级：糖尿病肾病 R 级：有增生性视网膜病变。H 级：糖尿病性心脏病。此外，根据母体血糖控制情况进一步将妊娠期糖尿病分为：

A1 级：经饮食控制，空腹血糖＜5.8mmol/L，餐后 2h 血糖＜6.7mmol/L。A1 级妊娠期糖尿病母儿合并症较少，产后糖代谢异常多能恢复正常。

A2 级：经饮食控制，空腹血糖≥5.8mmol/L，餐后 2h 血糖≥6.7mmol/L。A2 级妊娠期糖尿病母儿合并症较多，胎儿畸形发生率增加。

十三、妊娠期糖尿病有哪些治疗？

1. 糖代谢异常孕妇的治疗 妊娠期血糖控制满意标准：孕妇无明显饥饿感，空腹血糖控制在 3.3～5.6mmol/L；餐前 30min：3.3～5.8mmo1/L；餐后 2h：4.4～6.7mmol/L；夜间：4.4～6.7mmol/L。饮食治疗饮食控制很重要。理想的饮食控制目标：既能保证和提供妊娠期间热量和营养需要，又能避免餐后高血糖或饥饿酮症出现，保证胎儿正常生长发育。药物治疗对饮食治疗不能控制的糖尿病，胰岛素是主要的治疗药物。妊娠期糖尿病酮症酸中毒治疗在监测血气、血糖、电解质并给予相应治疗的同时，主张应用小剂量胰岛素 0.1U/（kg·h）静脉滴注。每 1～2h 监测血糖一次。血糖＞13.9mmol/L，应将胰岛素加入 0.9%氯化钠注射液静脉滴注。血糖≤13.9mmo1/L，开始将胰岛素加入 5%葡萄糖氯化钠注射液中静脉滴注，酮体转阴后可改为皮下注射。

2. 妊娠期母儿监护 每周检查一次直至妊娠第 10 周。妊娠中期应每 2 周检查一次，一般妊娠 20 周时胰岛素需要量开始增加，需及时进行调整。每月测定肾功能及糖化血红蛋白含量，同时进行眼底检查。妊娠 32 周以后应每周检查一次。注意血压、水肿、尿蛋白情况。注意对胎儿发育、胎儿成熟度、胎儿胎盘功能等进行监测，必要时及早住院。

3. 分娩时机 尽量推迟终止妊娠的时间。血糖控制良好，妊娠晚期无合并症，胎儿宫内状况良好，应等待至妊娠 38～39 周终止妊娠。血糖控制不满意，伴血管病变、重度子痫前期、严重感染、胎儿生长受限、胎儿窘迫，应及早抽取羊水，并注入地塞米松促胎儿肺成熟，胎儿肺成熟后应立即终止妊娠。

4. 分娩方式 妊娠合并糖尿病，有巨大儿、胎盘功能不良、胎位异常或其他产科指征者，应行剖宫产。对糖尿病病程＞10 年，伴有视网膜病变及肾功能损害、重度子痫前期、有死胎史的孕妇，应放宽剖宫产指征。

5. 分娩期处理 严密观察血糖、尿糖及酮体变化，及时调整胰岛素用量，加强胎儿监护。阴道分娩，临产时情绪紧张及疼痛可使血糖波动。胰岛素用量不易掌握，严格控制产时血糖水平对母儿均十分重要。临产后仍采用糖尿病饮食。产程中一般应停用皮下注射胰岛素，静脉输注 0.9%氯化钠注射液加胰岛素，根据产程中测得的血糖值调整静脉输液速度。应在 12h 内结束分娩，产程过长可增加酮症酸中毒、胎儿缺氧和感染危险。剖宫产，在手术前一日停止应用晚餐前精蛋白锌胰岛素，手术日停止皮下注射胰岛素，一般在早上监测血糖、尿糖及尿酮体。根据其空腹血糖水平及每日胰岛素用量，改为小剂量胰岛素持续静脉滴注。术后每 2～4h 测一次血糖，直到饮食恢复。产后处理，产褥期胎盘排出后。体内抗胰岛素物质迅速减少，大部分妊娠期糖尿病患者在分娩后即不再需要使用胰岛素，仅少数患者仍需胰岛素治疗。新生儿出生时处理：新生儿出生时应进行血糖、胰岛素、胆红素、血细胞比容、血红蛋白、钙、磷、镁的测定。尤其是妊娠期血糖控制不满意者需给予监护，重点防止新生儿低血糖，即在哺乳开始同时，定期滴服葡萄糖溶液。

十四、怎样进行妊娠合并糖尿病的饮食指导?

饮食控制的标准是能满足孕妇及胎儿能量和营养的需要，又能避免血糖过高或者是孕妇饥饿酮症，维持血糖在正常范围内。每日总能量摄入应根据妊娠前体重和妊娠期增长情况具体推荐，其中糖类宜占总能量的 50%～60%，蛋白质占 15%～20%，脂肪占 25%～30%，但应适当限制饱和脂肪酸的摄入量。妊娠期应合理安排餐次及用餐量。少量多餐可降低发生低血糖和酮症酸中毒发生的危险。

十五、怎样进行妊娠合并糖尿病的运动指导?

妊娠期可进行散步、家务、孕妇体操、孕妇瑜伽等低等和中等强度的有氧运动。为了防止低血糖和延迟性低血糖，应在进食后 30min 进行孕妇。避免空腹未注射胰岛素之前进行运动。

十六、如何进行正确的血糖监测?

指导患者密切监测血糖，有条件者每日测定空腹和餐后血糖共 4～6 次。血糖控制的目标是空腹或餐前血糖＜5.6mmol/L，餐后 2h 血糖≤6.7mmol/L；糖化血红蛋白尽可能控制在 6.0%以下，血糖高于正常上限如空腹血糖＞7mmol/L，应考虑开始胰岛素治疗。

十七、妊娠合并糖尿病如何正确使用胰岛素治疗?

随着孕周的增加，胰岛素的用量也要随着增加。妊娠合并糖尿病患者的用量可较非妊娠期增加 2～4 倍。产妇分娩结束后，胰岛素的用量也会很快下降。多数妊娠合并糖尿病患者分娩后，胰岛功能足够应付正常代谢需要后，就可以停止使用胰岛素；原有 1 型或 2 型糖尿病产妇的胰岛素用量一般也会很快恢复到妊娠前水平。总的来说，医生设定妊娠期胰岛素的使用剂量时，一般遵循以下几个原则。

1. 从小剂量起始，在无糖尿病急性并发症的前提下，多数患者起始剂量为 0.2～0.6U/kg 体重/d。

2. 胰岛素用量分配为早餐前多于晚餐前，晚餐前多于午餐前。

3. 每次调整剂量的幅度为 2～4U，距离血糖目标值越近，调整的幅度越小。

4. 剂量调整应依据总体血糖趋势，而不是单独某一次的血糖数值。

5. 剂量调整不要过于频繁，每次调整后应观察 2～3 天，以判断疗效。

6. 哪一餐的餐后血糖最高，就优先调整哪一餐的餐前胰岛素用量。

十八、妊娠合并糖尿病胰岛素治疗时的护理要点有哪些?

孕妇指导：告知患者注射胰岛素的目的；指导患者注射结束后按压注射点针眼 1～2min；告知

患者注射胰岛素后进餐前勿运动，要按时进餐；告知患者低血糖的临床表现，如何预防和正确处理；确保胰岛素的种类和剂量及注射时间准确。一般速效胰岛素餐前 10～15min 注射，短效胰岛素和预混胰岛素餐前 15～30min 注射；注射胰岛素的常见问题：疼痛、皮下瘀血、皮肤感染、脂肪垫、胰岛素外漏。

影响胰岛素作用的因素：胰岛素的注射部位，腹部吸收最快、最完全，之后依次为上臂、大腿、臀部。胰岛素在水肿的区域吸收较为缓慢。注射部位皮下硬结、脂肪组织萎缩会影响胰岛素的吸收；胰岛素的注射深度，注射在肌肉中的胰岛素吸收速率较皮下快，因此皮下注射胰岛素时，枕头不能刺入过深，以免刺入肌肉层，使胰岛素吸收加快；胰岛素的浓度 U100 较 U40 吸收快。

十九、妊娠合并糖尿病酮症酸中毒时的护理有哪些？

轻度酮症酸中毒只需鼓励饮水，调整饮食及胰岛素用量，中度患者处理原则如下：快速补充足量液体：通常第一个 24h 内至少应补足 4000～5000ml。前 2h 每小时应补充 1000～2000ml。合并先兆子痫或心脏病患者不宜补液过快。血糖＜13.9mmol/L 可选择 5%葡萄糖生理盐水溶液补液，血糖≥13.9mmol/L 选用生理盐水补液。应选用小剂量胰岛素持续静脉滴注，每小时监测血糖 1 次，每 2h 监测 1 次尿酮体，根据血糖值调整胰岛素用量，血糖＜13.9mmol/L 时可将胰岛素加入 5%葡萄糖生理盐水溶液以每小时 3～4U 的速度静脉滴注，血糖≥13.9mmol/L 时将胰岛素加入生理盐水以每小时 4～6U 的速度静脉滴注。

二十、妊娠合并糖尿病妊娠期孕妇怎样监护？

指导孕妇定期产前检查，监测血糖、尿酮体。妊娠 28 周前每月全面体检 1 次，妊娠 29 周后每 2 周 1 次。

二十一、妊娠合并糖尿病妊娠期胎儿怎样监护？

胎儿监测，包括胎儿生长发育情况、胎儿的成熟度、胎儿-胎盘功能。

二十二、妊娠合并糖尿病分娩期护理要点有哪些？

鼓励进食以保证热量和预防低血糖，应使血糖控制在接近正常水平。产时应测尿糖、血糖、尿酮体，及时调整胰岛素用量，以防发生低血糖。分娩过程中，血糖波动大，容易发生酮症酸中毒。遵医嘱给予胰岛素治疗，并协助测量血糖、CO_2结合力等。第三产程注意调整胰岛素用量。密切监测宫缩、胎心变化，为避免酮症酸中毒，阴道分娩应避免产程延长，一般应在 12h 内结束分娩，超过 16h 易发生酮症酸中毒。阴道助产者应严格执行无菌操作规程，做好新生儿抢救工作。需剖宫产的孕妇，应为其做好术前准备，同时告知其手术的必要性，使其配合治疗。为孕妇提供清洁、卫生的环境，保持外阴清洁，严格无菌操作，遵医嘱给予抗生素预防感染。

二十三、妊娠合并糖尿病新生儿的护理要点有哪些？

新生儿出生后应留脐带血及时检测血糖及脐血胰岛素，所有新生儿均按高危儿处理，仔细进行新生儿查体，及时发现新生儿畸形。新生儿出生后 30min 复查血糖，12h 内每 2～4h 复查一次血糖，防止新生儿低血糖的发生，并应在开奶同时及时喂葡萄糖水。新生儿低血糖的诊断标准是：足月儿血糖低。

第二十一章　妊娠合并呼吸系统疾病

一、妊娠合并肺炎的危险因素是什么?

体质虚弱、营养不良、过度疲劳、感冒及上呼吸道感染等，是肺炎发病的诱因，妊娠生理学上的改变，包括子宫增大、膈肌抬高、胸廓横径扩大等，这些均使得妊娠妇女清除呼吸道分泌物的能力下降，并导致呼吸道黏膜水肿、充血等，使得呼吸道局部的防御能力降低和易感性增加，但若妊娠妇女吸烟、合并贫血、哮喘，其罹患肺炎的风险增高。

二、妊娠合并肺炎的临床表现有哪些?

一般急性起病，典型表现为突然畏寒、发热或先有短暂“上呼吸道感染”史，随后咳嗽、咳痰或原有呼吸道症状加重，并出现脓性痰或血痰，伴或不伴胸痛。病变范围大者，可有呼吸困难、发绀。早期肺部体征不明显，典型体征为肺实变体征、湿啰音。

三、妊娠合并肺炎对孕妇有哪些影响?

妊娠合并肺炎的产妇在 34 周以前分娩的可能性大，早产率可达 43%。肺炎致母体病死率均较非妊娠期增加。

四、妊娠合并肺炎对胎儿有哪些影响?

对胎儿的影响主要为流产、早产、胎儿宫内垂直感染的风险增加。

五、妊娠合并肺炎的预防措施是什么?

1. 疾病预防指导。避免上呼吸道感染、淋雨受寒、过度疲劳、醉酒等诱因，注意均衡营养，避免去人群密集地方。

2. 若妊娠中晚期会在流感高发季节，计划妊娠前注射流感疫苗和风疹疫苗。

3. 以下患者为高危人群：糖尿病、哮喘、慢性支气管炎、慢性高血压、脾切除术后和自身免疫性疾病患者，妊娠前建议注射肺炎球菌疫苗。接触水痘-带状疱疹病毒感染患者（生活亲密接触：面对面接触时间超过 5min 或室内接触超过 15min）者须及时检测病毒抗体滴定度，若抗体检测阴性或未能确定身体免疫状态，建议接触后 72（96）h 内肌内注射水痘–带状疱疹病毒免疫球蛋白。

六、妊娠期肺结核的临床表现有哪些?

1. 轻症患者　无临床表现。

2. 全身症状　低热、消瘦、乏力、盗汗、食欲缺乏，全身不适等。

3. 呼吸道症状　咳嗽、咳痰、咯血、胸痛等。

七、妊娠对肺结核的影响有哪些?

研究调查提示妊娠及分娩时对肺结核多无不利影响，妊娠一般不改变肺结核的性质，妊娠期、产后与同龄未孕妇比较，预后基本相同。

八、肺结核对妊娠的影响有哪些?

肺结核患者除非同时有生殖器结核，一般不影响受孕。一般认为，非活动性结核或病变范围不大、肺功能无改变者，对妊娠经过和胎儿发育多无大影响。而活动性肺结核的妇女发生流产、胎死宫内、早产、低体重儿的可能性增大。结核病的治疗药物可能对母儿有不良作用。孕妇可在产前、产时及产后将结核菌传给下一代。活动性肺结核未经治疗的母亲，其新生儿在生后第一年有 50% 感染的可能性。

九、妊娠期肺结核的护理需注意什么？

1. 饮食护理 予患者高热量、高蛋白、富含维生素的清淡易消化饮食。宜少量多餐，避免因饱餐使心脏负担增加。鼓励患者多食鱼、肉、蛋、牛奶、豆制品、新鲜蔬菜和水果，食物中可增加藕、芝麻等一些具有收敛作用的食物。禁食如辣椒、胡椒、烟、酒、咖啡等刺激性食品。

2. 症状护理

（1）乏力、发热患者，应卧床休息，减少活动量，协助相应的生活护理。

（2）鼓励多饮水，及时擦干汗液，更换汗湿的内衣裤及被褥，防止受凉感冒。体温超过 38.5℃时及时给予物理或者药物降温。

（3）咳嗽、咳痰的患者，教会有效咳嗽、咳痰的方法，告知痰液收集及无害化处理的方法。发热、盗汗的患者咯血时宜取患侧卧位，鼓励轻轻将血咯出，严密注意观察咯血的色、质、量。如患者出现烦躁不安、唇甲发绀等症状时，立即组织抢救。抢救措施采取头低脚高位，鼓励患者将血咯出，必要时采取吸引器吸出血液。患者大咯血应绝对卧床休息，保持安静，尽量减少搬动。应禁用垂体后叶素止血，以免子宫过度收缩造成流产。

3. 用药护理 详细向患者介绍抗结核治疗方案，药物的作用及不良反应的观察。治疗用药应充分考虑患者是否继续妊娠。对要求保胎者严禁使用可造成畸胎、突变等影响胎儿的药物（利福平在妊娠前 3 个月内需禁止使用、氧氟沙星在妊娠期及哺乳期均要禁用、链霉素在妊娠的任何时期均要禁用等）；指导患者正确服用抗结核药物，如异烟肼、利福平、吡嗪酰胺宜在餐前空腹顿服，不宜与牛奶同服；异烟肼加用维生素 B_6 可防止其对胎儿潜在的神经毒性等。

4. 产科护理 孕妇必须同时进行抗结核治疗和妊娠期保健，定时产前检查。观察阴道有无出血、腹痛、流液情况，以便了解胎儿情况。因妊娠期间雌激素增加结核菌易繁殖，此间微血管通透性增加，易患结核性脑膜炎。护理中注意患者精神状态，有无头痛呕吐等症状，并注意与妊娠反应相区别。产褥期患者需增加营养，延长卧床休息时间，加强抗结核治疗，密切观察肺结核病情改变，积极防治产褥期感染。

5. 消毒隔离措施 病室需要经常开窗换气，防止交叉感染。做好痰液管理，督促患者痰液吐入放有一次性痰袋的有盖痰杯内，在痰袋 2/3 满时即将痰袋封口，放入黄色医用垃圾袋后焚烧处理。反复告知患者不可对着别人咳嗽、打喷嚏，咳嗽、打喷嚏时用手纸遮住口鼻，以减少结核菌的传播。患者与家属近距离接触，应密切注意隔离措施，尽可能都戴口罩。

6. 心理护理 肺结核孕妇普遍存在焦虑、抑郁、悲观绝望及自卑等负性情绪，给予个性化的心理护理有效缓解孕妇负性情绪，医护人员主动和患者及家属交谈，耐心细致介绍疾病的发生和发展过程，详细解释各种治疗和护理的作用，多开导、体贴、关心患者的生活，告诉患者及家属结核可以治愈，帮助患者及家属树立对抗疾病的信心。

十、妊娠期肺结核的用药指导有哪些？

妊娠期合并肺结核患者应规律、联合治疗，异烟肼虽然可通过胎盘屏障，但毒性反应小，至今未发现致畸作用，是妊娠期结核病患者使用广泛且安全可靠的药物，妊娠期妇女在服用异烟肼时易发生末梢神经炎，需加用维生素 B_6；乙胺丁醇也可透过胎盘屏障，胎盘内血药浓度约为母体血药浓度的 30%，其对幼畜具有一定的影响，但对人类胎儿的影响一直没有证实，是妊娠合并结核病患者的常用药物。一般认为异烟肼（FDA C 级）、乙胺丁醇（FDA B 级）、吡嗪酰胺（FDA C 级）相对安全，妊娠前 3 个月不能应用利福平，对于妊娠前 3 个月发现有活动性结核患者，建议待结核病情控制后择期终止妊娠。

十一、如何指导妊娠合并肺结核患者母乳喂养？

产后抗结核治疗期间并没有母乳喂养的禁忌。哺乳妇女应继续服抗结核药，每次喂奶前要戴口罩。活动性肺结核不可以喂乳、照顾婴儿，以免过分消耗体力加重病情，同时避免婴儿接触感染，病灶已静止 2 年以上的孕妇可母乳喂养。

十二、妊娠期肺结核新生儿的护理需注意什么?

产后需隔离新生儿。若肺结核孕妇分娩时痰检结核分枝杆菌为阴性，则新生儿应接种卡介苗，但不治疗；若母亲分娩时痰检为阳性，且婴儿情况良好，则应给婴儿3个月预防性化疗（异烟肼），而不接种卡介苗。3个月后，如PPD阴性，可停用化疗，接种卡介苗；如为阳性，再化疗3个月；若有结核中毒症状，应给予全程抗结核治疗，以预防结核性脑膜炎的发生。

十三、妊娠期哮喘的临床表现有哪些?

1. 气喘，呼吸困难，以呼气困难为主。口唇青紫，面色灰暗，有时大汗淋漓，不能平卧。

2. 两肺布满哮鸣音。胸部有过度充气表现（胸腔前后径增大，横膈下降）。

3. 合并感染时，可有发热。

十四、妊娠对哮喘的影响有哪些?

哮喘是育龄妇女常见的疾病，4%～8%的孕妇患有哮喘。由于激素水平的变化和腹腔内体积增加，正常的妊娠对呼吸生理将产生很大影响。妊娠期间功能残气量（FRC）和补呼气容积（ERV）将减少，同时孕妇氧耗量将增加。氧耗量增加和功能残气量降低导致了氧储备降低并且大大增加了缺氧的敏感性。妊娠合并哮喘患者大约1/3 哮喘保持稳定，1/3 哮喘控制率有提高，另外1/3 哮喘将恶化。

十五、哮喘对孕妇的影响有哪些?

哮喘的严重程度是决定妊娠期预后重要因素。妊娠期能有效控制哮喘发作，则孕妇的预后良好。如果整个妊娠过程哮喘控制很好，就几乎没有不利的孕妇及胎儿并发症发生的风险。

十六、哮喘对胎儿的影响有哪些?

哮喘发作时，孕妇不能维持适当血氧浓度，可引起胎儿缺氧。哮喘控制不良者，早产、胎膜早破、低体重儿、围生儿死亡率增加。

十七、妊娠期哮喘的治疗措施有哪些?

治疗原则：控制发作，纠正缺氧，改善肺功能，尽可能避免药物对胎儿的不利影响。治疗的重点是强调妊娠期用药控制哮喘的重要性。

1. 轻度哮喘发作 口服或吸入平喘药，舒张气道平滑肌。如β_2兴奋剂。

2. 重度哮喘发作

（1）低流量吸氧。

（2）建立静脉通道，纠正缺水。

（3）使用β_2兴奋剂。

（4）使用氨茶碱。

（5）使用糖皮质激素。

3. 哮喘持续状态 及早用气管插管机械通气，以维持血氧分压60mmHg以上，血氧饱和度在95%以上。并同时积极用药。

4. 产科处理 应注意以下问题：β_2兴奋剂能抑制宫缩或引起产后出血；慎用全身麻醉剂、镇静剂和止痛剂；禁用前列腺素类制剂。无产科指征者可阴道分娩，重度哮喘发作者可放宽剖宫产指征。

十八、妊娠期哮喘的护理要点是什么?

1. 健康教育 良好健康的教育可显著提高患者对疾病的认识，更好地配合治疗与预防，减少哮喘急性发作。医务人员应向孕妇及家属讲解支气管哮喘的本质、诱发因素、哮喘对妊娠的影响、主动控制哮喘对母婴安全的重要性和必要性及妊娠用药安全等方面的知识。

2. 心理护理 妊娠期本身就是一个心理相对紧张的时期，对于妊娠合并支气管哮喘的患者来说，还要担心哮喘的急性发作或症状的加重，以及药物可能对胎儿的影响，因此紧张情绪心理加重，又可能反过来引起哮喘的急性发作或症状的加重。因此，通过心理干预，了解患者的心理状态。多使用安慰和鼓励性语言，告知患者哮喘能得到有效控制，可以跟正常孕妇一样完成生产，指导患者简单的心理调适方法，如放松训练和音乐疗法，使患者对生活充满希望。

3. 环境管理 病室保持空气新鲜流通，无特殊的气味。室内不宜摆放花草，防止花粉引起患者过敏或因花草香气而诱发哮喘发作。对诱因明确的，指导孕妇避免再接触，如尘螨、真菌、动物。调节病室的温度和湿度，并保持床褥、窗台、地面等的清洁。

4. 吸氧疗法的护理 哮喘发作时不宜吸入高浓度氧气，并注意湿化。低浓度间歇吸氧，一般予2～3L/min鼻塞法吸入。指导患者睡眠时取半坐卧位，督促患者记录哮喘日记。

5. 呼吸道管理 多饮水，经常翻身，有效排痰。可以做药物雾化，教会患者正确使用气雾剂。

6. 饮食护理 饮食宜清淡、易消化，忌刺激辛辣的食物，同时多吃水果、蔬菜，多饮水补充水分。对牛奶、鱼虾、海鲜等食物过敏者，此类食物可诱发哮喘发作，应禁食。

十九、如何指导妊娠期哮喘孕妇用药?

1. 健康教育 医务人员应该告知妊娠患者，不良的哮喘控制和急性发作所带来的风险是远远大于哮喘治疗药物所带来的“副作用”的。遵守医生嘱咐，按时用药，定期复查肺功能，完全可以像正常人一样自由活动，畅快呼吸。

2. 妊娠期哮喘的用药原则 尽可能使用非药物疗法以减轻药物对胎儿的损害；尽量避免使用对孕妇、胎儿安全性尚不确定的药物；如果病情需要用药，应将用药剂量尽量控制在最低水平；尽可能通过吸入方式给药，减少口服或注射用药。

3. 用药方式 对轻度/间歇哮喘，可以考虑β_2兴奋剂、抗胆碱药物吸入性给药；中度和重度哮喘可考虑糖皮质激素、白三烯受体拮抗剂与茶碱联合用药的方式。重度持续哮喘考虑大剂量糖皮质激素和β_2兴奋剂。

4. 定期随访 哮喘需长期规范治疗才能完全控制，并且必须坚持每1～3个月定期随访。时用时停容易导致哮喘反复发作，反而不易控制。

5. 雾化吸入疗法 是目前妊娠期妇女哮喘治疗的主要给药途径之一。雾化吸入的注意事项如下。

（1）取坐位或半卧位，放松肩膀，用嘴将雾化吸嘴紧紧含住深吸气吸气末稍停片刻，使雾化气尽量吸入，呼气时用鼻慢慢呼气。如感觉疲劳可以稍做休息再进行吸入。

（2）雾化吸入后需漱口，预防激素在口咽部积聚，用面罩吸入者需洗脸。

二十、妊娠期支气管扩张的临床表现有哪些?

1. 慢性咳嗽、大量脓痰 咳嗽通常发生于早晨和晚上，晨起时由于体位变化，痰液在气道内流动而刺激气道黏膜引起咳嗽和咳痰，由于分泌物积聚于支气管扩张部位，痰量与体位改变有关。

2. 反复咯血 痰中带血或大量咯血。咯血量有时与病情严重程度和病变范围不一致。部分患者以反复咯血为唯一症状。

3. 反复肺部感染 同一肺段反复发生肺炎。

4. 慢性感染中毒症状 可出现发热、乏力、食欲缺乏、消瘦、贫血等。

二十一、妊娠期支气管扩张的相互影响是什么?

健康产妇妊娠期间呼吸系统发生一系列生理变化，妊娠合并支气管扩张患者的生理改变更加复杂，若处理不当，容易造成胎儿宫内窘迫和产妇窒息死亡。

二十二、妊娠期支气管扩张的护理需注意什么?

1. 休息和环境 急性感染或病情严重者应卧床休息，保持室内空气流通，维持适宜的温湿度，注意保暖。

2. 饮食护理 提供高热量、高蛋白质、富含维生素饮食，避免冰冷食物诱发咳嗽，少食多餐。指导患者在咳痰后及进食后用漱口，保持口腔清洁，促进食欲。鼓励患者多饮水，每天1500ml以上，以提供充足的水分，使痰液稀释，利于排痰。

3. 用药护理 按医嘱使用抗生素、祛痰剂和支气管扩张剂，指导孕妇掌握药物的疗效、剂量、用法和不良反应。

4. 体位引流 原则上抬高病灶部位的位置，是利用重力作用促使呼吸道分泌物流入气管、支气管排出体外的方法。根据病变部位、病情和患者状况，每天1～3次，每次15～20min，如果患者不能耐受应及时调整姿势。一般在饭前，早晨清醒后立即进行效果最好。引流期间应有护士或家人协助，评估患者对引流体位的耐受程度，如患者出现心率超过120次/分、心律失常、高血压、低血压、眩晕或发绀，应立即停止引流并通知医生。

5. 咯血的护理

（1）小量咯血者以静卧休息为主，大量咯血患者应绝对卧床休息，尽量避免搬动。取患侧卧位，减少患侧胸部的活动，防止病灶向健侧扩散，同时有利于健侧肺的通气功能。

（2）饮食护理：大量咯血者应禁食；小量咯血者宜时少量、温、凉流质饮食，多饮水，多食富含纤维素食物，保持排便通畅，避免腹压增加而引起再度咯血。

6. 对症护理 安排专人护理并安慰孕妇。保持口腔清洁、咯血后为患者漱口，擦净血迹，防止因口咽部异物刺激引起剧烈咳嗽而诱发咯血。及时清理患者咯出的血块及污染的衣物、被褥，有助于稳定情绪，增加安全感，避免因精神过度紧张而加重病情。

7. 保持呼吸道通畅 痰液黏稠无力咳出者，可经鼻腔吸痰。咯血轻拍健侧背部，嘱患者不要屏气，以免诱发喉头痉挛，使血液引流不畅形成血块至窒息。

8. 用药护理 根据医嘱使用止血药、镇咳药和镇静药。注意孕妇慎用垂体后叶素，因能引起子宫收缩。

9. 窒息的抢救 病床备好急救器械，做好气管插管或气管切开的准备工作及配合工作。

二十三、妊娠合并严重脊柱畸形的护理需注意什么？

1. 心肺功能监测 由于脊柱畸形可致支气管扭曲、变形、肺不张、排痰不畅、肺内感染、肺气肿、肺纤维化、肺心病等均可致呼吸衰竭和心力衰竭；妊娠后随着妊娠月份、血容量及腹压增加，使膈肌膨升又额外增加了心肺负担。其缺氧程度随妊娠期增长而加重，严重者可危及母婴生命。因此，应随时观察孕产妇的呼吸状态和肺功能，观察其心率和心律的变化。如肺活量＜1000ml，提示通气障碍，需做动脉血气分析，以判断心肺代偿功能，做心电图和超声心电动图判断心肺功能。

2. 加强孕妇的支持疗法 给予低浓度持续吸氧，氧浓度为20%～30%，流量为1～1.5L/min，有利于孕妇及胎儿的生长需要。脊柱畸形可本身有 CO_2 蓄积，若高浓度给氧可麻痹颈动脉窦和主动脉化学感受器对氧的敏感性，抑制呼吸，加重呼吸衰竭。

3. 妊高征的观察 脊柱畸形易发生妊高征，加强对产妇的血压、蛋白尿、水肿及自觉症状的评估。积极治疗妊高征。

4. 健康教育及门诊监护 向孕产妇讲解脊柱畸形妊娠的危险性，使其能配合治疗。加强产前检查，积极防治呼吸系统感染，妊娠后应定期做肺功能检查和血气分析。指导进食含铁质、高维生素、高蛋白、宜消化饮食，宜少食多餐。门诊监测中，一旦发生呼吸系统感染、心力衰竭征兆或有妊高征表现时应及时住院治疗。

二十四、妊娠期急性呼吸衰竭的临床表现有哪些？

1. 呼吸困难 即气短，心动过速，呼吸过速。体检可有弥漫性或双肺底部的胸膜捻发音及发绀。无充血性心力衰竭及液体过度负荷的证据。妊娠期的血容量增加，尤其是妊娠30～32周常易导致ARDS加重，使预后变坏，胸片有从间质肺泡浸润到弥漫性的白肺的表现，多数患者至少有一半以上肺野受累。死亡率可高达30%～70%。

2. 发绀 是缺 O_2 的典型症状。当动脉血氧饱和度低于 85%时，可在血流量较大的口唇指甲出现发绀。

3. 精神神经症状 急性呼衰的精神症状与慢性相比更为明显，急性缺 O_2 可出现精神错乱、狂躁、昏迷、抽搐等症状。急性 CO_2 潴留，pH＜7.3 时，会出现精神症状。严重 CO_2 潴留可出现腱反射减弱或消失，锥体束征阳性等。

4. 血液循环系统症状 严重缺 O_2 和 CO_2 潴留引起肺动脉高压，可发生右心衰竭，伴有体循环瘀血体征。

5. 消化和泌尿系统症状 严重呼衰对肝、肾功能都有影响，如蛋白尿、尿中出现红细胞和管型。常因胃肠道黏膜充血水肿、糜烂渗血，或应激性溃疡引起上消化道出血。

二十五、妊娠期急性呼吸衰竭的治疗原则是什么？

1. 病因治疗 针对不同病因采取适当的治疗十分重要，如气道阻塞、严重气胸等，病因解决，呼吸衰竭就可能自行缓解。

2. 一般支持治疗 纠正电解质，酸碱平衡失调，积极抗感染，及时补充血容量，纠正低血压、休克、贫血；防治消化道出血；保证充足的营养及热量供给对母儿的预后很重要，经鼻插胃管可减少吸入的可能性。

3. 保持气道通畅 清除口、咽、喉及肺部的分泌物，注意解除支气管的痉挛，必要时需建立人工气道。

4. 氧治疗 可提高动脉氧分压，使组织缺氧得到改善，给氧亦可使心、肺负荷得以减轻，低氧血症引起的肺动脉高压也可有所缓解。

（1）高浓度（＞50%）给氧：呼吸心搏骤停、急性肺水肿，ARDS 等严重缺氧的患者，当动脉血氧分压低至 3.3kPa（25mmHg）时，重要脏器就可丧失功能，甚至发生不可逆的损伤，需立即吸入高浓度氧或 100%氧。但吸氧时间不应过长，以防氧中毒发生。正常人吸入纯氧 6h 可出现咳嗽、胸痛等症状，吸纯氧 24h，可使肺活量减少，24～96h 就可出现呼吸困难，胸片有类似早期 ARDS 的改变。

（2）低浓度（＜35%）给氧：对于缺氧伴有明显 CO_2 潴留者持续低浓度给氧，可刺激中枢化学感受器又可使中枢对 CO_2 保持一定的反应性，并能纠正肺泡低氧血症。根据血红蛋白氧离解曲线的特性，氧分压稍有升高，血氧饱和度就可有较多的增加。给氧的方法可根据病情采用经鼻导管吸入，面罩吸氧，气管内给氧。

5. 增加通气 对呼吸衰竭患者是否使用呼吸兴奋剂尚有争论。中枢呼吸兴奋剂可有增加全身耗氧量，血压升高及惊厥等副作用，对有中枢抑制状态者，适当使用可改善低氧血症及 CO_2 的潴留。外周化学感受器兴奋剂烯丙哌三嗪，有增加通气，降低 CO_2 分压，轻度升高氧分压的作用，但有导致肺血管的收缩及增加右心负担的缺点。

6. 机械通气治疗 其适应证如下。

（1）在给氧情况下，PaO_2 不能维持到 8kPa（60mmHg）。

（2）非代偿性酸中毒。

（3）不能清除气道分泌物或因精神状态改变需保护气道通畅时。

二十六、妊娠期急性呼吸衰竭的护理要点是什么？

1. 保持呼吸道通畅

（1）采取正确的体位：让患者头部取侧卧位，颈部后仰，将颌下抬起，以解除部分上气道的梗阻，建立人工气道。

（2）清除呼吸道分泌物：湿化痰液，刺激咳嗽，辅助排痰；使用支气管扩张药。

2. 氧疗 是挽救急性呼吸衰竭时主要的治疗手段之一，选择吸入的氧最低浓度应以能提供可接受的 PaO_2 为准，除非为了救命必要，一般应避免使用，因为对肺实质和气道有明显的毒性作用。

＜60%的氧浓度可以长期耐受而无毒性作用。为了使组织得到足够的氧和改善因血氧过少而造成的肺动脉高压，PaO_2保持在8.00～10.7kPa（60～80mmHg）比较适合。

3. 特殊用药护理　呼吸兴奋药、碱性药物；糖皮质激素、静脉补钾等。护理过程中加强病情评估及药物疗效、不良反应的观察。

4. 意识状态的观察　评估精神神经症状，防治肺性脑病。

5. 生命体征观察　观察呼吸、体温、脉搏及血压的变化及24h出入量。

6. 机械通气时护理　加强气道护理；加强呼吸、心血管功能监测；防止呼吸机肺炎。

7. 营养支持　常规给予高蛋白，高脂肪和低糖类及多种维生素和微量元素的饮食，必要时给予静脉高营养治疗。

二十七、妊娠期肺栓塞的高危因素有哪些？

1. 遗传性高危因素　因子V Leiden（FvL）突变；凝血酶原（prothrombin，PT）G20210A突变；遗传性抗凝血酶（antithrombin，AT）缺乏症；遗传性蛋白C（PC）、蛋白S（PS）缺乏症；异常纤维蛋白原（fibrinogen，Fg）血症；PAI-1增多。亚甲基四氢叶酸还原酶（5，10-methylenetetrahydrofolate reductase，MTHFR）C677T突变和高同型半胱氨酸血症。

2. 自身免疫性疾病——抗磷脂综合征　抗磷脂综合征（antiphospholipidantibody syndrome，APS）是抗心磷脂抗体（anticardiolipinantibody，ACA）、狼疮抗凝因子（lupus anticoagulant，LA）等抗磷脂抗体阳性，以各种血栓症状、复发性流产、血小板减少等为临床症状的自身免疫性疾病。

3. 获得性高危因素　妊娠期血流动力学的改变；妊娠期高凝状态；妊娠期静脉回流障碍；产妇年龄＞35岁；有3次以上的经产史；其他剖宫产手术创伤及产伤。

4. 羊水栓塞　妊娠期特有的羊水栓塞。

5. 吸烟

6. 肥胖　体重＞80kg。

7. 其他　制动或久坐，摄入过量红肉或加工肉类等因素。

二十八、妊娠期肺栓塞的临床表现有哪些？

最常见的症状是突发原因不明的呼吸困难。其次是胸骨前酷似心绞痛或心肌梗死样疼痛，可向肩部或腹部放射。典型的胸痛、咯血及呼吸困难三联征仅见于不足30%的患者。若患者出现烦躁不安、惊恐、濒死感、出冷汗、血压下降、休克、晕厥，则是急性肺栓塞发作的特征，是急救的关键信号，应引起高度重视。

二十九、妊娠期肺栓塞的辅助检查有哪些？

1. 动脉血气分析。

2. 静脉造影。

3. 心电图。

4. 胸部X线。

5. 肺灌注显像和肺通气/灌注显像。

6. 螺旋CT和电子束CT造影。

7. 肺动脉造影（CPA）。

8. 数字减影血管影（DSA）。

9. 磁共振血管造影（MRI）。

10. 肢体阻抗容积图（IPG）。

11. 放射性核素静脉造影。

12. 超声心动图。

13. D-二聚体。

三十、妊娠期肺栓塞的治疗有哪些？

1. 一般治疗

（1）绝对卧床，保持大便通畅，避免用力，密切观察生命体征。

（2）呼吸循环支持治疗：吸氧，保持呼吸道通畅。

2. 对症治疗

（1）对于严重胸痛者可给予止痛药物吗啡或盐酸哌替啶。

（2）给予阿托品或654-2、氨茶碱解除支气管痉挛。

（3）心力衰竭者用毛花苷C强心治疗。

（4）应用肾上腺皮质激素，控制心律失常。

3. 溶栓治疗 链激酶、尿激酶静脉滴注。妊娠期肺栓塞溶栓治疗的患者发生出血的概率约为8%，必须在利益大于预知风险的前提下才能做出溶栓的决定。

4. 抗凝治疗 普通肝素（UFH）和低分子肝素（LMWH）不通过胎盘，没有致畸作用，也不增加胎儿出血风险，是妊娠期可选择的抗凝剂。方法为：①普通肝素：静脉注射，监测APTT；或皮下注射。②低分子肝素：皮下注射，抗凝治疗至少持续到产后6周（整个治疗周期至少3个月）。

5. 外科治疗 血栓切除术在内科治疗无效或肺栓塞范围＞50%时有明显肺动脉高压和心排血量减低者行血栓切除术治疗可及时挽救母婴的生命。

三十一、妊娠期肺栓塞的护理要点是什么？

1. 一般护理 注意心理护理；改善病房环境；抬高床头30°～60°。

2. 急性期护理 对症处理，如绝对卧床休息，吸氧，镇痛，抗休克，舒张支气管，纠正心力衰竭等治疗，心跳呼吸停止者立即进行抢救。

3. 抗凝治疗期间的护理 监测生命体征，观察有无出血倾向，注意阴道流血情况。

4. 观察 密切观察患者的凝血激酶时间和凝血酶原时间。

5. 使用抗生素 根据医嘱正确使用有效的抗生素，防止肺部感染。

6. 饮水 嘱患者多饮水，可保持或增加有效循环血量，加速血流速度，增加尿量及排尿次数。

7. 饮食 给予低脂、低糖、高纤维素饮食，并多吃蔬菜、水果，保持大便通畅，避免排便用力。

三十二、妊娠期肺栓塞临产、分娩时的注意事项有哪些？

1. 孕妇因高凝状态，肝素用量大。临产、分娩前1天停药，尤其拟行剖宫产者，若术前48～72h仍用药者，出血危险性大。产后若无大的切口，子宫收缩良好，最早产后数小时用肝素抗凝，产后1～2天再用药更为安全。

2. 患者保持绝对卧床休息，高浓度吸氧。

3. 分娩过程中极易发生栓塞和大出血，随时做好抢救准备。

4. 使用肝素时需准备硫酸鱼精蛋白，防止血液凝固性增加。

第二十二章　妊娠合并消化系统疾病

一、什么是妊娠合并急性阑尾炎？

急性阑尾炎是妊娠期最常见的外科合并症。文献报道，妊娠期因消化系统外科急腹症行开腹手术的病例中，急性阑尾炎占 2/3。妊娠期急性阑尾炎的发病率为 1/1000～1/2000，其中 80%以上病例发生在妊娠中、晚期。由于妊娠中、晚期阑尾位置改变及临床体征与非妊娠期不一致，诊断较非妊娠期困难，误诊率较高，孕妇死亡率可高达 4.3%，较非妊娠期急性阑尾炎高 2%。并发腹膜炎时，流产和早产率均增加，总的流产率可达 15%。因此，早期诊断和及时处理对预后有重要影响。

二、妊娠合并急性阑尾炎的特点是什么？

妊娠并不诱发阑尾炎，但妊娠期由于阑尾位置的改变，阑尾炎的体征常不典型，炎症不易包裹与局限，常形成腹膜炎。阑尾炎穿孔继发弥漫性腹膜炎较非妊娠期对 1.5～3.5 倍。原因：①妊娠期盆腔血液及淋巴循环旺盛，毛细血管通透性增强，组织蛋白溶解能力加强；②增大子宫将腹壁与炎症的阑尾分开，使腹壁防卫能力减退；③子宫妨碍大网膜游走，使大网膜不能抵达感染部位发挥防卫作用；④炎症波及子宫可诱发宫缩，宫缩又促使炎症扩散，易导致弥漫性腹膜炎；⑤妊娠期阑尾位置上移及增大子宫的掩盖，急性阑尾炎并发局限性腹膜炎时，腹肌紧张等腹膜刺激征不明显，体征与实际病变程度不符，容易漏诊而延误治疗时机。

三、妊娠合并急性阑尾炎的临床表现有哪些？

妊娠早期急性阑尾炎的症状及体征与非妊娠期基本相同。即有腹痛、伴恶心、呕吐；发热；右下腹压痛或肌紧张；血白细胞计数增高等。70%～80%患者有转移性右下腹痛。

妊娠中、晚期因增大的子宫使阑尾的解剖位置发生改变，临床表现常不典型。腹痛症状不典型或不明显；常无明显的转移性右下腹痛；阑尾位于子宫背面时，疼痛可能位于右侧腰部；因阑尾位置较高，因而压痛点较高；增大的子宫撑起腹壁腹膜，腹部有压痛、反跳痛，肌紧张常不明显。

四、妊娠合并急性阑尾炎的处理原则是什么？

妊娠期急性阑尾炎不主张保守治疗。一旦高度怀疑急性阑尾炎，应在积极抗感染治疗的同时，立即手术。如一时难以明确诊断，又高度怀疑急性阑尾炎时，应积极剖腹探查，以免延误病情。

以连续硬膜外麻醉或硬膜外联合阻滞麻醉为宜。在妊娠早、中期，阑尾炎诊断明确者可采用麦氏点切口，当诊断不能肯定时建议用正中或旁开正中切口。在妊娠中、晚期，切口应在压痛最明显处。如子宫体较大可采用臀部抬高 30°～45°或左侧卧位，便于暴露阑尾，减少对子宫的牵拉，并有利于防止仰卧位低血压综合征的发生。阑尾切除后最好不放置腹腔引流，以减少对子宫刺激引起早产。若腹腔炎症局限，阑尾穿孔，盲肠壁水肿，应于其附近放置引流管。以下情况可先行剖宫产再行阑尾切除：①阑尾穿孔并发弥漫性腹膜炎，盆腔感染严重，子宫及胎盘已有感染征象；②近预产期或胎儿近成熟，已具备体外生存能力；③病情严重，危及孕妇生命，而术中暴露阑尾困难。

术后继续抗感染治疗，需继续妊娠者，应选择对胎儿影响小、敏感的广谱抗生素。建议用头孢类或青霉素类药物。阑尾炎厌氧菌感染占 75%～90%，应选择针对厌氧菌的抗生素。有资料表明，甲硝唑在妊娠各期对胎儿影响较小，妊娠期可以选用。对继续妊娠者，术后 3～4 日内应给予保胎药物。

五、妊娠合并急性阑尾炎的护理要点是什么？

1. 心理护理　由于女性对疼痛的耐受性差，在妊娠合并身体疾病这个特殊阶段，应以耐心、细心、和蔼的态度做好解释安抚工作，为患者提供安静舒适的就医环境，缓解因疾病带来的焦虑、紧张情绪，针对胎儿健康状况的担忧，及时给予帮助。

2. 病情监测 严密观察胎心、胎动情况，并注意观察腹痛、宫缩及阴道流血情况。指导患者做好胎动的自我监测，出现异常及时通知医生，严密监测孕妇的生命体征，并做好记录。

3. 手术患者的护理

（1）体位：孕妇宜取左侧卧位或右侧臀部垫高 30°～45°，以减少术中对子宫的刺激，防止仰卧位低血压综合征的发生。术后患者一般平卧 6h 后改为半卧位，以利于引流，也可减小腹壁张力，减轻切口疼痛。

（2）休息与活动：若胎心率正常，没有产科异常征兆，鼓励患者早期下床活动，避免肠粘连等并发症的发生。有引流的患者，活动时注意保持引流管的通畅，并妥善固定，防止其脱落和引流液的逆流。若有异常先兆，及时通知医生。

（3）饮食护理：中晚期妊娠的患者，腹壁张力较大，肠蠕动恢复后需循序渐进地按照清淡流质、流质、半流质、普食的顺序给予各种营养素齐全的高营养饮食，手术后机体的分解代谢大于合成代谢，出现明显的负氮平衡。又由于妊娠的因素，营养素的需求比一般手术患者多，尽可能按患者的口味和饮食习惯烹调，确保营养素的摄入，以利于机体的恢复和胎儿的生长。

（4）用药护理：术后遵医嘱继续给予抗感染治疗。对继续妊娠者，术后 3～4 日内遵医嘱给予抑制宫缩药及镇静药保胎治疗。静脉用药时严格控制滴速，密切观察胎心及胎动，定时进行胎心监护。

4. 出院指导 做好出院指导，详细制订出院后康复计划，提供家庭支持，做好孕妇的围生期保健工作。

六、妊娠合并急性阑尾炎如何确诊?

急性阑尾炎是妊娠期最常见的外科合并症。受妊娠反应和增大子宫的影响，妊娠期阑尾炎诊断较非妊娠期困难，误诊率较高，流产和早产率均增高。由于妊娠期有生理性白细胞数增多，白细胞超过 15×10^9/L 才有诊断意义，但也有白细胞无明显升高者。

七、什么是妊娠合并急性胆囊炎?

妊娠期急性胆囊炎的发生率仅次于急性阑尾炎，70%急性胆囊炎合并胆石症，其诊断较非妊娠期困难，常致漏诊、误诊，因而有发生坏死、穿孔、胆汁性腹膜炎和胆源性胰腺炎的危险。而发热、疼痛又有引起胎儿窘迫及诱发宫缩引起流产、早产的可能。

八、妊娠合并急性胆囊炎的病因是什么?

妊娠期在体内孕激素的作用下，血液及胆汁内胆固醇浓度增加，胆道平滑肌松弛，胆囊运动能力减弱，胆汁淤积易致胆固醇沉积形成结石，急性胆囊炎的起病多因胆结石存在、胆汁排出不畅继发细菌感染所致。

九、妊娠合并急性胆囊炎的临床表现有哪些?

妊娠期急性胆囊炎的临床表现与非妊娠期基本相同。多数患者表现为上腹部阵发性绞痛，并可向右肩部放散，常伴有恶心、呕吐、发热，常为夜间发病并有进食油腻的诱因。查体：右上腹胆囊区有压痛、肌紧张，右肋缘下可触到随呼吸运动触痛的肿大胆囊，胆囊区深吸气时有触痛反应，即 Murphy 征阳性，但在孕妇并不多见。

十、妊娠合并急性胆囊炎需进行哪些检查?

1. 白细胞计数升高伴核左移 如有化脓或胆囊坏疽、穿孔时，白细胞可达 20×10^9 个/L 以上，基于妊娠期白细胞偏高，故这不是很特异的指标。

2. 血清丙氨酸氨基转移酶与天门冬氨酸氨基转移酶 血清丙氨酸氨基转移酶（ALT）与天门冬氨酸氨基转移酶（AST）轻度升高，碱性磷酸酶（ALP）轻度上升。胆总管有梗阻时，胆红素升高。

3. 超声检查 超声检查是妊娠期最好的诊断手段，假阳性与假阴性率均为 2%～4%。超声下可见胆囊肿大、壁厚。合并胆石时，可见胆石光团及声影。胆总管梗阻时，可见胆总管扩张，直径>0.8cm。有时，还可见到胆总管内的结石或蛔虫的回声。合并胰腺炎时，可见胰腺肿大。Stuffer等报道，在 93%患者非空腹时扫描胆囊，约 95%发现胆石。当然，最理想仍以空腹 12h 为宜。

十一、妊娠合并急性胆囊炎的处理原则是什么？

处理原则应以保守治疗为主，多数经保守治疗后缓解。首先控制饮食，在发作期应禁食、水，必要时行胃肠减压；给予高糖、高蛋白、低脂肪流食，补充维生素；选用对胎儿不良影响较小的抗生素；适当给予解痉、止痛等对症治疗。

对保守治疗失败、并发胆囊积脓、穿孔、弥漫性腹膜炎及胆源性胰腺炎者，应积极手术治疗。一般认为妊娠早、中期手术对胎儿无不良影响。妊娠晚期可先行剖宫产，然后再行胆囊手术。继续妊娠者术后给予保胎治疗。

近年有很多妊娠期腹腔镜胆囊切除术的病例报道，认为腹腔镜胆囊切除术在整个妊娠过程中是比较安全的。

十二、妊娠合并急性胆囊炎如何护理？

1. 心理护理 以耐心、细心、和蔼的态度做好患者的解释安抚工作，为患者提供安静舒适的住院环境，缓解因疾病带来的焦虑、紧张的情绪，针对胎儿健康状况的担忧，及时给予帮助。

2. 病情监测 严密监测患者的生命体征及腹部体征的变化，并注意观察胎心、胎动等情况。若出现寒战、高热、腹痛加重、腹痛范围扩大等，应考虑病情加重，及时报告医生，积极处理，同时指导患者做好胎动的自我监测并做好相关记录。

3. 缓解疼痛 嘱患者卧床休息，取舒适体位，指导患者进行有节律的深呼吸，达到放松和减轻疼痛的目的。对诊断明确且疼痛剧烈者，遵医嘱给予消炎利胆、解痉镇痛药物，以缓解疼痛。

4. 控制感染 遵医嘱合理运用对胎儿不良影响较小的抗生素，必要时联合用药。静脉用药时严格控制滴速，密切观察胎心及胎动，定时进行胎心监护。

5. 改善和维持营养状况 对保守治疗的患者，根据病情决定饮食种类，病情较轻者可予清淡饮食；病情严重者需要禁食和（或）胃肠减压。不能经口进食或进食不足者，可经肠外营养途径补充和改善营养状况。拟行急诊手术的患者应禁食，经静脉补充足够的水、电解质、热量和维生素等，维持水、电解质及酸碱平衡，继续妊娠者术后遵医嘱给予保胎治疗。

6. 出院指导 做好出院指导，详细制订出院后康复计划，提供家庭支持，做好孕妇的围生期保健工作。

十三、妊娠合并急性胆囊炎如何确诊？

超声检查显示胆囊体积增大、壁厚，大部分患者显示有结石影像，是诊断本病的重要依据。同时应注意与胃、十二指肠溃疡穿孔、高位阑尾炎、急性肠梗阻和急性胰腺炎等鉴别。

十四、如何预防急性胆囊炎的发生？

1. 合理休息 合理安排作息时间，劳逸结合，避免过度劳累及精神高度紧张。

2. 合理饮食 进食低脂饮食，忌油腻食物；宜少量多餐，避免暴饮暴食。

3. 定期复查 遵医嘱服用消炎利胆药物，按时复查，出现腹痛、发热和黄疸等症状时，及时就诊。

十五、什么是妊娠合并急性胰腺炎？

急性胰腺炎是妊娠期常见的急腹症之一，多发生于妊娠晚期及产褥期。根据病理特点，急性胰腺炎可分为急性水肿性胰腺炎、急性出血性胰腺炎和急性坏死性胰腺炎 3 种。根据临床表现、生化改变、器官功能障碍、局部并发症及对液体补充治疗的反应性等指标，可分为轻症胰腺炎和重症胰腺炎。妊娠合并急性胰腺炎多为轻症；重症占 10%～20%，具有发病急、并发症多、病死率高等特点，威胁母婴健康。

十六、妊娠合并急性胰腺炎的病因是什么？

妊娠合并急性胰腺炎的病因主要与胆石症和高脂血症有关，还有部分为特发性，基本与酗酒无关。

十七、妊娠合并急性胰腺炎的临床表现有哪些？

1. 症状 妊娠期急性胰腺炎的主要症状与非妊娠期相同。突然发作的持续性上腹部疼痛常为本病的主要表现和首发症状。腹痛呈持续性，阵发性加剧，可放射至腰背肩部。多伴有恶心、呕吐、腹胀、发热等。约 20%的妊娠期急性胰腺炎患者，可出现不同程度的黄疸，以轻中度黄疸多见。出血坏死性胰腺炎者由于广泛腹膜炎，继发麻痹性肠梗阻，可有严重腹胀。患者常有烦躁不安、神志淡漠、谵妄、情绪低落等精神症状。严重者发病后迅速出现脉搏细速、血压下降、四肢厥冷等休克症状。部分严重患者可以发生呼吸衰竭与肾衰竭，表现为呼吸急促，尿少等症状。

2. 体征 轻者仅为腹部轻压痛。重症者多有上腹部压痛、反跳痛和腹肌紧张，肠蠕动减弱或消失，腹部移动性浊音阳性，Grey-Turner 征，Cullen 征等。

十八、妊娠合并急性胰腺炎的实验室检查有哪些？

1. 胰酶测定 血清淀粉酶一般于腹痛 8h 开始升高，24h 达高峰，约 3～5 日降至正常。尿淀粉酶变化仅供参考。血清脂肪酶升高持续时间较淀粉酶长，诊断急性胰腺炎的敏感性和特异性一般优于淀粉酶。

2. B 型超声 可见胰腺体积弥漫性增大，实质结构不均匀。出血坏死时可出现粗大强回声，胰腺周围渗出液积聚呈无回声区。

3. CT 增强扫描 可见胰腺肿大，外形不规则，有明显低密度区，周围有不同程度的液体积聚。

十九、妊娠合并急性胰腺炎的处理原则是什么？

对水肿性胰腺炎采取非手术治疗，多数病例可以有效治愈。对急性出血坏死性胰腺炎主张急诊手术，争取在发病 48～72 小时内手术。

妊娠合并急性胰腺炎多数为轻症胰腺炎，无器官功能障碍与局部并发症，对液体补充治疗反应较好，以保守治疗为主，经 3～7 日治疗后，多数病情缓解。

1. 非手术治疗

（1）禁食、禁水，胃肠减压，直至腹痛消失。

（2）补液、营养支持和抗休克治疗，中心静脉插管，给予胃肠外高营养，注意维持水、电解质平衡。

（3）缓解疼痛，首选哌替啶 50～100mg，可加用阿托品。

（4）抑制胰液分泌，如生长抑素及其类似物、H_2受体拮抗剂或质子泵抑制剂等。

（5）给予大剂量广谱抗生素抗感染。

2. 手术治疗 若保守治疗无效，病情不见好转，B 型超声或 CT 提示胰腺周围浸润范围持续扩大者，需行外科手术治疗。

3. 产科处理 治疗过程中应积极保胎并密切监测胎儿宫内情况。多数可自然分娩，产程中监测病情变化；重症胰腺炎病情较重，估计胎儿已可存活时，腹腔穿刺有血性腹水合并高脂血症者，可适当放宽剖宫产指征。

二十、妊娠合并急性胰腺炎的护理要点是什么？

1. 疼痛护理 禁食、持续胃肠减压以减少胰液对胰腺及周围组织的刺激；遵医嘱使用抑制胰液分泌及抗胰酶药物，疼痛剧烈时，予解痉镇痛药物。协助患者膝盖弯曲，靠近胸部以缓解疼痛；

按摩背部，增加舒适感。

2. 维持水、电解质及酸碱平衡　严密监测生命体征，观察神志、皮肤黏膜温度和色泽，监测电解质、酸碱平衡情况；准确记录 24h 出入液量，必要时监测中心静脉压及每小时尿量。发生休克迅速建立静脉通路，补液扩容，尽快恢复有效循环血量，同时应积极保胎并密切监测胎儿宫内情况。

3. 维持营养供给　禁食期间给予肠外营养支持，轻型急性胰腺炎一般 1 周后可开始进食无脂低蛋白流质，并逐渐过渡至低脂饮食。重症急性胰腺炎待病情稳定、淀粉酶恢复正常、肠麻痹消失后，可通过空肠造瘘管行肠内营养支持，并逐步过渡至全肠内营养及经口进食。在患者行肠内、肠外营养支持治疗期间，需注意有无导管性、代谢性或胃肠道并发症的发生。

4. 降低体温　发热患者给予物理降温，如冷敷、温水或乙醇擦浴，必要时予药物降温；遵医嘱使用敏感、能通过血-胰屏障且对胎儿不良影响较小的抗生素控制感染。

5. 心理护理　为患者提供安全舒适的环境，了解其感受，予以安慰鼓励并讲解治疗和康复知识，使患者以良好心态接受治疗。

二十一、妊娠合并急性胰腺炎如何确诊？

淀粉酶或脂肪酶升高，超过正常值上限 3 倍，有诊断价值。淀粉酶在正常妊娠期有生理性增高，因此动态监测血淀粉酶不断升高对诊断更有帮助。血清淀粉酶是诊断急性胰腺炎的重要指标。若患者具备急性胰腺炎特征性的腹痛，而血清胰酶水平低于正常值上限 3 倍，则需结合影像学检查结果才可确诊急性胰腺炎。

二十二、如何预防急性胰腺炎的发生？

1. 减少诱因　治疗胆道疾病、戒酒、预防感染、正确服药以预防复发。

2. 休息与活动　劳逸结合，保持良好心情，避免疲劳和情绪激动。

3. 合理饮食　少量多餐，进食低脂饮食，忌食刺激、辛辣及油腻食物。

4. 控制血糖及血脂　监测血糖及血脂，必要时遵医嘱使用药物控制。

5. 定期复查　如有不适，及时就诊。

第二十三章　妊娠合并泌尿系统疾病

一、妊娠合并菌尿症如何护理？

1. 养成多饮水、勤排尿的习惯，注意会阴部清洁，早晚用温开水清洗外阴，选用质地柔软、透气的纯棉布料内裤。妊娠期性交后要及时排尿，并可预防性口服抗生素。预防尿路感染除注意营养和锻炼身体外，需注意多饮水，饮玉米须、茅根水效果更佳；医生应尽量避免使用尿路器械，如有必要留置尿管，应在最初 3 天口服抗生素。

2. 饮食

（1）宜吃具有利尿作用的食物。

（2）宜吃含有水分丰富的食物。

（3）宜吃性味寒凉性的食物。

（4）忌吃辛辣刺激性的食物。

（5）忌吃发物性的食物。

（6）忌吃厚味的不容易消化的食物。

二、妊娠合并急性膀胱炎的如何护理？

1. 加强妊娠期保健，提高健康水平，保持乐观愉快的情绪。长期出现精神紧张、焦虑、烦躁、悲观等情绪，会使大脑皮质兴奋和抑制过程的平衡失调，所以需要保持愉快的心情。

2. 注意外阴清洁，排便后由前往后擦净，防止肛门附近细菌经由尿道进入膀胱，减少肠道细菌污染阴道前庭及尿道口的机会，每晚清洗外阴部。

3. 每次排尿宜排尽，不让膀胱有残余尿。每次性生活后宜排尿一次。

4. 多饮水是治疗膀胱炎的秘诀。合理饮食，饮食宜清淡，忌辛辣刺激性食物。

5. 治疗无症状菌尿症。

三、妊娠合并肾盂肾炎如何护理？

1. 加强卫生宣教。指导孕妇注意个人卫生，勤换内衣裤，每日清洗外阴、肛周皮肤，便后用纸巾应自前向后，避免肠道细菌污染外阴，减少感染机会。

2. 注意加强营养，防止贫血，增强机体抵抗力。

3. 加强产前检查，重视妊娠期监护，常规检查尿常规，向孕妇及家属强调好妊娠期泌尿系统感染的危害，对无症状细菌尿也必须坚持治疗，否则易发展成急性肾盂肾炎。同时对已存在的其他感染病灶要积极治疗。

4. 确诊后需入院治疗。急性发作期应卧床休息，尽量勿站立或坐直；尽量多饮水、勤排尿以不断冲洗尿路，减少细菌在尿路停留。指导患者进行膀胱区按摩或热敷，以减少局部痉挛，减轻疼痛。给予清淡、营养，易消化的饮食，促进大便通畅，避免肠道细菌侵入输尿管而引起感染。高热患者补充水分，用冰敷、乙醇擦浴等物理降温，或遵医嘱用药，注意观察体温、尿液变化，有无腰痛加剧等。

5. 遵医嘱使用肾毒性小、对孕妇和胎儿无影响的抗生素，向孕妇及家属讲解彻底治疗的重要性，急性肾盂肾炎经治疗体温虽降至正常，但尿中细菌未清除，不能急于停药，须经尿培养三次阴性后方可停药。

6. 注意胎心音变化及有无子宫收缩，教会孕妇自数胎动，急性期要警惕流产、早产、胎膜早破、胎死宫内等意外。

四、妊娠合并肾小球肾炎的临床表现有哪些?

妊娠合并肾小球肾炎会出现无症状的蛋白尿或镜下血尿到明显的肉眼血尿，水肿、高血压或肾病综合征，甚至出现尿毒症。

临床上按照主要表现可分型如下。

1. 普通型　起病时可与急性肾炎相似，水肿、血尿及高血压均很明显，以后病情暂时缓解，或呈进行性恶化，多数孕妇起病时可毫无症状，经检查尿液才发现本病。尿蛋白大多在 3.5g/24h 以下；尿中常有红细胞甚至少许管型；血压虽升高，但非主要表现。

2. 肾病型　此病的病理变化以基膜增生型为主。患者有显著的蛋白尿与管型及水肿，尿蛋白每天排出量在 3～3.5g 以上。血浆蛋白降低，白蛋白与球蛋白比例倒置，胆固醇升高。

3. 高血压型　蛋白尿可以少量，伴有高血压，血压常持续升高，临床表现很像原发性高血压（又称高血压病）。

五、妊娠合并肾小球肾炎的预后如何?

血压正常仅有轻度肾功能不全的妇女，妊娠期虽有尿蛋白排泄量的增多，但对肾功能无明显影响；中、重度肾功能不全者容易并发妊娠期高血压疾病，进一步加重肾脏损伤，重症者有 25%肾功能急剧恶化，以致在产后数月至 1～2 年内发展成终末期肾衰竭。固然，慢性肾病病情不可避免地会随病程延长而进展，但国内外资料均证明高血压、妊娠期高血压疾病是促使肾功能恶化的重要因素。此类患者的远期预后尚须积累更多的资料。

六、妊娠合并肾小球肾炎如何护理?

1. 妊娠期

（1）指导孕妇保证充足的注意，加强营养，低盐或无盐饮食，注意补充蛋白质和维生素，注意既满足妊娠需要而又不增加肾脏的负担。

（2）加强妊娠期监护，严密观察病情变化，定期测体重，量血压，协助医生定期监测血常规、尿常规、血清肌酐、尿素氮，了解肾脏受损情况。

（3）密切观察胎儿生长发育及宫内情况，指导孕妇数胎动，注意胎心音变化，定期胎心监测和 B 型超声。

（4）注意观察有无腹痛、阴道流血、胎动异常等情况，有无头痛头晕、胸闷、恶心及视物模糊等先兆子痫征象。如有异常，及时与医生联系，并做好积极治疗准备。

（5）血压过高，水肿严重者，遵医嘱给予降压利尿治疗。

2. 分娩期　专人陪护，减少孕妇焦虑，指导左侧卧位，改善胎盘血液循环，保证胎儿营养物质和氧气的供给。密切观察血压，胎心音，产程的进展。积极做好抢救工作。

3. 产褥期　配合医生积极治疗肾脏疾病，以减缓病情恶化，定期检查肾功能和血压变化情况，指导避孕。

七、妊娠合并肾小球肾炎如何随访?

产后 42 天～3 个月，尿液检查仍异常者多为慢性肾炎，妊高征一般产后迅速恢复正常，极少超过 3 个月。

八、妊娠合并肾病综合征的病因是什么?

增殖性或膜性增殖性肾小球肾炎、脂性肾病、狼疮肾炎、家族性肾炎、糖尿病性肾病、梅毒、淀粉样变性、肾静脉血栓、重金属或药物中毒及过敏等均可引起该综合征，发生于妊娠晚期的肾病综合征的最常见的原因是重度妊娠期高血压疾病。

九、妊娠合并肾病综合征的临床表现有哪些?

1. 水肿　初期多见踝部呈凹陷性，继则延及到全身，清晨起床时面部水肿明显。水肿时常伴乏力、头晕、食欲缺乏、恶心、呕吐等。

2. 心血管系统症状 患者血压偏低、脉压小，易昏厥。当不适当使用降压、利尿药时可出现明显低血压、甚至循环衰竭、休克等。

十、妊娠合并肾病综合征如何护理？

肾病综合征（nephrotic syndrome）是以大量蛋白尿（尿蛋白>3.5g/d）、低蛋白血症（血浆白蛋白<30g/L）、水肿、高脂血症为基本特征的临床综合征。

1. 一般护理 按内科泌尿系统疾病常规护理。

（1）休息：高度水肿，高血压或病情危重者应卧床休息，但可在床上或床边适当肢体活动，防止双下肢静脉血栓形成。

（2）心理护理：本病病程长，易复发，应安慰鼓励患者，介绍疾病相关知识，正确引导患者，增强信心。告知患者因服用激素会出现体型改变，但会随着激素减量而逐渐恢复。

2. 专科护理

（1）饮食护理：一般给予正常量的优质蛋白摄入，但当肾功能不全时，应根据内生肌酐清除率调整蛋白质的摄入量；供给足够的热量，每公斤体重不少30～35kcal/d，多吃富含可溶性纤维的食物如燕麦、豆类等。水肿需低盐饮食，勿食腌制食品。注意各种维生素及微量元素铁、钙等的补充。观察进食情况，定期检测血糖白蛋白、血红蛋白等指标，评估机体的营养状况以及热量是否充足，饮食结构是否合理，并及时调整。

（2）预防感染：保持病房环境清洁，保持室内温度、湿度合适。尽量减少病区的探访人次，告诉患者预防感染的重要性，协助做好全身皮肤、口腔黏膜和会阴部护理，防止皮肤和黏膜损伤，高度水肿者应适当抬高水肿部位。注意防止肺炎和泌尿系统感染等的发生。

（3）病情观察：观察尿量、体重、腹围、生命体征、肾功能、电解质及酸碱度的变化，重视患者主诉，如有病情变化及时报告医生。

（4）用药护理：应用利尿剂需观察用药的疗效，如观察患者的尿量、体重和皮肤水肿消退情况，同时观察利尿药的副作用，如有无低血钾、低血钠等发生，应用激素和细胞毒性药物，应遵医嘱按时准确给药，观察患者服药情况，避免患者不服药或自行减药，激素宜早餐后顿服。使用CTX时应观察有无出血性膀胱炎，注意多饮水，应用降尿蛋白药物时，应注意电解质、肾功能的监测及血压的变化，做好预防体位低血压的宣教。

3. 健康指导

（1）休息和运动：注意休息，避免劳累，同时应适当活动，以免肢体发生静脉血栓等并发症。避免情绪刺激，保持乐观情绪，增加患者对疾病治疗的信心。

（2）饮食指导：告之患者低优质蛋白、高热量、低脂、低盐、维生素丰富饮食的重要性，指导患者根据病情选择合适的食物，保证热量充足和富含多种维生素。

（3）预防感染：日常生活注意做好保护性隔离，注意预防感染尤其是呼吸道感染。如出现感冒、咽炎、扁桃体炎、皮肤感染时，应及时到有肾内科专科的医院就诊治疗。

（4）用药指导：向患者及家属强调遵医嘱用药的重要性，任何药都不可擅自减量或停药，告知激素及细胞毒性药物的作用，可能出现的副作用等服药注意事项，鼓励患者配合治疗。

（5）自我监测与随访的指导：向患者及家属讲解病情变化的特点及定期复查的必要性，定期门诊随访，动态检测水肿、尿蛋白和肾功能的变化。

十一、妊娠合并肾结石如何护理？

肾结石是泌尿系统的常见病之一，但妊娠期合并肾结石较少见，发病率1/1500。

1. 一般护理 卧床休息对侧卧位，减轻患侧输尿管及肾盂的压力，利于积水引流，鼓励孕妇多饮水每日饮水2000～3000ml，增加尿量，稀释尿液，使结石利于排出。妊娠期大量排尿对于保持膀胱的无菌状态有非常关键的作用，又称为“冲洗效应”。因此除白天大量饮水外，睡前也需饮水 500ml，睡眠中起床排尿后再饮水 200ml，即可冲洗泌尿系统结石又可稀释尿液，改变尿液 pH。指导孕妇调整饮食结构，预防结石再生，含钙结石的患者应少食牛奶等含钙高的饮食，草酸盐结石的患者应少食菠菜、马铃薯、豆类等。磷酸盐结石患者宜用低磷、低钙饮食。尿酸盐结石患者应少吃含嘌呤的食物，如动物内脏、肉类和豆类、口服碳酸氢钠使尿液碱化，利于尿酸盐结石溶解。

2. 专科护理　严密监测母体宫内胎儿情况，密切观察宫缩，阴道流血等征象，每 6h 听胎心一次，必要时增加听诊次数，教会孕妇自数胎动，告知孕妇胎动活跃与否是反应胎儿在母体宫内的健康状况重要指标之一，以增加其自我检测胎动的医从性。听胎心音应嘱孕妇左侧卧位，低流量间断吸氧，必要时电子胎心监护，因其能连续观察并记录胎心率的动态变化，又有子宫收缩描述记录，胎动记录，可在早期发现胎儿窘迫或早产迹象以达到早发现早处理的目的。

十二、妊娠合并急性肾衰竭的病因？

妊娠期急性肾衰竭的原因，除了非妊娠期常见的原因外，妊娠的一些特殊并发症可诱发急性肾衰竭，包括产科大出血、羊水栓塞、妊娠期急性脂肪肝、子痫前期，以急性肾小管坏死最常见，可发生在妊娠的各个阶段。

1. 妊娠早期　主要与堕胎流产、感染性流产引起脓毒败血症性休克有关。

2. 妊娠晚期　主要与产科并发症有关，胎盘早剥、前置胎盘、分娩时大出血等引起出血性休克、重症子痫造成循环血容量和肾血流量减少等。

十三、妊娠合并急性肾衰竭的临床表现有哪些？

1. 少尿期　一般发生在发病后 12～24h，表现为少尿（24h 尿量＜400ml 或每小时尿量＜17ml）、无尿（24h 尿量＜100ml）、水中毒（全身水肿、脑水肿、急性心力衰竭、肺水肿）。代谢性酸中毒及电解质紊乱（高钾、低钠、低氯、高磷低钙、高镁血症、氮质血症），表现为头痛、倦怠、淡漠、烦躁、嗜睡、昏迷、血压下降、过度换气等。

2. 多尿期　经少尿期后，每日尿量增加至 400ml，显示肾功能恢复，进入多尿期，患者尿量可多达 3000ml/24h，自觉症状改善，但此期肾功能未完全恢复，仍有氮质血症，体内代谢产物聚积，水及电解质大量外排又导致脱水、低钾、低钠、低氯，机体抵抗力低，易发生致命性感染，持续 1～3 周后恢复。

3. 恢复期　多尿期后肾功能逐渐恢复。尿量恢复正常。体质、精神也恢复正常。由于营养失调，患者虚弱无力，面色苍白、消瘦、肌萎缩等，需 3～6 个月才能完全恢复，少数可遗留永久性肾功能损害。

十四、妊娠合并急性肾衰竭的预后如何？

妊娠合并急性肾衰竭（acute renal failure，ARF）预后差，主要与合并 DIC、多器官功能衰竭及少尿期大于 14 天有关。

1. 母体的预后　资料表明，妊娠合并急性肾衰竭时，孕产妇死亡率为 16%～42%，主要死亡原因为颅内出血、尿毒症、重度感染或多脏器衰竭。影响预后的因素是致病因素能否被纠正或去除；治疗是否及时，肾小管坏死阶段或以前得到适当治疗者，肾功能可望恢复；双侧肾皮质广泛坏死者则预后不佳，具备透析条件时尚可维持生命，等待肾移植术。

2. 围生儿的预后　发病之初相当部分的胎儿已死亡或处于危险中；肾衰竭时，母体严重并发症亦可危及胎儿。

十五、妊娠合并急性肾衰竭如何护理？

1. 常规护理　给予高热量、高纤维素、低盐优质低蛋白饮食。为患者营造一个安静、舒适的环境，保护空气清晰、湿润。患者多取半卧位，以减轻其心脏负荷。

2. 少尿护理　密切观察患者尿量和性质的变化，发现尿少、无尿，立刻报告医生处理。详细记录每天尿量和液体入量。严格控制饮水量和输液量。严重水肿者应加强皮肤护理，经常更换卧位，按摩受压部位，预防压疮发生。

3. 血液净化时的护理 严格无菌操作，防止感染发生。

4. 多尿期护理 仍需准确记录出入量，根据前 1 日的尿量计算每日补液量，若前一天尿量＜3000ml，则当日入量应为前 1 天尿量+（500～800）ml，若前 1d 尿量＞3000ml，则入量应为前 1 天尿量 2/3+（500～800）ml。而且要鼓励患者以口服补液为主，以免静脉补液过多加重孕妇心脏负担，延长多尿期。由于多尿易致水电解质流失，适时补充所缺成分。另外，多尿期患者肾脏并未完全恢复，且易于发生感染，因此应严格做好保护性隔离，控制探视人员。

5. 产科护理 妊娠合并急性肾衰竭时，易导致胎儿宫内窘迫及胎死宫内，应严密观察宫缩、胎心及阴道流液情况，加强胎儿监护。如未足月，但母亲心肺功能良好者，可以予保胎治疗。对有早产征象者，给地塞米松促进胎儿肺成熟。无论是自然分娩还是手术分娩，均应该做好抢救新生儿的准备工作，力求新生儿存活，避免对孕妇的双重打击。

6. 心理护理 本病起病急，发展快，病情凶险，患者担心胎儿生命的安全，思想负担过重，会失去安全感和信心，而紧张、焦虑可以影响血管紧张素-醛固酮分泌，减少肾血流量，不利于肾功能恢复。故心理护理十分重要，首先为患者提供良好的休息环境，用温和的语言、和蔼的态度，耐心地解释病情，解答患者疑问，消除其顾虑，增强其战胜疾病的自信心，使患者以最佳的心态配合护理治疗。

十六、特发性产后肾衰竭的临床表现有哪些？

一般在产后当天或 7 个月内发生进行性溶血性反应，无原因肾衰竭，发病急，可伴有发热、流感样、腹泻、呕吐、甚至出现抽搐等神经症状。血便为典型的前驱症状。

十七、特发性产后肾衰竭如何护理？

密切观察患者病情变化，监测患者生命体征、意识、肌张力、恶心、呕吐、水、电解质平衡的变化情况。积极预防和治疗感染，保持患者床单位及衣物的干洁，并密切观察肾功能和尿量。做好饮食指导，限制蛋白质的入量，以减轻氮质潴留，但要注意保证充足的热量及足够的必需的氨基酸。

第二十四章　妊娠合并血液系统疾病

一、妊娠期贫血的诊断及治疗要点有哪些?

1. 妊娠期贫血的诊断标准　与非孕妇女不同。孕妇外周血血红蛋白<100g/L、红细胞计数< 3.5×10^{12}/L 或血细胞比容<0.30 为妊娠期贫血。

妊娠期贫血的程度分为 4 度。

（1）轻度：红细胞计数（3.0～3.5）$\times10^{12}$/L，血红蛋白 81～100g/L；

（2）中度：红细胞计数（2.0～3.0）$\times10^{12}$/L，血红蛋白 61～80g/L；

（3）重度：红细胞计数（1.0～2.0）$\times10^{12}$/L，血红蛋白 31～60g/L；

（4）极重度：红细胞计数< 1.0×10^{12}/L，血红蛋白≤30g/L。

孕妇血清铁<6.5μmol/L，可诊断为缺铁性贫血。血清叶酸<6.8nmol/L、红细胞叶酸<227nmol/L，提示叶酸缺乏。血清维生素 B_{12}<90pg，提示维生素 B_{12} 缺乏。再生障碍性贫血需经骨髓穿刺行骨髓象检查可诊断。

2. 妊娠期贫血的治疗要点

（1）缺铁性贫血可补充铁剂，以口服给药为主。硫酸亚铁 0.3g，每日 3 次，同时口服维生素 C 0.3g 促进铁的吸收。多糖铁复合物的不良反应较少，每次 150mg，每日 1～2 次。巨幼细胞贫血应加强营养，多食新鲜蔬菜、水果、瓜豆类、肉类、动物肝及肾等食物。补充叶酸，每日口服叶酸 15mg，或每日肌内注射叶酸 10～30mg，直至症状消失，贫血纠正。维生素 $B_1$100～200μg 肌内注射，每日 1 次，2 周后改为每周 2 次，直至血红蛋白值恢复正常。

（2）再生障碍性贫血（简称再障）应由产科医师及血液科医生共同管理，主要以支持疗法为主。再障患者在病情未缓解之前应避孕，若已妊娠，在妊娠早期应做好输血准备的同时行人工流产。妊娠中、晚期孕妇，因终止妊娠有较大危险，应加强支持治疗，在严密监护下妊娠直至足月分娩。支持疗法主要为注意休息，增强营养，间断吸氧，少量、间断、多次输新鲜血，提高全血细胞。出现明显出血倾向给予肾上腺皮质激素治疗。

（3）血红蛋白<60g/L、接近预产期或短期内需行剖宫产手术者，应少量、多次输红细胞悬液或全血。

（4）分娩过程中避免产伤，预防产后出血。出血多时应及时输血。产时及产后应用广谱抗生素预防感染。

二、妊娠期贫血对母儿的危害有哪些?

1. 妊娠期贫血对孕妇的危害　贫血是孕妇在妊娠期常见的一种并发症，妊娠后，由于孕妇体内对氧的需求量增多，新陈代谢加快，同时子宫中，胎儿、胎盘发育增长使血容量增加。在增加的血液中血浆增加要比红细胞增加多，因此形成了妊娠期血液稀释的现象，这属于正常的生理过程，医学上称为生理性贫血，且较多为缺铁性贫血，但长期的贫血，在产前检查中如得不到及时发现和治疗，脑供血不足，血中含氧量不足就容易导致晕倒。同时贫血可造成胎儿营养供应不足，轻者使胎儿发育缓慢，重者可发生早产、胎儿宫内窘迫。

2. 妊娠期贫血对胎儿的影响

（1）视觉与动作不灵活：如向目标够取吊起的玩具、拇指和食指摄取细小物品，以及串珠、套叠和需要理解的视觉与动作协调的积木和拼图能力均落后，也会导致入小学之后的作业能力相应落后。

（2）昼夜规律难以养成：正常婴儿在光线充足时易于觉醒，黑暗时脑对痛觉及一些刺激形成的化学递质透过的速度减慢，逐渐养成夜间睡眠和白天觉醒的生活规律。缺铁时光线的透过速度差别消失，夜间对一切感觉都同白天一样灵敏。

（3）肌肉运动能力迟缓：缺铁时肌红蛋白内含铁不足，以致肌肉伸缩无力，婴儿抬头迟，翻身、坐起、爬行、站立和行走迟。贫血使孩子全身乏力，不愿意活动，总是躺着、坐着，使已经学会的动作逐渐退步。

（4）认识和语言落后：6个月内母体储存铁的不足会使婴儿无精打采易疲倦，对外界事物无兴趣，畏惧不敢接受新事物，所以认知能力落后。由于缺铁婴儿注意力难以集中，对声音的变化感受茫然，既不求理解声音变化代表的意义，也懒得去模仿发音，所以理解能力不足。主动交往要求不大，所以语言能力落后。

（5）记忆力落后：由于含铁的酶多聚集在大脑的边缘，也是脑的记忆储存部位。缺铁时该部位的酶活力不足，导致记忆力落后，孩子难以学会识物、背诵儿歌和识数。

三、妊娠期缺铁性贫血的病因是什么？

1. 妊娠期铁的需要量增加。

2. 妇女体内储备铁不足。

3. 食物中铁的摄入不够。

4. 妊娠前及妊娠后的疾病，如慢性感染、寄生虫病、肝肾疾病、妊娠期高血压疾病、产前产后出血等，均可使铁的储存、利用和代谢发生障碍，铁的需求或丢失过多，还可影响红细胞的生成过程或贫血的治疗效果。

四、妊娠期缺铁性贫血的临床表现有哪些？

轻者皮肤黏膜略苍白，无明显症状。重者面色黄白，全身倦怠、乏力、头晕、耳鸣、眼花，活动时心慌、气急、易晕厥，伴有低蛋白血症、水肿、严重者合并腹腔积液。

1. 隐性缺铁　铁储存降低，但红细胞数量、血红蛋白含量、血清铁蛋白均在正常范围内，临床无贫血表现。

2. 早期缺铁性贫血　缺铁继续发展，导致红细胞生成量减少，但每个红细胞内仍有足量的血红蛋白，即“正红细胞性贫血”，临床上可有轻度贫血的症状如皮肤、黏膜稍苍白，疲倦，乏力，脱发，指甲异常，舌炎等。

3. 重度缺铁性贫血　缺铁加重，骨髓幼红细胞可利用的铁完全缺乏，骨髓造血发生明显障碍，红细胞数量进一步下降，每个红细胞不能获得足够的铁以合成血红蛋白，导致低色素小红细胞数量增多，即“小细胞低色素性贫血”，表现为面色苍白、水肿、乏力、头晕、耳鸣、心慌气短、食欲缺乏、腹胀、腹泻等典型症状，甚至可伴有腹腔积液。

五、妊娠期缺铁性贫血的实验室检查指标有何特点？

1. 外周血　外周血常规检查为小细胞低血色素性贫血，血红蛋白降低较红细胞减少更明显。红细胞平均体积（MCV）＜80fl，红细胞平均血红蛋白含量（MCH）＜28pg，红细胞平均血红蛋白浓度（MCHC）＜32%，网织红细胞正常或减少。

2. 血清铁　血清铁＜6.5μmol/L，铁结合力增高，运铁蛋白饱和度降低，当血红蛋白降低不明显时，血清铁降低为缺铁性贫血的早期重要表现。

3. 骨髓象　可染色铁质消失，骨髓象显示红细胞系统增生，细胞分类见中幼红细胞；晚幼红细胞相对减少，说明骨髓储备铁下降，含铁血黄素及铁颗粒减少或消失。

4. 其他辅助检查　根据病情、临床表现症状体征选择做B型超声、心电图、生化全项等检查。

六、妊娠期缺铁性贫血如何治疗？

妊娠期缺铁性贫血的治疗原则是补充铁剂和去除导致缺铁加重的因素。

1. 一般治疗　加强营养，鼓励孕妇进高蛋白及含铁丰富的食物。如黑木耳、紫菜、猪（牛）肝、豆类、蛋类食品等。此类食品不但含铁丰富，而且容易吸收。如有特殊的疾病应同时针对病因适当治疗。

2. 药物治疗　补充铁剂具有较好的疗效。

（1）口服给药:一般均主张以口服给药为主。①硫酸亚铁或琥珀酸亚铁：如果同时服用1%稀盐酸和维生素 C，更有助于铁的吸收。制酸剂、鸡蛋、奶制品、面包和其他谷类食物等，如与铁剂同服可影响铁的吸收，因此在饭前 1h 和饭后 2h 内不宜口服硫酸亚铁。②富马酸亚铁：含铁量较高。对胃肠道刺激性小，但有时也有上腹不适、腹泻或便秘等副作用。③枸橼酸铁胺：适用于吞服药片有困难者，但其为三价铁不易吸收，治疗效果较差一些，不宜用于重症贫血的患者。

（2）注射用药：注射用铁剂多用在妊娠后期重度缺铁性贫血或患者因严重胃肠道反应而不能接受口服给药者。常用的制剂：①右旋糖酐铁：首次肌内注射，如无反应可增加，每天或隔天 1 次肌内注射，15～20 天为 1 个疗程。②山梨醇铁：每毫升含铁 50mg，深部肌内注射，局部反应较少，但全身反应较重。③输血疗法：大多数缺铁性贫血的孕妇经补充铁剂以后临床症状及血常规很快改善，不需要输血。对重度贫血的孕妇，妊娠足月面临分娩处理，须尽快提高血红蛋白（Hb）的水平。

3. 产时及产后的处理 临产后，鼓励产妇进食，保证足够入量，避免产程过长或急产，加强胎心监护，低流量持续吸氧。中度或重度贫血者，应配新鲜血备用，并开放静脉。宫口开全后，可助产缩短第 2 产程，但应尽量避免意外的产伤。产后积极预防产后出血，胎儿肩娩出后立即静脉注射催产素，如无禁忌证时，胎盘娩出后可肌内或静脉注射麦角新碱，同时用催产素加入 5%葡萄糖中静滴。胎儿娩出后，仔细检查并认真缝合会阴阴道伤口，严格无菌操作技术。产后使用抗生素预防产道感染。如有适应证需行剖宫产时，术中应尽量减少出血，注意掌握好输液或输血的总量和速度。

七、妊娠期缺铁性贫血如何护理？

1. 做好孕妇的心理护理，减少孕妇对病情的恐惧。

2. 根据患者贫血的程度，轻症者可下床活动，重症患者应给予绝对卧床休息，生活上给予孕妇一定的照顾。

3. 饮食方面应注意营养，应给予富含维生素、优质蛋白、铁剂的食物，并注意食物的多样性，以免引起孕妇的厌食。

4. 注意口腔护理，防止贫血患者发生口腔溃疡。注意饭前饭后的漱口，指导孕妇刷牙时用力勿过度。

5. 注意孕妇皮肤的清洁，防止发生皮肤感染，定期洗澡，更换被服，护理人员应协助孕妇做好晨晚间护理。

6. 严密观察胎心及胎动，遵医嘱给予氧气吸入 30min，每日两次，或根据病情需要给予氧气吸入，并给予左侧卧位，定期进行胎心监护。

7. 分娩后易发生产后出血，应该严密观察子宫收缩及阴道流血情况，并做好记录。

8. 预防感染，严格无菌操作。

9. 贫血严重者应暂停母乳喂养或根据病情需要给予混合喂养。

10. 遵医嘱给予治疗贫血的药物。并给予出院指导，产后 42 天门诊复查。

八、妊娠期缺铁性贫血如何进行饮食指导？

适宜食物如鸡肉、三文鱼、鲫鱼、山药。忌吃食物如螃蟹、蛤蜊、香菜。

妊娠过程中应多吃含铁量、含优质蛋白质、含维生素 C 高的食物。铁在食物中广泛存在，但以动物类食品的血红素铁吸收更好，因此应每天补充瘦肉（牛肉、羊肉、猪肉）、蛋类、奶类，每周食用 2～3 次动物肝脏，此外黑木耳和海带也是含铁很丰富的食品。对于产前就有贫血的孕妇，每天摄入 20mg 以上的铁是比较困难的，应口服铁剂，如硫酸亚铁。除了保证铁的摄入量充足外，更应注意的是保证铁的良好吸收。铁是在十二指肠吸收，并且需要一定的酸性环境，如果胃酸偏低就会影响吸收，应给患者提供适量的酸味食物或者配合维生素 C。新鲜蔬菜和水果中含有大量的维生素 C，并且能将食品中氧化型铁转变为还原型铁，更易于吸收。摄入充足的优质蛋白质，不但有一定的造血效果，而且有提高铁吸收率的作用。

九、妊娠期缺铁性贫血如何预防？

1. 妊娠前积极治疗失血性疾病如月经过多等，以增加铁的贮备。

2. 妊娠期加强营养，鼓励进食含铁丰富的食物，如猪肝、鸡血、豆类等。

3. 妊娠 4 个月起常规补充铁剂，口服硫酸亚铁或琥珀酸亚铁，每日 3 次，同时补充维生素 C，有利于铁的吸收。给予氨基酸螯合钙胶囊（乐力）。

4. 产前检查时，每个孕妇必须定期检查血常规，尤其在妊娠晚期应重复检查。

十、妊娠合并巨幼红细胞贫血的病因是什么？

本病主要是营养不良和叶酸缺乏所致，而极少部分由维生素 B_{12} 缺乏引起。叶酸和维生素 B_{12} 都是合成 DNA 过程中重要辅酶。叶酸本身无活性，有辅酶作用的是四氢叶酸。四氢叶酸是由二氢叶酸经叶酸还原酶的作用而生成，其性质很不稳定，易被氧化。因此凡能阻止四氢叶酸生成，使叶酸代谢发生障碍均可发生此病。当其缺乏时，DNA 合成障碍，全身多种组织均可受累，但以造血组织最为严重，引起幼红细胞增殖成熟障碍，骨髓内出现形态上和功能上均异常的巨幼红细胞。这些异常的巨幼红细胞寿命较正常短，往往被过早破坏，也是造成贫血的因素。

十一、妊娠合并巨幼红细胞贫血的临床表现有哪些？

除一般贫血症状外，有以下特点。

1. 多发生于妊娠晚期，约 50%发生于妊娠 31 周后，其余发生于产褥期。常见于 30 岁左右，经产妇多于初产妇，多胎多于单胎。25%患者在下次妊娠时易再发。

2. 起病急，贫血多为中度或重度。多表现为头晕、疲乏无力、全身水肿、心悸、气短、皮肤黏膜苍白、腹泻、舌炎、乳头萎缩等。低热、脾肿大、表情淡漠也常见。

3. 消化道症状明显，部分患者有恶心、食欲不振、呕吐及腹泻，可伴有舌唇疼痛，急性发作时舌尖及舌边缘疼痛明显，舌面呈鲜红色，所谓“牛肉样舌”。可出现血性小泡或浅小溃疡，进一步舌乳头萎缩成“光舌”。

4. 因维生素 B_{12} 缺乏可致周围神经炎，表现为乏力、手足麻木、感觉障碍、行走困难等周围神经炎及亚急性或慢性脊髓后束侧束联合病变等神经系统症状。

5. 对妊娠的影响。如及时处理，预后较好。如不及时处理，重症者可引起流产、早产、胎盘早剥、胎儿生长受限、死胎等并发症，常伴有呕吐、水肿、高血压、蛋白尿。在产褥期发生贫血多在产后第 1 周，原因为在有缺乏叶酸的基础上，哺乳加重叶酸的缺乏，如不及时补充则常诱发贫血症状。

十二、妊娠合并巨幼红细胞贫血的血常规有什么特点？

1. 外周血常规为大细胞正常血红蛋白性贫血，红细胞平均体积＞94fl，红细胞平均血红蛋白＞32pg，中性粒细胞分叶过多，网织红细胞正常，即可做出诊断。

2. 骨髓血片呈巨幼红细胞增多，红细胞体积较大，核染色质疏松。

3. 血清叶酸值＜6.8mmol/L（3ng/ml）、红细胞叶酸值＜227mmol/L（100μg/ml）提示叶酸缺乏。

4. 若叶酸值正常，测孕妇血清维生素 B_{12} 值，若＜90pg/ml，提示维生素 B_{12} 缺乏。

十三、妊娠合并巨幼红细胞贫血的治疗原则是什么？

1. 加强妊娠期营养指导，改变不良饮食习惯，多食新鲜蔬菜、水果、瓜类、豆类、肉类、动物肝脏及肾脏等食物。

2. 于妊娠后半期每日给予叶酸 5mg 口服，或叶酸 10～30mg，每日 1 次肌注，直至症状消失，贫血纠正。若治疗效果不显著，应检查有无缺铁，可同时补给铁剂。

3. 维生素 B_{12}100μg 肌内注射，每日 1 次，共 2 周。以后改为每周 2 次，直至血红蛋白恢复正常。有神经系统症状者，单独用叶酸有可能使神经系统症状加重，应引起注意。

4. 血红蛋白＜60g/L 时，可少量间断输新鲜血或浓缩红细胞。

5. 分娩时避免产程延长，预防产后出血，预防感染。

十四、妊娠合并巨幼红细胞贫血如何护理？

鼓励患者树立战胜疾病的信心，调动患者的主观积极性，保持乐观精神，避免紧张情绪。注意保持充足的睡眠，避免过度劳累，注意劳逸结合，注意生活的规律性。合理饮食，饮食宜清淡，忌辛辣刺激性食物。

十五、妊娠合并巨幼红细胞贫血如何预防?

1. 妊娠期注意营养，多吃含叶酸的新鲜蔬菜、动物蛋白等。

2. 预防感染，尤其肠道感染，以减少不利于叶酸吸收的因素。

3. 前次妊娠曾发生巨幼红细胞贫血者，下次妊娠后易再发，故应及早服叶酸预防，每次 5mg，2 次/日。

4. 停用影响叶酸代谢的药物，如避孕药、抗癫痫药（苯妥英钠）、乙醇等。

5. 国外报道，曾有分娩过神经管缺损婴儿的妇女，如果妊娠早期每天口服 4mg 叶酸，再发生异常的可能性降低。Czeizel 等报道每天补充叶酸 0.8mg 可以增加妊娠机会。因此主张所有育龄期妇女每天至少补充 0.4mg 叶酸。孕后期每天口服叶酸 5mg，或叶酸 10～30mg，肌内注射，1 次/日，直至症状消失。若治疗效果不理想，应检查有无缺铁，可同时补充铁剂。

6. 若血红蛋白＜60g/L 时，可少量间断输新鲜血或浓缩红细胞。

7. 维生素 B_{12} 100mg，肌内注射，1 次/日，共 2 周。以后改为每周 2 次，直至血红蛋白恢复正常。有神经系统症状者，单独用叶酸有可能使神经系统症状加重，应引起注意。

8. 分娩时，避免产程延长，预防产后出血，预防感染。

十六、妊娠合并再生障碍性贫血的病因是什么?

再生障碍性贫血的病因较为复杂，半数患者系原因不明的原发性再生障碍性贫血。再障好发于青壮年，占全部病例的 70%以上，少数女性患者在妊娠期发病，分娩后缓解，再次妊娠时再发。动物实验证明，大剂量雌激素可抑制骨髓造血功能，因此，有人认为再生障碍性贫血与妊娠有关。但是多数学者认为妊娠和再生障碍性贫血两者之间并无必然的联系，而是巧合。

1. 继发性再生障碍性贫血常与以下因素有关。①物理、化学因素。②药物因素。③感染因素。④其他因素：部分再生障碍性贫血患者与免疫机制存在一定关系。有的与遗传因素有关，如遗传性再生不良性贫血是一种罕见的常染色体隐性遗传性疾病，除骨髓增生不良外，可伴有多种先天性畸形和染色体异常。

2. 再生障碍性贫血的主要发病环节在于异常免疫反应，造血干细胞数量减少和（或）功能异常，支持造血的微环境缺陷亦介入了再生障碍性贫血的发生发展过程。①异常免疫反应损伤造血干/祖细胞；②造血干细胞减少或缺陷；③造血微环境的缺陷。

十七、妊娠合并再生障碍性贫血的临床表现有哪些?

妊娠合并再生障碍性贫血以慢性型居多。急性型者病情重，贫血呈进行性加重，常伴严重感染、内脏出血，而慢性者起病缓慢，主要表现为进行性贫血，感染、出血等症状均相对较轻。

1. 贫血　一般为进行性贫血，主要是骨髓造血功能衰竭所致，少数患者可能存在无效性红细胞生成现象，即骨髓尚有一定的造血功能，但生成的幼红细胞从骨髓释放到周围血之前已被破坏。孕妇血液相对稀释，使贫血加重，易发生贫血性心脏病，甚至发生心力衰竭。

2. 出血　主要因血小板生成障碍所致，可发生在皮肤、牙龈、鼻、胎盘、消化道等各内脏器官和颅脑部。

3. 感染　产后的出血和创伤很容易发生产道或全身性感染。主要因粒细胞和单核细胞减少，机体的防御功能下降所致，此外也和 γ-球蛋白减少和淋巴组织萎缩有关。产后感染是造成再生障碍性贫血孕产妇死亡的主要原因。

4. 妊娠并发症　再障孕妇易发生妊娠期高血压疾病，使病情进一步加重。分娩后宫腔内胎盘剥离，创面易发生感染，甚至引起败血症。这些易引起胎儿生长受限、胎儿宫内窘迫、早产和死胎等。

十八、妊娠合并再生障碍性贫血临床分类有几种？

妊娠合并再生障碍性贫血（AA），是由于生物、化学、物理等因素导致造血组织功能减退或衰竭而引起全血细胞减少。临床表现为贫血、出血、感染等症状的一组综合征，是造血系统比较常见的疾病。

妊娠合并再生障碍性贫血有急性、慢性之分。急性妊娠合并再生障碍性，贫血贫血呈进行性加重，常伴严重感染、内脏出血，而慢性妊娠合并再生障碍性贫血，感染、出血等症状均相对较轻。

十九、妊娠合并再生障碍性贫血如何护理？

1. 保持乐观愉快的情绪 长期出现精神紧张、焦虑、烦躁、悲观等情绪，会使大脑皮质兴奋和抑制过程的平衡失调，所以需要保持愉快的心情。

2. 生活节制，注意休息，劳逸结合，生活有序，保持乐观、积极、向上的生活态度。做到茶饭有规律，生活起居有常，不过度劳累，心境开朗，养成良好的生活习惯。

3. 饮食应以清淡而富有营养为主 多吃蔬菜、水果、牛奶、甲鱼等富含多种氨基酸、维生素、蛋白质和易消化的滋补食品。少吃油腻过重的食物；少吃狗肉、羊肉等温补食物；少吃不带壳的海鲜、笋、芋等容易过敏的“发物”；少吃含化学物质、防腐剂、添加剂的饮料和零食。忌食过酸、过辣、过咸、烟酒等刺激物。

二十、妊娠合并再生障碍性贫血预后如何？

1. 关于再生障碍性贫血和妊娠的关系，大多数学者认为：妊娠不是再生障碍性贫血的病因，不诱发或促进再生障碍性贫血的发生，妊娠合并再生障碍性贫血往往是两者在妊娠时的偶合，或者有的患者妊娠前就已发病，妊娠以后病情加重才被认识而诊断。因此，不是所有再生障碍性贫血患者必须终止妊娠。

2. 大量临床资料表明再生障碍性贫血对妊娠可造成种种不利影响。妊娠合并再生障碍性贫血时，妊娠期高血压疾病发生率高且发病早，病情重，容易发生心力衰竭和胎盘早剥，容易发生流产、早产、胎死宫内、胎儿生长受限等。产后出血和感染率发生率高，是妊娠合并再生障碍性贫血孕产妇死亡的主要原因。

3. 如果妊娠后血红蛋白＜60g/L，妊娠早期应在充分准备的条件下住院人工流产。如果已到妊娠中期，由于引产的出血和感染的危险比自然分娩要大，且终止妊娠并不能减少再生障碍性贫血孕产妇的死亡率，因此可在积极支持疗法的同时继续妊娠。但是对于急性再生障碍性贫血治疗效果不佳，尤其造血细胞严重减少，出现母儿并发症，严重威胁母儿生命者，亦应考虑终止妊娠。对于继续妊娠的患者应和血液科医师密切配合。制订周密的治疗方案。必要时住院详细观察和治疗。接受严格系统的围生期保健。积极防治妊娠并发症。

4. 妊娠足月以后，如无产科指征，应尽量阴道分娩，减少手术产，最好实行计划分娩；在宫颈成熟以后，经过输全血或成分血，血红蛋白达到 80g/L 左右，血小板达到 20×10^9/L（2 万）以上，在准备足够新鲜血的情况下促分娩发动。分娩时尽量避免组织损伤，仔细检查并完善缝合伤口。产后及时地使用宫缩剂，加速胎盘剥离和排出。有效地促进子宫收缩，减少产后出血。临床产后常规使用抗生素预防感染。在产褥期更应密切观察有无感染的临床表现，继续以抗生素，辅以适当的促进子宫复旧的中药治疗。

二十一、妊娠合并地中海贫血的病因是什么？

1. 地中海贫血又称海洋性贫血，是一组遗传性小细胞性溶血性贫血。

2. 其共同特点是由于珠蛋白基因的缺陷使血红蛋白中的珠蛋白肽链有一种或几种合成减少或不能合成，导致血红蛋白的组成成分改变，疾病的临床症状轻重不一，大多表现为慢性进行性溶血性贫血。

二十二、妊娠合并地中海贫血的临床表现有哪些？

1. 地中海贫血（简称地贫）是一种遗传病，主要有 α 地中海贫血和 β 地中海贫血两大类，又可分为极轻型、轻型、中间型及重型 4 个等级。

2. 正常的情况下，每个人会拥有两组正常的血红蛋白基因。一组来自父亲，另一组来自母亲。如果从父母处遗传了一个或多个不正常的基因，就可患上地中海贫血。地中海贫血一定由父母遗传，是不会传染的。

3. 极轻型地中海贫血，无贫血所以又叫作地贫基因携带者，轻型地中海贫血仅有轻度贫血，多在体检时才发现，这两型患者大多数都不会知道自己带有这种遗传基因。

4. 中间型患者中度贫血，可接受药物治疗和脾切除手术，提高血红蛋白，但仅仅是改善贫血，不能治愈，相对较重的还要输血。

5. 重型地中海贫血是一种非常严重的疾病，出生后 3～6 个月发病，需要终生定期的输血和接受除铁剂治疗。

6.一般来说，如果两名属同一类型的地中海贫血患者结合，便有机会生下重型贫血患儿。证实本身和配偶同属 β 型极轻型或轻型地贫患者，儿女将有 1/4 的机会完全正常，1/2 的机会成为轻型贫血患者和 1/4 的机会成为中型或重型贫血患者。由于 α 型地中海贫血的遗传基因病变较为复杂，同属 α 型轻型贫血者的配偶需要做详细的遗传基因分析才能预测下一代成为中型或重型地中海贫血患者的机会。若本身及配偶同属 α 或 β 型地贫患者，则胎儿必须接受产前检查，以证实胎儿是否为重型贫血患者。轻型地中海贫血和极轻型地中海贫血，此类型患者身体状况相对健康，一般无须接受治疗，关键在于做好优生工作，不要再有地中海贫血子代出生患者。有重型 α 地贫的胎儿，出生后便死亡，妊娠中后期孕妇多有妊娠期高血压综合征，若夫妇两人都不是地贫患者，下一代将不会有这种基因，若夫妇只有一方是地贫患者，每次妊娠，子女有 50%机会因遗传而成为地贫患者。若夫妇二人都是地贫患者，每次妊娠他们的孩子会有 25%的机会是“正常”，50%的机会成为极轻型或轻型地贫患者，而有 25%的机会患上重型地贫。

二十三、妊娠合并地中海贫血如何护理?

1. 做好孕妇的心理护理，减少孕妇对病情的恐惧。

2. 根据患者贫血的程度，轻症者可下床活动，重症患者应给予绝对卧床休息，生活上给予孕妇一定的照顾。

3. 饮食方面应注意使用的营养，应给予富含维生素、优质蛋白、铁剂的食物，并注意食物的多样性，以免引起孕妇的厌食。

4. 注意口腔护理，防止贫血患者发生口腔溃疡。注意饭前饭后的漱口，指导孕妇刷牙时用力勿过度。

5. 注意孕妇皮肤的清洁，防止发生皮肤感染，定期洗澡，更换被服，护理人员应协助孕妇做好晨晚间护理。

6. 严密观察胎心及胎动，遵医嘱给予氧气吸入 30min，每日两次，或根据病情需要给予氧气吸入，并给予左侧卧位，定期进行胎心监护。

7. 分娩后易发生产后出血，应该严密观察子宫收缩及阴道流血情况，并做好记录。

8. 预防感染，严格无菌操作。

9. 贫血严重者应暂停母乳喂养或根据病情需要给予混合喂养。

10. 遵医嘱给予治疗贫血的药物。

二十四、妊娠合并地中海贫血母儿预后如何?

地中海贫血基因携带者或轻型地中海贫血患者平常是没有明显症状的。

1. 如果夫妇双方都携带地中海贫血基因，即两人都是轻型地中海贫血，他们的子女就会有 25%机会是重型地中海贫血，50%的是轻型地中海贫血（基因携带者），另有 25%的机会才是正常者。

2. 如果只有一方是轻型地中海贫血或基因携带者，他们的子女有 50%是正常小孩，25%是轻型地中海贫血（基因携带者），不会有重型地中海贫血小孩。

二十五、妊娠合并红细胞增多症的临床表现是什么?

红细胞增多症的症状变化很大，视患者是相对性或绝对性，是原发性还是继发性而有不同症状。患者病期不同可有不同临床表现。除血液浓缩所致红细胞增多外，大部分病例发展缓慢，常有一个无症状期，持续数月至几年。有的患者回顾以前可感觉有一段时间无力与其他非特异症状；有的在体格检查或其他疾病检验血常规时偶然发现。继发性者的症状常被原发性疾病的症状所掩盖，而未引起患者注意。

1. 中枢神经系统 可引起头胀、头痛、头晕、眩晕、耳鸣、视力模糊及肢体麻木等。其他还有神经质、行为改变、急躁、嗜睡或睡眠障碍、记忆力减退、忧郁等。在应激性或假性红细胞增多症时，中枢神经系统症状更为多见。

2. 循环系统 循环系统症状是由于高血容量及高黏度而发生的静脉血栓形成或血栓性静脉炎所致。在真性红细胞增多症时常合并不同部位的血栓形成而产生相应的症状。常见的部位有脑、周围血管、冠状动脉、门静脉、肠系膜静脉等。气急在红细胞增多症时多见，真性红细胞增多症时气急与劳累无关；而继发于慢性心肺疾病时，气急在劳累后加重，气急常由于肺血管充血，也可能有多数肺小血管栓塞。

3. 胃肠道 症状多见，可有胃酸增高及胃的活动度增强，有的患者可合并胃、十二指肠溃疡，可能与胃或十二指肠的小血管血栓形成有关。

4. 出血 在真性红细胞增多症时多见，可有不同部位出血，但不严重，如鼻出血、牙龈出血、皮肤紫斑或瘀斑、月经过多等。继发性者少见。如手术必须进行，最好在疾病被控制时进行。出血与血管内膜损伤、组织缺氧及血小板的质和量异常（血小板形态异常、结构异常、凝血酶原消耗时间缩短、血小板因子Ⅲ减少、血小板黏附及聚集欠佳、血块回缩不良、血清素减少、纤维蛋白溶解活性增高等）有关。

5. 高新陈代谢 症状如多汗、体重减轻、腹泻等。由于高尿酸血症可引起痛风性关节炎，诉关节痛，这在国内少见。真性红细胞增多症时可有皮肤瘙痒，尤其在洗澡后更明显，有的患者在仔细询问时才诉述，这可能与高组胺血症有关。在假性及继发性红细胞增多症时少见。最突出的体征并有诊断意义的是颜面、手足及黏膜发红紫色；继发于慢性心肺疾病及先天性心脏病者则呈现发绀，口腔、唇、结膜及手指、足趾末端尤为显著，结膜充血，视网膜静脉明显曲张。后者在应激性红细胞增多症患者不常见，因为患者红细胞容量正常。继发于慢性心肺疾病时可有心脏扩大。真性红细胞增多症患者 3/5 病例有高血压，应激性（假性）者亦常有，故称为高血压性红细胞增多症（Erythrocytosis hypertonica）。在真性红细胞增多症时约有 80%病例有脾大，脾大程度不等，可扪及，少数在肋下 10cm 以上，大多在 1～5cm。这在该病有诊断意义，其他原因所致的红细胞增多症患者脾脏不大。在病程中，脾脏进行性肿大时常示疾病转变为髓外化生、骨髓纤维化或白血病。肝大者相对少见，占真性红细胞增多症的 50%～60%，大多在肋下 4cm 以内，继发者肝亦不大。

6. 原发疾病的表现 根据病史及有关症状的存在，结合其特点，多可决定红细胞增多症的类型。

7. 多血症的表现 皮肤和黏膜充血呈紫红色，以面颊部皮肤和口唇黏膜最为明显，可有眼结膜充血，如酒醉状。

8. 血液黏稠度增加，血流缓慢 可出现周围动脉、冠状动脉或脑动脉血栓形成，也可有慢性 DIC 及出血倾向，发生牙龈出血、鼻出血及消化道、泌尿系出血，并可因颅内出血而死亡。

9. 肢体及重要脏器灌注不良 造成手脚麻木、视力障碍、头晕、耳鸣和癫痫样发作。

二十六、妊娠合并红细胞增多症产科处理需注意什么？

1. 重度妊娠期高血压疾病低血容量及血浓缩时，可发生实质器官和胎盘灌注不良，造成胎儿宫内发育不良及死胎，慢性 DIC 及出血倾向，可发生产科大出血，如无扩容的禁忌证，在用硫酸镁解痉的同时，给予右旋糖酐-40 或血浆补充血容量，避免单纯使用大量利尿药物。

2. 在产褥期，产妇大量出汗、脱水可发生中暑，造成相对性红细胞增多症，应早期发现，及时补充体液。

3. 胎儿宫内缺氧或新生儿窒息可使新生儿继发性红细胞增多症加重，应加强新生儿血常规的监测，必要时输液降低血黏稠度。

第二十五章　妊娠合并神经系统疾病

一、妊娠合并癫痫的临床表现有哪些？

癫痫性发作为临床表现，有一种或数种发作类型。而反复发作者即为癫痫症。

1. 部分运动性发作　指局部肢体的抽动。

2. 失神发作

3. 强直阵挛发作　全面性强直阵挛发作（generalized tonic clonic seizures，GTCS）在特发性癫痫中旧称大发作，以意识丧失和全身抽搐为特征。发作可分为 3 期。①强直期：所有的骨骼肌呈现持续性收缩。②阵挛期：待至震颤幅度增大并延及全身，成为间歇的痉挛，即进入阵挛期。每次痉挛都继发短促的肌张力松弛，阵挛频率逐渐减慢，松弛期逐渐延长。本期持续 0.5～1s 钟。③惊厥后期：阵挛期以后，尚有短暂的强直痉挛，造成牙关紧闭和大小便失禁。GTCS 若在短期内频繁发生，以至发作间歇期内意识持续昏迷者，称为癫痫持续状态，常伴有高热、脱水、血白细胞增多和酸中毒。

4. 妊娠对癫痫的影响

（1）部分患者在妊娠期中发作频度增加，5%～14%减少，其余无变化。

（2）血药浓度监测发现，足月时血药浓度较妊娠早期平均降低 40%，可能为发作频度增加的原因。游离药物浓度的测定对调整药量有指导意义。

5. 癫痫对妊娠的影响

（1）疾病对妊娠的影响：①患癫痫的孕妇（含用药治疗者）有 85%～90%的机会获得正常婴儿。早产及妊娠期高血压疾病的发生率为正常人群的 2～3 倍。②胎儿缺氧性损伤。③胎儿畸形增加 2.7 倍。④子代癫痫：子代发病的危险为 2%～3%。

（2）抗癫痫药物对妊娠的影响：①妊娠期合并症：维生素 D 及叶酸缺乏；卡马西平致胎儿生长受限的发生率增加；三甲双酮增加自然流产率。②致畸作用。③围生儿死亡率为正常人群的 2 倍。④远期影响。

二、妊娠合并癫痫预后如何？

妊娠对癫痫的影响已争论了百余年，多数报道 25%～45%的患者在妊娠期中发作频度增加，5%～14%减少，其余无变化。妊娠前平均每月发作 1 次以上者，半数以上在妊娠期更难控制；平时发作稀少者，妊娠期发作频度增加的机会不足 25%。早年报道缺少发作控制程度与血药浓度间的关系，因此未能揭示妊娠期发作频度变化的原因，也没找到有效的预测参数。

近年来，对抗癫痫药物的血药浓度监测发现足月时血药浓度较妊娠早期平均降低 40%，有些病例的血药浓度低于有效水平，可能为发作频度增加的原因。血药浓度下降的因素：①孕妇顾虑药物对胎儿产生不良影响，而自动停服或减量；②早期妊娠反应严重影响药物的正常服用与吸收；③生理性血容量增加及胎儿胎盘循环的建立，药物分布广泛而被稀释；④妊娠期胃肠道功能改变、肝代谢及肾排泄功能旺盛，干扰药物吸收及加速药物的清除；⑤合并应用叶酸、抗酸药及抗组胺药均可干扰药物的吸收与代谢。另外，发作的阈值在妊娠期有所下降，睡眠状况及过度换气均可影响阈值。

妊娠期血浆蛋白浓度下降，游离药物相应增多，药物的活性又相应增强。

综上所述，可见影响药物作用的因素极为复杂，需要具体分析，游离药物浓度的测定对调整药量更有指导意义。

三、妊娠合并癫痫怎样进行用药指导？

1. 妊娠期

（1）补充维生素 D 及叶酸。

（2）监测胎儿发育。

（3）抗癫痫药物应用。

（4）长期服用苯巴比妥或苯妥英（苯妥英钠）者可致胎、婴儿体内维生素 K 依赖性的凝血因子缺乏。

（5）癫痫大发作或癫痫持续状态的处理：①保持呼吸道通畅，防止吸入与外伤。②原使用抗癫痫药物者应取血测血药浓度。③药物：首选地西泮；连续发作时，还可加用苯妥英（苯妥英钠），还可用异戊巴比妥钠；妊娠期发作 2 次或以上者，则应使用抗癫痫药物，选单一药物。④加强胎儿监护。⑤保持水电解质平衡。⑥预防脑水肿。

2. 分娩

（1）分娩方式：除有产科指征外，应阴道分娩。

（2）产程中用药：①妊娠期未用维生素 K 者，临产后应给维生素 K 肌内注射。②抗癫痫药物。

（3）新生儿娩出后：留脐血，予维生素 K 肌内注射。

（4）检查新生儿有无畸形。

3. 产后　进行血药浓度监测，调整药量。可以母乳喂养，原因是药物在乳汁中的含量远低于母血中的浓度。避孕可以采用工具或节育器。

4. 新生儿的特殊问题

（1）新生儿凝血障碍。

（2）药物撤退综合征：使用巴比妥类药物或扑米酮者，婴儿对药物常发生依赖。

（3）长期随访。

四、妊娠合并癫痫大发作或癫痫持续状态如何护理？

妊娠期全面强直阵挛发作或癫痫持续状态引起的缺氧和外伤，致残率、致死率均高，还可致流产、早产、宫内感染等，对母婴均有严重影响。因此，必须做好抢救准备，尽快制止癫痫发作。

1. 呼吸道管理　予平卧，头偏一侧，床旁备好开口器、舌钳、吸引器及气管插管等抢救用物，放置口咽通气导管，及时清除口、鼻、咽及气管内分泌物，防止窒息，面罩吸氧 8L/min，使 SPO_2 ＞95%。机械通气期间，选择合适的湿化方式，保证适宜入量，防止因失水过多引起气道分泌物干结，采取按需浅吸痰，保持呼吸道通畅的同时，减少对患者的刺激，以防诱发癫痫发作。

2. 安全护理床　两侧加床挡防护，癫痫发作时立即去枕平卧位，将头偏向一侧，上下牙臼齿之间放置压舌板、牙垫或口咽通气导管，同时解开患者衣领腰带，必要时用约束带适当保护，防止自伤或坠床等意外，不可强行按压肢体以免造成医源性伤害。给予适当的镇痛镇静药，保持 Ramsay 评分 2～3 分，在吸痰、口腔护理、翻身拍背等刺激性操作时适当增加镇静水平，保持 Ramsay 评分 3～4 分。

3. 保护脑组织　癫痫发作可引起脑组织缺血缺氧导致永久性脑功能损害，且常伴有中枢性或继发性高热，使机体基础代谢率增高、脑组织耗氧增加，加重脑水肿，延缓意识恢复。积极早期的脑保护措施可减轻或避免这一严重并发症。有研究表明，亚低温治疗可减少神经细胞的凋亡，降低脑缺血后的神经功能障碍和病理损害程度。予冰块、冰帽及冬眠合剂应用，以降低脑组织耗氧量，减轻脑水肿。

4. 用药护理　癫痫发作期间，保证静脉通路畅通，及时正确遵医嘱用药，观察推注泵工作情况，及时处理和更换推注药物等，保证用药的时效性和安全性，尽快制止癫痫发作。同时，密切观察药物的作用与副作用，观察癫痫发作的类型、频率、持续时间、间歇时间等以判断疗效；观察患者的生命体征、SPO_2、意识、瞳孔等变化，一旦出现呼吸抑制现象，立即处理。定期监测肝肾功能和血常规，为调整用药提供依据。

5. 妊娠护理　患者抽搐频繁，胎儿随时可能因缺氧而窒息死亡，一旦确诊为死胎，应尽早引产。因为死胎在宫腔内滞留时间过长，胎膜通透性增加，羊水易透过胎膜进入宫壁血管内引起羊水栓塞，同时引起母体凝血功能障碍，导致分娩时发生不易控制的产后出血，对产妇危害极大。因此，应密切观察患者有无宫缩，阴道流血、流水情况，监测胎心、胎动，了解胎儿动态变化，定期抽血查出凝血四项，了解凝血酶原、部分促凝血活酶时间和纤维蛋白原含量等。做好基础护理，防止发生并发症安置患者于单间病室，保持环境安静，温湿度适宜，各项护理操作尽量集中进行，动作轻柔，避免诱发癫痫发作；缓解期定时翻身拍背，预防坠积性肺炎发生；做好皮肤护理，防止破损；做好尿道口护理，防止泌尿系感染；加强营养支持，避免因低血糖而诱发癫痫；准确记录出入量，及时纠正水电解质平衡紊乱。

五、妊娠合并癫痫分娩期需注意哪些问题?

1. 协同处理　该类患者分娩时应有儿科医师协同处理。

2. 分娩方式　除有产科指征外，应阴道分娩。

3. 产程中用药

（1）妊娠期未用维生素 K 者，临产后应给维生素 K_1 10mg 肌内注射。

（2）抗癫痫药物宜经静脉或肌肉给予，产程长者应进行血药浓度监测。

（3）新生儿娩出后，留脐血测凝血酶原时间与活动度，并及时给予维生素 K_1 5mg，肌内注射。

4. 详细检查新生儿有无畸形

六、妊娠合并癫痫新生儿如何护理?

1. 新生儿凝血障碍

2. 药物撤退综合征　使用巴比妥类药物或扑米酮者，婴儿对药物常发生依赖。

3. 长期随访

七、妊娠合并偏头痛的临床表现有哪些?

1. 普通型偏头痛　是最常见的偏头痛类型，没有明确的先兆症状，其头痛通常始自颞部眼眶后扩展至半侧头部，常伴有恶心、呕吐，可持续数天。

2. 典型偏头痛　仅见于 10%的偏头痛患者，一般在青春期发病，多有家族史，头痛前有典型的先兆症状，出现闪光幻觉，通常是一些闪烁的暗点或者是“眼前冒金星”，头痛开始表现为一侧眶上眶后或额颞部位的钝痛，偶尔可以出现在顶部或枕部，头痛增强时具有搏动性质，以增强的方式到顶部然后持续为一种剧烈的固定痛，患者面色苍白，伴有恶心呕吐，头痛通常持续一整天，常为睡眠所终止。

3. 复杂型偏头痛　可伴有神经症状，如感觉异常，蚁行感、刺痛感、烧灼感，轻瘫甚至失语或类似卒中样暂时性瘫痪，一般可完全恢复。在发作间隙期患者完全正常。

八、妊娠合并偏头痛如何治疗?

1. 急性发作时的治疗　大多数偏头痛患者经安置在安静、避光处休息，应用简单的止痛药如阿司匹林、对乙酰氨基酚（醋氨酚、扑热息痛）即可取得疗效，尤其在症状发作早期服用疗效更好。麦角胺有直接收缩血管作用,使脑动脉血管的过度扩张及搏动恢复正常,是治疗偏头痛的有效药物，如症状严重，上述治疗措施疗效不显著时可应用镇静剂地西泮或氯丙嗪肌内注射，或止痛剂可待因口服，或肌内注射哌替啶加异丙嗪。如有呕吐可肌内注射甲氧氯普胺（灭吐灵）以止吐。

2. 偏头痛持续状态　可给予口服泼尼松（强的松），或 ACTH50u 置于 5%葡萄糖溶液 500ml 内静脉滴注，对反复发作的孕妇可服普萘洛尔（心得安 propranolol），为减少其恶心、头晕等副作用宜从小剂量开始服用，该药同时亦阻断胎儿的 β-肾上腺素能受体，可引起胎儿心动过缓，心排血量降低。苯噻啶为 5-羟色胺拮抗剂，有抗组胺抗胆碱能及缓激肽的作用，副作用为嗜睡、疲劳感及食欲增加，阿米替林为三环类抗抑郁药，对偏头痛伴有紧张性头痛的患者效果好。

九、妊娠合并动脉梗死的病因是什么?

1. 栓子来源

（1）血栓：于手术后 24～48h 内，腓静脉内血栓、盆腔静脉血栓是重要来源，多发生于妇科手术、盆腔疾病等。

（2）其他栓子：如脂肪栓、空气栓、羊水、骨髓、转移性癌、细菌栓、心脏赘生物等均可引起 PE。

2. 静脉血栓形成的条件

（1）血流淤滞。

（2）静脉血管壁损伤。

（3）高凝状态。

十、妊娠合并动脉梗死的临床表现有哪些?

根据栓子大小及其阻塞肺动脉的程度，临床表现有轻重之分。

1. 以起病突然、脑缺氧等一系列表现为主 起病突然，患者突然发生不明原因的虚脱、面色苍白、出冷汗、呼吸困难者、胸痛、咳嗽等症，甚至晕厥、咯血。脑缺氧症状：患者极度焦虑不安、恐惧、恶心、抽搐和昏迷。急性疼痛：胸痛、肩痛、颈部痛、心前区及上腹痛。

2. 体征 大的动脉栓塞可出现急性右心衰竭的症状，甚至突然死亡。心动过速，甚至有舒张期奔马律，肺动脉第二音亢进，主动脉瓣及肺动脉瓣有第二音分裂，休克，发绀，颈静脉怒张，肝大。肺部湿啰音、胸膜摩擦音、喘息音及肺实变的体征。

十一、妊娠合并动脉梗死如何护理?

1. 保持乐观愉快的情绪 长期出现精神紧张、焦虑、烦躁、悲观等情绪，会使大脑皮质兴奋。

2. 良好生活起居 生活节制，注意休息，劳逸结合，生活有序，保持乐观、积极、向上的生活态度。做到茶饭有规律，生存起居有常、不过度劳累、心境开朗，养成良好的生活习惯。

3. 合理膳食 可多摄入一些高纤维素食物及新鲜的蔬菜和水果，营养均衡，包括蛋白质、糖、脂肪、维生素、微量元素和膳食纤维等必需的营养素，荤素搭配，食物品种多元化，充分发挥食物间营养物质的互补作用。

十二、妊娠合并颅内静脉栓塞的临床表现有哪些?

1. 进行性颅内压增高。

2. 突然发病的神经系统局灶性损害，酷似动脉性卒中，但无癫痫发作。

3. 神经系统局灶性损害，有或无癫痫发作和颅内压增高，病情在数天内进展。

4. 神经系统局灶性损害，有或无癫痫发作和颅内压增高，病情在数周或数月内进展。

5. 突然起病的头痛，类似蛛网膜下腔出血，或短暂性脑缺血发作。

十三、妊娠合并颅内静脉栓塞如何护理?

1. 密切观察生命体征及意识、瞳孔、精神状态等变化。

2. 密切观察颅高压的症状和体征，重视患者的主诉，如头痛、眼痛、恶心、复视及视力下降等，注意脑脊液压力变化和实验室检查结果。

3. 保持室内空气流通，病房保持适宜的温湿度，嘱患者多饮水，防止泌尿系感染。

4. 注意用药后有无出血的观察，主要有皮肤黏膜、大小便颜色、牙龈、鼻黏膜等部位。

5. 注意饮食宣教。多食含维 C 的水果蔬菜，避免粗硬食物，如鱼、骨头等，以免不小心刺激消化道的黏膜引起出血，多食粗纤维饮食，如芹菜、韭菜等以保持大便通畅，便秘者给缓泻剂，必要时用开塞露通便等，避免用力排便诱发出血。

6. 心理护理。使患者保持心情舒畅，避免急躁恼怒。多与患者交流，了解其需求、给予帮助和支持，并为其树立战胜疾病的信心。

十四、妊娠合并脑出血的临床表现有哪些?

1. 易发病时间 脑出血一般在体力和脑力紧张活动或情绪激动时容易发病。起病急，发展快，数十分钟到数小时达到高峰。常见到脑出血患者倒在路边、厕所里、床旁地上，意识不清，鼾声大作，呕吐胃内容物，有时为咖啡色的，大小便失禁，半身不遂。脑出血量较小的患者述头痛较剧。眼底出血而视物不清。做 CT 检查有高密度出血阴影。 脑出血的程度与出血部位和出血量有很大关系。从一发病就出现意识不清，逐渐加重，说明出血部位不好，出血量大。

2. 常见部位的脑出血的表现

（1）壳核内囊部出血：出现典型的口眼歪斜，偏瘫，半身感觉减退，偏盲，失语。

（2）颞叶出血：出血一侧头痛较剧，颈强直，也可出现偏瘫，失语。

（3）脑室出血：若出血量大，可引起迅速昏迷，四肢肌张力高，高烧（40℃以上），多汗，消化道出血（吐咖啡色物、排柏油便），死亡率高。

（4）桥脑出血：一开始就呈深昏迷。脑桥为生命中枢所在，5ml 以内的出血就引起严重后果。瞳孔极度缩小，如“针尖样”，高热 40℃以上，呼吸衰竭，继而呼吸停止，多在 24 小时内死亡。

（5）小脑出血：以急剧的眩晕，剧烈头痛，伴频繁呕吐为首发症状，早期神志清醒，不久即进入昏迷。小脑出血不出现半身不遂。

十五、妊娠合并脑出血的预后如何?

1. 脑出血的早期死亡率很高，约有半数患者于发病数日内死亡，幸存者中多数留有不同程度的后遗症。

2. 脑出血的预后与出血部位，出血量，出血次数，全身情况和并发症等有关。轻症脑出血及外囊出血、脑叶出血，预后较好，经治疗后偏瘫可明显恢复，通过功能锻炼，有的患者还可恢复工作。而内囊、脑室和脑桥部位的出血，预后较差，多于病后数小时或数天死于脑疝。昏迷 1 周以上者，多死于并发症或遗留后遗症。

3. 以下为判断脑出血预后的参考条件

（1）年龄越大，预后越差，60 岁以下的病死率较低，约占 30%左右，70 岁以上的病死率可高达 70%以上。

（2）高血压病史越长，血压越高，预后越差。血压在 26.6/16kPa（200/120mmHg）以上者，死亡率为 30.07%。

（3）发病越急越重，起病时血压越高或血压下降，预后越差。

（4）昏迷越深，时间越长，预后越差。深昏迷者 94%死亡。病后无意识障碍，或意识障碍逐渐好转者，预后较好。嗜睡时间越长，预后越差。

（5）病情进展越快，高颅压症状出现越早，表现越重，预后越差。有视盘水肿者死亡率 59%，视盘水肿出现越早，死亡率越高。在发病后 3 小时内出现者，100%死亡。48 小时出现者，50%死亡。腰穿压力在 200mmHg 以上者，死亡率占 64.5%。

（6）出血量较大者，预后较差。有血肿形成，中线结构移位明显者，预后较差。腰穿脑脊液无色透明者，预后较好。

（7）神经体征与死亡率的关系：两侧瞳孔不等大者死亡率 64%，瞳孔对光反应消失者死亡率 88%，角膜反射消失者死亡率 92%。有眼球分离斜视或眼球浮动者，或去皮层强直，去大脑强直者，大多数死亡。偏瘫完全或四肢全瘫，肌张力低下者，预后较差。

（8）生命指征与死亡率的关系：体温在 38℃以上者死亡率 71%，脉搏在 100 次/分以上者死亡率 75%，呼吸在 30 次/分以上者死亡率 76%。

（9）伴有癫痫发作者，预后较差。因可加重脑水肿或脑出血。

（10）伴有内脏功能紊乱者，预后较差。常见者为消化道出血，死亡率达 80%。

（11）合并有代谢障碍者，如酸中毒、电解质紊乱者，预后较差。

（12）有丘脑下部损害症状，如周围白细胞增高，血中嗜酸性粒细胞显著减少，空腹血糖超过 200mg 者，预后较差。

（13）脑电图改变进行性加重者，预后较差。

（14）反复发作者，预后较差。

（15）脱水、降压等治疗效果越差，预后越差。

（16）关于后遗症的治疗问题：对患者来说，其主要就是康复性的治疗。一般可以进行中药调理、针灸、推拿，还有高压氧治疗等。

十六、妊娠合并脑出血如何护理？

1. 生活要有规律 老人可以适当做一些力所能及的劳动，但不可过于劳累。

2. 控制高血压 要想理想地控制血压须注意许多方面。

（1）血压控制在理想水平：我国一项大量人群的干预实验表明，140/80mmHg 可能是预防脑血管病的理想血压值，但一些人的血压降低到该水平后反而出现脑缺血的症状，其原因可能是降压速度太快，也可能是对于这些人而言的理想血压要略高于上述数值，这是由于个体差异所致，比较可行的办法是在一段时间内逐渐将血压降低到上述水平或略高而又没有脑缺血的不适症状为宜。

（2）血压要控制平稳：使 24h 内血压的“波峰”和“波谷”接近，这样既可避免血压波动对血管壁的损害，又可防止血压过低可能导致的脑灌注不足，降压不要过快。

（3）保持舒畅的心情：原发性高血压的发生与环境及精神状态有明显的关系，环境因素有饮食、社会环境、生活改变、精神冲突等，高度的应激事件可引起交感神经介导的血管收缩及其他自主神经反应，对血压产生较大且持久的影响，Brod 观察到高血压患者在紧张时血管收缩反应比正常人持久，易感性体质者对一般及特殊的应激反应表现为急性且持久的血压升高，心理生理学研究提示，精神紧张，自主神经活动及条件作用均可引起高血压，因此，对高血压患者进行支持性心理治疗十分必要。

（4）同时采取非药物疗法：如限制盐的摄入量，减轻体重，降低血脂，适度运动，生物反馈疗法等，可以巩固和促进药物的降压作用。

3. 保持良好的心态 保持乐观情绪，避免过于激动，做到心境平静，减少烦恼，悲喜勿过，淡泊名利，知足常乐。

4. 注意饮食 饮食要注意低脂、低盐、低糖，少吃动物的脑、内脏，多吃蔬菜、水果、豆制品，配适量瘦肉、鱼、蛋品。

5. 预防便秘 大便燥结，排便用力，不但会使腹压升高，血压和颅内压也同时上升，极易使脆弱的小血管破裂而引发脑出血，要预防便秘，多吃一些富含纤维的食物，如青菜、芹菜、韭菜及水果等，适当的运动及早晨起床前腹部自我保健按摩，或用适宜的药物如麻仁丸、蜂蜜口服，开塞露，甘油外用，可有效防治便秘。

十七、妊娠期晕厥的原因是什么？

引起晕厥的原因很多，常见的有以下几种。

1. 直立性低血压 较长时间的蹲、坐位，突然转为站立位，或仰卧位突然转为站立位时，由于低血压，引起晕厥。

2. 心每搏输出量不足 下腔静脉受压或内脏、皮肤血管扩张，回心血量骤减，使心排血量减少而致晕厥。

3. 血管舒缩中枢功能不稳定 由中枢原因引起晕厥。

4. 血糖降低 见于糖尿病合并妊娠者，也可见于妊娠反应伴发的低血糖症。

5. 神经系统疾病 神经系统疾病往往可伴发晕厥，如高血压脑病、癫痫等。

十八、妊娠期晕厥如何护理？

当孕妇出现晕厥时，应立即就地改变体位，降低身体的重心，以免发生意外；应积极寻找原因，并积极治疗和缓解症状；避免引起晕厥的诱因，如妊娠期避免仰卧位、用较热的水洗澡以及洗澡时间过长，避免长时间蹲位，预防低血糖的发生。

第二十六章　妊娠合并精神疾病

一、妊娠期妇女心理问题有哪些护理指导？

妊娠不仅会引起身体各系统的生理变化，孕妇的心理也会随着妊娠而有不同的变化。除了经常带来快乐，大多数妇女妊娠期都有压力。例如，大多数妇女对她们的小孩是否正常非常关注。在一些妇女中，对分娩疼痛的恐惧令其非常紧张。妊娠的体验可能被随之而至的内科或产科合并症而改变。关于心理及精神健康的问题，建议在孕妇第一次产前检查时就应进行心理及精神疾病的筛查。护理人员在提供妊娠期护理时，应对孕妇进行心理-社会评估，主要针对以下内容进行护理指导。

1. 孕妇对妊娠的态度及接受程度。

2. 孕妇有无不良情绪反应，对即将为人母和分娩有无恐惧和焦虑心理。

3. 家庭经济状况及生活环境的评估，其经济状况能否维持医疗、护理费用的支出，家庭的生活空间和周围环境如何等。

4. 孕妇寻求健康指导的态度、动力及能力。

5. 孕妇及家庭成员目前所得到的实际健康知识情况。

6. 丈夫对此次妊娠的态度，孕妇在家庭中的角色等。

二、什么是妊娠焦虑？

妊娠焦虑是指由于妊娠而产生的各种具体的担忧或担心，如对胎儿健康的担心，对分娩和阵痛的担心，对自身健康或体型的担心，对家庭结构变化的担心，对社会功能降低的担心等，是孕妇在妊娠期间产生的担心和忧虑心理，可对孕妇本身和胎儿的健康产生影响。

三、妊娠期焦虑预后如何？

1. 胎儿　孕妇焦虑可造成大脑与内脏的平衡失调，引起肾上腺素和皮质激素分泌增加，使孕妇的动脉收缩，胎盘血流减少。此外，妊娠焦虑情绪还会影响到孕妇的食欲，以上因素均会影响胎儿的生长发育，导致胎儿出生体重降低，胎儿在宫内容易出现窒息，甚至导致早产。

2. 产妇

（1）影响产程进展的四大因素：产力、产道、胎儿和孕妇的精神状态。其中任何一个因素异常都会导致分娩困难，尤其是产力和精神因素二者之间常常相互制约，精神因素不好会造成宫缩乏力，不协调的宫缩及子宫的痉挛使宫口扩张缓慢或宫颈水肿后停止扩张，从而造成精神心理性难产，不得不剖宫产。

（2）孕妇焦虑可引起去甲肾上腺素分泌减少，以及其他内分泌激素的改变，使得宫缩减弱、产后出血量增加。

3. 临床工作者　要充分认识到妊娠焦虑对妊娠结局的不良影响，及时发现高危人群，采取积极的干预措施，使妊娠焦虑对产妇及胎儿健康的影响降到最低。

4. 心理干预　妊娠焦虑是一种可改变的因素，心理干预是降低妊娠焦虑最为有效的方法，一些简单的干预，如医护人员对孕妇进行简单的讲解和提醒都可以收到很好的干预效果。关于妊娠期焦虑与不良妊娠结局之间的关系尚无定论，因此尚需要进一步的研究，对二者的关系进行证实。

四、妊娠期焦虑如何护理？

1. 评估产妇的焦虑程度，了解产妇面临问题的态度，建立孕妇心理咨询档案并详细记录。

2. 依据产妇不同的情况提供不同的健康指导，鼓励孕妇参加产前讲座或一些孕妇学校课程，通过学习妊娠期相关知识，增加对自身状况的了解，提高自我保健意识，增进自我照顾能力。

3. 每次产检时通过发放不同内容的宣传小册子加强宣教，并对孕妇提出的问题及时详细解答，针对焦虑症状较严重的孕妇采用个性化心理辅导。

4. 在妊娠期不同的时期适时给孕妇进行健康教育，提供信息使其了解妊娠及分娩的经过，可能的变化及出现的问题，指导放松技巧等，使产妇了解妊娠与分娩的常识。妊娠是女性与生俱来的，分娩是正常的生理现象，大多女性能顺利完成妊娠及分娩过程，增强产妇信心，减轻焦虑。

5. 鼓励产妇做一些有益健康的活动，如绘画、唱歌、散步等，转移注意力，保持轻松心态。

6. 加强与孕妇及家属的沟通和交流，调动家属成员的积极配合。定期开展孕妇交流活动，鼓励孕妇之间相互交流，共同探讨所面临的问题和解决的方法。

7. 经医生诊断有产前并发症或合并症的孕妇，应指导定期产检，配合医生积极治疗相关疾病，只要听从医护人员的指示，保持良好情绪，现代医疗技术能帮助大多孕妇顺利渡过难关，保证母婴安全。

五、什么是产后抑郁？

产后抑郁症是指产妇在产褥期出现抑郁症状，是产褥期非精神病性精神综合征中最常见的一种类型。产后抑郁症的发病率国外报道为3.5%～33.0%，国内为3.8%～16.7%。产后抑郁症不仅影响产妇的生活质量，还影响家庭功能和产妇的亲子行为，影响婴儿认知能力和情感的发展。

六、产后抑郁的临床表现有哪些？

产后抑郁症多在产后2周内发病，产后4～6周症状明显，病程可持续3～6个月，其临床表现如下。

1. 情绪改变，心情压抑、沮丧、情绪淡漠，甚至焦虑、恐惧、易怒，夜间加重；有时表现为孤独、不愿见人或伤心、流泪。

2. 自我评价降低，自暴自弃、自罪感，对身边的人充满敌意，与家人关系不协调。

3. 创造性思维受损，主动性降低。

4. 对生活缺乏信心，觉得生活无意义，出现厌食、睡眠障碍、易疲倦、性欲减退等症状。严重者甚至绝望、自杀或有自杀倾向，有时陷于错乱或昏睡状态。

七、产后抑郁如何护理？

1. 良好休息 提供舒适的休养环境，指导合理的饮食，保证产妇良好的休息和充足营养摄入，产后最初几日协助产妇完成日常生活，促进产妇自我护理能力和哺乳技能的掌握。

2. 促进产妇适应母亲角色 帮助产妇适应母亲角色的转换，鼓励产妇多与婴儿沟通、交流，并参与到照顾新生儿的活动中来，在母婴互动中转换注意力，培养产妇的自信心。

3. 给产妇提供更多的情感和社会支持 鼓励家庭成员多陪伴、参与照顾产妇及婴儿的日常生活，使产妇感受到被支持、被尊重、被理解，增强自信心和自我控制，建立与他人良好的沟通，缓解内心的压力和不良情绪。

4. 提供心理干预 护士要关爱产妇，鼓励产妇宣泄，诉说内心感受，耐心倾听并给予适当陪伴，做好心理疏导工作，减少不良精神刺激和压力。

5. 预防暴力行为的发生 使用爱丁堡产后抑郁量表时，若产妇第10条≥1分，应密切观察产妇的行为和心理表现，警惕其发生伤害自己或婴儿的行为，并将可能的危险告知家人，做好安全保护，合理安排产妇的生活和居住环境。

6. 药物治疗 遵医嘱行抗抑郁药物治疗，并注意观察药物疗效及不良反应。重症患者需要心理医生或精神科医生进行会诊治疗。

八、产后抑郁如何预防？

产后抑郁症的发生受社会因素、心理因素及妊娠因素的影响，故应加强对孕产妇的精神关怀，利用孕妇学校等多种渠道普及有关妊娠、分娩的知识，减轻孕产妇对妊娠、分娩的紧张、恐惧心情，完善自我保健，预防产后抑郁的发生。

1. 加强孕妇围生期的知识宣传　从产前检查开始，向孕妇宣传孕产妇生理的正常变化及与分娩相关知识，使其了解自己的身体状况，能更正确地对待妊娠期和分娩期出现的不适，减轻孕妇的心理压力。

2. 加强产时教育及心理疏导　医护人员应主动关心、体贴产妇，多鼓励产妇，给产妇以生理、心理、情感上的支持，降低产妇对分娩的恐惧感。

3. 分娩后的预防护理

（1）提供舒适、安静的产后休养环境，产妇需要充分的休息和睡眠。

（2）减少不必要的打扰和探视，避免不良刺激，如婴儿性别、疾病、体型恢复、经济负担等。

（3）产后 3 天内，主动帮助产妇及孩子进行日常生活护理。

（4）提供自我护理及新生儿护理知识。

（5）鼓励和指导其丈夫及家人多支持理解产妇，参与照顾新生儿，培养家庭观念。

第二十七章　母儿血型不合

一、什么是新生儿溶血？

新生儿溶血是指母儿血型不合，母血中血型抗体通过胎盘进入胎儿循环，发生同种免疫反应，导致胎儿、新生儿红细胞破坏而引起的溶血。

二、发生 Rh 血型不合的新生儿临床表现有哪些？

症状的轻重程度与溶血程度一致。其典型的临床表现有以下方面。

1. 贫血　程度常较重。

2. 黄疸　出现早、进展快、程度重是本病的特点。

3. 肝脾肿大

4. 胎儿水肿　对于胎儿的主要威胁是死产或胎儿水肿，患儿表现为出生时全身水肿、苍白、皮肤瘀斑、胸腔积液、腹水、心力衰竭和呼吸窘迫。

5. 其他　低血糖、出血倾向可见于重度 Rh 溶血病患儿或换血疗法后。心动过缓、呼吸暂停、低钙血症主要见于换血疗法过程中或结束后。

根据 Rh 血型系统的抗原强弱不一（D＞E＞C＞c＞e），Rh 溶血病的临床表现也可轻重不一。

三、Rh 血型不合的辅助检查有哪些？

Rh 血型不合的辅助检查如下。

1. 血型检查　如孕妇是 Rh 阴性，丈夫为 Rh 阳性，母儿有 Rh 血型不合的可能。

2. 孕妇血清抗体的检查　孕妇血清学检查阳性，应定期测 IgG 抗体效价，妊娠 28～32 周，每 2 周测一次；妊娠 32 周以上，每周测一次。当 Rh 血型不合效价≥1∶64 时，胎儿及新生儿可能发生溶血病。

3. 羊水中胆红素测定　在 B 型超声监护下抽取羊水，用分光光度计做羊水胆红素吸取光度分析；另外也可用化学测定法测定羊水中的胆红素含量；也可测羊水中抗体效价。

4. B 型超声检查　可见受累胎儿有皮肤水肿、胸腔积液、腹水肝脾肿大、胎盘水肿。

5. 新生儿诊断　对有早发性黄疸的新生儿或水肿儿，出生前未明确诊断者，应立即检查新生儿及孕妇血型。

四、Rh 血型不合如何预防？

对 Rh 血型不合溶血病的预防最根本的办法是防止 Rh 阴性的妇女发生 Rh 同种免疫。未致敏的 Rh 阴性妇女，于妊娠 28 周时可肌内注射抗 D 免疫球蛋白 300μg；娩出 Rh 阳性新生儿 72h 内肌内注射抗 D 免疫球蛋白 300μg。另外，应避免人工流产和输入 Rh 阳性血液；一旦发生也应注射抗 D 抗体 100～200μg。

五、Rh 血型不合的预后如何？

除了贫血本身会对新生儿造成伤害外，最严重的危害来自溶血后产生的黄疸，因为游离的胆红素可以进入大脑，损害神经细胞。病情较轻或患病后得到及时治疗的患儿绝大多数可以康复。重度患儿可出现神经组织的永久性损伤，造成智力、运动等方面的障碍，甚至死亡。

六、抗 Rh（D）球蛋白如何应用？

1. 出生前应用　母体或胎儿注射免疫球蛋白：在妊娠 28 周前，胎儿受累较重而尚未发生胎儿水肿者，给孕妇静脉注射免疫球蛋白 400mg/kg，每日 1 次，共 4～5 天，间隔 2～3 周重复应用，直至分娩，可反馈抑制母体血液的血型抗体产生，阻止母体抗体经胎盘进入胎儿体内，而免疫球蛋白又能与胎儿单核-吞噬细胞系统巨噬细胞上 Fc 受体结合，抑制血型抗体所致红细胞破坏。但是该法所需成本极高。至于经静脉直接给胎儿注射免疫球蛋白仅有个别报告并取得疗效。

2. 出生后应用　新生儿出生后一旦明确诊断为 Rh 溶血病，同样可静脉滴注 1 剂免疫球蛋白 0.5～1g/kg，阻断新生儿单核-吞噬细胞系统 Fc 受体，抑制溶血过程，减少胆红素产生和减少交换输血。

七、什么是 ABO 血型不合?

ABO 血型不合多见于母亲为 O 型，胎儿为 A 型或 B 型，母亲为胎儿的 A 型或 B 型抗原致敏而产生 IgG 抗 A 或抗 B 免疫抗体，抗原抗体结合而发生胎儿或新生儿溶血。

八、发生 ABO 血型不合新生儿如何观察?

1. 出生后 1～2 天内　注意黄疸出现时间和胆红素出现的速度。若出生时已有严重贫血，脐血血红蛋白＜120g/L，应采取换血治疗。

2. 出生后 2～7 天　注意预防胆红素脑病的发生。

3. 出生后 2 个月内　注意红细胞再生障碍性贫血发生，严重时输血一次不能太多，以免发生心力衰竭。

第二十八章　妊娠期感染性疾病

一、什么是妊娠期 TORCH 感染?

TORCH 综合征（TORCH syndrome），也称 TORCH 感染。TORCH 一词是由数种导致孕妇患病并能引起胎儿宫内感染，甚至造成新生儿缺陷的病原微生物英文名称的首字字母组合而成。其中 T 指弓形虫（toxoplasma），R 指风疹病毒（rubella virus），C 指巨细胞病毒（cytomegalo virus，CMV），H 指单纯疱疹病毒（herpes simplex virus，HSV）Ⅰ型和Ⅱ型，O 指其他病原体[Others，主要指梅毒螺旋体（*Treponema pallidum*）]等。

1971 年 Nahmias 等以该词正式命名。孕妇 TORCH 感染的特点如下。

1. 孕妇患其中任何一种疾病后，多数自身症状轻微，甚至无明显症状。

2. 这些病原体可能使胎儿、新生儿及婴儿呈现严重症状，以后遗留中枢神经系统障碍，甚至死亡。

二、如何预防妊娠期风疹?

1. 接种风疹疫苗　风疹疫苗是一种非常有效的疫苗，接种后 98%易感染者产生抗体，可终生免疫，且副作用小，安全可靠。

2. 合适季节妊娠　为保护孕妇及胎儿免受呼吸道疾病的侵害，育龄妇女最好选择比较合适的季节妊娠，尽量避开冬末春初呼吸道传染病多发的季节。建议接种疫苗后 3 个月再妊娠，以预防先天性风疹综合征的发生。

3. 孕妇应保持良好的生活方式和习惯

（1）注意居室通风，妊娠后应注意常开窗通风换气，及时打扫房间卫生，提高室内空气的相对湿度，平时多喝水，防止呼吸道黏膜受损。

（2）加强体育锻炼，增强体质。育龄妇女在妊娠前，要加强体能锻炼，提高自身的抗病能力，适当休息，保持正常的生活规律，避免过度劳累，保证充足睡眠，减轻心理压力；妊娠后，孕妇不能一味休息，仍应适当活动，保持乐观心情。

（3）加强自我保护意识，避免与患者或带病毒者进行近距离接触，注意个人卫生，应尽量少去公共场所、人流密集的地方，平时注意天气变化，防止着凉。

（4）注意均衡的饮食和饮食卫生。少吃辛辣食物，多吃清淡、易消化和富含维生素的水果蔬菜，多摄入富含蛋白质的食物，如鱼、虾、牛肉、猪肉、鸡等，以提高机体的抵抗力。

三、妊娠期巨细胞病毒感染的传播途径有哪些?

1. 垂直传播　巨细胞病毒主要通过胎盘、产道及泌乳 3 种方式由母体传染给子代，传播可发生于妊娠期、分娩期、哺乳期。胎盘感染被认为是最主要的途径，30%～60%的母婴传播是通过胎盘传播而发生宫内感染。

2. 水平传播　唾液是疱疹病毒水平传播常见的媒介，但唾液中疱疹病毒的来源上不完全清楚。性传播也是另一个重要的传播途径。

3. 医源性感染　巨细胞病毒可通过医疗措施（如输血等）传播，输血前最好对血源进行 HCMV 筛查，以预防输血后的获得性感染。

四、生殖器疱疹的病原体是什么?

生殖器疱疹的病原体是单纯疱疹病毒，HSV 属双链 DNA 病毒，分为 HSV-1 和 HSV-2 两个血清型。原发性生殖器疱疹主要由 HSV-2 引起，占 70%～90%。近年来，口-生殖器性行为方式导致 HSV-1 引起的生殖器疱疹的比例逐渐增加 10%～30%。复发性生殖器疱疹主要由 HSV-2 引起。

五、妊娠期生殖器疱疹的临床表现有哪些？

主要为生殖器及肛门皮肤散在或簇及小水疱，破溃后形成糜烂或溃疡，自觉疼痛，常伴腹股沟淋巴结肿痛、发热、头痛、乏力等全身症状。

六、生殖器疱疹对胎儿和新生儿的影响有哪些？

多数原发性生殖器疱疹在妊娠早期并不会引起自然流产或死胎发生率升高，但在妊娠晚期可导致早产。严重宫内感染病例罕见。

新生儿感染者，35%感染局限在眼部或口腔，30%发生脑炎等中枢神经系统疾病，25%出现伴有多个重要脏器损害的播散性疾病，幸存者中20%～50%出现严重发育障碍和中枢神经系统后遗症。

七、妊娠期生殖器疱疹的治疗是什么？

治疗原则是减轻症状，缩短产程，减少HSV排放，控制其传染性。

1. 原发性生殖器疱疹　阿昔洛韦400mg口服，每日3次，连用7～10日，或200mg口服，每日5次，连用7～10日。

2. 复发性生殖器疱疹　阿昔洛韦400mg口服，每日3次，可连用5日，或800mg口服，每日2次，连用5日（美国CDC研究表明孕妇使用阿昔洛韦是安全的，妊娠早期应用阿昔洛韦，除短暂的中性粒细胞减少症外，尚未发现对胎儿或新生儿的其他不良作用）。

3. 产科处理　对软产道有活动性疱疹病变者排除胎儿畸形后，应在未破膜或破膜4h以内行剖宫产术；即使病变已痊愈，初次感染发病不足1个月者，仍以剖宫产结束分娩为宜。复发型疱疹是否需行剖宫产尚有争议，但病程超过1周的复发型疱疹可经阴道分娩。分娩时避免有创干预措施如人工破膜、使用头皮电极、胎头吸引器或产钳助产术等，以减少新生儿暴露于HSV的机会。HSV活动性感染产妇，乳房若没有活动性HSV损伤可以哺乳，但应严格洗手。哺乳期可以用阿昔洛韦和伐昔洛韦，因为该药在乳汁中的药物浓度很低。

八、妊娠期柯萨奇病毒感染的临床表现有哪些？

柯萨奇病毒是一种肠病毒，分为A和B两类，是一类常见的经呼吸道和消化道感染人体的病毒，感染后人会出现发热、打喷嚏、咳嗽等感冒症状。妊娠期感染可引起非麻痹性脊髓灰质炎性病变，并致胎儿宫内感染和致畸。

1. 柯萨奇病毒A型感染　潜伏期为1～3天，上呼吸道感染，起病急，流涕，咽痛，发热，全身不适。典型症状为疱疹性咽峡炎，即在鼻咽部、会厌、舌和软腭部出现小疱疹，黏膜红肿，淋巴滤泡增生、渗出，扁桃体肿大，伴吞咽困难，食欲下降。

2. 柯萨奇病毒B型感染　引起特征性传染性胸肋痛即所谓Bornholm’s病，可合并脑膜脑炎、心肌炎、发热等。

九、妊娠期柯萨奇病毒感染对胎儿的影响有哪些？

妊娠期柯萨奇病毒主要通过消化道及呼吸道传播，也可通过胎盘血行垂直传播给胎儿，可导致胎儿畸形、宫内感染及新生儿心肌炎、脑膜炎等。

十、妊娠期柯萨奇病毒感染如何预防？

1. 加强预防、隔离，尤其是夏季应加强病房空气消毒、积极治疗隐匿性感染。

2. 讲究卫生，避免接触被污染的物品或使用不清洁的食物。

3. 有感染的孕妇应做系统检查，排除胎儿畸形。有症状者保持局部清洁，促进水疱干燥结痂，防止继发感染。

十一、妊娠期流行性感冒的临床表现有哪些？

流行感冒（流感）急性感染后经历2～3天的潜伏期。患者开始产生的症状都不典型，如有头痛、肌肉酸痛、发热、全身不适及呼吸道症状，持续 3～4 天。10%～20%的患者会发生肺炎，而由甲型及乙型流感病毒所引起的肺炎占 50%以上。发展成流感性肺炎的患者若有持续性的发热和咳嗽，可以是化脓性的，也可以是非化脓性的。如果病情发展迅速，则表现为渐进性的呼吸困难和发绀，并伴有高热，这种患者常死于呼吸衰竭。

十二、流行性感冒对孕妇、胎儿、新生儿有哪些影响？

1. 对孕妇的影响 一般而言，妊娠妇女较非妊娠妇女更易患流感，若妊娠晚期患严重的流感性肺炎，治疗不及时，则预后不良，甚至会导致孕妇死亡。

2. 对胎儿及新生儿的影响 流感病毒血症具有经胎盘传播给胎儿和引起胎儿潜在性感染的危险。有人认为，妊娠期胎儿宫内感染流感病毒，可能会引起一些先天性的出生缺陷如无脑儿、唇裂、腭裂及肢体短缺等畸形，还有人认为，孕妇感染流感病毒后其子代在儿童期白血病发病率增高。

十三、妊娠期流行性感冒如何预防？

1. 加强流感的相关知识的学习，培养卫生的生活习惯，提高对疾病防范意识。

2. 妊娠期注意休息，尽量不去或少去人群密集的公共场所；不接触已患有感冒的患者。

3. 保持室内通风和空气流通，早晚开窗通风各 15～30min。

4. 保持良好的心情，适量进行户外活动，提高身体素质，增强机体免疫力。

5. 维生素 C 预防法 多吃富含维生素 C 的食品或维生素 C 片剂，如番茄、菜花、青椒、柑橘、草莓、猕猴桃、西瓜、葡萄等。维生素 C 在加热过程中会大批丢失，烹饪时要格外注意。

6. 在流感季节期间，孕妇可接种三价灭活流感疫苗，以预防季节性流感，研究显示，在妊娠期间接种灭活疫苗的妇女，均未发生严重的胎儿不良反应。

十四、妊娠期流行性感冒如何指导其用药？

1. 轻度感冒 仅为喷嚏、流涕及轻度咳嗽，无须用药，注意休息保暖，多喝开水，悉心护理后一般可以好转，如果症状仍不改善，需及时到医院就诊。

2. 感冒症状较重有发热者 除一般处理外，应尽快控制体温。可用物理降温法，如额头、颈部、腋窝、腹股沟大动脉搏动处放置冰块；用湿热毛巾擦拭全身，特别是大动脉搏动处；亦可选择药物降温，在选用解热镇痛剂时，要避免采用对孕妇、胎儿和新生儿有明显不良影响的药物，如阿司匹林类药物。应遵循医嘱、合理用药。

十五、妊娠期弓形虫感染的临床表现有哪些？

孕妇感染弓形虫后，绝大多数可无明显临床症状，仅少数患者出现咽痛、乏力、肌肉痛和淋巴结肿大，大约有 50%的孕妇可传播给胎儿。

被感染的孕妇并发症明显增多，除流产、早产、死胎外，妊娠期高血压疾病和胎膜早破的发生率也显著增加。在分娩期，因宫缩乏力造成的滞产、产后出血和新生儿窒息也较正常产妇增多。

十六、妊娠期弓形虫感染如何预防？

1. 注意饮食卫生，加工处理猪、羊、牛等生肉食品后要彻底洗手，烹饪各种肉食品、蛋及乳类时要充分煮熟，不能一味追求口感，防止含有弓形虫包囊的食品摄入。

2. 猫、狗等是弓形虫病的重要传染源，建议计划妊娠的妇女不要饲养这些宠物，也不要接触其排泄物。

3. 存在于土壤中的卵囊有可能污染蔬菜、水果表面，在食用前一定要清洗干净。

4. 育龄妇女应做病原学检测或者血清学检查，感染者需治疗半年后方能妊娠。

十七、妊娠期生殖道支原体感染对孕妇、胎儿、新生儿有哪些影响？

感染人类的支原体有十余种，以女性生殖道分离出人型支原体（mycoplasma hominis，MH）及解脲支原体（ureaplasma urealyticum，UU）最常见。

1. 对孕妇的影响　MH 感染多引起阴道炎、宫颈炎和输卵管炎，产妇产后盆腔炎及产后支原血症；UU 多引起非淋菌性尿道炎；支原体多与宿主共存，不表现感染症状。

2. 对胎儿的影响　孕妇感染 UU 及 MH 后，在妊娠 16～20 周侵袭羊膜损伤胎盘造成绒毛膜炎，导致晚期流产、胎膜早破、早产或死胎，存活儿可致低体重儿和先天畸形等。

3. 对新生儿的影响　新生儿特别是早产儿受 UU 感染后，可发生支原体肺炎。MH 可导致新生儿支原体血症；产后哺乳等接触或空气传播感染 MH 可引起新生儿肺炎。

十八、什么是妊娠合并淋病?

淋病（gonorrhea）是指由淋病奈瑟菌（neisseria gonorrhea，简称淋菌）感染所致的以泌尿系统化脓性感染为主要表现的性传播疾病。近年其发病率居我国性传播疾病首位。淋菌为革兰阴性双球菌，对柱状上皮及移行上皮黏膜有亲和力，常隐匿于泌尿生殖道引起感染。

十九、妊娠合并淋病的临床表现有哪些?

淋菌具有黏膜寄生性。女性最易受侵犯的部位是宫颈和尿道，有 50%～75%的患者没有症状，促使患者就诊的原因多为局部的并发症。

妊娠期由于盆腔充血，组织较疏松，炎症不易局限，一旦感染，症状往往比较重。早期妊娠时孕卵尚未占据整个宫腔，淋菌可上行感染引起淋菌性盆腔炎。妊娠 3 个月后，由于胎囊充满宫腔且有宫颈黏液栓的屏障作用，淋菌虽不易沿黏膜上行感染，但因机体免疫能力低，淋菌可从原发感染部位直接随血液播散到全身，形成播散性淋病。播散性淋病病情严重，早起可单纯表现为皮肤损害，开始为红斑，1～2 天后变为直径 3～5mm 的脓疱，患者有发热及白细胞增高。但典型表现为皮肤损害和多发性关节炎，腱鞘炎或脓毒性关节炎并存，称为关节炎皮炎综合征。患者表现为高热、恶寒、肌肉酸痛，体温可高达 39～40℃，少数情况下可发生淋菌性心内膜炎、脑膜炎及肝炎等，后果严重。

二十、妊娠合并淋病对妊娠、分娩、胎儿及新生儿有什么影响?

1. 对妊娠及分娩的影响　妊娠期任何阶段的淋菌感染，对妊娠预后均有影响。妊娠早期淋菌性宫颈管炎导致感染性流产与人工流产后感染。妊娠晚期淋菌性宫颈管炎导致胎膜脆性增加，易发生胎膜早破，引起羊膜腔感染综合征，分娩时产程延长。分娩后产妇抵抗力降低，若有损伤则易发生淋病播散。

2. 对胎儿的影响　早产的发病率为 17%，胎儿宫内感染可导致胎儿宫内生长受限、胎儿窘迫，甚至导致死胎死产。胎儿吞入被淋菌污染的羊水可发生淋菌羊水感染综合征，从而引起肺炎、脑膜炎和败血症。

3. 对新生儿的影响　新生儿经患淋病孕妇阴道娩出，可以发生新生儿淋菌性结膜炎、肺炎，甚至出现淋菌性败血症，使围生儿死亡率明显增加。淋菌感染的潜伏期 1～14 天，故新生儿淋菌性结膜炎多发病于生后 1～2 周。结膜炎若未及时治疗，导致淋菌性眼眶蜂窝织炎、角膜溃疡、云翳、角膜穿孔或虹膜睫状体炎、全眼球炎甚至导致失明。

二十一、妊娠合并淋病如何护理?

1. 心理护理　孕妇本身对分娩过程缺乏了解，惧怕疼痛，往往精神紧张、焦虑、恐惧。医护人员发现淋病后尽量不要告知孕妇，以免加重孕妇精神负担。得知患了本病的孕妇，可能对疾病认识不足，担心新生儿是否感染、是否发生畸形、是否有后遗症等。针对孕妇这种心理，医护人员要给予耐心开导，告知淋病及时治疗完全可以治愈，且药源广泛，并指导产妇如何与新生儿隔离、与他人隔离。

2. 加强产时观察及护理

（1）医护人员在产程中要细心观察产妇阴道分泌物的性状、气味，对有浓烈恶臭味伴脓性分泌物者应立即涂片检查，争取在临产早期确诊。

（2）一旦确诊淋菌感染，最好行剖宫产结束妊娠，以免引起新生儿经产道感染。产妇送隔离待产室待产，一切物品专用，尽量用一次性物品，如手套、臀垫等，污物装入带有隔离标记的双层塑料袋中送焚烧炉焚烧处理。产妇进入隔离分娩室后，隔离待产室彻底终末消毒。

3. 加强分娩期的消毒隔离措施 需手术者，手术通知单上应注明隔离类别和感染疾病诊断。决定经阴道分娩者送产妇进隔离室分娩，按隔离技术操作规程进行护理和接生，做好消毒隔离防护措施。

4. 产褥期护理 产妇分娩后送回病房（最好是隔离病房），并在住院一览表与床头卡上表明隔离标志，各项护理操作放在最后，用物单独处理。每天观察产妇的体温、脉搏、呼吸、血压等生命体征变化，伤口处有无红肿及渗出物，仔细观察恶露颜色、量及气味，子宫恢复情况，子宫及附件有无压痛，及时发现感染情况。

二十二、什么是妊娠合并梅毒？

梅毒是由苍白密螺旋体感染引起的慢性全身性传播疾病。根据其病程分为早期梅毒与晚期梅毒，早期主要侵犯皮肤、黏膜，晚期侵犯心血管和中枢神经系统等重要脏器，产生各种严重症状和体征，造成劳动力丧失或死亡。

妊娠期有梅毒感染或梅毒患者合并妊娠称为妊娠合并梅毒。患梅毒孕妇能通过胎盘将梅毒螺旋体传给胎儿，引起晚期流产、早产、死产或分娩先天梅毒儿。梅毒是严重危害人类健康的性传播疾病。

二十三、妊娠合并梅毒的传播途径是什么？

1. 性传播 为最主要传播途径，占 95%。未经治疗者在感染后 1 年内最具传染性，随病期延长，传染性逐渐减弱，病期超过 4 年者基本无传染性。

2. 胎传 患梅毒的孕妇通过胎盘及其静脉血使病毒进入胎儿体内，引起胎儿宫内感染，胎盘被梅毒螺旋体侵入后，发生小动脉内膜炎，管腔变狭小，导致胎盘梗死，偶可经接触污染衣物等间接感染。少数患者通过输入传染性梅毒患者的血液而感染。

3. 其他途径 接吻、哺乳、输血等。

二十四、妊娠合并梅毒的临床表现有哪些？

早期主要表现为硬下疳、硬化性淋巴结炎、全身皮肤黏膜损害（如梅毒疹，扁平湿疣，脱发及口、舌、咽喉或生殖器黏膜红斑、水肿和糜烂等），晚期表现为永久性皮肤黏膜损害，并可侵犯心血管、神经系统等多种组织器官而危及生命。

二十五、妊娠合并梅毒血清学筛查的临床意义是什么？

1. 非梅毒螺旋体试验 包括性病研究实验室试验和快速血浆反应素试验等，可行定性和定量检测。同一实验室同一方法两次检测相差 2 个倍比稀释度（4 倍）有意义。用于筛查和疗效判断，但缺乏特异性，确诊需进一步做螺旋体试验。

2. 梅毒螺旋体试验 包括荧光螺旋体抗体吸附试验和梅毒螺旋体被动颗粒凝集试验等，测定血清特异性 IgG 抗体，该抗体终身阳性，故不能用于观察疗效、鉴别复发或再感染。

二十六、妊娠合并梅毒如何确诊？

1. 病史 有婚外性生活史或嫖娼史或配偶感染史，潜伏期 2～3 周。

2. 体征 典型的一般为单个硬下疳，不痛不痒，发生在生殖器、少数在肛门、唇及其他部位，伴邻近的淋巴结肿大。

3. 实验室病原体检查 即暗视野显微镜检查。在一期梅毒的硬下疳部位取少许血清渗出液或淋巴穿刺液，放于玻片上，置暗视野显微镜下观察，见螺旋体强折光性和运动方式即可判断而确诊。

4. 梅毒血清学试验 包括荧光螺旋体抗体吸附试验和梅毒螺旋体被动颗粒凝集试验等，测定血清特异性 IgG 抗体，该抗体终身阳性，故不能用于观察疗效、鉴别复发或再感染。

5. 聚合酶链反应技术 用聚合酶链反应（PCR）技术检测羊水或脑脊液中的梅毒螺旋体，用于诊断先天梅毒或神经梅毒，这是目前检测梅毒螺旋体最敏感、最特异的技术。

二十七、妊娠合并梅毒对母儿的影响有哪些?

妊娠感染梅毒螺旋体的孕妇极易发生流产、早产、死胎等，分娩出先天梅毒儿。先天梅毒儿（即胎传梅毒儿）占死胎 30%左右，即使幸存，病情也重。早期表现为皮肤大疱、皮疹、鼻炎及鼻塞、肝脾肿大、淋巴结肿大；晚期先天梅毒多出现在 2 岁以后，表现为楔状齿、鞍鼻、间质性角膜炎、骨膜炎、神经性耳聋，病死率及致残率均明显增高。

二十八、妊娠合并梅毒有哪些治疗?

1. 首选青霉素治疗 妊娠早期治疗有可能避免胎儿感染；妊娠中晚期治疗可使受感染胎儿在出生前治愈。梅毒患者妊娠时，已接受正规治疗和随诊，则无须再治疗。如果对上次治疗和随诊有疑问或本次检查发现有梅毒活动征象者，应再接受一个疗程治疗。妊娠早期和晚期应各进行一个疗程的治疗，对妊娠早期以后发现的梅毒，争取完成 2 个疗程治疗，中间间隔 2 周。

（1）早期梅毒：包括一、二期及病期一年以内的潜伏梅毒，苄星青霉素 240 万 U，单次肌内注射，亦有建议一周后重复 1 次。

（2）晚期梅毒：包括三期及晚期潜伏梅毒，苄星青霉素 240 万 U，肌内注射，每周 1 次，连用 3 次。

（3）神经梅毒：青霉素 G 300 万～400 万 U，静脉注射，每 4h 1 次，连用 10～14 日；或普鲁卡因青霉素 240 万 U，肌内注射，每日 1 次，加用丙磺舒 500mg，口服，每日 4 次，连用 10～14 日。

2. 青霉素过敏者 首选脱敏和脱敏后青霉素治疗。

二十九、如何观察及护理妊娠合并梅毒孕妇的产程?

妊娠期梅毒患者多数缺乏对疾病的基本认识，一旦确诊表现为焦虑、恐惧，她们一方面承受着巨大的社会、家庭压力，加上对分娩知识的缺乏，疼痛的担忧，使孕妇处于一种复杂的心态中。因此心理护理和分娩期的特殊观察及护理有着相当重要的作用。

1. 心理护理

（1）给患者讲解正常分娩的机制及有关梅毒的知识，语言诚恳，语调亲切。

（2）热情接待，细致、周到、耐心，尊重患者，保护患者的隐私权。

（3）通过助产士感情投入和语言交流，减轻患者的心理负担，使产妇顺利度过分娩期，增强战胜疾病的信心。

2. 一般生活护理

（1）患者临产后应安排在隔离产房分娩，由专人观察产程和助产。

（2）助产士应对孕妇进行减少疼痛的呼吸训练，帮助按摩腹部和腰骶部以减轻腰酸腹痛的症状，各项操作应尽量温柔熟练，尽可能减少引起疼痛的刺激。

（3）及时调整产床的高度，给予孕妇尽可能舒适的体位，帮助擦汗、喂水喂饭等一系列生活护理。

3. 专科护理

（1）严密观察宫缩、胎心音、产程进展，由于病原体可通过传到传给新生儿，故在第二产程尽量避免对胎儿有损伤的操作，如胎头吸引、产钳助产等。

（2）适当提早行会阴侧切，减少胎儿头皮和阴道壁的摩擦，防止由产道引起的母婴传播。

（3）给新生儿吸痰时注意动作轻柔，避免黏膜损伤操作，新生儿娩出后迅速擦净其全身的羊水和血迹，产后送回隔离病房。

三十、如何做好妊娠合并梅毒孕妇的隔离防护工作?

1. 凡接触梅毒感染孕妇前后应及时进行手卫生，流动水洗手或者使用快速手消毒剂，污染的双手避免接触其他物品，以避免病原体转移污染。

2. 接产时，助产士手消毒后应戴双层手套、防护面罩，穿防水鞋，防止血液、羊水污染，尽量减少职业暴露的发生。

3. 协助胎盘娩出时，应轻压宫底，另一手牵拉脐带，防止暴力按压，血液乱溅，缝合会阴伤口时，避免针刀损伤，特别是伤口较深时，可叫另一人帮助暴露伤口，尽量在直视条件下缝合，减少针刺伤。

4. 使用后的锐器，应放置于锐器盒中，严禁双手回套针帽操作，清洗器械时注意勿划伤自己。

5. 凡是接触患者的物品用品尽可能使用一次性的，包括床垫、产包、导尿包、便盆等，还有胎盘，装入双层黄色垃圾袋中集中销毁；一般的医疗用物如皮尺、袖带用含氯 1000mg/L 消毒液浸泡 30min 后用清水洗净晾干备用；听诊器、胎心监护探头用 75%乙醇擦拭后，清水擦干备用；器械用 1000ml/L 含氯制剂消毒后用双层黄色垃圾袋包装，贴瓶签注明送供应室单独清洗消毒处理；产房空气使用层流消毒或紫外线消毒。

三十一、妊娠合并梅毒上报流程是怎样?

提供助产服务的医疗保健机构针对梅毒感染的孕产妇及其所生儿童，在产褥期 5 日内填写梅毒感染孕产妇登记卡，梅毒感染孕产妇及所生新生儿登记卡及梅毒感染产妇所生儿童随访登记卡上报至区妇幼保健院。

三十二、梅毒感染产妇所生儿童如何随访?

为了解梅毒感染产妇所生儿童的生存状况及先天梅毒诊断情况，需要于儿童出生后的 3、6、9、12、15、18 个月提供随访及梅毒相关检测服务，并在每次随访后的 5 日内及时填写梅毒感染产妇所生儿童随访登记卡。

如梅毒感染产妇所生儿童已满 18 月龄，在不了解其最终结局前，应在随后的 3 个月内连续随访 3 次，若仍然无法得到该儿童的诊断结果及相关信息，则定义为儿童失访，并于最后一次随访后的 5 日内填写完成梅毒感染产妇所生儿童随访登记卡。

三十三、什么是妊娠合并艾滋病?

获得性免疫缺陷综合征（acquired immune deficiency syndrome，AIDS），又称艾滋病，是由 HIV 引起的一种性传播疾病。HIV 引起 T 淋巴细胞损害，导致持续性免疫缺陷，多个器官出现机会性感染及罕见恶性肿瘤，最终导致死亡，是主要致死性传染病之一。

三十四、妊娠合并艾滋病发生的病因是什么?

由于妊娠期孕妇的免疫功能降低，因此，妊娠期感染艾滋病病毒后，病情发展较为迅速，症状较重。艾滋病病毒可通过胎盘血液循环造成宫内感染，分娩过程中接触的产道分泌物、血液及产后的母乳喂养亦可感染新生儿。

三十五、妊娠合并艾滋病的临床表现有哪些?

从接触到血清 HIV 抗体出现阳性，一般需 2 个月，其后的病程进展大致分为 3 期。

1. 隐性传染期　此期除 HIV 抗体阳性外，无任何临床症状，病毒迅速增长，T4 淋巴细胞受损伤。隐性感染期一般为 1～3 年，如果患者免疫力强，可维持 4～8 年，个别有至十几年仅 HIV 抗体阳性而不发病。

2. 艾滋病前期　此期也称艾滋病相关综合征，患者出现发热、盗汗、消瘦、腹痛、腹泻等症状，常发生感冒、扁桃体炎、全身淋巴结肿大，病程 3 个月者称淋巴结病综合征，进一步发展为 B 细胞淋巴瘤。出现贫血及血小板减少性紫癜。

3. 艾滋病期　此期免疫功能严重丧失，患者表现为食欲缺乏、高热、盗汗、消瘦、腹痛、腹泻、咳嗽、全身淋巴结肿大及肝脾肿大等。极易发生各种条件及非条件感染，其中最常见的为卡氏肺囊虫性肺炎，皮肤黏膜反复发生的局限性或泛发型带状疱疹、脓疱疹、口腔及外阴阴道部的念珠菌感染和溃疡，有时也发生蜂窝织炎或丹毒。另外，易并发恶性肿瘤。

三十六、妊娠合并艾滋病如何确诊？

对高危人群应进行 HIV 抗体检测。高危人群包括①静脉毒瘾者；②性伴侣已证实感染 HIV；③有多个性伴侣；④来自 HIV 高发区；⑤患有多种性传播疾病，尤其有溃疡型病灶；⑥使用过不规范的血制品；⑦HIV 抗体阳性者所生的子女。

1. 无症状 HIV 感染　无任何临床表现，HIV 抗体阳性，CD4 淋巴细胞总数正常，CD4/CD8 比值＞1，血清 p24 抗原阴性应诊断为无症状 HIV 感染。艾滋病可根据病史、临床表现和实验室检查诊断。

2. 实验室检查　抗 HIV 抗体阳性，CD4 淋巴细胞总数＜200/mm^3，或 200～500/mm^3；CD4/CD8 比值＜1；血清 p24 抗原阳性；外周血白细胞计数及血红蛋白含量下降；β_2-微球蛋白水平增高，合并机会性感染病原学或肿瘤病理依据均可协助诊断。

三十七、妊娠合并艾滋病对母儿的影响有哪些？

约 80%HIV 感染的孕妇无临床症状，12%有 HIV 相关症状，仅 6%为艾滋病。对于 HIV 感染是否增加不良预后一直存在争议。妊娠期因免疫功能受抑制，可能影响 HIV 感染病程，加速 HIV 感染者从无症状期发展为艾滋病，并可加重 AIDS 及相关综合征的病情，45%～75%无症状孕妇在产后 28～30 个月后出现症状。

宫内感染为 HIV 垂直传播的主要方式，可经胎盘感染胎儿。可引起早产、宫内生长受限、如果发生在妊娠早期，可导致胎儿畸形，无论剖宫产还是经阴道分娩的新生儿，25%～33%受 HIV 感染，婴儿从出生到症状发生，平均 4～8 个月，新生儿期感染则常在 1 岁左右出现症状和体征。表现为生长缓慢、体重减轻、腹泻、发热、全身淋巴结肿大、口腔感染（鹅口疮、咽炎等）、持续咳嗽、肝脾大，也可发生中枢神经系统损害，如痴呆及共济失调等。还可反复发生疮疖、蜂窝织炎、肺炎等。而母乳传播风险尚不完全清楚，为降低风险，产后不应哺乳。鉴于 HIV 感染对胎儿、新生儿的高度危害性，对 HIV 感染合并妊娠者可建议终止妊娠。

三十八、妊娠合并艾滋病有哪些治疗？

1. 休息　HIV 感染孕妇可以照常工作和学习，但在有低热、腹泻等症状，或有合并各种感染时需注意休息。

2. 加强营养　进高蛋白饮食，不能口服者可以胃肠或静脉给予高营养，贫血或白细胞、血小板低者可输血，血浆白蛋白低者可输白蛋白或血浆。

3. 抗病毒药物　妊娠期应用核苷类反转录酶抑制剂齐多夫定可降低 HIV 的母婴传播率。用法：500mg/d 口服，从妊娠 14～34 周直至分娩。临产后，首次 2mg/kg 静脉注射后，1mg/（kg·h）持续静脉滴注直至分娩。产后 8～12h 开始，齐多夫定 2mg/kg，每 6h 1 次，至产后 6 周。

4. 其他免疫调节药　INF-α、IL-2 等也可应用。

5. 支持对症治疗　加强营养，治疗机会性感染及恶性肿瘤。

三十九、妊娠合并艾滋病上报流程是怎样？

提供助产服务的医疗保健机构针对艾滋病感染的孕产妇及其所生儿童，在产褥期 5 日内填写艾滋病感染孕产妇登记卡（保密）、艾滋病感染孕产妇妊娠及所生婴儿登记卡（保密）及艾滋病感染产妇及所生儿童随访登记卡（保密）上报至区妇幼保健院。

四十、如何观察及护理妊娠合并艾滋病孕妇的产程?

1. 心理护理 艾滋病目前缺乏特效治疗，被认为是不治之症，令人望而生畏，患者患病后感到没有希望，更由于该病传播途径的特殊性带来的歧视，故医护人员要向孕妇及家属解释艾滋病的相关知识，帮助他们建立符合健康的行为规范，增加其对抗疾病的信心，关心、尊重且保护他们的隐私权。

2. 加强营养支持，做好基础护理 由于患有艾滋病的孕妇常伴有消瘦、贫血、心肺功能损害、全身情况较差，将患者安置于单人病房，保持空气流通，限制探视，呼吸道感染者不得进入；鼓励孕妇少量多次进餐，给予高蛋白、高热量、易消化、维生素丰富的流质或半流质食物，必要时采用留置针静脉输液补充能量，避免反复穿刺，穿刺时避开皮肤破损处和瘢痕处；加强口腔护理，增进食欲；做好皮肤护理，保持皮肤及会阴的清洁；协助生活护理，减少体力消耗。

3. 产时护理 孕妇进入产程后安置在隔离分娩室行专人陪护，严密观察宫缩、胎心音、产程进展情况，耐心讲解分娩知识，一切操作要严格执行无菌操作规程，限制肛查和阴道检查的次数，以免增加感染的机会。尽可能缩短破膜距分娩的时间；尽量避免使胎儿暴露于血液和体液危险增加的操作，如会阴侧切术、人工破膜术、胎头吸引器或产钳助产术、宫内胎儿头皮血检测等。产后2小时严密观察生命体征、宫缩及阴道流血情况，以防并发症的发生。建议在妊娠38周时选择性剖宫产以降低HIV母婴传播，如若手术，术前备皮时，只剪除切口周围的毛发，不备皮，避免皮肤损伤。

4. 产后护理 产后不推荐母乳喂养，防止HIV通过乳汁传给新生儿，指导产妇正确退奶。对于产后出血建议用催产素和前列腺素药物，不主张用麦角生物碱类药物，因其可与反转录酶抑制剂和蛋白酶抑制剂协同促进血管收缩。

四十一、如何做好妊娠合并艾滋病孕妇的隔离防护工作?

1. 个人防护 医务人员每次接触HIV感染孕产妇前，认真检查手部皮肤有无破损，如有破损避免实施操作，如无法避免者可先将有破损皮肤处用无菌敷贴保护后再至少戴双层手套；手套有破损时及时更换。接触前后严格执行七步洗手法进行手卫生，手术、接生时要穿一次性防水隔离衣，戴防护镜、口罩、帽子，穿鞋套。

2. 安全正确处置利器 病区内HIV感染的病室内放置独立的注射器具、污物桶、锐器盒，禁止用手去挤压污物桶内的医疗废物，操作者当场对锐器等用物进行处理，防止其他人员整理用物时出现针刺伤情况。

3. 消毒隔离 产后产妇使用一次性纸尿裤，尽量避免血液外流；产妇用物尽量使用一次性物品，如床垫、产包、导尿包、便盆等，血压计、体温计、专人专用，胎儿附属物、一次性物品使用后放置双层黄色医疗垃圾袋、锐器放置专用锐器盒集中焚烧处理；一般的医疗用物如皮尺、袖带、体温计用含氯1000mg/L消毒液浸泡30min后用清水洗净晾干备用；听诊器、胎心监护探头用75%乙醇擦拭后用清水擦干备用；器械用1000ml/L含氯制剂消毒后用双层黄色垃圾袋包装，贴瓶签注明送供应室单独清洗消毒处理；产床用含氯1000mg/L消毒液擦拭消毒后产房空气使用层流消毒或紫外线消毒；病房每天用含氯消毒剂抹台面、地面，出院后，床单位接触过的用物行终末消毒，被服衣服用医疗胶袋标记，送至洗衣部单独消毒清洗。

四十二、妊娠合并艾滋病的传播途径有哪些?

1. 性接触传播 是主要的传播方式，占成人艾滋病的80%。

2. 血液传播 多见于吸毒者共用注射器；接触HIV感染者的血液、血制品；皮肤黏膜损伤后被其血液污染或被污染了的针头刺伤等。

3. 母婴传播 妊娠后HIV可经过胎盘传染胎儿，或在分娩时经产道感染新生儿，这种传染方式约占儿童艾滋病的72%。

4. 其他传播 器官移植可造成感染，母乳喂养时乳汁的HIV也可感染新生儿。

四十三、妊娠合并艾滋病应如何预防？

艾滋病目前尚无有效的预防疫苗和治愈方法，当前唯一的方法是广泛宣传有关知识，使群众了解其传染途径，主要临床表现及防护措施。

1. 避免与艾滋病患者发生性接触。

2. 尽量使用国产血液制品，用进口血液制品需经 HIV 检测合格。

3. 高危的人群不能献血，对供血者进行 HIV 抗体检测，抗体阳性者禁止供血。

4. 不共用针头及注射器，不共用牙刷、剃须刀及被血污染的药物。

5. 患有艾滋病或感染 HIV 的妇女避免妊娠。

6. 加强国境检疫，严防艾滋病传入国内。

7. 用有效的消毒药物，如（500～1000）$\times 10^{-6}$（1∶10～1∶100）浓度的次氯酸钠液擦拭物品表面。

8. 医务人员和实验室工作人员，要避免针头机械刺伤皮肤。

四十四、如何对妊娠合并艾滋病所生新生儿进行护理？

新生儿母亲是艾滋病病毒感染者，新生儿在产后应减少与母亲血液和体液接触的机会，减少受损伤的机会，以降低感染艾滋病病毒的概率。

新生儿出生时，助产士先在距离脐根部 3～5cm 处断脐带，台下护士再处理新生儿，及时清除皮肤、黏膜、鼻腔、口腔等处的母亲体液、羊水及分泌物。用吸球清理呼吸道，如用新生儿吸痰管必须注意操作，动作一定要轻柔、压力适中，防止新生儿黏膜损伤。吸引器应一次性使用，注意交叉感染。

艾滋病暴露的新生儿无论母亲是否接受过抗病毒治疗都应该在 72h 内服用抗病毒药物进行母婴阻断。

四十五、什么是妊娠合并尖锐湿疣？

尖锐湿疣（condyloma acuminata，CA）是由人乳头瘤病毒（human papilloma virus，HPV）感染引起鳞状上皮疣状增生病变的性传播疾病。仅次于淋病，居我国性传播疾病的第二位。

四十六、妊娠合并尖锐湿疣发生的病因是什么？

病原体为人乳头瘤病毒，属 DNA 病毒。HPV 感染后，潜伏期一般为 1～6 个月，通常为 3 个月左右。孕妇尤其是妊娠晚期孕妇 HPV 感染率比正常人群高，有人对早期妊娠妇女进行普查发现，HPV 感染率为 11%。开始性生活的年龄小、多个性伴侣、免疫力低下、吸烟及高激素水平等都为发病的高危因素。

四十七、妊娠合并尖锐湿疣的临床表现有哪些？

临床症状不明显，可有外阴瘙痒，灼痛或性交后疼痛不适。典型的尖锐湿疣在外阴、阴道宫颈、肛门呈多灶型、多中心感染，临床类型为：①团灶型：如菜花状、息肉状、鸡冠状等；②扁平型：呈苔藓状；③丘疹型：小阴唇黏膜面有砂粒状丘疹，阴道下 1/3 黏膜见尖峰状丘疹。

四十八、妊娠合并尖锐湿疣如何确诊？

根据临床表现和实验室检查可确诊，如①细胞学检查：宫颈脱落细胞涂片进行巴氏染色以典型的挖空细胞和角化不良的细胞为诊断依据，但其特异性高，敏感性低。②病原学检查：为诊断尖锐湿疣的重要手段之一。可见棘细胞增生活跃，挖空细胞异型性明显，核分裂象易见，表层小动脉扩张，炎性细胞浸润。③ELISA 法：检测尖锐湿疣患者血清中 HPV 特异性抗体。

四十九、妊娠合并尖锐湿疣对母儿的影响有哪些？

1. 对母亲的影响　妊娠期细胞免疫功能降低，甾体激素水平增高，局部血循环丰富，容易患尖锐湿疣，且病灶生长迅速，数目多，体积大，多区域，多形态。巨大尖锐湿疣可阻塞产道。此外，妊娠期尖锐湿疣组织脆弱，阴道分娩时容易导致大出血。

2. 对胎儿及婴幼儿的影响 孕妇患尖锐湿疣，有垂直传播危险。宫内感染极罕见，有报道称个别出现畸形或死胎。新生儿绝大多数是通过软产道感染。新生儿的 HPV 感染主要局限于皮肤和黏膜。在新生儿期可引起肛周多发性尖锐湿疣，在婴儿期可引起喉乳头状瘤。

五十、妊娠合并尖锐湿疣有哪些治疗？

1. 物理治疗 妊娠 36 周前，位于外阴的较小病灶，可选用局部药物治疗，80%～90%三氯乙酸涂擦病灶局部，每周 1 次。若病灶大且有蒂，可行物理及手术治疗，如激光、微波、冷冻、点灼等。巨大尖锐湿疣可直接行手术切除疣体，待愈合后再行局部药物治疗。妊娠期禁用足叶草碱、咪喹莫特乳膏和干扰素。

2. 分娩方式 近足月或足月时，若病灶局限于外阴者，仍可行冷冻或手术切除病灶，可经阴道分娩。若病灶广泛，存在于外阴、阴道、宫颈时，经阴道分娩极易发生软产道裂伤引起大出血；或巨大病灶堵塞软产道，均应行剖宫产术。目前尚不清楚剖宫产能否预防婴幼儿呼吸道乳头状瘤的发生，因此，妊娠合并尖锐湿疣不是剖宫产的指征。产后部分尖锐湿疣迅速缩小，甚至可自然消退。

五十一、如何观察及护理妊娠合并尖锐湿疣孕妇的产程？

1. 加强心理护理 由于尖锐湿疣是性传播疾病，一旦患病，不仅是躯体问题，而且承受着难以诉说的心理重负，常处于焦虑、抑郁状态，在分娩期还要忍受宫缩的痛苦，更担心胎儿感染的潜在危险和在分娩中可能发生的并发症，因此，医务人员对待她们需与其他产妇一致，一视同仁，尊重她们的人格和隐私权，用语言技巧，取得与患者的情感沟通，建立良好的护患关系，以利于产程进展，促进分娩的顺利。

2. 第一产程护理

（1）患者发动宫缩后，除给予正常产妇常规护理外，置患者于隔离待产室待产。

（2）备皮、消毒，不用剃毛法，而用剪毛法，防止损伤皮肤及湿疣患处。实时监测生命体征、检查胎位、胎心，宫缩频率、持续时间和强度，宫颈扩张，胎膜破裂及先露高低，做好记录描绘产程图。如发现产程进展缓慢，要考虑是否因宫颈阴道病灶引起而阻塞产道，影响宫口开大和先露下降，及时改行剖宫产结束分娩；如需行剖宫产术，术前留置尿管动作轻柔，以防损伤疣体导致出血。

3. 第二产程护理 由专人观察助产，外阴用 1∶15 聚维酮碘（碘附）冲洗后再用原碘附棉球消毒，臀下垫一次性会阴垫，用胎心监护仪监护胎心，帮助产妇正确应用腹压。在产程不延长、胎心好的情况下，让胎头充分扩张会阴，让其自然分娩，同时保护好会阴，尽量避免做对胎儿有损伤的手术操作，胎儿娩出后保护好脐带断面，避免受到血液与分泌物的污染，出生后即给予抗生素。

4. 第三产程护理 注意胎盘剥离征象，正确娩出胎盘，检查胎盘胎膜是否完整，常规仔细检查产妇外阴阴道、宫颈有无裂伤、出血，如有软产道损伤应进行正确缝合，预防性催产素应用，以促进子宫收缩。

五十二、如何做好妊娠合并尖锐湿疣孕妇的隔离防护工作？

1. 尖锐湿疣除通过性接触传播外，也可由外界污染的环境、衣物、用具等引起，因此产妇在分娩过程中的隔离防护工作尤为重要。医务人员接触患者前后进行快速手消毒，为孕妇行肛查或阴查时要防止其粪便、阴道分泌物、羊水、血液污染，检查完毕后及时洗手。

2. 接生人员要戴好口罩、帽子、手套，穿防护隔离衣、戴防护面罩，以防羊水、血液喷射到自己身上；安全正确处理使用过的利器，以防职业暴露的发生。

3. 产后产妇使用一次性纸尿裤，尽量避免血液外流；产妇用物尽量使用一次性物品，如床垫、产包、导尿包、便盆等，血压计、体温计、专人专用，胎儿附属物、一次性物品使用后放置双层黄色医疗垃圾袋、锐器放置专用锐器盒集中焚烧处理；一般的医疗用物如皮尺、袖带、体温计用含氯 1000mg/L 消毒液浸泡 30min 后用清水洗净晾干备用；听诊器、胎心监护探头用 75%乙醇擦拭后用清水擦干备用；器械用 1000ml/L 含氯制剂消毒后用双层黄色垃圾袋包装，贴瓶签注明送供应室单独清洗消毒处理；产床用含氯 1000mg/L 消毒液擦拭消毒后产房空气使用层流消毒或紫外线消毒；病房每天用含氯消毒剂抹台面、地面，出院后，床单位接触过的用物行终末消毒，被服衣服用医疗胶袋标记，送至洗衣部单独消毒清洗。

五十三、妊娠期 HPV 感染如何预防？

1. 妊娠期发现生殖道尖锐湿疣应积极彻底治疗，并同时对其性伴侣进行治疗。

2. 如合并有其他性传播疾病者应一并治疗。

3. 患有生殖道尖锐湿疣的孕妇分娩的新生儿出生时及出生后应避免口腔、咽、气管、食管、胃黏膜损伤，以免 HPV 通过破损的黏膜引起感染。

五十四、妊娠期 HPV 感染如何指导新生儿喂养？

HPV 感染产妇可以选择母乳喂养，对于母乳喂养的产妇，应母婴兼顾，在治疗方案中应以冷冻、激光治疗为首选；应用药物治疗者，应在停止哺乳后，避免药物对新生儿的影响。

五十五、妊娠期沙眼衣原体感染的临床表现有哪些？

孕妇多因男方先有衣原体感染，性接触后受染。临床特点是无症状或症状较轻微不易察觉，病程迁延。受染后潜伏期 7～12 天，临床表现因受染部位不同而异。以宫颈管炎、子宫内膜炎多见，严重者可引起输卵管炎和盆腔炎，部分有尿道炎及前庭大腺炎表现。

五十六、妊娠期沙眼衣原体感染如何护理？

1. 心理指导　讲解疾病知识，介绍规范的治疗方法。孕妇往往担心疾病和服药对胎儿造成不良影响，且由于个别病程迁延不愈，给患者精神和躯体带来许多痛苦。我们根据患者不同的心理状态进行心理疏导，使患者树立信心，积极配合治疗。对孕妇说明只要规范用药治疗是完全可以治愈的，说明早期治疗不会影响胎儿发育。并引导丈夫及家属对患者给予帮助、关心、支持及鼓励，树立战胜疾病的信心。

2. 胎儿监护指导　指导按时常规产前检查，必要时增加产前检查次数，适时行 B 型超声了解胎儿发育情况：胎儿大小、外观有无异常。教会患者监护胎儿的方法：每日早、中、晚各一次，安静数胎动 2h，次数不少于 6 次为正常，如有异常及时就诊。

3. 合理饮食指导　高蛋白质、高维生素、高热量饮食、禁烟、酒、辛辣等刺激性食物，以免影响治疗效果。

4. 保健指导　治疗期间注意保暖，避免受凉，适度运动，增强体质，提高免疫力。

5. 个人生活指导　为避免引起盆腔充血，造成炎症扩散，急性期不宜同房。恢复期，夫妻双方任一方沙眼衣原体（+），同房时男方必须戴避孕套，防止交叉和重复感染而影响治疗效果。嘱孕妇不能盆浴，勤清洗外阴，勤换内裤，毛巾及内裤洗净后，煮沸消毒或日光暴晒；严格盆巾隔离和消毒。

五十七、妊娠合并滴虫性阴道炎如何护理？

1. 缓解症状　指导患者正确使用药物。外阴瘙痒时不可用力搔抓、用热水烫洗及涂刺激性药物，以免加重感染，使皮损范围增大。

2. 加强心理护理　患有生殖系统炎症的孕妇一般心理负担较重，常出现不安、烦躁、焦虑、紧张等情绪，应帮助孕妇树立治疗信心，减轻心理负担，坚持治疗。

3. 卫生宣教　向孕妇介绍女性自然防御系统的相关知识，讲解生殖系统发生炎症的原因及传播途径，指导孕妇产前、产后的卫生，预防感染发生。穿着内裤不易过紧，每日更换，阴道分泌多或者有阴道出血时及时更换会阴垫；禁止盆浴，外出注意公厕卫生条件。

4. 防止交叉感染及重复感染　治疗期间保持会阴清洁干燥，内裤及清洗外阴用物要用开水烫洗或煮沸消毒，以杀死用物上的细菌及寄生虫，防止再次引起感染。

5. 饮食指导 炎症期间禁食辛辣刺激性食品，高热时补充液体食物及蛋白质。

6. 遵医嘱用药 按疗程就医，在医生的指导下治疗，男方一起接受治疗，如果仅妻子治疗，而丈夫不治，性生活又无保护，妻子即使治愈，也会通过性生活被丈夫再次传染。如此周而复始，双方的滴虫病都顽固难愈。勿盲目就医，避免大量使用抗生素造成菌群失调，加重病情。

五十八、妊娠合并念珠菌感染如何护理?

1. 开展妊娠期健康教育，并与性病相区别，做好心理护理。帮助患者树立自信、乐观、积极的良好心态；增强营养，加强锻炼，提高自身免疫力。

2. 住院患者做好床边隔离，医疗用具、卫生用具定期消毒灭菌。做好阴道分泌物的留取，及时送检。

3. 经阴道分娩时注意保护会阴，防止阴道壁裂伤。新生儿每日用氯霉素眼药水 1 次，并观察口腔黏膜有无感染。

4. 出院未愈者示范并教会孕妇阴道冲洗和放药方法，并嘱其定期复查至痊愈。外阴瘙痒禁用热水烫洗，建议穿着松软的棉织内裤，不穿吸水性差、不透风的化纤织物内裤及收腹紧缩内裤；消除致病诱因，注意勤换内裤，用开水烫洗内裤、盆、毛巾。必要时夫妻同时接受治疗。

五十九、妊娠合并细菌性阴道病如何护理?

1. 心理护理 部分患者对细菌性阴道病概念不清，误以为自己患有性病，常产生恐惧和羞涩心理，且担心疾病对胎儿产生不良影响，产生焦虑情绪。医护人员应细心向患者讲解性病与细菌性阴道病的知识，指导患者就医，建立良好医患关系，增强患者战胜疾病的信心。

2. 加强卫生宣教 适时地讲解疾病知识，针对患者特定的心理状态进行有效的卫生宣传教育。保持健康心态，多做户外活动，增强体质；勤洗澡勤换内衣裤，内裤单独清洗，在阳光下晒干；保持外阴清洁及性卫生；禁止盆浴、坐浴，建议淋浴，以防交叉感染。

3. 改变不良卫生习惯 有些患者误以为经常冲洗阴道就可以防止疾病，殊不知阴道菌有天然屏障作用，其稳固的菌群和 pH 使阴道具有很强的抗病能力，经常冲洗则破坏了阴道的正常环境，反而抵抗力降低，甚至诱发细菌性阴道病的发生。

4. 就医指导 鼓励患者坚持按疗程就医，不要随意用药，在医生的指导下治疗，避免大量应用抗生素造成菌群失调，加重病情。

六十、什么是羊膜腔感染综合征?

羊膜腔感染综合征（intraamniotic infection syndrome，IAIS）是指在妊娠期和分娩期，病原微生物进入羊膜腔引起感染的总称，包括羊水、胎膜（绒毛膜、羊膜和蜕膜）、胎盘甚至子宫感染。

六十一、羊膜腔感染综合征的病因是什么?

1. 病原体 羊膜腔感染与微生物有极为密切的关系，妇女阴道及宫颈内均有多种微生物：主要是需氧菌、厌氧菌、衣原体、支原体等，妊娠妇女也不例外，在一定的条件下，这些微生物可进入羊膜腔造成感染而危害母亲及胎儿。

2. 胎膜破裂 传统产科学胎膜破裂是 IAIS 的原因，胎膜破裂时间越长，IAIS 的发生率越高，胎膜破裂或早破只是 IAIS 的原因。近代产科学发现胎膜破裂和 IAIS 互为因果关系，而且 IAIS 可能是胎膜破裂的主要原因。由于各种原因引起的 IAIS 的存在，导致胎膜破坏、宫颈扩张和子宫收缩，进而胎膜破裂，羊膜腔与阴道相通，随时间延长感染复杂而严重。

3. 产科医师操作所致医源性感染 包括以各种诊断和治疗为目的的羊膜腔穿刺技术、胎儿外科或宫内手术、羊膜镜和胎儿镜技术、围生期的阴道检查、肛查和阴道手术操作等。

4. 生殖系统感染 主要指宫颈和阴道炎症，如常见的细菌性阴道炎、真菌性阴道炎和滴虫性阴道炎等。宫颈或阴道内细菌，上行通过破裂或未破裂的羊膜，到达羊膜腔，在羊膜腔进一步繁殖，引起严重感染。

5. 绒毛膜羊膜炎　通常孕妇于妊娠前合并亚临床的慢性子宫内膜炎，妊娠期炎症累及胎盘和胎膜，进一步扩散到羊膜和羊膜腔。

六十二、羊膜腔感染综合征的临床表现有哪些？

亚临床型羊膜腔感染综合征临床上可无任何症状，只有临床型羊膜腔感染综合征才有临床症状。但症状常缺乏特异性，因而常不被临床医师所重视。不同的病原体所产生的羊膜腔感染，其临床表现也不一样。但多数病例都有以下症状。

1. 胎膜早破　基本上所有的患者都伴有胎膜早破，随着破膜时间的延长，羊膜腔感染的可能性越大，有作者认为胎膜早破超过24h者，羊膜腔感染的发生率超过30%。

2. 羊膜腔感染　随着炎症范围的进一步扩大，孕妇体温升高，胎膜早破时体温超过 37.5℃而找不到原因时，则要考虑羊膜腔感染的可能。孕妇体温升高后伴随有孕妇心率加快。但要注意妊娠期生理情况下孕妇心率也可稍快，但当心率＞100 次/分而找不到其他原因时，要考虑羊膜腔感染的可能。部分孕妇可出现胸闷不适。

3. 孕妇血白细胞升高　要注意妊娠期血液的生理变化可以表现出血白细胞计数升高，另外，白细胞计数个体差异较大，但一般在 20×10^9/L 以内。因此，可以采用动态检测血白细胞计数的变化，若白细胞计数进行性升高或伴有核左移现象，则说明为羊膜腔感染，若只有核左移现象通常说明感染严重。

4. 子宫压痛及胎心率加快　炎症除累及绒毛及蜕膜，也可以进一步侵及子宫肌层，可以出现子宫压痛。炎症侵犯胎盘及胎膜，病原体产生内毒素，可使绒毛间隙水肿，胎儿发生缺血缺氧性损伤，则表现为胎心率加快，可达 160～180 次/分。若胎心率超过 180 次/分，往往提示胎儿宫内严重感染。

5. 阴道脓性分泌物　在羊腔感染综合征出现之前和之后，都有可能出现阴道脓性分泌物。随着病情的加重，羊水逐渐由澄清变为浑浊，阴道分泌物也变为脓性和伴有恶臭味。

六十三、羊膜腔感染综合征对母婴有哪些影响？

1. 对母亲的影响　宫内感染使子宫肌层对催产素的敏感性下降，宫颈扩张迟缓，产程停滞，手术产率增加。另外由于炎症侵袭羊膜及绒毛膜，严重者可以累及蜕膜、子宫肌层，进而影响子宫收缩而使出血量增加，同时子宫蜕膜、子宫肌层感染导致产后病率增加。

2. 对胎儿的影响　胎膜早破是造成早产的重要因素，在早产中约有 1/3 并发胎膜早破。学者们的研究认为早产与亚临床感染有密切关系，早产常与胎膜早破合并存在，胎膜早破常不可避免地导致。随着破膜时间的延长，原已存在的感染或破膜后的上行性感染可导致绒毛膜羊膜炎，胎儿发生感染的可能性增加。胎膜早破羊水不断外溢，以致羊水减少，脐带受压，发生胎儿缺氧、胎儿宫内窘迫、新生儿窒息。尤其在早产儿中胎儿肺不成熟、肺发育不良、体重过低、喂养困难等因素，致使围生儿死亡率升高。

六十四、羊膜腔感染综合征如何护理？

胎膜早破是引起羊膜腔感染最常见的原因，我们应注意以下方面。

1. 心理护理　孕妇未到预产期或无产兆前，突发阴道流液，可能惊慌失措或焦恐不安，担心影响孩子及自身的健康，产生恐惧情绪。因此，首先要求我们护理人员要有亲切的态度，用温和的语气积极鼓励其面对现实。缓解其焦虑的情绪，消除恐惧心理，同时做好解释，明确治疗目的、方式，使其主动配合治疗及护理。

2. 保证围生儿健康，防止脐带脱垂　胎膜已破脐带随羊水从胎先露部与骨盆入口的空隙处脱出于子宫颈外口，降至阴道甚至外阴者，称脐带脱垂。一旦发生破膜要及时查看肛门和阴道，查看是否有脐带脱垂现象，还需了解先露高低，宫口情况。如果宫口没有开全，先露未入盆，应及时督促孕妇绝对卧床。要认真准时听胎心音，实施细致的监护。如果发现脐带脱垂者，宫口未开全要立即吸入氧气，并且戴无菌手套将脐带送回宫腔，做好即行剖宫产准备，一旦宫口开全，即开展助产工作。

3. 防感染 病房保持空气流通，每天保证至少两次清洗外阴，常换消毒卫生垫。按时观察羊水量、性质、颜色、气味，遵医嘱预防性使用抗生素；观察体温变化，每日测体温 4 次，若体温上升，白细胞计数升高，血清 C-反应蛋白升高，均提示宫内感染，应及早处理；要保证卧床休息，减少肛门和阴道检查的次数。

4. 防早产 若破膜发生于妊娠 37 周以前，在预防感染和预防脐带脱垂的护理下，行保胎治疗。

一旦进行保胎治疗要尽量避免对肛门和阴道的检查。要按时定期对胎儿进行监测，掌握宫内胎儿的相关情况，如果发现异常现象，要及时报告医生终止妊娠。

第二十九章　妊娠合并免疫系统疾病

一、妊娠合并系统性红斑狼疮的临床表现有哪些？

系统性红斑狼疮（systemic lupus erythematosus，SLE）患者多为缓慢起病，随着所累及的器官系统不同，主诉及症状亦有不同，大多数患者有全身症状包括发热、疲倦、乏力、体重减轻和周身不适。出现骨骼肌肉症状，包括严重关节疼痛，表现为对称性关节炎，半数有关节晨僵，肌肉疼痛、乏力，严重者肌肉萎缩。患者有血液系统改变，包括贫血、溶血、白细胞减少、血小板减少、血清中有狼疮抗凝物，皮肤损害，突出的特点是面部蝶形红斑，分布于鼻及双颊部，少数红斑也见于其他部位，红斑稍微水肿，日晒后加重。肢端可有小结节及雷诺现象，皮肤弹力差。可有脱发，口腔溃疡。部分 SLE 患者有精神、神经症状。轻者仅有心理障碍，严重者发生癫痫、偏瘫或蛛网膜下腔出血等。60%患者有心、肺改变，出现心肌炎时，胸闷、心悸、气短、不能平卧，心脏扩大，甚至发生心力衰竭。SLE 病变累及浆膜时，出现心包炎、胸膜炎，胸腔积液、呼吸困难、胸痛。发生肺纤维化，又称狼疮肺，有肾炎表现时，出现蛋白尿，管型尿，晚期进展为肾病综合征及肾衰竭，表现为血压升高、水肿，45%患者有胃肠表现，如食欲减退、恶心、呕吐、腹痛、腹泻。少数患者出现血管栓塞，肢体疼痛，可出现足背动脉消失。

二、妊娠对 SLE 有何影响？

妊娠期间 SLE 的恶化率与受孕时 SLE 疾病状态密切相关。多数研究认为，SLE 患者妊娠若处于病情稳定期，则母儿相对安全。狼疮活动期妊娠，多有不良结局。缓解期及控制期患者的恶化率较活动期有显著降低。在缓解期妊娠的 SLE 患者中，35%在妊娠期出现狼疮病情加重；而在活动期妊娠的患者，这一比例高达 83%。研究表明，缓解期较控制期恶化率更低，但即使已处于病情稳定期，妊娠后狼疮仍可能在妊娠的各个时期及产后恶化，其恶化率为 13%～60%，其恶化时间多出现在妊娠早期和产褥期，且多数表现为皮肤、关节等病变。这主要是妊娠期体内激素水平的变化，使免疫反应持续紊乱，雌激素水平升高，导多克隆 B 细胞活化，增加了自身抗体的产生及表达，使得机体体液免疫反应持续增强，引起的 SLE 活动或加重。特别是在 SLE 不稳定期受孕更容易造成 SLE 病情恶化。而催乳素（prolactin，PRL）作为一种免疫应答的刺激剂，参与妊娠期间的免疫及炎症反应，与妊娠期及产褥期 SLE 的恶化密切相关。

妊娠期间肾脏负担加重，狼疮性肾炎患者，多数妊娠期间病情加重，一般多发生在妊娠晚期，产后 3～6 个月仍有少数患者肾功能不正常。

三、SLE 对妊娠有何影响？

SLE 可导致孕妇本身病情加重及增加妊娠期高血压疾病的发生率，活动期 SLE 肾炎孕妇并发子痫前期发生率为 45%，稳定期 SLE 肾炎的发生率为 8.3%，患有 SLE 肾炎的孕妇子痫发生率高达 64%。SLE 孕妇可能还存在凝血因子增高及抗凝、纤溶作用的相对减弱，凝血、抗凝、纤溶之间的不平衡，导致 SLE 孕妇在产后可能有出血倾向存在。由于 SLE 的基础病变，母体产后可能发生肺栓塞、肺出血、心脏血管栓塞等致命表现。SLE 孕妇的流产率、死胎率及胎儿宫内发育迟缓等并发症的发病率明显上升。SLE 主要影响胎儿的宫内生长环境，妊娠早期，自然流产可能与母体内的抗干燥综合征 A、B 抗原的抗体通过胎盘有关，而妊娠晚期胎儿死亡则可能与胎儿发育不良，胎盘功能低下，妊娠合并妊娠期高血压综合征等有关。

长期使用皮质类激素，母体免疫受抑制，产后易发生感染，也易发生骨质疏松、低钙。

四、妊娠合并 SLE 妊娠期如何监护胎儿？

妊娠合并 SLE 的胎儿属高度危险儿，围生期应加强胎儿监护。按时进行产前检查，妊娠晚期要求患者学会自测胎动，如发现胎动异常应及时处理。妊娠早期 B 型超声检查确定胎龄、胚胎情况，妊娠中、晚期 B 型超声检查监测胎儿生长和胎儿有无畸形，必要时进行胎儿心电图和超声心动图检查，了解胎儿心脏传导阻滞及心脏受损情况。妊娠晚期必要时还可进行生物物理评分，血、尿雌二醇，血胎盘生乳素测定等联合监测，并加强胎心电子监护（每周 1～2 次）以随时了解胎儿发育情况。此外，通过多普勒了解胎儿血流情况，对是否可以继续妊娠具有指导意义。

五、妊娠合并 SLE 母体如何监护？

SLE 患者一旦妊娠即属高危妊娠，应在产科和免疫科的共同监测下渡过妊娠期和产褥期。密切进行定期产前检查和内科随诊，了解 SLE 病情和各脏器的功能状态，避免劳累与日晒，指导患者学会自我监护，注意观察有无面部蝶形红斑、关节痛、口腔溃疡、光敏等症状。观察血压、体重、宫高、腹围的变化。定期检查血常规、尿常规、24h 尿蛋白总量、肝肾功能、心电图、红细胞沉降率及血小板聚集试验、抗双链 DNA 抗体、狼疮抗凝物、抗磷脂抗体、抗 SSB 抗体及补体 C3、C4 等。

六、妊娠合并系统性狼疮分娩期如何护理？

1. 心理护理 SLE 是一种多系统多器官的自身免疫性疾病，其发病和转归均与心理因素有关，分娩时的宫缩痛，以及产妇担心自己和胎儿的安危等因素均可造成产妇紧张、恐惧、担忧等负面心理。心理状态与免疫系统之间是相互作用的，心理状态良好会改善免疫功能而使症状得到缓解；心理状态不良则使疾病加重。故临产后应做好患者的心理护理，必要时行导乐分娩和分娩镇痛。

2. 病情监测 皮损型患者特别应注意室内挂窗帘，减少日光紫外线的照射，且应避免患者在时用紫外线消毒房间；饭前、便后、产后应用温水洗浴，会阴冲洗时用 0.5%碘附或 0.1%氯已定棉球，忌用碱性肥皂。肾炎型患者定时监测血压并记录，应用降压药时应防止血压急剧下降，同时监测肾功能、尿量、尿色。加强对关节的护理，如适当的关节活动、功能锻炼等。

3. 用药护理 由于大剂量激素的应用，极易感染，各项操作特别是接生时应严格无菌，及时正确地缝合创口，并予分娩前半小时预防性使用对狼疮肾无影响的抗生素，如青霉素（但禁用普鲁卡因青霉素）或头孢曲松钠抗感染治疗。因 SLE 患者分娩前后均应用大剂量激素冲击治疗，产后需回奶，应及早应用甲磺酸溴隐亭片（溴隐亭）、生麦芽口服，予大黄、芒硝敷乳房，以降低乳腺炎和产后高热的发生。

4. 预防产后出血 SLE 患者常有血小板偏低，质量也可能有缺陷，同时存在血小板抗体，易引起产后出血，产后立即按摩子宫，予沙袋压迫宫底，使用促宫缩剂，避免了产后出血的发生。

七、妊娠合并 SLE 的预后如何？

SLE 患者预后差，由于患病妇女迫切要求生育和近年来监测与治疗手段的改进，采取病情缓解半年以上者允许其妊娠，可明显降低母儿的死亡率。SLE 妊娠中流产、早产、死胎及胎儿生长受限的发生率明显高于正常人群。胎儿丢失是正常人群的 2～3 倍。

八、妊娠合并系统性硬化症的临床表现有哪些？

1. 局限性硬皮病以斑块状硬斑病最为常见 皮损多发生于腹、背、颈、四肢及颜面部，初呈淡红色水肿性斑片，经几周甚至数月后可扩大且硬化，呈淡黄色或象牙色。表面干燥平滑，周围有轻度紫红色晕。经过缓慢，数年后，渐渐萎缩变薄如羊皮纸样，甚至皮下组织及肌肉亦发生萎缩、硬化，形成木板样硬片。肢端动脉有痉挛现象（雷诺现象），肢端硬化处易发生顽固性溃疡。

2. 系统性硬化症侵犯内脏各器官

（1）骨关节：大多数患者有关节病变，表现为关节痛和关节炎，早期轻度活动受限，逐渐发展至关节强直、挛缩畸形。大小关节常同时受累，而以手部小关节更为常见。

（2）黏膜：口腔黏膜包括舌、齿龈、软腭、咽喉等处均可硬化萎缩，并可累及眼球及睑结膜的结缔组织和肌肉，引起咽门窄小、眼闭合不全；还可能有口腔和喉干燥等一些舍格伦综合征的表现。

（3）肺：发生广泛性肺间质纤维化，有咳嗽、进行性呼吸困难，肺活量下降。

（4）食管：吞咽困难、多伴有呕吐，因有反流性食管炎而出现胸骨后灼痛感。

（5）心脏：可有不同程度的心肌炎、心包炎或心内膜炎而有胸闷、气急、心律失常和心绞痛的症状。

（6）肾脏：由于发生硬化性肾小球炎而出现蛋白尿、高血压及氮质血症。

（7）其他：除急性发病初期可有高热外，常有低热、消瘦、全身衰弱等症状。

九、妊娠与系统性硬化症的相互影响有哪些？

1. 系统性硬化症对妊娠的影响　系统性硬化症是一种原因不明的弥漫性结缔组织病，以皮肤和某些内脏的小血管壁增生、管腔阻塞而造成皮肤广泛的纤维化和脏器功能不全为主要特点，育龄期妇女发病率明显高于男性，但合并妊娠者少见，因该病是不孕的原因之一，多数学者认为系统性硬化症患者流产、死胎、早产的发病率明显增高。

2. 妊娠对系统性硬化症的影响　系统性硬化患者妊娠后一般病情稳定，甚至表现为缓解，但产后加重，患者合并有心肾功能损害时应及早终止妊娠。

十、妊娠合并系统性硬化症妊娠期如何护理？

1. 心理护理　大部分患者患病后容颜发生的巨大变化使她们难以接受现实，产生强烈的自卑感，因此常伴发焦虑和抑郁情绪。而且由于此病属于病程较长，治疗反应较差，致使她们在经济上及精力上消耗很大，使她们悲观、厌世，对治疗失去了信心。因此做好疾病知识的宣教，如病因、疾病加重的诱因等。使患者了解与本病有关的知识和防护措施，与医师共同帮助患者建立战胜疾病的信心，积极配合治疗。同时，做好患者家属的工作，要他们多关心、安慰患者，配合医护人员共同做好患者思想工作。护理人员要针对患者的特异性制订个体化心理护理措施，通过询问病情，掌握患者的基本情况，聆听患者对治疗及护理的感受，对患者采取体贴关怀，热情诚恳的服务，通过既往治疗好转患者的图片及随访资料，使患者减少忧虑，使他们对疾病有正确认识，树立战胜疾病的信心，乐于接受治疗及护理。

2. 生活护理　病房应经常通风，保持室内空气流通病室内紫外线消毒 2 次/周，限制探视，严格执行无菌操作规程，对医疗器械及用物要定期严格消毒。做好口腔护理，保持口腔清洁，防止继发感染。为预防因皮肤硬化和纤维化所造成的肢体活动受限及肌肉废用而发生的萎缩，每天进行 2～3 次张口和咀嚼肌训练及肌体运动等。嘱患者注意休息，指导患者学会保存体力，在生活起居方面给予患者细心而必要的帮助，协助患者进食及服药，协助下蹲困难的患者大小便，且一定要注意避免其后因肌无力不能站立而跌伤。保持关节功能位置适当锻炼，尽量延缓骨、关节受累，可借助拐杖进行力所能及的活动，病情缓解后，应鼓励及协助患者逐步完成各项自理活动。

3. 饮食护理　本病常累及胃肠道，导致胃肠道蠕动减弱，可出现吞咽困难、胸骨烧灼感、反酸。指导患者少食多餐，进食时取头高脚低。倾斜位以减少胃-食管反流，必要时遵医嘱给抗反流药物治疗。饮食宜以易消化、低盐、高蛋白、高热量、高维生素的流质或半流质饮食为主。出现消化吸收不良时给予低脂饮食。多食新鲜水果汁、蔬菜，忌食酒类、辛辣及刺激性食物。吞咽严重困难者可留置鼻饲管，以保证营养供给。进餐时尽量取坐位，吃固体食物时多饮水，症状缓解后，给予普通饮食。嘱患者避免进食过饱，休息时适当抬高头部，片状药物可研成粉末和水冲服。

4. 皮肤护理　急性期患者多有皮肤变硬、皮肤无毛、无油脂及汗腺。应保持床铺平整、干燥清洁、无渣屑，避免皱褶，勤换内衣，内衣应以宽松、柔软的棉布为主。避免用冷水和碱性肥皂洗手及上肢皮肤。告知患者避免日晒，防止外伤，勤按摩局部皮肤，保持皮肤清洁、用温水清洗。保持室内温度、湿度，秋冬季节对患肢或指（趾）端做好保护，但一定要注意防止热水袋等取暖物品烫伤。鼓励协助患者定时翻身，床上放海绵垫，防止皮肤破损。必要时给予气垫或棉垫，防止局部皮肤长期受压，致血循环受阻而产生褥疮或皮肤溃疡。洗澡温度要适宜，水温过低易引起血管痉挛，过高组织充血水肿加重而影响血液循环。禁止用热水烫洗。对皮肤干燥、瘙痒的患者洗浴后用滋润皮肤、温和润滑剂止痒，如水杨酸软膏、维生素 R 软膏等。勤剪指甲，避免搔抓、擦破皮肤，防止皮损长期受压。

5. 功能锻炼 鼓励患者积极进行功能锻炼，如屈伸肘、双臂、膝及抬腿等活动，若病情允许，宜经常下地行走、做保健操、打太极拳等。对已有关节僵硬者予以按摩、热浴或辅以物理治疗，增加组织的软化。肢体运动以抬臂、抬腿和伸展运动为主，运动前进行肢体按摩，以松解肌肉的紧张状况。

6. 静脉穿刺困难 由于本病主要累及皮肤和血管，尤其是四肢和面部皮肤。皮肤硬化，进针困难，很容易使针头弯曲，受累血管内皮细胞增生，胶原纤维沉积，周围有炎细胞的浸润，晚期血管壁则萎缩纤维化，管腔变小，以至闭塞。导致末梢血管不充盈，看不见，也摸不着。血管壁弹性减退，进针时无突破感。穿刺时静脉回血缓慢，易误认为未进入静脉而反复进针。穿刺时尽量不选择末梢血管，而穿刺肘正中静脉、贵要静脉、头静脉等较大静脉。必要时行锁骨下静脉穿刺。

7. 雷诺现象的护理 雷诺现象往往是硬皮病的首发症状，并贯穿疾病的始终。叮嘱患者避免情绪激动，尽量避免暴露于寒冷空气中或接触冷水及冷的物体。忌烟，以免尼古丁刺激血管收缩。细心保护手指免受外伤，因轻微损伤容易引起指尖溃疡或其他营养性病变。饮少量酒类饮料增加血液循环，可改善症状。解除患者精神上顾虑，保持乐观也是预防中的一项重要措施。嘱其遵医嘱按时服用扩张血管和改善微循环的药物。增加肢体主动活动并经常按摩肢端，注意保暖并避免寒冷刺激，增加肢体主动活动，严密观察肢端皮肤温度、颜色，警惕指尖缺血性溃疡的发生。

8. 用药护理 本病常需应用糖皮质激素和免疫抑制剂，糖皮质激素对合并有间质性肺炎及早期皮肤肿胀、浆膜炎患者疗效较好。但长期使用糖皮质激素有较多的副作用，不易被患者接受，因此要做好充分的解释工作。除了密切观察患者皮损，吞咽困难、肺部损害症状是否控制和改善，还要教会患者观察药物的不良反应，解释按医嘱服药，定期监测血压、肝肾功能、电解质的重要性及配合方法。同时指导患者在病情控制后仍要坚持服药，口服秋水仙碱时应定期复查血常规，防止发生骨髓抑制。

9. 胎儿监护 按时常规产前检查，必要时增加产前检查次数，适时行 B 型超声了解胎儿发育情况：胎儿大小、外观有无异常。教会患者监护胎儿的方法：每日早、中、晚各一次，安静数胎动 2 小时，次数不少于 6 次为正常，如有异常及时就诊。

十一、妊娠合并多发性皮肌炎的临床表现有哪些？

1. 皮肤症状 初起为双上眼睑水肿性紫红斑，逐渐扩展至额、颧颊、耳前、耳后、颈及上胸部。损害为弥漫性红斑，常有轻度色素沉着或点状色素脱失。

2. 肌肉症状 四肢近端肌肉常先受损，以后再累及其他肌肉，出现不同症状，但主要表现为肌无力、疼痛、压痛、肿胀和功能障碍。

3. 全身症状 可有不规则发热、消瘦和关节痛。

4. 并发症 可并发内脏恶性肿瘤。

十二、什么是妊娠期抗磷脂抗体综合征？

抗磷脂综合征是由抗磷脂抗体引起的一组临床征象的总称。主要表现为抗磷脂阳性，同时伴有动静脉血栓形成，习惯性流产，血小板减少等症状，是一种自身免疫性疾病。

十三、妊娠期抗磷脂抗体综合征的临床表现有哪些？

主要临床表现为一个或多个动静脉血栓形成，复发流产（10 周以上的胎儿死亡，10 周以内的 3 次或更多次流产），由于子痫前期或宫内发育迟缓导致的 34 周前早产；其他表现为血小板减少、溶血性贫血、网状青斑、大脑病变，特别是癫痫、脑梗死、舞蹈病、偏头痛、心脏瓣膜病、高血压、肺动脉高压、腿溃疡等。

十四、抗磷脂抗体综合征对妊娠有什么影响?

患有抗磷脂抗体综合征的妇女妊娠后，常伴有严重的妊娠并发症及不良的胎儿预后，表现为反复流产、死胎、死产、胎儿年宫内发育迟缓、妊娠期高血压综合征、妊娠期胆汁淤积综合征、胎盘早剥、胎盘功能减退、羊水过少等。

十五、妊娠期重症肌无力的预后如何?

重症肌无力患者预后较好,小部分患者经治疗后可完全缓解,大部分患者可药物维持改善症状,绝大多数疗效良好的患者能进行正常的学习、工作和生活。

十六、妊娠期重症肌无力如何护理?

患重症肌无力的患者一般不宜妊娠。如已妊娠，重症者在内科治疗的同时，应考虑终止妊娠，轻症者可继续妊娠，但应加强产前监护及早期治疗。

1. 定期产前检查加强监护，由于抗乙酰胆碱 R 的抗体可通过胎盘影响胎儿，故妊娠 32 周后，每周做无刺激试验（NST）及 B 型超声、生物物理评分以监护胎儿。

2. 预防感染　是防止重症肌无力孕妇病情加重的关键。呼吸道感染时应迅速治疗，同时应积极治疗无症状菌尿及泌尿道感染。对应用皮质类固醇的孕妇更需接受特殊监护。

3. 分娩期监护　产妇临产后应加强监护，仔细观察有无呼吸不全症状及缺氧。产程中抗胆碱酯酶药物应胃肠外给药，因口服不能预估胃肠道药物吸收及排空的时间。重症肌无力不影响第一产程，但往往引起第二产程延长而需手术助产。

4. 剖宫产问题　重症肌无力不是剖宫产的指征，但有产科指征时应及时采取剖宫产术。由于产科手术应激、麻醉及手术后切口痛而限制膈肌移动，影响肺呼吸功能和支气管分泌物的排出，故重症肌无力产妇术后应安置在重点监护病室加强观察，防止重症肌无力危象的发生。

5. 产后哺乳　重症肌无力产妇的IgG型抗乙酰胆碱R抗体能进入乳汁而影响被哺乳的新生儿，这些抗体可促使新生儿发生肌无力。抗胆碱酯酶药物也能进入乳汁而使母乳喂养的新生儿发生胃肠道紊乱。但对缓解期的产妇，抗乙酰胆碱 R 抗体滴度低，未接受危及婴儿的药物的产妇可以哺乳。高抗体滴度服用大剂量抗胆碱酯酶药物或重症肌无力症状加重的产妇不宜哺乳。

6. 用药护理　重症肌无力患者对镇静、麻醉和安定药物特别敏感，故对这些药物的剂量和反应应仔细核对，安全给药。

第三十章　妊娠合并生殖道异常

一、妊娠期宫颈内口粘连有何特点？

宫颈内口粘连又称宫颈或子宫粘连，是人工流产术或刮宫术后远期并发症。发生原因为吸宫或刮宫时损伤子宫内膜基底层，局部形成创面而粘连，若术后发生感染则更易形成粘连。妊娠后容易并发习惯性流产、早产等。

二、残角子宫妊娠的并发症有哪些？

残角子宫妊娠的并发症有：①子宫破裂；②植入性胎盘；③死胎；④异期妊娠；⑤子宫扭转。

三、单角子宫妊娠的并发症有哪些？

单角子宫妊娠的并发症有：①胎膜早破；②子宫扭转；③死胎；④胎盘早剥。

四、双子宫妊娠分娩并发症有哪些？

双子宫妊娠分娩的并发症有：①IUGR 的发病率较正常约高 10 倍；②妊高征；③胎盘早剥；④前置胎盘；⑤胎膜早破；⑥子宫扭转；⑦DIC；⑧子宫破裂；⑨异期分娩。

五、双子宫妊娠合并症有哪些？

双子宫妊娠合并症有：①妊娠侧子宫扭转；②子宫破裂；③双子宫双侧妊娠异期分娩。

六、双角子宫妊娠如何护理？

1. 妊娠期护理　应加强监护，可以较早发现合并症的发生，及时治疗。当发现宫颈功能不全时，行宫颈环扎术，可减少晚期流产及早产。IUGR 与胎儿宫内窘迫治疗改善胎儿生长发育与缺氧状况，提高胎儿质量。

2. 分娩方式　双角子宫可以阴道分娩，胎位异常时可适当放宽剖宫产指征。臀位胎儿阴道娩出梗阻时，检查胎儿是否骑跨双侧宫腔交通的纵隔，以剖宫产为妥。

3. 合并症处理　发生妊娠宫角扭转或破裂，应立即开腹切除妊娠宫角。子宫破裂的处理，根据破裂口的大小、部位，行子宫修复或切除术。

七、纵隔子宫妊娠的临床表现有哪些？

纵隔子宫多无症状，原发不孕者较多见。妊娠后产科合并症发生率高，对孕妇及胎儿造成一定的影响。纵隔子宫妊娠供血比正常组织少，因供血不足，孕卵着床于子宫纵隔后，影响胎儿生长发育而流产，流产率可高达 26%～94%，一端游离的纵隔供血更为不足，妊娠到足月者少。纵隔子宫同样存在宫颈肌肉组织与结缔组织比例不正常，导致宫颈功能不全增加早产机会，因此早产率高达 10%～33%。子宫纵隔造成宫腔狭小或不规则，胎儿在宫腔内活动受限，胎头不易随妊娠月份增加而转为头位，因而胎位不正发生率高，臀位发生率较正常妊娠高 6.6 倍，横位发生率高 8.6 倍。异常胎位先露部与骨盆衔接不好，导致前羊水压力不匀而胎膜早破，胎膜早破发生率约为正常妊娠的 4.5 倍，并增加产前感染机会。胎盘附着于纵隔或部分附着于纵隔后，因蜕膜发育欠佳，胎盘在发育过程中向下蔓延至子宫下段，部分或完全覆盖宫口，前置胎盘发生率较正常妊娠高 6.5 倍，并有胎盘粘连的发生。

纵隔子宫对胎儿的影响：纵隔子宫虽有发育正常的肌壁，但完全或不全的纵隔，胎盘大部分或部分附着于纵隔，血液供给不足，胎盘功能不良或功能失调，造成胎儿营养不良与缺氧，影响胎儿生长，流产及早产率高，IUGR 发生率 20 倍于正常妊娠，胎儿宫内窘迫、死胎、死产及新生儿窒息的发生率也增加，围生儿病死率高。

八、纵隔子宫妊娠如何护理?

1. 妊娠期护理　纵隔子宫妊娠流产与早产的发生率高，应加强监护，严密观察宫颈有无功能不全，如有无痛性宫颈展平或开大，应行宫颈环扎术。妊娠期 B 型超声检查胎盘附着部位，早期发现前置胎盘。

2. 分娩期护理　纵隔子宫可阴道分娩。如有继发宫缩无力，第 2 产程延长，应做阴道检查，了解是否有阴道纵隔，子宫纵隔达子宫外口，阻碍产程进展或分娩。产式或胎位不正时，按孕妇年龄、产次、骨盆及胎儿大小，决定分娩方式。但对高龄初产妇，不良妊娠史、胎位不正等，可酌情放宽剖宫产指征。开腹后，发现宫体有纵行陷凹，最好做子宫下段纵切口，可将纵隔一并切除。

3. 纵隔子宫妊娠结局　足月妊娠及活婴率低，即使严密监护也不能改善胎儿生存率。近年，采用 Strassman 或 Tompking 矫形术，流产率由 89.3%下降为 12.3%，活婴率由 3.7%上升为 78.4%。近来用子宫镜切除子宫纵隔不仅保留完整宫腔，而且妊娠成功率进一步提高。对反复流产应在非妊娠期检查，及时行矫形术改善纵隔子宫妊娠结局。

九、阴道纵隔妊娠的临床表现有哪些?

阴道纵隔的主要症状是性交困难、性交疼痛。单纯远端妊娠后，妊娠期出现的产科并发症与正常妊娠相同。阴道纵隔与妊娠结局无关。双子宫、纵隔子宫常伴有阴道纵隔，双角子宫同时有阴道纵隔者较少见，但均有流产率、早产率高及活婴率低的特点。双子宫妊娠结局较好，双角子宫次之，纵隔子宫妊娠结局最差。

十、阴道纵隔妊娠分娩期的注意事项有哪些?

1. 阴道纵隔较薄时，分娩过程可自行撕裂，胎儿娩出后，纵隔无出血时，也可留置于阴道内，对性生活无影响。

2. 残留纵隔有出血时，切除残留隔膜，用细肠线缝合创面。纵隔较厚，先露下降受阻，可剪断，胎儿娩出，切除残留并缝合创面。

3. 阴道纵隔合并双子宫、双角子宫与纵隔子宫，因臀位发生率高，阴道分娩时需注意胎儿是否骑跨于纵隔之上。

4. 阴道检查估计胎儿较小，送入宫腔可以越过纵隔时在麻醉下试行操作。不可强行操作导致子宫破裂。

5. 先露较低，可剪断纵隔，切勿伤及胎儿。

6. 双角子宫、纵隔子宫宫腔有交道，膈的位置在颈管或宫腔内，宫腔狭小不规则，操作较困难，易发生子宫缩窄及脐带脱垂，可行剖宫产。

7. 双子宫、双角子宫肌壁发育差，宫缩乏力，可酌情放宽剖宫产指征。

8. 子宫发育不良，阴道壁有囊肿，妊娠期需做泌尿系统检查，囊肿同侧有泌尿系统发育不良，阴道纵隔一侧闭锁可能性大。

9. 临产后，继发宫缩无力，产道梗阻，没有明确诊断之前，不可用催产、引产药物。

十一、阴道横膈妊娠的临床表现有哪些?

阴道完全性横膈，表现为原发闭经，月经来潮，经血滞留在横膈以上，周期腹痛；阴道积血，阴道与肛门有坠胀感；宫腔积血，下腹有逐渐长大的肿块，进行性加重的周期性下腹痛及肛门胀痛；输卵管积血，双侧下腹有肿块与腹痛。若横膈位于阴道下方，在阴道口处仍可见发育正常的处女膜环。阴道不全横膈则不影响经血引流，横膈位于上 1/3，不影响性生活，常常被忽略。横膈孔位于中央或偏向一侧，经血引流不畅，则伴有痛经。位于阴道中下方的不全横膈，婚后有性感不快，因而较早就医。不全横膈不影响受孕，受孕率约为 60%。阴道横膈不增加妊娠期产科问题。临产后可有继发宫缩无力，产程梗阻。

第三十一章　围生期监测

一、什么是围生期？围生期应进行哪些健康教育？

围生期（perinatal）：指产前、产时和产后的一个特定时期，包括妊娠后期、分娩过程和新生儿早期3个阶段。国内定义为：胎龄满28周至出生后7天。是小儿经历巨大变化，生命受到威胁，最为脆弱的重要时期。

围生期是近二十几年来提出的一个特定阶段，从“围产”两字可以了解是指“出生前后”，围生期就是指出生前后的一个阶段。目前国际上一般都认为自妊娠第28周到出生后一周这段时期定为围生期；在这阶段中的胎儿和新生儿则称为围生儿。围生儿很容易受到胎内、分娩过程中及出生后各种因素的影响而患病，甚至死亡，所以围生儿死亡率是衡量一个国家和地区妇幼卫生工作质量的重要指标。

为了降低围生儿的死亡率并使母、儿避免因妊娠后期、分娩过程及生后各种不良因素的影响，所以在一些医学发达的国家已经规定妇女妊娠后必须到医院定期进行产前检查，一旦发现有高危因素，如曾有流产、早产史，本次妊娠时合并各种内科疾病，以及孕妇年龄偏大等，则需在医院进行严密的监护，适时分娩，分娩时做好各种抢救措施，使母子的安全得到最大的保障。新生儿出生后一周内的死亡率最高，所以要加强这一阶段内的保健，例如，对新生儿进行家庭访视，及时指导喂养、保暖，发现感染现象应去医院诊治。

二、什么是多基因遗传病？

多个基因与环境因素相互作用引起的疾病称多基因遗传病。

三、什么是染色体病？

染色体数目或结构异常所致的疾病称为染色体病。人类正常体细胞具有二倍体数46条染色体。如果在生殖细胞发生和受精卵早期发育过程中发生了差错，就会产生整条染色体节段超过或少于二倍体数的个体，表现为种种发育异常。

四、什么是唐氏综合征？

唐氏综合征（Down syndrome），又称21三体综合征，或先天愚型综合征，是临床上最常见的常染色体疾病。是由染色体异常（多了一条21号染色体）而导致的疾病。60%患儿在胎内早期即流产，存活者有明显的智能落后、特殊面容、生长发育障碍和多发畸形。

五、什么是18三体综合征？

亦称爱德华综合征（Edward 综合征）。18三体综合征的畸形主要包括中胚层及其衍化物的异常（如骨骼、泌尿生殖系统、心脏最明显）。此外，接近中胚层的外胚层（如皮肤皱褶、皮嵴及毛发等）及内胚层（如梅克尔憩室、肺及肾）也异常。

六、什么是单基因综合征？

由染色体异常或单一基因突变引起的涉及多个组织、系统异常，表现为特征性体征和症状的综合征称单基因综合征。

七、多基因异常包括哪些疾病？

多基因异常包括精神分裂症、糖尿病、哮喘等疾病。

八、环境因素对胎儿发育有什么影响？

生殖活动的整个过程即从配子形成到胎儿娩出这段时间中，容易受到各种理化因素的影响而造成生殖结局不良。各种有害物对生殖结局的影响与有害物作用胚胎发育时期的不同，有害物的毒性机制、浓度、作用时间长短不同等而产生不同结局的生殖损伤，如自然流产、死胎、死产、早期新生儿死亡、早产、性别比例改变、出生缺陷、胎儿宫内发育迟缓、婴儿死亡、儿童死亡和儿童期恶性肿瘤等。

九、什么是产前诊断？

产前诊断又称宫内诊断或出生前诊断，是指在胎儿出生前采用影像学、生物化学、细胞遗传学及分子生物学等技术，了解胎儿在子宫内的生长发育状况，诊断胎儿的遗传缺陷和先天畸形（包括胎儿的结构和功能异常），防止具有严重遗传病、智力障碍及先天畸形的患儿出生。

十、产前诊断的对象有哪些？

1. 年龄因素，35 岁以上的高龄孕妇。

2. 曾生育过染色体异常患儿的孕妇。

3. 夫妇之一是染色体病患者或平衡易位、倒位的携带者。

4. 有脆性 X 综合征家系的孕妇。

5. 曾生育过神经管缺损儿的孕妇。

6. 夫妇之一有某种基因病或曾生育过某一基因病患儿的孕妇。

7. 曾有不明原因的反复自然流产史、畸胎史、死产或新生儿死亡史的孕妇。

8. 孕妇有环境致畸因素接触史。

9. 本次妊娠羊水过多或过少，疑有畸胎的孕妇。

10. 产前母血清筛查为高风险者。

11. 有遗传性家族史或有近亲婚配史的孕妇。

十一、产前诊断包括哪些疾病？

产前诊断疾病包括染色体病、性连锁遗传病、先天性代谢缺陷病及非染色体性先天畸形。

十二、产前诊断有哪些方法？分别什么时候检测？

产前诊断有绒毛活检、羊膜穿刺、脐带穿刺、胎儿镜检查、孕妇外周血分离富集胎儿细胞、孕妇外周血分离胎儿 DNA、妊娠早期经宫颈收集胎儿细胞及植入前诊断等方法。

检测时间如下。

1. 绒毛活检 在妊娠 10～12 周进行，可进行染色体检查、DNA 分析、活性酶检测。

2. 羊膜穿刺 妊娠 16 周以后，最佳时间为 16～20 周。羊水细胞可进行细胞遗传学检查、DNA 分析、活性酶分析；羊水上清液可进行生化检测，如 AFP 检测、代谢产物的测定等。

3. 脐带穿刺 妊娠 18 周至分娩前，可用于几乎所有能用血液进行检测的项目，而且检测方法简便、准确。

4. 胎儿镜检查 在早期妊娠晚期或妊娠中期通过胎儿镜检查，可诊断体表畸形，也可在镜下采血进行产前诊断，还可进行皮肤活检诊断大疱松皮症、鱼鳞病，肌肉活检诊断肌营养不良，肝脏活检诊断某些代谢病。

5. 孕妇外周血分离富集胎儿细胞 孕妇外周血中存在胎儿细胞，通过分离，富集这些细胞可做产前诊断，进行基因诊断或染色体诊断。

6. 孕妇外周血分离胎儿 DNA

7. 妊娠早期经宫颈收集胎儿细胞 在妊娠早期收集宫颈脱落细胞中的滋养层细胞进行产前诊断。

8. 植入前诊断 是指在胚胎着床前对其进行活检，检测胚胎的遗传物质，而后选择正常的胚胎植入宫腔，摒弃有严重遗传病的胚胎，从而达到优生的目的。

十三、绒毛活检如何护理？

绒毛活检术后患者一般仅需当天卧床休息，一周内限制活动。如果患者出现阴道出血则延长卧床休息的时间。术后禁止房事，禁盆浴，24h 后再行淋浴。饮食保证卫生即可，无特殊禁忌。

十四、羊膜腔穿刺术如何护理？

羊膜腔穿刺术后，通过一段时间的观察和超声检查后，患者可以出院。在穿刺术后，我们建议减少房事和剧烈的运动 2～3 天，一旦有感染、阴道出血、羊水渗漏和规律的宫缩，必须马上就诊。

十五、脐血穿刺术如何护理？

拔针后压迫穿刺点片刻，用 B 型超声继续观察脐带、胎盘穿刺处有无出血及胎心、胎动 15～20min；1h 后再次复查 B 型超声，无异常后术毕。

十六、胎儿宫内治疗如何护理？

1. 掌握病情特点，学习疾病相关知识 了解该病对孕妇和胎儿的影响，特别是有合并症者，密切观察病情变化，积极治疗合并症，以减少对母儿的危害。

2. 心理护理 了解孕妇心理状况，做好心理护理。这些孕妇，大多数存在焦虑和恐惧心理，针对她们存在的心理问题，做好耐心细致的解释工作，多与他们交谈，建立良好的医护患关系。

3. 保证充足的休息和睡眠 每日应有 8～10 h 的睡眠（包括午休）时间，同时注意卧位时采取左侧卧位，以增加胎盘血供，利于胎儿生长。

4. 饮食与营养 孕妇的营养状况直接关系到胎儿的生长发育，妊娠期要保证平衡膳食，摄入优质蛋白质，如鸡蛋、瘦肉、鱼等，适量补充维生素和微量元素，如新鲜蔬菜、水果、叶酸、铁、锌、钙、碘等。

5. 用药护理 妊娠期用药必须小心谨慎，最好在医生指导下进行，不可滥用药物，以免影响胎儿的生长发育及导致胎儿畸形。对合并妊高征者，硫酸镁是首选药，同时硫酸镁用于治疗 IUGR，可以增加子宫胎盘血流量，改善胎儿-胎盘功能，增进糖、蛋白质、脂肪代谢，进而增加胎儿体重。在用药过程中，要密切观察血压变化，同时，注意膝腱反射必须存在，呼吸不少于 16 次/分，尿量不少于 25 ml /h，以防止发生中毒现象。其他常用药物有葡萄糖、维生素 C、丹参、低分子右旋糖酐、氨基酸等，既能有效改善微循环，增加子宫胎盘供血，改善胎盘功能，又能及时补充营养物质，促进胎儿生长发育。

6. 氧疗 给予氧气吸入，2 次/日，每次 30 min，使母体血氧浓度升高，从而提高胎儿血氧分压，增加胎儿体重及存活率。

十七、胎儿成熟度监测的方法有哪些？

有临床监测、超声监测和羊水成熟度分析 3 种方法。

十八、宫高、腹围如何测量？

自妊娠 16 周始，产前检查测量宫高和腹围，测量时孕妇仰卧伸直双腿，紧贴腹壁，测量子宫前壁耻骨联合上缘至子宫底间的长度，则为宫高，测量绕脐一周的长度则为腹围。

十九、胎儿体重最常用的预测方法有哪些？

单一腹围估计法、单一股骨长度估计法、腹围及股骨长度估计法。

二十、羊水分度的临床意义是什么？

1. Ⅰ度 羊水呈绿色或淡黄色，稀薄。表示胎儿有慢性缺氧，处于代偿期。

2. Ⅱ度 羊水呈深绿色，混浊质厚有粪块。胎儿处于急性缺氧期。

3. Ⅲ度 羊水呈深褐色，黏稠呈糊状。胎儿皮肤、脐带、胎膜、胎盘均可黄染，为缺氧的亚急性期，缺氧至少 6h 以上。

二十一、什么是 NST?

无应激试验（non-stress test，NST），通过胎动时胎心率的变化，了解胎儿的储备能力。胎动时胎心率加速≥15 次/分，持续时间≥15 秒为反应型；若胎动时无胎心率加速，胎动时胎心率加速＜15 次/分，持续时间＜15s 为无反应型，一周后应复查。此试验为催产素激惹试验的筛选试验。

二十二、什么是 CST?

宫缩应激试验（contraction stress test，CST）又称催产素激惹试验，通过催产素诱导宫缩观察 20min 内宫缩时胎心率的变化，了解胎盘一过性缺氧的负荷变化，测定胎儿的储备能力。若 10min 内连续出现 3 次以上晚期减速，胎心基线率变异减少（＜5 次/分），胎动后胎心率无加速为 CST 阳性，提示胎盘功能减退；若胎心基线率无晚期减速，胎动后胎心率加速为 CST 阴性，提示胎盘功能良好，一周内胎儿无死亡危险。

二十三、怎样进行胎儿生物物理评分?

1. 首先进行 NST 观察，产妇取左侧卧位或低半卧位，观察 20～40min，记录胎心率和胎动。

2. 用 B 型超声检查 30min 分别记录胎儿呼吸样运动（FBM）、胎动（FM）、胎儿肌张力（FT）和羊水容量（AFV）。

3. 将上述记录的生物物理指标的变化进行评分。

正常孕妇可每周监护 1 次，过期妊娠、糖尿病妊娠等高危妊娠可每周监护 2 次，必要时可在当日的前次监护后 4～6h 再重复 1 次。

二十四、脐血流有什么临床意义?

脐动脉 S/D 值体现了胎儿胎盘循环胎盘端末梢阻抗，上游为胎儿心脏，下游为脐侧胎盘血管床。鉴于脐动脉是胎盘与胎儿间的唯一的联系通道，故它间接地反映了胎盘的血液灌注量。

二十五、胎盘成熟度 B 型超声监测的分级标准是什么?

B 型超声胎盘成熟度分级法是根据胎盘绒毛膜板、胎盘实质及胎盘基底板的图像变化不同而分为 0～Ⅲ级的。

1. 0 级　不成熟。胎儿面光滑，胎盘实质和母面反射均匀。为早期妊娠或中孕胎盘。

2. Ⅰ级　尚未成熟。胎儿面轻度凹痕，胎盘实质有散在光点，另有密集反射光点积成 1～4mm 长度，基底板平行。为 28～32 孕周胎盘。

3. Ⅱ级　可疑成熟。胎儿面明显切迹，与胎盘实质的反射光点相连成逗点形。为 32 孕周以上胎盘。

4. Ⅲ级　成熟胎盘。绒毛板切迹伸入至基底板，将胎盘实质分为小叶，中有空泡区，胎盘实质与母面光点集结如耳状。

第三十二章 妊娠期多器官功能障碍综合征

一、妊娠期多器官功能障碍综合征的病因是什么？

妊娠期多器官功能障碍综合征（multiple organ dysfunction syndrome，MODS）常见病因有全身性感染、严重组织损伤、严重休克及心跳呼吸骤停复苏后。

二、妊娠期发生 MODS 的原因？

血液高凝，肝脏负担加重，心脏负担加重，感染诱发因素多，出血机会多。

三、发生妊娠期 MODS 的常见疾病有哪些？

重度妊娠期高血压疾病，产科出血，严重感染，妊娠期心力衰竭，妊娠期肝功能衰竭，羊水栓塞等。

四、妊娠期 MODS 如何治疗？

所有的 MODS 患者原则上均应入 ICU 抢救治疗。目前主要治疗包括病因治疗和器官功能支持。处理原则：祛除病因，控制感染；有效抗休克；改善微循环，重视营养支持；维持机体内环境平衡；增强免疫力，防止并发症。

1. 积极消除引起 MODS 的病因和诱因 控制原发病是 MODS 治疗的关键。对休克患者应尽快改善组织器官灌注，避免进一步加重器官功能损害。

2. 改善氧代谢 纠正组织缺氧主要手段包括增加氧供、降低氧耗和提高组织细胞利用氧的能力。提高氧供是目前改善组织缺氧最可行的手段，需具备三个条件：①正常的血氧蛋白含量；②氧疗，必要时机械通气支持呼吸，使 $SaO_2>90\%$；③正常的心功能和有效循环血容量。可适当使用血管活性药物，维持组织器官灌注。降低氧耗易被忽视，可通过镇静、降低体温和机械通气支持呼吸等手段实现。

3. 呼吸支持治疗 呼吸支持是提高氧输送和降低氧耗的重要手段之一。在选择呼吸机模式和设置呼吸机参数时，应注意防治呼吸机相关肺损伤，尽可能减少机械通气对器官功能的影响。

4. 代谢支持与调理 MODS 患者处于高度应激状态，导致机体出现以高分解代谢为特征的代谢紊乱。机体分解代谢明显高于合成代谢，蛋白质分解、脂肪分解和糖异生明显增加，但糖的利用能力降低。在 MODS 早期，营养支持和调理的目的应当是提供适当的营养底物，防治细胞代谢紊乱，支持器官、组织的结构功能，参与调控免疫功能，减少器官功能障碍的产生。而在 MODS 后期，代谢支持和调理的目标是进一步加速组织修复，促进患者康复。

5. 对患者的救治必须有整体观点 机体是一个完整的整体，各器官相互联系和补充，共同完成人体的各项生理功能。各个器官之间通过神经、体液、细胞因子等各种介质构成的网络相互交流，并进一步形成各种反馈环路，影响彼此的功能。从整体的观点出发，针对全身性感染或 MODS 的治疗策略不仅仅是给予受损器官充分的支持和修复，更重要的是必须帮助机体重建已经紊乱的联系网络，恢复其正常的生理和谐。在针对原发病或损害治疗的同时，还应积极对机体的神经内分泌、免疫、炎症、凝血、代谢等各方面进行适当的调节，促进器官之间的联系网络恢复正常。在抓主要矛盾的时候不应忽视次要矛盾。对于治疗措施，应看到其不利的一面，并采取相应的预防措施。

五、妊娠期 MODS 如何监测？

1. 呼吸监测

（1）观察呼吸机的运动，胸部起伏情况，注意呼吸快慢、深浅节律，有无发绀、哮鸣音、出汗、“三凹征”、双吸气、鼻翼扇动等症状，警惕呼吸衰竭的出现。

（2）监测呼吸功能，包括呼吸频率、潮气量、最大吸气压力、肺顺应性等。

（3）床旁 X 线胸片检查，可 24h 复查一次。

（4）依据病情的进展情况每日可定时或多次复查动脉血气分析。

2. 心电图监测　危重患者常发生不同类型的心律失常，因此护理人员应熟悉心电图的分析方法，严密观察心率、血压、血氧饱和度的变化，及时报告医生，及时处理。

3. 有创性血流动力学监测　连续监测动脉压、中心静脉压。依据血流动力学指标，可以了解循环灌注情况、心脏前后负荷、循环阻力等，必要时可以放置漂浮导管，以了解右心房压力、肺动脉压和肺毛细血管压，同时测定心排血量和混合静脉血的氧饱和度以了解 DO_2 和 VO_2 的失衡趋势。

4. B 型超声检查　主要是心脏功能和腹腔的检查，有无胸腔、腹腔内积液等。要特别注意发现腹腔、盆腔内隐蔽的感染灶，可以多次复查。

5. 肾功能监测　应准确记录 24h 出入量，维持血压，观察每小时尿量、血钾、尿肌酐、尿素氮等肾功能各项指标。

6. 肝功能监测　严密监测肝功能指标，忌用或少用经肝代谢与有肝毒性的药物。

7. 凝血功能监测　观察皮肤有无瘀血点、发绀，有无牙龈出血、呕血、便血等，及时采血监测血小板计数，出凝血时间、凝血酶原时间、纤维蛋白原定量等。

8. 体温监测　注意有无高热或体温过低，体温＞40℃，提示严重感染，合并脓毒血症，体温＜35℃提示危重或临终状态。

六、妊娠期 MODS 如何护理？

多系统器官衰竭的患者因身体极度衰弱，抵抗力下降，故护士应加强各方面的护理，即进行整体护理。严格无菌操作，预防并发症，防止感染，必要时采取保护性隔离措施。

1. 一般护理　患者收住 ICU，要求病室空气新鲜、流通，湿度保持 50%～60%，温度保持 20℃左右。地面和室内空气定时用 0.2%～0.5%过氧乙酸溶液喷洒或喷雾消毒。保持室内安静、整洁、舒适，不允许患传染病的亲友探视；患者免疫功能低下且长期卧床，易发生口腔炎及压疮，应加强口腔与皮肤护理，一旦发生口腔炎，及时给予相应的抗菌药物治疗；床铺保持干燥、平整、清洁，患者定时翻身，受压部位垫软垫，并用乙醇局部按摩，以防发生压疮。

2. 加强心理护理　及时主动向患者及家属解释为了挽救产妇生命所采取子宫切除术，理解和同情他们失去婴儿的悲伤或新生儿转新生儿科治疗的担忧；对呼吸机支持呼吸时，专设护士在患者的视线范围之内，并把呼叫器放在患者手上，一旦呼叫及时赶到床边，允许家属经常短时间的探视，用鼓励性、安慰性语言或用肢体动作等与患者沟通，减轻患者的孤独感；树立战胜疾病的信心。

3. 呼吸系统功能障碍护理

（1）保持良好的通气：维持足够的气体交换，应及时有效清除气道内分泌物，保持呼吸道通畅。对昏迷患者误吸或呼吸不畅通者多采用气管插管或气管切开，必要时可以呼吸机辅助呼吸。在呼吸道充分湿化的基础上，应做好体位引流，定时翻身、叩背，及时吸除痰液，吸痰手法要轻柔、准确，尽量减少刺激并达到有效吸引，以防导管损伤气道黏膜。缺氧明显和危重患者在吸痰前后要密切监测和调整呼吸机各项参数指标，严密监测血氧饱和度。痰多者不宜一次吸净，吸痰与吸氧应交替进行，防止吸痰后低氧血症的出现。气囊放气前后应分别及时吸净口腔及由口腔下流入呼吸道内的分泌物，以防止发生吸入性肺炎。

（2）严格无菌操作：气管插管、呼吸机管道、吸痰管及操作不当均能造成肺部感染。吸痰管专人专用，每根吸痰管只限使用 1 次，吸口腔、鼻腔及气管内导管的吸痰管要严格区分，呼吸机管道每日更换消毒，医护人员操作前后要洗手，防止交叉感染。

（3）氧疗管理：危重患者机械通气维持呼吸时，护士应掌握机械通气中各项监测指标的正常范围，并能正确及时排除呼吸机使用中出现的问题。

1）机械通气后，气道高峰压是反映机械通气吸气相气道中的最高压力，直接反映了通气道的效能。当其压力升高＞343kPa（35cmH_2O）时多提示有痰液滞留，应立即清洁气道内痰液。

2）如临床患者主诉憋气，呼吸频率相对增快，应及时检查管道是否由于插管气囊漏气或呼吸管道连接不严致气道压力降低。若须放气，应先清洁气道内及口、鼻、咽部分泌物后再进行。

3）在机械通气中应强调临床观察，不能完全依赖报警装置。若呼吸机报警失灵或关闭，有可能忽视一些可能发生的问题。

4）气道内湿化并保持其温度接近正常体温，一般为32～37℃，持续无菌蒸馏水滴入湿化罐内，禁用生理盐水以免损害湿化罐。

4. 循环系统功能障碍的护理 加强循环系统基础监测，同时重视心肌保护，防止心肌缺氧，减轻心脏前后负荷，可有效控制序贯损害的发生。

（1）持续床边心电、血压及血氧饱和度监测：急性左心衰竭发作时可给予乙醇湿化吸氧，并控制液体滴数＜40滴/分。依据患者病情给予半卧位，气短严重、心慌时可酌情给予坐位。

（2）中心静脉压监测的护理：中心静脉压通过锁骨下静脉或颈内静脉穿刺插管至上腔静脉测压，是反映血容量的一个重要指标；该通道有时也被用于危重患者静脉高营养治疗。根据监测中心静脉压变化，可了解有效血容量，及时补充胶体，提高血浆胶体渗透压，减少肺毛细血管渗出，改善氧合，保证重要脏器的有效血供。一般认为中心静脉压在0.49kPa（5cmH_2O）以下为低压，应补充血容量。中心静脉压升高接近1.47kPa（15cmH_2O）时，输液时应慎重，并密切注意心功能改变。在进行中心静脉压监测时，必须严格无菌操作，测压前必须先调整零点，每日更换穿刺部位敷料一次，如有污染随时更换。

（3）肺动脉漂浮导管的护理：漂浮导管监测是对心功能动态的参数分析，是判断危重患者心血管功能状态的信息来源。护理要点包括：①各连接处要紧密固定，防止脱开出血。②测压期间，严防导管堵塞或肺动脉血栓形成，保持导管通畅，肝素冲洗液应持续点滴冲洗。③严格无菌操作，防止发生感染，必须强调术中及术后操作的无菌要求，对用过导管的处理也应十分严格，对消毒后物品定期进行细菌培养。皮肤插管处伤口每日更换敷料1次，并保持局部清洁干燥，置管时间最多不超过72h。④经常检查肢体末梢循环情况，有无肤色、脉搏、微血管充盈情况变化，若有异常应报告医生及时处理。⑤拔管后局部用宽胶布加压固定，必要时用小沙袋加压，拔管后24h内应注意局部有无渗血及肢体有无肿胀等。

5. 胃肠功能障碍的护理 测定胃液pH，检查胃黏膜屏障功能的患者宜进流质或无渣、无刺激性半流质饮食，呕吐或呕血时应暂禁食，注意观察有无头晕、心悸、冷汗、脉率加快及血压下降等急性消化道大出血征象，记录呕血、便血量，注意腹痛、腹泻等情况。由于创伤后48～72h是发生应激性溃疡的高峰，因此在此时期最好常规放置胃管，以便于观察胃液及出血情况，观察胃液的量、颜色、pH的变化。发生上消化道出血时的处理包括：①及时抽吸胃内容物及血液，减少对胃黏膜的刺激。②胃管内灌注碱性高溶黏液，每次灌入30ml，保留20～30min后吸出，再灌注，反复多次，根据出血情况，逐渐延长保留及灌注时间。③冰生理盐水100ml+去甲肾上腺素8mg反复冲洗，消除覆盖在胃壁表面的胃液，充分暴露胃黏膜，再注入生理盐水10ml+凝血酶2000U。两者每4h交替应用。④静脉或肌内注射奥美拉唑肠溶胶囊（洛赛克）、巴曲酶注射液（立止血）等，同时根据出血情况及时备血，输血，安慰患者，消除恐惧心理，严密观察病情及血压的变化。

6. 肾功能障碍的护理

（1）准确严密记录24h出入量，在危重患者救治过程中，常规留置导尿管，监测尿量，肾功能障碍时，患者的饮食及进水量、输注液体量、呕吐物及大小便量均应正确记录，严格控制入液量，以量出为入，入量比出量少500ml，宁少勿多为原则，特别是已用利尿剂还无尿量增加，应减慢输液速度和控制输液量。

（2）甘露醇的每日用量限于150g以内，也可与甘油果糖交替使用，以减少甘露醇的用量。

（3）一旦出现肾衰竭，立即停用甘露醇及肾毒性药物，必要时进行血液透析治疗。

（4）观察腹水、水肿消退情况，每天测体重、量腹围。

（5）预防感染：定期更换尿管，每日用生理盐水冲洗膀胱1或2次，定时更换体位，防压疮的发生，合理使用抗生素。

第三十三章　围生期用药指导

一、妊娠期药物代谢的特点是什么？

因胎儿生长发育的需要，胎儿、胎盘的存在及激素的影响，孕妇体内各系统发生一系列适应性的生理变化。药物在孕妇体内的吸收、分布、代谢和排泄过程，均有不同程度的改变。

1. 药物的吸收　药物口服时，生物利用度与其吸收相关。妊娠期间胃酸分泌减少，胃排空时间延长、胃肠道平滑肌张力减退，肠蠕动减慢、减弱，使口服药物的吸收延缓，吸收峰值后推且峰值常偏低。另外，早期妊娠时有些呕吐频繁的孕妇口服药物的效果更受影响。

2. 药物的分布　妊娠期孕妇血容量增加 35%～50%，血浆增加多于红细胞增加，血液稀释，心排血量增加，体液总量平均增加 8000ml，故妊娠期药物分布容积明显增加。

3. 药物的代谢　妊娠期肝微粒体酶活性有较大的变化。妊娠期高雌激素水平的影响，使胆汁淤积，药物排出减慢，从肝清除速度减慢；妊娠期苯妥英钠等药物羟化过程加快，可能与妊娠期间胎盘分泌的黄体酮的影响有关。

4. 药物的排泄　孕妇随心搏出量和肾血流量的增加，肾小球滤过率增加约 50%，肌酐清除率也相应增加，从肾排出的过程加快，尤其某些主要从尿中排出的药物，如注射用硫酸镁、地高辛和碳酸锂等。但晚期和妊娠高血压综合征患者肾血流量减少，肾功能受影响，又使由肾排出的药物作用延缓，药物排泄减慢减少，反使药物容易在体内蓄积。

二、胎盘在药物转运中的作用是什么？

在妊娠的整个过程中，母体-胎盘-胎儿形成一个生物学和药代动力学的单位，三者中胎盘这一胎儿的特殊器官起着重要的传送作用。 胎盘功能极为复杂，它不但有代谢和内分泌功能，且具有生物膜特性，故相当多的药物可通过胎盘屏障进入胎儿体内。

1. 简单扩散作用　葡萄糖等的转运即属此类型。

2. 主动转运　需消耗能量，氨基酸、水溶性维生素及钙、铁等，在胎儿血中浓度均高于母血，通过此形式经胎盘转运。

3. 胞饮作用　药物可通过合体细胞吞饮作用进入胎体。

三、胎儿期药物代谢的特点有哪些？

1. 药物的吸收　羊水中的药物可经胎儿皮肤吸收或被胎儿吞咽（约从妊娠 12 周以后开始）进入胃肠被吸收而入胎儿血液中。从胎儿尿中排出的药物又可被胎儿吞饮羊水重新进入胎儿体内。

2. 药物的分布　药物进入脐静脉后，有 60%～80%的血流进入肝脏。胎儿的血-脑屏障功能较差，药物容易进入中枢神经系统。妊娠中期胎儿有 1/3～2/3 脐静脉血可绕过肝脏经静脉导管分流，部分有活性的药物可直接到达心脏和中枢神经系统。

3. 药物的代谢　胎儿药物代谢的主要器官是肝脏，由于胎儿肝脏功能，故对一些药物的解毒能力远低于成人。

4. 药物的排泄　胎儿的肾脏在妊娠 11～14 周起有排泄功能。一些药物经代谢后形成极性大而脂溶性低的代谢物，这些代谢物不易转运到母体血液中，胎儿肾小球滤过率又很低，容易引起药物及其代谢物的蓄积。

四、新生儿药物代谢特点有哪些？

新生儿的各个器官系统发育尚未完全成熟，其功能亦不完善。大多数药物在肝脏代谢转化为水溶性代谢产物排出体外。而出生 2 周以内的新生儿和早产儿肝脏酶系统发育不成熟，药物代谢过程中氧化、还原、水解和结合所需酶的活性明显低于成人，这一时期的小儿肝脏清除药物的能力仅为成人的 1/5~1/3；新生儿肾血流量及肾小球滤过率仅为成人的 20%~40%，肾小管排泄功能也仅为成人的 20%～30%。因此，新生儿对药物的排泄也明显比其他儿童差。

五、哺乳期用药需注意哪些问题？

哺乳期不可自己随意乱服药，有些药物对宝宝是安全的，有的药物却会产生不良甚或非常严重的反应，如病理性黄疸、发绀、耳聋、肝肾功能损害或呕吐等，因此，孕妇一定要慎重使用药物。应向医生说明自己正在喂奶，不可自己随意乱服药。

1. 不应随意中断哺乳 除了少数药物在哺乳期禁用外，其他药物在乳汁中的排泄量很少，对于服用安全的药，不应该中断哺乳。

2. 服药后调整哺乳时间 服用药物时，为了减少宝宝吸收药量，可在哺乳后马上服药，并尽可能推迟下次哺乳时间，至少要隔 4h，使乳汁中的药物浓度达到最低。

3. 不宜服用避孕药 避孕药中含有睾酮、黄体酮及雌激素类衍生物等，这些物质进入体内，会抑制泌乳素生成，使乳汁分泌量下降，分泌的母乳不够宝宝吃。而且，避孕药物中的有效成分会随着乳汁进入宝宝体内，使男婴乳房变大及女婴阴道上皮增生。

4. 不可滥用中药 有些中药对产妇有滋阴养血、活血化瘀的作用，可增强体质，促进子宫收缩和预防产褥感染。但有些中药会进入乳汁中，使乳汁变黄，或有回奶作用，如大黄、炒麦芽、逍遥散、薄荷等。

六、抗感染药物对妊娠有何影响？

孕妇应用抗菌药物时，部分抗感染药物可通过血-胎盘屏障进入胎儿体内，按其对胎儿可能发生的影响分为以下几类。

1. 妊娠期忌用的抗感染药物

（1）喹诺酮类：培氟沙星、加替沙星、莫西沙星。

（2）酰胺醇类：氯霉素、棕榈氯霉素、琥珀氯霉素、氨基糖苷类。如氯霉素对早产儿和足月产新生儿均可能引起毒性反应，发生“灰婴综合征”。

（3）庆大霉素、卡那霉素、链霉素、妥布霉素、阿米卡星、新霉素。

（4）四环素类：四环素、土霉素、多西环素（强力霉素）。药物进入胎儿血循环，沉积在牙齿和骨骼中，引起胎儿牙齿变色，牙釉再生不良，且抑制胎儿骨骼生长。

（5）大环内酯类：依托红霉素（棕榈红霉素）、多黏菌素 E、伊曲康唑等。

2. 妊娠期可使用的抗感染药物 青霉素类、头孢菌素类、大环内酯类（不包括棕榈红霉素）、林可霉素类、氨曲南、亚胺培南等对母体和胎儿的毒性小。妊娠期必须使用时，方可使用。但是，这类药在使用中，剂量也不宜过大，疗程不宜过长，必须在医生指导下使用。

七、降压药对妊娠有何影响？

妊高征患者常存在血管痉挛及血容量的降低。在血容量降低的情况下应用血管扩张剂可致血压过度下降，引起心动过速，致胎儿宫内窘迫。

1. 钙通道阻滞剂 以硝苯地平最为常用。在应用硫酸镁时伴用钙通道阻滞剂可能使血压急剧下降，应予以注意。

2. 血管紧张素转化酶抑制剂 在妊娠中、晚期应用可导致羊水过少和胎儿宫内发育迟缓，故不宜使用，尤不适用作首选药。

3. 硝普钠和苯妥拉明 治疗重症妊高征并发左心衰竭有显著疗效。心房利钠因子和前列环素亦曾用于治疗重度妊高征，但其治疗效果及对胎儿安全性的研究尚不充分。

八、解热镇痛药对妊娠有哪些影响？

常见的解热镇痛药有阿司匹林、水杨酸钠、非类固醇抗炎药。

1. 阿司匹林和其他非类固醇抗炎药均能抑制前列腺素合成，妊娠晚期，尤其是妊娠 34 周后应用可致胎儿动脉导管早闭。妊娠应用非类固醇抗炎药都可能使妊娠期延长，临产宫缩乏力，产后出血增多等。

2. 水杨酸盐不会引起胎儿畸形及出生体重减轻，也不会使围生儿死亡率增高。

九、利尿药对妊娠有哪些影响？

1. 呋塞米 可通过胎盘屏障，孕妇尤其是妊娠前3个月应尽量避免应用。对妊娠期高血压综合征无预防作用。动物实验表明本品可致胎儿肾盂积水，流产和胎儿死亡率升高。

2. 托拉塞米 尚无妊娠期的用药经验.

3. 氢氯噻嗪 可通过胎盘屏障，孕妇使用应慎重。

4. 氯噻酮 可通过胎盘屏障，故妊娠期妇女使用慎重。

十、抗癫痫药对妊娠有哪些影响？

几乎所有的抗癫痫药物都能容易地通过胎盘。孕妇应用抗癫痫药可增加胎儿畸形发生率。最常见的严重畸形是先心病和口裂（唇裂和/或腭裂）。服用抗癫痫药的女性癫痫患者所生的儿童中，丙戊酸为最严重的致畸原，三甲双酮也有很强致畸作用。女性癫痫患者在妊娠期接受抗癫痫药物治疗，新生儿正常的机会＞90%，但是生出先天性畸形儿的危险性比普通人高出2～3倍。服用抗癫药物的母亲一般不禁忌哺乳，但对乳儿应加强观察，必要时进行血药监测。

十一、甲状腺药物对妊娠有哪些影响？

孕妇患有甲亢如需药物治疗者，可于妊娠早期就使用抗甲状腺药。各种抗甲状腺药物的用量宜小并根据病情随时调整。

1. 甲巯咪唑 可引起胎儿皮肤发育不全，主要表现为头皮局部损害，常能自愈。可出现胆汁淤积性黄疸。孕妇服用过量甲巯咪唑可造成胎儿的甲状腺功能减退，影响胎儿的脑与骨的发育。

2. 卡比马唑 商品名为甲亢平，本品的用药指征、药物作用和甲巯咪唑相同。

3. 碘塞罗宁钠、碘赛罗宁 极少通过胎盘。

4. 左甲状腺素、左甲状腺素钠 极少通过胎盘，一般认为对胎儿的甲状腺功能无影响。

5. 降钙素 常用的降钙素制剂有人降钙素和鲑降钙素。降钙素不能通过胎盘，目前尚无应用本品致胎儿畸形的报道。

十二、碘制剂对妊娠的影响？

常见的碘制剂有丙硫氧嘧啶（PTU）、左甲状腺素、左甲状腺素钠、普罗瑞林。

1. 丙硫氧嘧啶 较甲巯咪唑不易通过胎盘，故适用于孕妇。本品是否对胎儿有致畸作用尚有争议。PTU可少量通过胎盘，早妊娠期应用不会导致胎儿甲状腺肿。PTU可引起肝细胞损害，但不多见。粒细胞缺乏和粒细胞减少是PTU最严重的不良反应，一旦出现应立即停止治疗。

2. 左甲状腺素、左甲状腺素钠 极少通过胎盘。

3. 普罗瑞林 能迅速通过胎盘，并使胎龄达25周的胎儿的垂体释放促甲状腺素（TSH）。在产科临床曾单独应用本品或伴用皮质激素促胎儿肺成熟。迄今尚未发现本品对胎儿和新生儿有不良影响。

十三、胰岛素对妊娠有哪些影响？

胰岛素被认为不能通过人类胎盘，并且能够有效控制血糖。糖尿病母亲的胎儿，先天畸形发病风险提高，是正常孕妇的3～5倍，胎儿畸形的发生率似乎与孕妇在妊娠前三个月血糖控制水平直接相关。先天性畸形是目前糖尿病孕妇围生儿死亡最为常见的原因。

十四、激素类药物对妊娠有哪些影响？

1. 口服避孕药 母亲服用避孕药可引起胎儿畸形，且畸形累及全身多个系统，包括脊柱、肛门、心脏、气管、食管。肾和四肢的畸形。为避免对胎儿产生潜在危险，以在停药3～6个月后妊娠为宜。

2. 己烯雌酚 是最强力的非类固醇雌激素。本品禁用于孕妇。现已证明，母亲在妊娠期应用己烯雌酚，对女性子代有致癌倾向。接触期愈早，其发生率愈高。

3. 雌二醇 为类固醇雌激素。常用的雌二醇制剂有雌二醇苯甲酸酯，戊酸雌二醇和雌二醇环戊丙酸酯。妊娠期应用本品是否增加胎儿畸形（包括生殖器官畸形）发生率尚无定论。

4. 美雌醇 常与孕激素类药物配伍组成口服避孕药。目前尚无关于单独应用本品致胎儿畸形的报道。

十五、抗凝药对妊娠有哪些影响？

常用的抗凝药物有肝素、香豆素衍化物和茚满二酮类衍化物。

1. 肝素 是一种硫酸黏多糖，为异质性化合物。肝素的分子量大，一般不能通过胎盘，故对胎儿无不良影响。目前可能由于螯合力作用，间接地引起胚胎及胎儿钙离子缺乏而对胎儿有一定的损害。

2. 香豆素衍化物 能通过胎盘，妊娠期应用香豆素类抗凝药对胎儿有严重影响。母亲在妊娠早期应用这类药物可使胎儿发生胎儿华法林综合征。其主要特征是鼻发育不良和点刻状骨骼。此外，还可出现中枢神经系统和眼球的缺陷。

3. 茴茚二酮 为茚满二酮衍化物，系长效抗凝药，其作用与香豆素类相似。

十六、维生素类药物对妊娠有哪些影响？

1. 维生素 A 缺乏可引起以眼和皮肤病变为主的全身性疾病，如角膜软化、眼干燥症、夜盲症、皮肤角质粗糙等。

2. B 族维生素包括维生素 B_1、维生素 B_2、维生素 B_6、维生素 B_{12}。

（1）维生素 B_1 缺乏：轻者表现为肌肉乏力，精神淡漠和食欲减退，重者为维生素 B_1 缺乏病（脚气病）。

（2）维生素 B_2 缺乏可导致物质代谢紊乱，表现为唇炎、口角炎、阴囊皮炎、脂溢性皮炎等症状。

（3）维生素 B_6 缺乏可表现为皮炎、舌炎、唇炎和口腔炎。食欲下降、骨短粗和神经症状为特征的营养代谢病。

（4）维生素 B_{12} 缺乏引起巨幼红细胞贫血、神经系统损害和高同型半胱氨酸血症，如四肢远端感觉异常，肌张力低下、抽搐、发育迟缓等神经系统异常，还有苍白、舌炎、腹泻、黄疸等症状。

3. 维生素 C 缺乏可引起坏血病，是一种急性或慢性疾病，特征为出血、类骨质及牙本质形成异常。

4. 维生素 K 缺乏引起的凝血障碍性疾病，是一种获得性、复合性出血性疾病。多发现为轻重不一的出血症状，常见有鼻出血，皮下青紫等，深部组织血肿与关节积血较少见，偶尔可见颅内出血危及生命。

十七、减肥药对妊娠有哪些影响？

药物减肥对大脑的饮食中枢造成一定抑制作用，容易导致厌食症，严重影响孕妇对营养的吸收，从而导致胎儿的营养危机。一般减肥药物都不是针对孕妇配制的，也没有考虑到对胎儿是否有影响。一旦对胎儿有副作用，很有可能导致早产儿、畸形儿或有先天性疾病的胎儿发生。

十八、吸烟、饮酒对妊娠有哪些影响？

1. 吸烟对妊娠期的影响

（1）导致胎儿宫内生长发育迟缓。

（2）流产的发生率增高。

（3）胎儿畸形的发生率增加。

2. 饮酒对妊娠的影响　饮酒对于孕妇来说，非常有害，不仅影响孕妇本人的健康，而且还影响胎儿的素质。引起胎儿的严重疾病。孕妇饮酒可导致胎儿酒精综合征（FAS）是导致儿童智力发育障碍的最重要、可预防、非遗传性因素。

十九、吸毒对妊娠有哪些影响?

1. 吸毒对孕妇的影响　孕妇吸毒同其他吸毒者一样，毒品可导致内分泌紊乱、免疫力功能损害、精神障碍与幻觉等。

2. 吸毒对胎儿的影响

（1）导致多种胎儿畸形。

（2）造成胎儿宫内缺氧。

（3）胎儿生长发育障碍吸毒的母亲分娩的新生儿 50%是低体重儿（体重<2500g），低体重婴儿有着较高的死亡率和患病率。

（4）母婴传播性疾病：孕妇滥用药物，再加上不良的生活方式很容易感染传染性疾病如 AIDS、肝炎、性病（特别是梅毒），这些疾病可以通过多种途径传播给胎儿。

3. 吸毒对新生儿的影响　新生儿戒断综合征：新生儿出生后，其母亲滥用的药物在新生儿体内的含量立即下降，当机体组织中的药物含量达到低限水平时，即可出现戒断综合征。

二十、哺乳期禁用的常见药有哪些?

哺乳期禁用药物，抗肿瘤药、锂制剂、抗甲状腺药、喹诺酮类、甲硝唑及放射性药物等。氯霉素可造成致命的灰婴综合征；四环素和多西环素为脂溶性药物易进入乳汁，会使乳儿牙齿受损及出现黄疸；氨基糖苷类药物，如庆大霉素、链霉素在乳汁中浓度较高，会使婴儿听力受损；磺胺类药物不易进入乳汁，但哺乳期不宜长期、大量使用，尤其是长效磺胺剂。

第三十四章　妊娠合并皮肤病

一、妊娠期脓疱性疱疹样皮炎如何护理?

1. 心理护理　患者自觉有剧烈而持久的瘙痒，且病程较长，反复发作，使患者要承受较大的身体和心理负担，产生焦虑和烦躁的情绪，因此，我们应为患者介绍疾病知识，了解疾病的治疗方法和预后，增加患者战神疾病的信心，使患者积极接受和配合治疗。

2. 基础护理　保持病室安静，通风良好，温度、湿度适宜，使患者心情舒畅，得到充分的休息和足够的睡眠。保持床铺整洁、干燥，被褥柔软、舒适，减少对局部的刺激，衣着宽松柔软，减少对局部皮肤的刺激，修剪指甲，避免搔抓和摩擦皮肤而继发感染。

3. 胎儿监护　指导按时常规产前检查，必要时增加产前检查次数，适时行 B 型超声了解胎儿发育情况：胎儿大小、外观有无异常。教会患者监护胎儿的方法。

4. 饮食指导　疱疹样皮炎患者常有对谷胶或碘剂敏感，因此应尽可能进食无谷胶饮食，禁食紫菜、海带或碘盐等含碘类食物，避免服用含碘和溴剂的药物，以免加重病情。每天保持饮水量 1500～2000ml，以防缺水引起皮肤干燥而加重皮肤瘙痒。

二、妊娠瘙痒如何护理?

1. 心理护理　妊娠瘙痒症首次妊娠妇女患病率为 0.06%～0.43%，再次妊娠时患病率为 47%，此病对孕妇无明显不良影响，但对胎儿影响较大。患者心理压力大，易产生焦虑情绪。因此，护士接待患者时态度要和蔼，认真倾听患者的主诉，尽量满足患者的合理要求，生活上给予关心照顾。为患者讲解疾病知识和治疗措施，取得患者的信任和配合，树立战胜疾病的信心。

2. 基础护理　保持病室安静，通风良好，温度、湿度适宜，使患者心情舒畅，得到充分的休息和足够的睡眠。保持床铺整洁、干燥，被褥柔软、舒适，减少对局部的刺激，衣着宽松柔软，减少对局部皮肤的刺激，修剪指甲，避免搔抓和摩擦皮肤而继发感染。

3. 饮食指导　鼓励患者多进食、多饮水，给予高热量、高蛋白、高维生素、易消化吸收的食物。但患皮肤病时，机体处于高度致敏状态，以前不过敏的食物，此时也可引起变态反应。因此，应避免吃煎炸食物、虾蟹等海鲜类食物和酸辣刺激较大的食物，忌烟酒、咖啡、浓茶。每天保持饮水量 1500～2000ml，以防缺水引起皮肤干燥而加重皮肤瘙痒。养成良好的排便习惯，避免长期便秘致使肠内毒素吸收增多而增加机体的变态反应。

4. 加强皮肤清洁护理　每天予止痒药液沐浴 2～3 次，避免用刺激性较大的肥皂或沐浴液清洗皮肤。炉甘石洗剂外涂皮损处，保持皮肤清洁干爽。

5. 加强围生期宣教　加强优生优育的宣传，指导特异体质的育龄青年选择最佳受孕年龄和最佳受孕时机。避免在机体高敏状况下受孕。家居保持通风清洁防虫螨，不养猫、狗、兔等宠物，少到花粉较多的公共场所。做好妊娠期高危筛查，加强随访，使患者顺利生产。

三、什么是妊娠纹?

妊娠纹是萎缩纹的一种，它是人体在妊娠、健身、体重骤增过程当中产生的皮肤纤维断裂现象，呈红色、白色或紫色条纹。妊娠纹的位置主要在腹壁上，也会出现在大腿内外侧、臀部、胸部、后腰部、肩膀和手臂等处。根据统计，70%～90%的孕妇在首次妊娠，妊娠 5～6 个月时大腿上部、腹部及乳房等处皮肤会出现妊娠纹。

四、什么是妊娠黄褐斑?

黄褐斑又称肝斑，是发生于面部的常见色素沉着性皮肤病。以对称分布于颧部及颊部的黄褐色或深褐色斑片，表面平滑，无自觉症状为特征。

五、什么是妊娠疱疹？

妊娠疱疹是妇女在妊娠和产褥期发生的一种以水疱为主要损害的瘙痒性皮肤病。临床上并不常见，以红斑、丘疹、风团及水疱等多形性皮损，自觉不同程度的瘙痒为特征。产后易自行缓解，再次妊娠又会复发。

六、妊娠疱疹如何护理？

1. 心理护理　向患者交代该病是伴随妊娠发生，产后可渐恢复，消除孕妇对此类皮肤病的恐惧，及时倾听患者的主诉，满足其合理要求，提高患者的治疗信心和配合度。

2. 生活护理　病室安静，通风良好，温度、湿度适宜，使患者心情舒畅，得到充分的休息和足够的睡眠。室内地面每日用消毒液拖扫消毒，床单、被套高压蒸气灭菌处理，床单位整洁、有污染及时更换，加强消毒隔离，降低感染并发症。

3. 饮食护理　加强营养，进食高蛋白、高维生素饮食，多饮水，禁食海鲜、羊肉等食物及辣椒等刺激物。

4. 皮肤护理　保持皮肤清洁，修剪指甲，避免过度搔抓，防止继发感染。

5. 术后护理　剖宫产属应激性刺激，可以加重病情。因此需要密切观察产妇的生命体征、皮损面积变化，渗出量的改变。术后给予镇痛泵减少刀口疼痛，舒解产妇的紧张心理。

七、妊娠合并痒疹如何护理？

1. 心理护理　孕妇在接受治疗期间有较大的心理压力，因皮疹严重者对胎儿不利，可导致死胎，同时分娩结束后皮肤会有色素沉着影响美观。因此，医护人员应多与产妇交流，了解其心理状况，针对性的对产妇进行心理指导，其树立战胜疾病的信心，从产妇切身感受出发，帮助其消除不良情绪，使其充分配合，向其解释疾病发生的原因，治疗方法，解释用药过程的安全性，提高产妇的认知，同时鼓励产妇家属尤其配偶提供情感及心理上的支持。

2. 饮食指导　避免吃辛辣刺激性食物。同时妊娠合并痒疹会出现全身或局部性皮肤瘙痒，程度轻重不一，而且越到晚上欲睡眠时，瘙痒越严重，孕妇难以入睡。食物助睡疗法是一种被广泛应用的健康疗法，取小米适量，加水煮粥，晚餐食用或睡前食用，可收到安眠之效。猕猴桃含有丰富的钙、镁和维生素 C，有助于舒缓紧张的中枢神经系统，特别是钙质，能起到镇定神经的作用。

3. 环境　保持病室整洁、舒适、安静、空气新鲜，适宜温度、湿度，保持床单位的整洁干燥，及时更换潮湿、污染的衣服床单。

4. 皮肤护理　由于瘙痒孕妇经常搔抓，有碎屑脱落，因此，指导孕妇生活尽量规律，经常淋浴保持皮肤干净，告知孕妇避免搔抓，应穿棉质内衣及服装，避免刺激皮肤。为止痒可行局部皮肤涂擦，孕妇行胎心监护时使用清水作为传导剂，减少皮肤刺激。

5. 用药指导　糖皮质类激素对严重的妊娠痒疹有较好的疗效，可选用泼尼松 40mg/d 用药，但需要尽量缩短疗程，症状明显减轻后逐渐减量维持直至停药。临产后不宜应用糖皮质类激素。

八、妊娠荨麻疹如何护理？

1. 心理护理　荨麻疹是一种常见的瘙痒性过敏性皮肤病，患者往往表现出焦虑、恐惧的心理，我们应向患者介绍疾病的相关知识，让患者了解病情，减少思想顾虑，耐心倾听患者的感受，鼓励患者说出恐惧的原因，并做出有针对性的疏导。为患者介绍其他妊娠荨麻疹治愈病例，增加患者治病的信心，指导家庭成员共同努力缓解患者的焦虑心理，如谈一些开心的事、听轻松音乐减轻焦虑。

2. 生活护理　保持病室安静，通风良好，温度、湿度适宜，灯光柔和，使患者心情舒畅，得到充分的休息和足够的睡眠。保持床铺整洁、干燥，被褥柔软、舒适，减少对局部的刺激，衣着宽松柔软，减少对局部皮肤的刺激，修剪指甲，避免搔抓和摩擦皮肤而继发感染。

3. 病情观察　患者卧床休息，采取舒适体位，使用防护栏，防止坠床。评估皮肤受损的程度，红斑、风团变化情况，观察有无新发皮损。定时胎心监护，观察胎心、胎动的变化，必要时行 B

型超声检查判断胎儿发育情况。认真观察患者的神志变化情况，如出现烦躁、表情淡漠应及时报告医师并予以处理。密切观察患者生命体征，尤其呼吸的频率、节律和血压的波动情况，当患者发生喉头水肿的紧急情况时，应给予吸氧、建立静脉通路，准备气管切开或气管插管等抢救物品及药品，积极配合医生进行急救。

4. 饮食护理 嘱患者进食易消化、洁净的食物，忌食海鲜、牛羊肉及生冷刺激性食物。

5. 用药护理 遵医嘱使用抗组胺类药及激素，防止发生喉头黏膜过度水肿；对于瘙痒者，给予抗过敏及止痒的药物，并评估其瘙痒的部位、程度、发作规律及加重、减轻因素。

第三十五章　异常新生儿

一、新生儿窒息的病因是什么？

新生儿窒息是由于产前、产时或产后的各种病因引起气体交换障碍，使新生儿出生后不能建立正常的自主呼吸。因此，凡使胎儿、新生儿血氧浓度降低的任何因素都可引起窒息。产前和产时中的高危因素，可以造成胎儿缺氧，与新生儿窒息的发生有密切关系，应高度重视，做好复苏的准备。

二、新生儿复苏流程（新标准）是什么？

新生儿复苏流程（新标准）如图 35-1 所示。

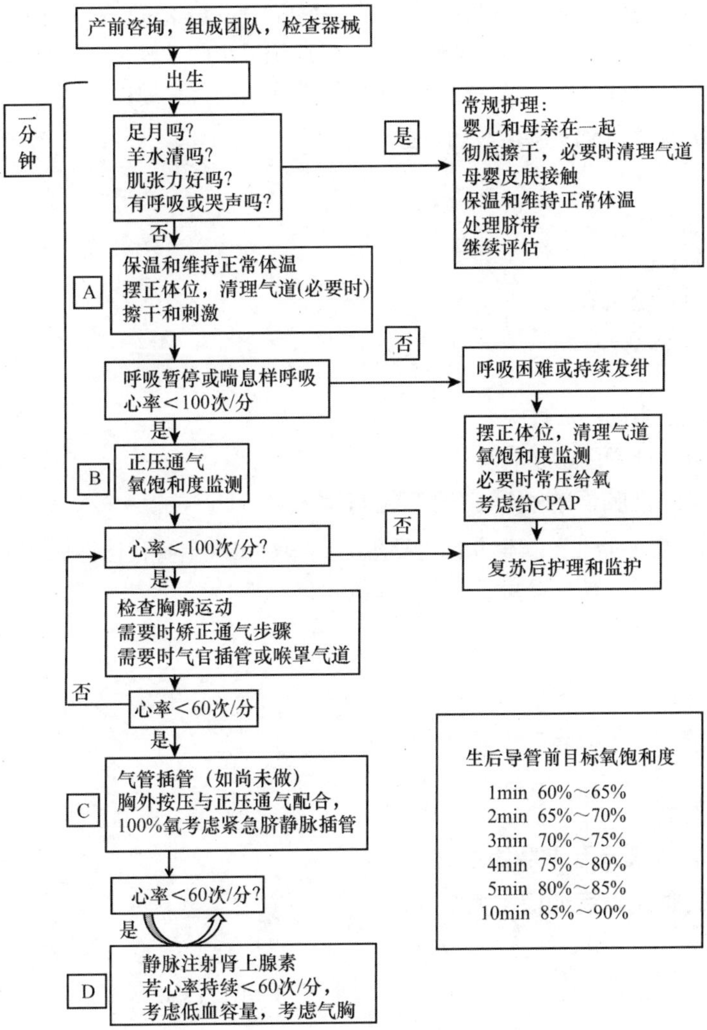

图 35-1　中国新生儿复苏流程图（2016 年）

三、新生儿窒息的预后判断指标有哪些？

新生儿的 Apgar 评分对判断新生儿窒息的预后有重要价值，近年来同时提出检查脐动脉血气及判断有无多器官功能障碍作为新生儿窒息预后判断指标，认为血气 pH＜7 是判断预后的重要指标。除临床表现外，还可以头颅 B 型超声、CT、磁共振、脑电图、血清酶活性、心电图及新生儿行为神经测定等作为判断指标，对评估新生儿的预后有重要价值。

四、新生儿窒息如何预防？

1. 加强围生期保健和宣教，提高孕妇自我监护意识。

2. 评估新入院孕产妇，及早预测胎儿宫内储备能力。

3. 静脉输注催产素引产时须专人守护，严格执行催产素安全使用指引，杜绝因观察不当导致的胎儿宫内窘迫。

4. 加强分娩期监护，早期发现胎儿宫内窘迫征象。

5. 新生儿窒息复苏设施处于完好备用状态。

6. 助产士应有娴熟的接产技巧并掌握新生儿复苏技术。

五、什么是新生儿缺氧缺血性脑病？

新生儿缺氧缺血性脑病（hypoxic-ischemic encephalopathy of newborn，HIE）是指各种原因引起的缺氧和脑血流量减少而导致的新生儿脑损伤，脑组织以水肿、软化、坏死和出血为主要病变，是新生儿窒息重要的并发症之一，是导致儿童神经系统伤残的常见原因之一。

六、新生儿缺氧缺血性脑病的病因是什么？

1. 缺氧

（1）围生期窒息。

（2）反复呼吸暂停。

（3）严重的呼吸系统疾病。

（4）右向左分流型先天性心脏病等。

2. 缺血

（1）心搏停止或严重的心动过缓。

（2）重度心力衰竭或周围循环衰竭。

七、新生儿缺氧缺血性脑病的病理生理变化有哪些？

1. 血流动力学改变：胎儿、新生儿严重缺氧后，很快出现全身代偿性血流重新分布，即心、脑、肾上腺血流增加，肺、肾、胃肠道、皮肤血流减少。

2. 脑细胞能量代谢衰竭。

3. 自由基损伤。

4. 细胞内钙超载。

5. 兴奋性氨基酸的“兴奋毒”作用。

6. 细胞凋亡。

7. CO 的参与作用。

8. 炎症细胞及炎性细胞因子的作用。

八、新生儿缺氧缺血性脑病如何治疗？

1. 支持疗法

（1）供氧：选择适当的给氧方法，保持 PaO_2＞50～70mmHg、$PaCO_2$＜40mmHg，但要防止 PaO_2 过高和 $PaCO_2$ 过低。

（2）纠正酸中毒：应改善通气以纠正呼吸性酸中毒，在此基础上使用碳酸氢钠纠正代谢性酸中毒。

（3）维持血压：保证各脏器的血液灌注，可用多巴胺和多巴酚丁胺。

（4）维持血糖在正常高值：但要注意防止高血糖，因为缺氧脑组织血糖过高所造成的组织酸中毒的危害比低血糖更为严重。

（5）补液：每日液量控制在 60～80ml/kg。

2. 控制惊厥 首选苯巴比妥钠，负荷量为 20mg/kg，15～30min 静脉滴入，若不能控制惊厥，1h 后可加用 10mg/kg，每日维持量为 3～5mg/kg，地西泮的作用时间短，疗效快，在上述药物疗效不明显时可加用，剂量为 0.1～0.3mg/kg，静脉滴注，两药合用时应注意抑制呼吸的可能性。

3. 治疗脑水肿 出现颅内高压症状可先用呋塞米 1mg/kg，静脉推注；也可用甘露醇，每次 0.25～0.5g/kg，静脉推注，1 次/6～12h。

4. 亚低温治疗 采用人工诱导方法将体温下降 2～4℃，减少脑组织的基础代谢，保护神经细胞。

5. 早期康复干预 0～2 岁小儿脑处于快速发育的灵敏期，可塑性强，因此对缺氧缺血性脑病患儿尽早开始感知刺激和动作训练可促进脑结构和功能代偿，有利于患儿的恢复和减轻后遗症。

九、新生儿缺氧缺血性脑病的治疗展望有哪些？

1. 寻找神经保护药物 阻断缺氧缺血脑损伤瀑布式发展的神经保护药物，如氧自由基抑制剂、钙通道阻滞药、兴奋性氨基酸释放抑制剂、受体阻滞药等。

2. 亚低温疗法 近年亚低温（降低脑温或体温 2～4℃）对缺氧缺血性脑病的神经保护作用已引起了国内外学者的关注。其可能的作用机制是降低脑组织的能量需求和耗氧量，改善细胞的能量代谢，减少脑组织的乳酸堆积，保护血-脑屏障，减轻脑水肿，抑制有害物质的释放，减少对脑组织的损害，延迟继发性能量衰竭和细胞凋亡，延长治疗时间窗，与其他干预措施起协同的保护作用。目前亚低温疗法已进入临床研究阶段。

3. 神经营养因子 实验证实在缺氧缺血性脑病的高兴奋阶段后，内源性神经营养因子的表达增加，这可能是一种内源性的神经保护机制。因此应用外源性神经营养因子改善细胞周围环境，促进受损神经细胞的修复和再生的研究。

十、新生儿缺氧缺血性脑病如何预防护理？

1. 定期产检 定期到医院进行产前检查，并在医院分娩，积极做好围生期保健。

2. 预防窒息 积极推广正确的复苏方法，防止围生期新生儿窒息。重于治疗，所有引起新生儿窒息的原因都可导致本病，预防要点同新生儿窒息。孕妇应定期做产前检查，发现高危妊娠应及时处理，避免早产和手术产；提高产科技术；对高危妊娠进行产时胎心监护，及早发现胎儿宫内窘迫并进行处理；产时，当胎头娩出后，立即挤净口、鼻内黏液，生后再次挤出或吸出口、鼻、咽部分泌物，并做好一切新生儿复苏准备工作。

3. 复苏和及时供氧 一旦发现胎儿宫内窘迫，立即给产妇供氧，并准备新生儿的复苏和供氧，出生后让患儿平卧，头稍抬高，少扰动。

（1）供氧：根据病情选用各种供氧方法，保持 PaO_2 在 6.6～9.31kPa（50～70mmHg）以上，$PaCO_2$ 在 5.32kPa（40mmHg）以下，但要防止 $PaCO_2$ 过低，以免脑血流过少。

（2）保持脑血流灌注：维持正常血压，避免血压过大波动，以保持脑血流灌注的稳定。血压低时可用多巴胺［3～10μg/（kg·min）连续静滴］和多巴酚丁胺［3～10μg/（kg·min）连续静滴］，并监测血压。

（3）纠正代谢紊乱：轻型酸中毒和呼吸性酸中毒在改善通气后可得到纠正，只有在中、重度代谢性酸中毒时才用碳酸氢钠，剂量不宜过大，维持血 pH 在 7.3～7.4。低血压糖时静点滴 10%葡萄糖，首剂 2ml/kg，以后 5ml/（kg·h），维持血糖在 2.80～5.04mmol/L（50～90ml/dl）。由于窒息后脑啡呔增加，有人试用纳洛酮静脉点滴 5～10μg/（kg·h），至总量 0.1mg/（kg·d），以拮抗脑啡呔。

（4）控制惊厥：可用苯巴比妥负荷量 15～20mg/kg 静脉滴注，12h 后用维持量 3～5mg/（kg·d）。

（5）控制脑水肿：控制液体进入量在 60～80ml/（kg·d）。脱水剂可用甘露醇，但脱水剂不可过量。脱水剂虽可减轻脑水肿，但不能减轻脑损伤。

十一、围生期缺氧缺血性颅内出血的病因是什么？

1. 主要为缺氧性颅内出血 其中重度常伴有蛛网膜下腔出血、脑室内出血或脑实质出血，常并发颅内出血。

2. 产伤

（1）小脑幕撕裂。

（2）大脑镰撕裂。

（3）枕骨分离。

（4）大脑浅表静脉破裂。

（5）硬脑膜外出血。

3. 其他 与缺氧产伤无关的颅内出血在新生儿很少见，原发性出血性疾病（如免疫性血小板减少症、血友病等）患儿神经系统以外的出血常更明显。

十二、围生期缺氧缺血性颅内出血的临床表现有哪些？

1. 硬脑膜下出血 主要见于有产伤的足月儿。

（1）小脑幕上出血。

（2）小脑幕下出血。

2. 脑室内出血 主要见于有缺氧的早产儿。

（1）急剧恶化型。

（2）断续进展型。

3. 原发性蛛网膜下腔出血

4. 小脑内出血

5. 硬脑膜外出血

十三、围生期缺氧缺血性颅内出血如何治疗？

尽量就地治疗，转院常使病情加重。

1. 正确护理 抬高患儿头肩以免脑部瘀血，侧卧位以防呕吐物吸入。禁止惊动患儿，以免加重出血。

2. 控制出血

3. 防治惊厥

4. 降低颅内压

5. 硬脑膜下穿刺 怀疑硬脑膜下出血前囟膨隆时，应早做硬脑膜下穿刺。

6. 手术治疗 位于颞叶及额叶硬脑膜外血肿危及患儿生命时应立即手术除去积血。

7. 其他治疗 有关高压氧、脑代谢激活剂、纳洛酮、维生素 C 等的应用尚存在许多争议，有待于进一步深入研究，应采用严格的随机对照多中心临床试验。

十四、围生期缺氧缺血性颅内出血如何预防？

1. 做好孕妇保健工作，设法预防早产、难产、急产。适当放宽剖宫产指征。及时治疗患糖尿病的孕妇，以免胎儿过大造成难产。

2. 提高围生期医护质量，加强围生期医护工作及胎儿监护，以便及时发现胎儿窘迫及时处理。产科儿科医生默契配合，积极防治各种原因所致的窒息、缺氧、产伤。

3. 对可能有难产或早产的孕妇应早转送医疗水平较高的医院。临床前可肌内注射维生素 K_1，并做好抢救胎儿的各种准备工作。

4. 对宫内窘迫、窒息、难产的新生儿及早产儿，生后应密切观察，并肌内注射维生素 K_1 3 天。

5. 对有窒息、缺氧史的早产儿、肺透明膜病患儿，应避免扩充血容量过快、补液过多、升压药使用不当，省去不必要的医疗护理，及时控制惊厥，以免血压上升过高、脑血流量过度增加而导致 IVH。

6. 药物预防。

十五、围生期缺氧缺血性颅内出血预后如何？

轻症患者预后良好，近期不良预后是早期新生儿死亡，远期不良预后多为脑神经损害的后遗症。后遗症常见的有发育迟缓、智力低下、痉挛性瘫痪、癫痫、耳聋、视力障碍等。在存活病例中缺氧缺血越严重，脑病症状持续时间越长者，越容易发生后遗症，且后遗症越重。

十六、新生儿呼吸窘迫综合征的高危因素有哪些？

新生儿呼吸窘迫综合征（RDS）为肺表面活性物质（PS）缺乏所致，RDS 的高危因素有以下几个方面。

1. 早产儿　早产儿肺发育未成熟，PS 合成分泌不足。

2. 糖尿病母亲新生儿　母亲患糖尿病时，胎儿血糖增高，胰岛素分泌相应增加，胰岛素可抑制糖皮质激素，而糖皮质激素能刺激 PS 的合成分泌，因此糖尿病母亲新生儿即使为足月儿或巨大儿，仍可发生 RDS。

3. 剖宫产婴儿　在分娩未发动之前行剖宫产，因未经正常宫缩，儿茶酚胺和肾上腺皮质激素的应激反应较弱，PS 合成分泌减少。

4. 围生期窒息　缺氧、酸中毒、低灌注可导致急性肺损伤，抑制Ⅱ型上皮细胞产生 PS。

5. 重度 Rh 溶血病　患儿胰岛细胞代偿性增生，胰岛素分泌过多，抑制 PS 分泌。

6. SP-A 基因变异

7. SP-B 基因缺陷

十七、新生儿呼吸窘迫综合征的临床症状有哪些？

主要见于早产儿，出生时可以正常，也可无窒息表现。在出生后 6h 内出现呼吸窘迫，为代偿性潮气量减少而表现为呼吸急促＞60 次/分。鼻翼扇动为增加气道横截面积，减少气道阻力。呼气性呻吟是由于呼气时声门不完全开放，使肺内气体潴留产生正压，保留功能残气，防止肺泡萎缩。吸气三凹征是呼吸辅助肌参与的结果，以满足增加肺的扩张压。发绀反映氧合不足，提示还原血红蛋白高于 50g/L。呼吸窘迫呈进行性加重是本病特点。可出现肌张力低下，呼吸暂停甚至出现呼吸衰竭。听诊两肺呼吸音降低，早期无啰音，以后可听到细小水泡音，心音减弱，胸骨左缘可闻及收缩期杂音；生后第 2、3 天病情严重，72h 后明显好转。但不少患儿并发肺部感染或动脉导管未闭，使病情再度加重。轻型病例可仅有呼吸困难、呻吟，而青紫不明显，经持续气道正压呼吸（continuous positive airway pressure，CPAP）治疗后可恢复。遗传性 SP-B 缺陷症纯合子者临床表现非常严重，对 PS 和机械通气治疗效果较差，多于数天内死亡，杂合子者临床表现较轻。

十八、新生儿呼吸窘迫综合征如何预防？

1. 出生前预防

（1）激素预防：有可能发生早产的孕妇静脉或肌内注射地塞米松 5～10mg，用 3 天。

（2）氨溴索预防：该药能刺激 PS 的合成，可预防 RDS。

2. 出生后的预防　可用 PS 预防，在出生后第一次呼吸前经喉镜吸清气道分泌物，然后滴入 PS，100mg/kg，给 1 次。这样可使 RDS 发生率减少 1/3～1/2；对产前孕母已用激素预防，产后早产儿可再用 PS 预防，即联合预防，效果更好。由于我国早产儿 RDS 发病率较国外低，全部早产儿都给 PS 预防并不可取，应有选择性，如对胎龄＜30～32 周，出生体重＜1200g 者可考虑用 PS 预防。

十九、什么是胎粪吸入综合征？

胎粪吸入综合征（meconium aspiration syndrome，MAS）是指胎儿在宫内或娩出过程中吸入被胎粪污染的羊水，导致呼吸道和肺泡机械性阻塞和化学性炎症，由于胎儿缺氧，出生后常伴有缺氧缺血性脑病、颅内出血等多系统损害。胎粪吸入综合征多见于足月儿和过期产儿。

二十、胎粪吸入综合征的临床表现有哪些？

患儿病情轻重差异很大。羊水吸入较少者出生时可无症状或症状较轻；胎粪大量吸入者可致死胎或生后不久死亡。分娩时可见羊水中混有胎粪。多数患儿在生后数小时出现呼吸急促（呼吸频率＞60 次/分）、呼吸困难、鼻翼扇动、呻吟、三凹征、胸廓饱满、发绀。两肺先有鼾音、粗湿啰音，以后出现中、细湿啰音。如临床症状突然恶化则应怀疑气胸的发生，胸部摄片可确诊。严重胎粪吸入和急性缺氧患儿常有意识障碍、颅压增高、惊厥等中枢神经系统症状及红细胞增多症、低血糖、低钙血症和肺出血等表现。持续性肺动脉高压因有大量右向左分流，除引起严重青紫外，还可以出现心脏扩大、肝大等心力衰竭表现。

二十一、胎粪吸入综合征如何预防？

对母亲有胎盘功能不全、先兆子痫、高血压、慢性心肺疾病和过期妊娠等，应密切进行产程的监护，必要时进行胎儿头皮血 pH 的监护。

产妇分娩时并发羊水过少和羊水含黏稠胎粪时可采用经子宫颈生理盐水羊膜腔注射，以减少胎儿窘迫和胎粪吸入。

在分娩中见胎粪污染羊水时，应在胎肩和胸尚未娩出前以洗耳球和 DeLee 管清理鼻和口咽部胎粪；通过评估，如新生儿有活力（包括心率＞100 次/分，有自主呼吸和肌张力正常）可进行观察而不需气管插管吸引，如无活力，应采用气管插管进行吸引清除胎粪；当不能确定是否有活力时，一般应进行气管插管吸引，在气道胎粪清除前不应进行正压通气。

二十二、胎粪吸入综合征预后如何？

根据吸入发生的时间可分为产前、产时、产后吸入。临床上，产前或产时最为常见的吸入性肺炎为胎粪吸入综合征，较少见的有血液的吸入，后者临床常不需治疗。大量羊水吸入可见胎儿严重窒息，由于羊水内的脱落上皮细胞阻塞末端气道而引起呼吸困难，一般只需支持疗法，临床预后相对良好。

二十三、新生儿败血症的临床表现有哪些？

无特征性表现。出生后 7 天内出现症状者称早发型败血症；7 天以后出现者称为迟发型败血症。早期表现为精神不佳、食欲不佳、哭声弱、体温异常等，转而发展为精神萎靡、嗜睡、不吃、不哭、不动，面色欠佳及出现病理性黄疸、呼吸异常。少数严重者很快发展循环衰竭、呼吸衰竭、DIC、中毒性肠麻痹、酸碱平衡紊乱和胆红素脑病。常并发化脓性脑膜炎。

二十四、新生儿败血症如何护理？

1. 维持体温稳定，患儿体温易波动，除感染因素外，还易受环境因素影响。当体温低或体温不升时，及时予保暖措施；当体温过高时，予物理降温及多喂开水，一般不予退热药物。

2. 保证抗菌药物有效进入体内，注意药物毒副作用。

3. 及时处理局部病灶，如脐炎、鹅口疮、脓包疮、皮肤破损等，促使皮肤早日愈合，防止感染继续蔓延扩散。

4. 保证营养供给，除经口喂养外，结合病情考虑静脉内营养。

5. 观察病情，加强巡视，如患儿出现面色青灰、呕吐、脑性尖叫、前囟饱满、两眼凝视提示有脑膜炎的可能；如患儿面色青灰、皮肤发花、四肢厥冷、脉搏细弱、皮肤有出血点等应考虑感染性休克或 DIC，应立即与医师联系，积极处理。必要时专人守护。

6. 健康教育，指导家长正确喂养和护理患儿，保持皮肤的清洁。

二十五、新生儿化脓性脑膜炎如何护理?

1. 维持正常体温

(1)保持病室安静清洁、空气新鲜，每日开窗通风3～4次。维持病室温度为18～20℃，湿度为50%～60%；高热患儿需卧床休息，每4小时测量体温1次，密切观察患儿热型，当体温超过38.5℃时，及时给予物理降温或药物降温，以降低脑的耗氧量，防止发生惊厥。退热出汗时应及时更换汗湿的衣裤，注意保暖，保持皮肤、床单、被套的干燥清洁，及时记录降温效果。鼓励患儿多饮水，必要时静脉补液，并记录液体出入量。

(2)遵医嘱及时给予退热和抗生素等药物治疗，并了解各种药物的使用配伍要求、适应证、禁忌证及副作用，严格掌握配药的精确性，静脉输液的速度和无菌操作规范。

2. 密切观察病情的变化

(1)生命体征的观察：密切监测体温、呼吸、脉搏、血压等生命体征，观察患儿的意识状态，面色、神志、瞳孔、囟门等变化，详细记录观察结果，早期预测病情变化。

(2)并发症的观察：患儿出现并发症，预示疾病预后的不良。若婴儿经48～72h治疗发热不退或退后复升，病情不见好转或病情反复，首先应考虑并发硬脑膜下积液的可能。若高热不退，反复惊厥发作，前囟饱满，颅缝裂开，频繁呕吐，出现“落日眼”现象提示出现脑积液，应立即报告医生，做好氧气、吸引器、呼吸机、硬膜下穿刺包及侧脑室引流包等各种急救物品的准备工作，配合急救处理。

3. 防止外伤、意外

(1)保持环境和患儿安静，护理操作动作尽量轻柔，集中进行，专人守护和陪伴患儿；对呕吐频繁患儿应使其头偏向一侧，呕吐后要及时清除呕吐物，保持呼吸道通畅，防止误吸和吸入窒息；患儿惊厥发作时应使其头偏向一侧，给予口腔保护以免舌被咬伤，拉好床挡，适当约束患儿，避免躁动及惊厥时受伤或坠床。

(2)协助患儿洗漱、大小便及个人卫生等生活护理，做好口腔护理，必要时在肩胛、臀部使用气垫，预防压疮的发生。

4. 保证充足营养 根据患儿的体重及营养状况评估，提供患儿机体需要的热卡，给予高热量、高蛋白、高维生素、易消化的清淡流质或半流质饮食，根据病情程度恰当选择补充营养的方式；如频繁呕吐者，应注意观察呕吐情况，给予耐心的喂养，少量多餐，防止呕吐发生，必要时给予鼻饲或静脉输液，维持水电解质平衡。定期测量患儿体重，了解营养状态恢复情况。

5. 心理护理 根据患儿不同年龄，采取不同方式实施心理安慰、关心和爱护，并给予家长安慰，消除焦虑、恐惧心理。根据患儿和家长对疾病的接受程度介绍病情、治疗护理目的和方法，使其主动配合，增加战胜疾病的信心。

6. 健康教育 利用各种方式宣传化脓性脑膜炎的预防知识，积极防治上呼吸、消化道等感染性疾病，预防皮肤外伤和脐部感染。对恢复期和有神经系统后遗症的患儿，应与家属一起根据患儿具体情况制订系统且行之有效的功能训练计划，指导家长具体的护理措施，促进机体康复。

二十六、新生儿脐炎的临床表现有哪些?

轻者脐轮与脐周皮肤轻度红肿，可伴有少量浆液脓性分泌物。重者脐部及脐周明显红肿发硬，脓性分泌物较多，常有臭味。可向其周围皮肤扩散成腹壁蜂窝织炎、皮下坏疽，或向邻近腹膜蔓延而导致腹膜炎。也可沿尚未闭合的脐动脉管腔蔓延引起败血症或顺动脉近端蔓延发展为阴囊或大腿深部脓肿。如动脉壁的结缔组织广泛受累可导致腹膜炎。若沿脐静脉蔓延，可引起脐静脉炎，局部皮肤及皮下组织可发红、发硬。可造成多发性肝脓肿、化脓性血栓性门静脉炎，以后可发展为门静脉高压症、肝硬化。慢性脐炎常形成脐肉芽肿，表现为小的樱红色肿物，表面可有脓性溢液，可经久不愈。

二十七、新生儿脐炎如何护理?

1. 观察脐带有无潮湿、渗液或脓性分泌物，如有应及时治疗。轻者只需局部用3%过氧化氢和75%乙醇清洗，或用抗生素局部湿敷或抗生素油膏外敷；脓液较多有局部扩散或有全身症状者，可根据涂片或细菌培养结果选用抗生素；脐部有肉芽肿可用10%硝酸银溶液局部涂抹。

2. 向家长宣教正确的消毒方法，必须从脐带的根部由内向外环形彻底清洗消毒，保持局部干燥。

3. 脐带残端脱落后，注意观察脐窝内有无樱红色的肉芽肿增生，应及早处理。

4. 避免大小便污染，最好使用吸水、透气性能好的消毒尿布。

5. 进行婴儿脐部护理时，应先洗手，注意婴儿腹部保暖。

6. 脐带残端长时间不脱落，应观察是否断脐时结扎不牢，应考虑重新结扎。

二十八、新生儿感染性肺炎的临床表现有哪些?

出生前感染的新生儿出生时常有窒息史，症状出现较早，多在12～24h之内出现；产时感染性肺炎要经过一定的潜伏期；产后感染性肺炎则多在生后5～7天内发病。患儿一般症状不典型，主要表现为反应差、哭声弱、拒奶、口吐白沫、呼吸浅促、发绀、呼吸不规则、体温不稳定，病情严重者出现点头样呼吸或呼吸暂停；肺部体征不明显，有的表现为双肺呼吸音粗。金黄色葡萄球菌肺炎易并发气胸、脓胸、脓气胸等，病情常较严重。

二十九、新生儿感染性腹泻如何预防?

分娩过程中避免过多阴道检查。胎膜早破应严密监测，尽早结束分娩。有绒毛膜羊膜炎或胎盘炎症者应取脐血、羊膜、胎盘作相关检查，以便早诊早治。胎儿娩出后应在无菌操作下吸净胎粪及污染羊水。母乳同室、婴儿室、新生儿病房、NICU，应严格执行隔离制度，护理新生儿前必须严格洗手，能引起流行的病儿应予隔离，病房不应过度拥挤，患有呼吸道感染者严禁探视，有感染性疾病的医护人员应暂调离新生儿病房，给予相应治疗。

三十、什么是新生儿硬肿症?

新生儿硬肿症又称为新生儿寒冷损伤综合征，多发生在寒冷季节，于新生儿出生7～10天内，以寒冷损伤为最多见，其次为重症感染、窒息、早产及低出生体重儿。其临床特征是低体温和多器官功能损伤，严重者出现皮肤和皮下脂肪变硬和水肿。严重低体温、硬肿症者可继发肺出血、休克及多脏器功能衰竭而致死。

三十一、新生儿硬肿症的病因是什么?

主要病因为寒冷、早产、感染和窒息。新生儿体表面积相对较大，皮肤薄嫩，血管丰富，容易散热，棕色脂肪是新生儿体内特有的组织，它的代谢是新生儿在寒冷环境中急需产热时的主要能量来源，而饥饿时的能量来源是白色脂肪，如小儿周围环境温度过低，散热过多，棕色脂肪容易耗尽，体温即会下降，新生儿严重感染时体温也会不升，这些情况下皮下脂肪都容易凝固而变硬，同时低温时周围毛细血管扩张，渗透性增加，易发生水肿，结果产生硬肿。

三十二、新生儿硬肿症的临床表现有哪些?

本病多发生在冬、春寒冷季节，以出生3日内或早产新生儿多见。发病初期表现为体温降低、吸乳差或拒奶、哭声弱等症状；病情加重时发生硬肿和多器官损害体征。

1. 低体温 体核温度（肛门内5cm处温度）常降至35℃以下，重症<30℃。新生儿由于腋窝下含较多棕色脂肪，寒冷时氧化产热，使局部温度升高，此时腋温高于或等于肛温（核心温度）。因此，腋温-肛温差值可作为判断棕色脂肪产热状态的指标。

2. 硬肿 由皮脂硬化和水肿所形成，其特点为皮肤硬肿，紧贴皮下组织，不能移动，有水肿者压之有轻度凹陷。硬肿发生顺序：小腿→大腿外侧→整个下肢→臀部→面颊→上肢→全身。

3. 多器官功能损害 早期有心音低钝、心率缓慢、微循环障碍表现；严重时可出现休克、DIC、急性肾衰竭和肺出血等多器官功能衰竭的表现。

三十三、新生儿硬肿症如何护理？

1. 复温 目的是在体内产热不足的情况下，通过提高环境温度（减少散热或外加热），以恢复和保持正常体温。

2. 合理喂养 轻者能吸吮者可经口喂养；吸吮无力者用滴管、鼻饲或静脉营养保证能力供给。

3. 保证液体供给，严格控制补液速度 应用输液泵控制，无条件者应加强手控滴速。建立输液记录卡，每小时记录输入量及速度，根据病情加以调节，以防止输液速度过快引起心力衰竭和肺出血。

4. 预防感染 做好消毒隔离，加强皮肤护理，经常更换体位，防止体位性水肿和坠积性肺炎，尽量减少肌内注射，防止皮肤破损引起感染。

5. 观察病情 注意体温、脉搏、呼吸、硬肿范围及程度、尿量、有无出血症状等，详细记录护理单，备好抢救药物和设备（氧气、吸引器、复苏囊、呼吸器等），一旦发生病情突变，能分秒必争组织有效的抢救。

6. 健康教育 介绍有关硬肿症的疾病知识，指导患儿家长加强护理，注意保暖，保持适宜的环境温度和湿度，鼓励母乳喂养，保证足够的热量。

三十四、新生儿硬肿症如何预防？

1. 做好围生期保健工作，加强产前检查，减少早产儿的发生。
2. 寒冷季节和地区应为产房装配保暖设备。
3. 新生儿一旦娩出即用预暖的毛巾包裹，移至保暖床上处理。
4. 对高危儿做好体温监护。
5. 积极早期治疗新生儿感染性疾病，不使发生硬肿症。

三十五、新生儿生理性黄疸的规律是什么？

由于新生儿胆红素代谢特点，50%～60%的足月儿和＞80%的早产儿于生后 2～3 天内出现黄疸，4～5 天达高峰；一般情况良好，足月儿在 2 周内消退，早产儿可延到 3～4 周。

三十六、新生儿病理性黄疸的病因有哪些？

1. 感染性

（1）新生儿肝炎，大多为胎儿在宫内有病毒感染所致，以巨细胞病毒最常见，其他为乙型肝炎、风疹、单纯疱疹、梅毒螺旋体、弓形虫等。感染可经胎盘传给胎儿或在通过产道分娩时被感染。常在生后 1～3 周或更晚出现黄疸，病重时粪便色浅或灰白，尿色深黄，患儿可有厌食、呕吐、肝轻至中度肿大。

（2）新生儿败血症及其他感染。

2. 非感染性

（1）新生儿溶血。

（2）胆道闭锁。

（3）母乳性黄疸。

（4）传性疾病：如 G6PD 缺乏症。

（5）物理性黄疸。

三十七、新生儿病理性黄疸的特点是什么？

1. 黄疸在出生后 24h 内出现。
2. 黄疸程度重，血清胆红素＞205.2～256.5μmol/L（12～15mg/dl），或每日上升超过 85μmol/L

（5mg/dl）。

3. 黄疸持续时间长（足月儿＞2 周，早产儿＞4 周）。

4. 黄疸退而复现。

5. 血清结合胆红素＞26μmol/L（1.5mg/dl）。

三十八、新生儿胆红素脑病的临床症状有哪些？

1. 警告期 反应低下，肌张力下降，吸吮力弱，持续时间 0.5～1.5 天。

2. 痉挛期 肌张力增高，发热，抽搐，呼吸不规则，持续时间 0.5～1.5 天。

3. 恢复期 肌张力恢复，体温正常，抽搐减少，持续时间 2 周。

4. 后遗症期 听力下降，眼球运动障碍，手足徐动，牙釉质发育不良，智力落后，持续时间终生。

三十九、新生儿母乳性黄疸的临床表现有哪些？

临床主要表现为母乳喂养的新生儿出现黄疸，足月儿多见，黄疸出现在生理性黄疸发生的时间范围内，峰值可高于生理性黄疸，消退时间可晚于生理性黄疸。一般情况良好，吃奶好，粪便色黄，尿色不黄，不影响生长发育，肝脏不大，肝功能正常，无肝病及溶血的表现。

四十、新生儿母乳性黄疸如何护理？

母乳性黄疸可继续母乳喂养，应鼓励少量多次喂哺母乳，保证足够的乳量和能量的摄入，注意避免错误地喂糖水，使哺乳次数减少，不利于乳汁的分泌。如血胆红素超过生理性黄疸范围，应予干预，可继续母乳喂养，同时进行蓝光治疗；若黄疸严重，患儿一般情况差，可考虑暂停母乳喂养 2～3 天观察，黄疸消退后再恢复母乳喂养。

四十一、新生儿颅内出血的病因是什么？

1. 产伤性颅内出血。

2. 缺氧缺血性颅内出血。

3. 不适当地输注高渗液体，频繁吸引和气胸等均可使血压急剧上升导致脑血流变化而造成颅内出血。

四十二、新生儿颅内出血的临床表现有哪些？

颅内出血的症状和体征与出血部位及出血量有关。一般生后 1～2 天内出现。常见症状如下。

1. 意识形态改变 如激惹、过度兴奋或表情淡漠、嗜睡、昏迷等。

2. 眼症状 如凝视、斜视、眼球上转困难、眼震颤等。

3. 颅内压增高表现 出现脑性尖叫、前囟隆起、惊厥等。

4. 呼吸改变 出现呼吸增快、减慢、不规则或暂停等。

5. 肌张力改变 早期肌张力增高，以后降低。

6. 瞳孔 不对称、对光反应差。

7. 其他 黄疸和贫血。

四十三、新生儿颅内出血如何护理？

1. 密切观察病情，降低颅内压

（1）严密观察病情，注意生命体征、神态、瞳孔变化。密切观察呼吸形态，及时清除呼吸道分泌物，并避免外界因素阻碍患儿气道的通畅。仔细耐心观察惊厥发生的时间、性质。及时记录阳性体征并与医师取得联系。

（2）保持绝对静卧，抬高头部，减少噪声，一切必要的治疗和护理操作要轻、稳、准，尽量减少对患儿的移动和刺激，减少反复穿刺，防止加重颅内出血。

2. 合理用氧 根据缺氧程度给予用氧，注意用氧的方式和浓度，维持血氧饱和度在 85%～95%

即可，防止氧浓度过高或用氧时间过长导致的氧中毒症状。

3. 维持体温稳定 体温过高时应予物理降温，体温过低时用暖箱或热水袋保暖。

4. 健康教育 向家长解答病情，减轻情绪；如有后遗症，鼓励坚持治疗和随访，教会家长给患儿功能训练的技术，增强战胜疾病的信心。

四十四、新生儿颅内出血如何预防？

1. 减少早产

2. 恰当的医疗与护理措施 十分重要的是尽可能维持稳定的颅内压和脑血流范围，避免“涨落”状态。在疾病状态下，保持良好的心功能和正常的体循环，尤其在应用呼吸机、特殊药物治疗时更应注意，一般不静脉推注高渗液体。在护理方面，动作轻柔，做好保暖，保持安静，减少干扰，避免患儿剧烈哭闹。头位保持15°～30°可有效减少新生儿颅内出血的发生。

3. 药物性预防 对胎龄34周以下的早产儿应用苯巴比妥，可以减少颅内出血的发生，用法为生后6h内给苯巴比妥，负荷量200mg/kg，24小时候再予维持量5mg/kg，共5天。

四十五、新生儿产瘤如何护理？

产瘤是在胎膜早破、产程延长的情况下，头先露部位组织受压而发生水肿所致。在分娩过程中，当胎头抵达母体骨盆底时，胎头受压颅骨互相重叠逐渐变形，其中在胎头最前面的部分受压最大，局部的血液循环受影响，发生水肿，可超过中线和颅骨缝，局部皮肤颜色正常或稍红，不需特殊处理，一般1～2天内自然消失。做好健康宣教：告知家属勿揉、勿压、勿按。

四十六、新生儿头颅血肿如何护理？

血肿多位于顶骨，边缘清楚，不越过骨缝。一般出生后2～3天明显，以后逐渐消失，不需特殊处理，告知家属勿揉、勿压、勿按。注意观察血肿大小、颜色，患儿的生命体征、神态变化。常需3～8周才能完全吸收不留痕迹。如发生感染形成脓肿时，应及时切开引流。

四十七、新生儿头颅血肿如何预防？

1. 做好围生期检查，产前明确诊断，防止难产和手术产。
2. 加强产程监护，及时发现问题，及时采取相应措施。
3. 改进手术助产方式，加强培训，提高接生技术，防止产伤。

四十八、新生儿臂丛神经损伤的临床表现有哪些？

Ⅰ型为上臂型-Erb瘫，损伤颈5～7神经。上臂型受累肢体呈现为“服务员指尖”位，肩外展及屈肘不能，肩关节内收及内旋，肘关节伸展，前臂旋前，手腕及手指屈曲。肱二头肌肌腱反射消失，拥抱反射不对称，握持反射存在。上臂型-Erb瘫可伴有膈神经损伤。

Ⅱ型为下臂型-Klumpke瘫，累及颈8及胸1神经，致使手内肌及手腕与手指长屈肌无力。握持反射消失，肱二头肌肌腱反射能被引出。下臂型导致胸1交感神经能纤维损伤时可伴发同侧Horner综合征，除Ⅱ型表现外，患有眼睑下垂、瞳孔缩小及半侧面部无汗。

Ⅲ型为全臂型-全上肢瘫，为所有臂丛神经根均受损伤。临床表现为全上肢松弛，反射消失。并存症可同时存在胸锁乳突肌血肿，锁骨或肱骨骨折。

四十九、新生儿臂丛神经损伤如何护理？

1. 心理护理 向家属做好解释工作，讲解相关的护理要点。

2. 固定 用绷带将患儿手吊在床架上，将上肢保持外展、外旋，肘关节呈屈曲位置，保持手上举姿势。

3. 康复治疗 2周后待神经水肿消失，可行肢体按摩、理疗、被动运动或针刺疗法。

4. 加强营养

5. 健康宣教 使患者掌握固定后的体位及注意事项。

五十、新生儿臂丛神经损伤如何预防？

肩难产和臀位分娩是臂丛神经损伤的主要原因。高危因素为巨大儿、第二产程延长、使用产钳、肩难产、初产、高龄产妇及多胎。

预防：应密切观察产程，防止难产的发生。出现肩难产时，应用屈大腿法，压前肩法，旋转肩部及牵后臂娩后肩法的方式，预防臂丛神经损伤。

五十一、新生儿面神经损伤如何护理？

多数病儿不需治疗，约 2 周后可自行恢复。若面神经有断裂不能好转者，应尽早作神经吻合术。

五十二、新生儿骨折如何护理？

1. 向家属做好解释工作，讲解相关的护理要点。一般情况下，预后良好，没有明显的后遗症。

2. 注意观察肢体的血运及活动情况，注意有无臂丛神经损伤及麻痹等症状，及时报告医生处理。

3. 注意腋下皮肤的护理，给予涂红霉素软膏，以防发生皮肤糜烂。

4. 集中进行护理和操作，注意动作轻柔，穿衣时先穿患侧衣袖，避免频繁搬动患儿。

5. 母乳喂养时应让婴儿健侧靠近母亲，避免患侧肩部受力。

五十三、新生儿皮肤损伤如何护理？

1. 心理护理　积极保持与家属的沟通，讲解相关知识，传授相应护理技能。

2. 评估　评估新生儿皮肤状况。

3. 抗生素治疗　进行血培养及药敏试验，依据结果进行抗生素滴注及支持治疗。

4. 调节室温　24～26℃，相对湿度 55%～65%，操作尽量集中，动作轻柔。

5. 每日进行沐浴或药浴或擦浴　控制好水温，先清洗背部及臀部，后胸部及四肢，浴毕用消毒毛巾吸干患儿身体表层水分，特别是皮肤皱褶处，保持皮肤清洁干燥。

6. 保湿　红臀患儿可涂抹莫匹罗星（百多邦）或湿润烧伤膏（美宝）等软膏至患处。对于母乳性腹泻引起的红臀，可涂抹茶油或橄榄油，其强保湿作用能滋润宝宝肛门附近的黏膜，免受稀便的刺激。

7. 湿性愈合　患儿皮肤破损时，每日采用生理盐水清洗伤口表面，去除伤口上的分泌物，安尔碘消毒伤口周围皮肤，暴露待干，应用新型保湿敷料如水胶体敷料或泡沫敷料，贴于伤口处。